STARK

ABITUR-TRAINING
WIRTSCHAFT

Joachim Traub

Wirtschaft

STARK

ISBN 978-3-8490-0821-5

Inhalt

Autor: Joachim Traub

Vorwort

Liebe Schülerinnen und Schüler,

das Abitur-Training Wirtschaft enthält den gesamten **prüfungsrelevanten Unterrichtsstoff** der sogenannten **Sternchenthemen** für das **Abitur 2014** und **2015**. Damit bietet Ihnen dieser Band Hilfestellung bei der optimalen Vorbereitung auf den Unterricht, auf Klausuren und besonders auf die schriftliche Abiturprüfung.

- Ein kurzes Einstiegskapitel gibt Ihnen einen Überblick über die abiturrelevanten **Operatoren** bzw. die wesentlichen **Arbeitstechniken** und schult so Ihre **Methodenkompetenz**.
- Zahlreiche **Tabellen, Grafiken und Diagramme** veranschaulichen die Inhalte und erleichtern das Lernen.
- Abwechslungsreiche Übungen im Anschluss an jedes Teilkapitel und materialgestützte Aufgaben, die sich in **Art und Schwierigkeitsgrad** an den **Abituraufgaben** orientieren, ermöglichen Ihnen, das erworbene Wissen anzuwenden und zu überprüfen.
- Mit dem umfangreichen **Lösungsteil** können Sie Ihren Lernerfolg unmittelbar und selbstständig kontrollieren.
- Das abschließende **Stichwortverzeichnis** ermöglicht das gezielte Nachschlagen und hilft Ihnen, Wissenslücken schnell und effektiv zu schließen.

Viel Erfolg in Ihren Prüfungen wünscht Ihnen

Joachim Traub

Joachim Traub

Strategien und Hinweise zum Lösen von Prüfungsaufgaben

1 Anforderungen und Operatoren in Prüfungsaufgaben

Im Zusammenhang mit den bundesweit gültigen Einheitlichen Prüfungsanforderungen (EPA) werden für die schriftliche Abiturprüfung drei Anforderungsbereiche (AFB) unterschieden, denen jeweils sogenannte **Operatoren** zugeordnet sind, also Arbeitsanweisungen, die darüber informieren, welche Tätigkeiten bei der Bearbeitung der Aufgaben erwartet werden.

Der **AFB I** umfasst die Wiedergabe und Beschreibung von Inhalten aus dem Unterricht. Des Weiteren sollen gelernte und eingeübte Methoden und Arbeitstechniken angewandt werden. Im Wesentlichen ist eine **reproduktive Leistung** zu erbringen. Es gelten folgende Operatoren:

nennen	Entweder Informationen aus vorgegebenem Material entnehmen oder Kenntnisse ohne Materialvorgabe anführen.
herausarbeiten	Informationen und Sachverhalte unter bestimmten Gesichtspunkten aus vorgegebenem Material entnehmen, wiedergeben und/oder gegebenenfalls berechnen.
beschreiben	Wesentliche Informationen aus vorgegebenem Material oder aus Kenntnissen zusammenhängend und schlüssig wiedergeben.
charakterisieren	Sachverhalte und Vorgänge mit ihren typischen Merkmalen beschreiben und in ihren Grundzügen bestimmen.

Im **AFB II** werden **Reorganisations- und Transferleistungen** erwartet. Es geht also darum, gelernte Inhalte und Methoden eigenständig auf andere Sachverhalte anzuwenden. Mögliche Operatoren sind:

erstellen	Sachverhalte inhaltlich und methodisch angemessen grafisch darstellen und mit fachsprachlichen Begriffen beschriften (z. B. Fließschema, Diagramm, Mindmap, Wirkungsgefüge).
darstellen	Strukturen und Zusammenhänge beschreiben und verdeutlichen.
analysieren	Materialien oder Sachverhalte systematisch und gezielt untersuchen und auswerten.

ein-, zuordnen	Sachverhalte, Vorgänge begründet in einen vorgegebenen Zusammenhang stellen.
begründen	Komplexe Grundgedanken argumentativ schlüssig entwickeln und im Zusammenhang darstellen.
erklären	Informationen durch eigenes Wissen und eigene Einsichten begründet in einen Zusammenhang stellen (z. B. Theorie, Modell, Gesetz, Regel, Funktionszusammenhang).
erläutern	Sachverhalte im Zusammenhang beschreiben und anschaulich mit Beispielen oder Belegen erklären.
vergleichen	Gemeinsamkeiten und Unterschiede gewichtend einander gegenüberstellen und ein Ergebnis formulieren.

Am anspruchsvollsten ist der **AFB III**. Hier werden selbstständige **Reflexions- und Problemlösungsleistungen** erwartet:

überprüfen	Vorgegebene Aussagen bzw. Behauptungen an konkreten Sachverhalten und innerer Stimmigkeit messen.
beurteilen	Aussagen, Behauptungen, Vorschläge oder Maßnahmen im Zusammenhang auf ihre Stichhaltigkeit bzw. Angemessenheit prüfen und dabei die angewandten Kriterien nennen.
bewerten	Aussagen, Behauptungen, Vorschläge oder Maßnahmen beurteilen, eine persönliche Stellungnahme abgeben und dabei die eigenen Wertmaßstäbe offenlegen.
erörtern	Zu einer vorgegebenen Problemstellung durch Abwägen von Für- und Wider-Argumenten ein begründetes Urteil fällen.
gestalten	Sich produkt-, rollen- bzw. adressatenorientiert mit einem Problem durch Entwerfen z. B. von Reden, Streitgesprächen, Strategien, Beratungsskizzen, Szenarien oder Modellen auseinandersetzen.

Wichtig: Die Operatoren des anspruchsvolleren Anforderungsbereichs schließen diejenigen der darunterliegenden Bereiche mit ein.

Beispiel Die Aufgabenstellung zur Karikatur auf S. 10 lautet: Beurteilen Sie vor dem Hintergrund der aktuellen WTO-Verhandlungen, wie der Zeichner den Abbau von Zollschranken sieht. Obgleich **beurteilen** nur ein Operator aus dem AFB III ist, wird auch eine Beschreibung der Karikatur (AFB I) und Erläuterung (AFB II) der Karikatur erwartet.

In der Abiturprüfung werden Aufgaben aus allen Anforderungsbereichen gestellt. Der Schwerpunkt liegt in den Bereichen II und III. Für eine gute und sehr gute Bewertung sind über den AFB II hinausgehende Leistungen notwendig.

2 Zentrale Basisinhalte

Ab dem Abitur 2014 gilt eine Liste von Basisinhalten, die vom Kultusministerium herausgegeben wurde. Sie sollten dieses **Inventar relevanter Begriffe und Inhalte** beherrschen, um gut auf mögliche Abiturthemen vorbereitet zu sein.

Basisinhalte: Wirtschaftliches Handeln im Sektor Unternehmen

Standard (Themenbereiche des Lehrplans)	Basisinhalt
Betriebs- und volkswirtschaftliche Produktionsfaktoren und deren Bedeutung	• Volkswirtschaftliche Produktionsfaktoren: Arbeit, Boden Kapital, Qualifikation • Betriebswirtschaftliche Produktionsfaktoren: Menschliche Arbeitsleistung, Werkstoffe, Betriebsmittel, Leitung
Überblick über grundlegende Unternehmensentscheidungen: Produktidee, Rechtsform, Finanzierung und Standortwahl	• Grundlegende Aufgaben eines Unternehmens: Beschaffung, Produktion, Absatz; Investition, Finanzierung, Leitung, Personalwirtschaft • Businessplan • Einzelunternehmen, OHG, KG, GmbH, AG; Kriterien: Haftung, Kapitalaufbringung und Leitung • Außen-, Innenfinanzierung; goldene Bilanzregel • Grundzüge der Bilanz: Aktiva, Passiva, Anlage-, Umlaufvermögen, Eigen-, Fremdkapital • Rahmenbedingungen, Markterschließung, Produktionsbedingungen
Bedeutung grundsätzlicher Marketingentscheidungen	• Marketingstrategie: Situationsanalyse, Zielformulierung, Strategie-, Maßnahmenplanung • Analyseinstrumente: Portfolio-, SWOT-Analyse, Produktlebenszyklus • Zielformulierung (s. u. bei den Unternehmensaufgaben) • Strategieplanung: Marktbearbeitung, Qualitäts-, Preisführerschaft • Maßnahmenplanung: 4 Ps und Marketing-Mix: Produkt- und Programm-, Preis-, Distributions- und Kommunikationspolitik
Bedeutung von Investitionen und ihrer Finanzierung für das Unternehmen und die Volkswirtschaft	• Finanzierung (s. o.) • Sachinvestitionen: Ersatz-, Erweiterungsinvestitionen • Finanzinvestitionen
Bedeutung der Produzenten bzw. der Existenzgründungen für eine Volkswirtschaft	• Entrepreneurship • Unternehmer im Wirtschaftskreislauf • „Schöpferische Zerstörung": Schumpeter • Basisinnovationen: Kondratjew

ökonomische, soziale und ökologische Aufgaben von Unternehmen und die Vereinbarkeit von Unternehmenszielen und unternehmerischer Verantwortung und Bedeutung der Unternehmen für eine ökologisch ausgerichtete Wirtschaftsordnung	• Ökonomische Aspekte: Gewinn, Umsatz, Rentabilität, Marktanteil • Soziale und ökologische Aspekte: Nachhaltigkeit, CSR, global compact • shareholder, stakeholder

Basisinhalte: Wirtschaftliches Handeln im Sektor Ausland

Standard (Themenbereiche des Lehrplans)	Basisinhalt
Entwicklung des Welthandels und die Rahmenbedingungen und Ursachen des weltwirtschaftlichen Strukturwandels	• Sektor Ausland im Wirtschaftskreislauf • Internationale Arbeitsteilung, inter- und intraregionaler Handel, inter- und intraindustrieller Handel, transnationale Unternehmen, ausländische Direktinvestitionen, terms of trade • Triade, BRIC-Staaten, Schwellenland, LDC • Freihandel und Protektionismus (s. u.) • politisch-rechtlich, ökonomisch, technologisch, soziokulturell
Standortfaktoren und Standortqualität Deutschlands im Vergleich zu anderen EU-Staaten und im internationalen Handel	• Außenwirtschaftliche Bilanz: Zahlungsbilanz und ihre Teilbilanzen • Außenwirtschaftliches Gleichgewicht als Ziel der Wirtschaftspolitik • Wettbewerbsfähigkeit (vgl. unter Standortfaktoren in der Basisbegriffsliste Unternehmen)
Stand der Europäischen Integration im Spannungsfeld von Regionalisierung und Globalisierung, Freihandel und Protektionismus	• EWWU: Binnenmarkt, Konvergenzkriterien • EZB und ihre Instrumente • tarifäre und nicht-tarifäre Handelshemmnisse, Darstellung der Auswirkungen von Freihandel und Protektionismus im Preis-Mengen-Diagramm
Grundlegendes Wissen über Währungssysteme, Wechselkursdeterminanten, Finanzmarkttransaktionen	• Finanzmarkt: Geld-, Kapital-, Devisenmarkt • Kapitalmarkt: Aktien, Staatsanleihen, Derivate; Ratingagenturen • Wechselkurssysteme, -schwankungen (Auf-/Abwertung) und deren Darstellung im Preis-Mengen-Diagramm • Devisenmarkt und -interventionen • Außenwert einer Währung
Staatliche und nichtstaatliche Akteure und deren Bedeutung	Nationalstaaten, regionale und internationale Organisationen und transnationale Unternehmen und NGOs

Bedeutung der WTO für die Welthandelsordnung und Bedeutung des IWF für die Weltwährungsordnung	• GATT, GATS oder TRIPS unter dem Aspekt Regulierung und Deregulierung • Washingtoner Konsens • Aufbau und Instrumente zur Stabilisierung der Weltwährungsordnung • Machtverhältnisse und Machtinstrumente
Ökonomische, politische, soziale und ökologische Auswirkungen der Globalisierung	• UN-Milleniumsziele • Disparitäten: GINI-Koeffizient, HDI
Globale Problemfelder und Lösungsvorschläge	• Globale Finanzmärkte: eine globale Wirtschafts- oder Finanzkrise als Fallbeispiel • Deregulierung, Regulierung: Markteffizienz versus Marktversagen • Einzelne Regulierungsmaßnahmen: Steuern, Kontrolle, Ordnungsrecht • Global Governance: 5 Säulen der Global-Governance-Architektur

Quelle: Regierungspräsidium Tübingen

3 Wichtige Arbeitstechniken

In Klausuren und im Abitur können neben Texten auch Karikaturen, Karten und statistisches Material in Form von Tabellen oder Grafiken vorkommen. Die folgenden Kapitel geben wichtige Hinweise zum Umgang mit den einzelnen Materialarten.

3.1 Arbeiten mit Texten

Die Abiturprüfungen sind textgestützt, d. h., mindestens ein Text bildet die Grundlage der Aufgaben. Es wird erwartet, dass Sie die **formalen Kriterien** im Umgang mit Texten anwenden. Ist eine **Textwiedergabe** erforderlich, beginnt diese mit einer Einleitung, die Autor, Titel, Erscheinungsort und -datum enthält. Zudem sollen das Thema und die Hauptthese(n) genannt werden.

Werden Formulierungen und/oder Gedanken aus dem Text übernommen, gelten die Zitierregeln. **Wörtliche/direkte Zitate** werden in der Form „…" (Z. 12) wiedergegeben, Auslassungen sind mit eckigen Klammern zu kennzeichnen. Bei **indirekten Zitaten** wird der Konjunktiv verwendet und die Fundstelle ist anzugeben (vgl. Z. 12). Zum Beispiel:

Beispiel

- **Direktes Zitat:** „Die Nachfrage wird in Deutschland, aber auch in den Staaten Ost- und Mitteleuropas, drastisch zurückgehen." (Z. 12)
- **Auslassung:** „Die Nachfrage wird in Deutschland […] drastisch zurückgehen." (Z. 12)
- **Indirektes Zitat:** Der Autor sagt, die Nachfrage in Deutschland und in den Staaten Ost- und Mitteleuropas werde drastisch zurückgehen (vgl. Z. 12).

Sind mehrere Textquellen gegeben, muss immer deutlich werden, von welchem Material die Rede ist. Besonders bei Aufgaben, in denen es um eine Bewertung oder Argumentation geht, ist es wichtig, herauszustellen, wessen Meinung wiedergegeben wird: die eigene oder die eines Autors.

3.2 Interpretation von Tabellen und Grafiken

Die **Analyse** von statistischem Material erfolgt in drei Schritten:

- **Basisinformation:** wesentliche Angaben zum Inhalt bzw. Gegenstand des Schaubilds/der Tabelle herausarbeiten/angeben;
- **Beschreibung** der dargestellten Informationen;
- **Interpretation** der Informationen vor dem Hintergrund der Fragestellung.

Die folgende Tabelle gibt einen Überblick über die wesentlichen Fragen, die innerhalb der drei Bearbeitungsschritte beantwortet werden müssen. Dabei ist wichtig, dass die einzelnen Aspekte nicht einfach nacheinander abgehakt, sondern aufeinander bezogen werden, sodass die Antwort in sich geschlossen ist.

Basisinformation	
Was/welcher Sachverhalt/ wird dargestellt?	Titel/Überschrift und ggf. Zusatzangaben beachten
Welche Darstellungsform liegt vor?	Tabelle/Diagramm (Art des Diagramms, z. B. Linien-, Säulen-, Balken-, Flächen-, Kreis-, Torten-, Blockdiagramm)
Wie werden Zahlenwerte dargestellt, welche Einheiten werden verwendet?	• absolute Zahlen = Mengenangaben; • relative Zahlen = %; • Indexzahlen = ausgehend von einer Basiszahl, z. B. 100; werden Veränderungen auf diese umgerechnet?
Welcher Zeitraum und welche Zeiteinteilung wurden für die Statistik gewählt?	• Angaben von Werten je Monat/Jahr/Jahrzehnt; • Abstände zwischen den einzelnen Werten in Monaten/Jahren/Jahrzehnten
Aus welcher Quelle stammt die Statistik?	z. B. Forschungsinstitut/Regierung/Unternehmen
ggf.: An welchen Adressatenkreis richtet sich die Statistik?	z. B. an die interessierte Öffentlichkeit, an Kunden, an Geschäftspartner, an staatliche Institutionen
Beschreibung	
einzelne Datenreihen bzw. grafische Elemente (Kurven, Balken o. Ä.)	• Wie verhalten sich Anfangs- und Endwert zueinander? • Wie ist der Datenverlauf: stetig, schwankend? • Wo liegen Maxima, Minima, Plateaus?
Vergleich mehrerer Datenreihen: Welche Parallelen oder Unterschiede gibt es?	Vergleich von Anfangs- und Endwerten sowie des Verlaufs (vgl. oben)
Interpretation	
Wie lässt sich der Verlauf bzw. wie lassen sich Veränderungen erklären? Bei Vergleichen: Welche Gründe gibt es für Unterschiede bzw. Parallelen?	Ursachen/Gründe
Welche Schlussfolgerungen lassen sich ziehen?	z. B. zukünftige Entwicklung
Welchen Zweck verfolgt die Darstellung?	Dient die Darstellung z. B. zur Information, als Erklärung, als Handlungsempfehlung oder als Aufforderung?
ggf.: Welche Informationen fehlen?	z. B. Zeitpunkte oder -räume, Vergleichsgrößen
ggf.: Versucht die Darstellung zu manipulieren?	z. B. durch selektive Darstellung oder Hervorhebung, grafische Effekte

3.3 Interpretation von Karten

Bei Karten im Fach Wirtschaft handelt es sich in der Regel um **thematische Karten**. Hier wird, anders als bei topografischen Karten, nicht nur ein verkleinertes und verallgemeinertes Abbild der Wirklichkeit wiedergegeben, sondern es werden bestimmte Inhalte in ihrer räumlichen Verbreitung kartografisch dargestellt. Das können sowohl **statische**, wie Lage oder Verbreitung, als auch **dynamische Informationen**, wie Veränderungen im Zeitverlauf, sein. Die Auswertung einer Karte erfolgt in drei Schritten (vgl. S. 7):

- **Basisinformation:** Wesentliche Angaben zum Inhalt bzw. Gegenstand der Karte machen. Hierzu zählt auch die Einordnung der Karte in den Raum. Auf Vollständigkeit achten, da thematische Karten oft vielfältige Informationen enthalten. Wesentliche Hilfe bei der Auswertung liefert die **Legende**.
- **Beschreibung** der dargestellten Informationen.
- **Interpretation** der Informationen vor dem Hintergrund der Fragestellung.

Beispiel Erläutern Sie mithilfe der Karte den Handel Asiens.

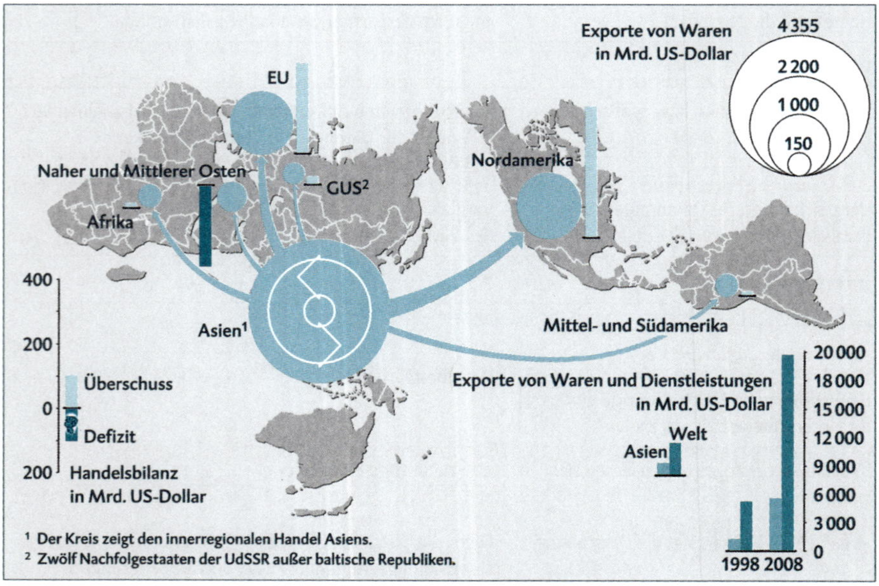

Beispiel einer thematischen Karte: Asiens Handel mit den Weltregionen 2008

- **Basisinformation:** Die thematische Karte *Asiens Handel mit den Weltregionen 2008* stellt eine Weltkarte dar, bei der Asien im Kartenzentrum liegt. Neben der Darstellung der inner- und überregionalen Warenexporte Asiens im Jahr 2008 (in Milliarden US-Dollar) sind für die Jahre 1998 und 2008 der weltweite Export von Waren und Dienstleistungen sowie der asiatische Anteil angegeben.
- **Beschreibung:** Rund die Hälfte der asiatischen Warenexporte in Höhe von 4 355 Mrd. Dollar werden innerhalb Asiens getätigt. Jeweils für etwa 1 000 Mrd. Dollar werden Güter nach Europa und Nordamerika exportiert. Mit deutlichem Abstand folgen die übrigen Regionen der Welt. Das Exportvolumen liegt hier jeweils bei ca. 150 Mrd. Dollar. Mit Ausnahme des Nahen und Mittleren Ostens ist die Handelsbilanz immer positiv. Die weltweiten Waren- und Dienstleistungsexporte haben sich 2008 im Vergleich zu 1998 stark erhöht, auf knapp 20 000 Mrd. Dollar, Asiens Anteil daran beträgt knapp 6 000 Mrd. Dollar.
- **Interpretation:** Der große Anteil des innerasiatischen Handels zeigt eine hohe wirtschaftliche Verflechtung innerhalb der Region. Zudem lässt sich die Bedeutung der einzelnen Wirtschaftsräume der Erde ablesen: Die wirtschaftlich hoch entwickelten Länder des Nordens nehmen eine weit wichtigere Rolle ein als die peripheren Regionen Afrika, Mittel- und Südamerika sowie, wegen der geringeren Bevölkerungszahl, die GUS. Die überwiegend positiven Handelsbilanzen bringen Kapital in die Region und fördern das Wirtschaftswachstum. Das Defizit des Nahen und Mittleren Ostens lässt sich mit Brennstofflieferungen erklären.

3.4 Interpretation von Karikaturen

Die Interpretation von Karikaturen erfolgt in der Regel auf **vier Ebenen**, die zum Teil ineinander übergehen:

- **Inhaltsebene:** Beschreibung der relevanten Text- und Bildelemente.
- **Bedeutungsebene:** Soweit erforderlich, den relevanten Elementen Bedeutung zuordnen.
- **Interpretation:** Was wird kritisiert, problematisiert bzw. lächerlich gemacht?
- **Hintergrund:** Falls verlangt, den Hintergrund der Fragestellung mit berücksichtigen.

Beispiel Beurteilen Sie vor dem Hintergrund der aktuellen WTO-Verhandlungen, wie der Zeichner den Abbau von Zollschranken sieht.

- **Inhaltsebene:** Die Karikatur mit dem Titel „Die WTO-Verhandlungen" zeigt einen Wolf und ein Schaf mit menschlicher Kleidung, die sich durch einen Zaun getrennt gegenüberstehen. Der Wolf sagt mit hungrigem Gesichtsausdruck: „Ohne diese Zollschranken zwischen uns könnten wir doch viel freier unsere Felle gegenseitig verkaufen …!" Das Schaf blickt den Wolf skeptisch an.
- **Bedeutungsebene:** Der Wolf stellt die Industrieländer dar, die Schafe die Entwicklungsländer. Bei der Verhandlung über eine Weiterentwicklung der Weltwirtschaftsordnung treten die Industrieländer für die Abschaffung von Zollschranken ein, die in der Karikatur durch den Zaun symbolisiert werden.
- **Interpretation:** Der Karikaturist problematisiert die ungleichen Kräfteverhältnisse im Weltwirtschaftssystem und sieht die Zölle als Schutz der Entwicklungsländer. Diese hätten dem „hungrigen Wolf" nichts entgegenzustellen, wenn die Zölle, wie von den Industrieländern gefordert, wegfielen.
- **Hintergrund der Fragestellung:** Bei den aktuellen WTO-Verhandlungen, der sog. Doha-Runde, ist derzeit keine Einigung in Sicht. Streitpunkt ist vor allem die Frage der Öffnung der Agrarmärkte. V. a. China und Indien lehnen eine Liberalisierung ab, um die heimischen Landwirte vor den subventionierten Agrarprodukten der Industrieländer zu schützen.

3.5 Erstellen von Grafiken

Einige Operatoren verlangen die grafisch angemessene Darstellung von Sachverhalten. Hier sind unterschiedliche Aufgabenstellungen möglich, z. B. die Erstellung eines **Preis-Mengen-Diagramms**. Für die Bewertung sind die korrekte Achsenlegung, die Beschriftung mit fachsprachlichen Begriffen und die korrekte Umsetzung von Zahlen in der Grafik wichtig. Darüber hinaus können z. B. folgende Darstellungen verlangt werden.

- **Fließschema:** Entstammt ursprünglich der Verfahrenstechnik und dient der schematischen Darstellung technischer oder organisatorischer Abläufe. Im Beispiel steht das Sechseck für die Ausgangsposition und das Endergebnis, das Rechteck bezeichnet die jeweilige Bearbeitung bzw. Tätigkeit, Entscheidungen mit Ja-/Nein-Verzweigung sind als Raute dargestellt.

Beispiel

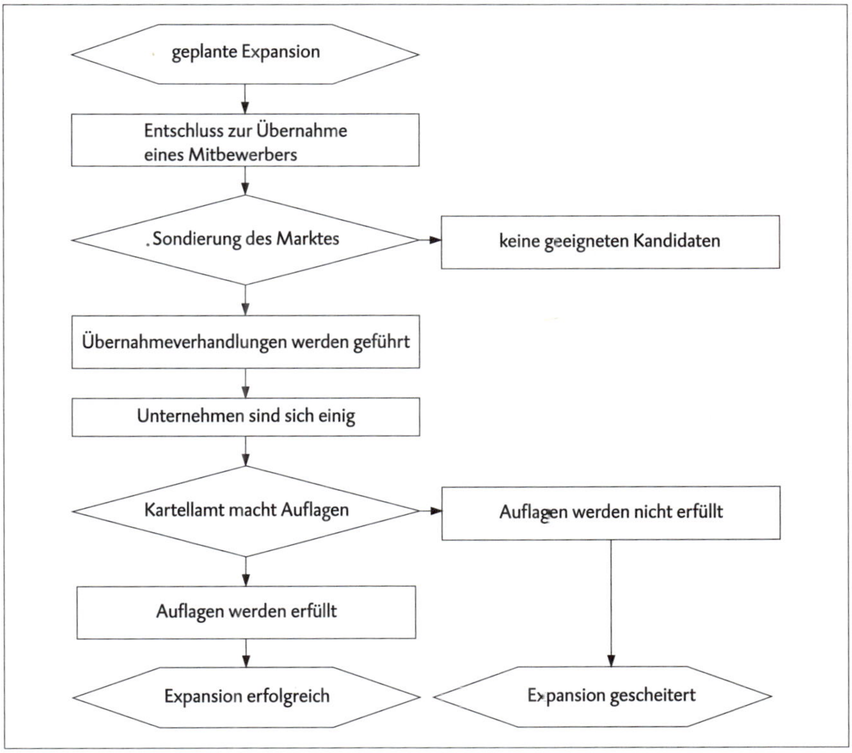

Fließdiagramm zu einer Unternehmensexpansion

- **Mindmap:** Dient der Strukturierung und Verdeutlichung von Zusammenhängen. In der Mitte steht ein zentraler Begriff. Die davon abgehenden Äste und Unteräste sind hierarchisch geordnet.

Beispiel

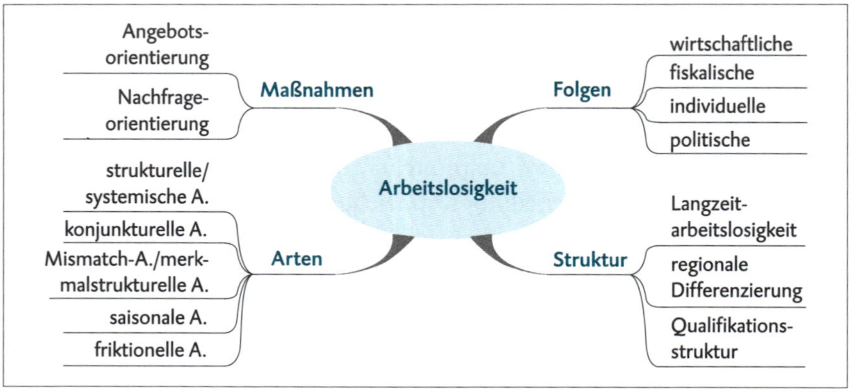

Mindmap zur Arbeitslosigkeit

- **Wirkungsgefüge** (auch Wirkungs- oder Regelkreisdiagramm): Geht von der Tatsache aus, dass viele ökonomische Zusammenhänge komplex sind und durch mehrere Variablen bedingt werden. Mittels eines Wirkungsdiagramms lassen sich die relevanten Faktoren und die Richtung der Wirkung darstellen. Aus dem unten stehenden Beispiel lässt sich z. B. herauslesen, dass ein hoher Gewinn zu hohen Forschungsausgaben und damit Innovationen führen kann. Innovationen haben wiederum eine negative Auswirkung auf die Herstellungskosten, d. h., durch die Ergebnisse der Forschung kann billiger produziert werden.

Beispiel

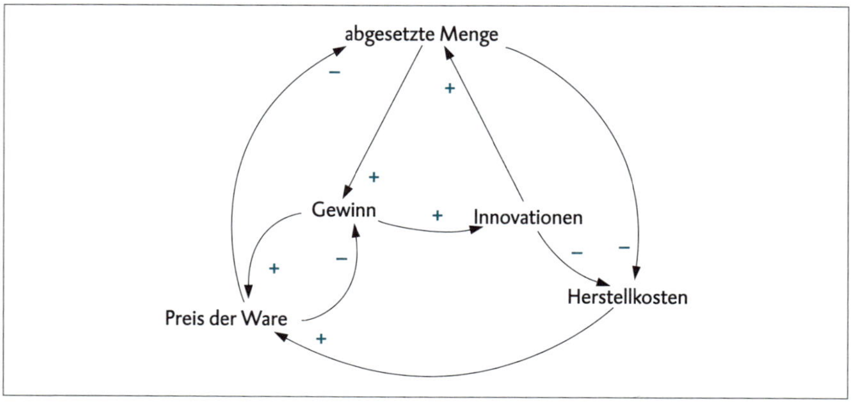

Modell der Preisbildung

3.6 Arbeiten mit Modellen

Das Arbeiten mit Modellen gehört zu den wichtigsten Methoden in den Sozialwissenschaften und damit auch in den Wirtschaftswissenschaften. Bei einem Modell handelt es sich um ein gedankliches Konstrukt mit dem **Ziel, die Komplexität der Realität zu reduzieren**, um so Aussagen über wissenschaftliche Vorgänge treffen zu können. Dies lässt sich am Beispiel der Kartografie verdeutlichen: Ein Globus oder eine Straßenkarte ist ein Modell, eine verkleinerte, abstrahierte Abbildung der Erdoberfläche, die dem Menschen die Orientierung im Raum erleichtern soll. Dabei bleiben irrelevante Informationen unberücksichtigt und Details werden weggelassen. Es geht bei Modellen nicht primär um ein „Richtig“ oder „Falsch“, sondern vielmehr um die Frage, ob das Modell einen **hohen oder geringen bzw. keinen Erklärungsgehalt** besitzt. Die Herausforderung der Modellbildung liegt also darin, soweit wie möglich zu reduzieren und gleichzeitig eine hohe Erklärungskraft zu erzielen. Ist das Modell zu einfach, lässt sich damit zwar gut arbeiten, es fehlen aber möglicherweise wichtige Merkmale der Realität. Umgekehrt nähert man sich mit jedem zusätzlichen Element, das man im Modell berücksichtigt, der Wirklichkeit an, das Modell wird dadurch aber immer komplexer und damit nicht mehr für eine wissenschaftliche Anwendung handhabbar. Zudem kann ein Modell über den gleichen Gegenstand ganz unterschiedlich ausfallen, je nachdem wer mit welcher Absicht mit dessen Erarbeitung beschäftigt ist. Das Beispiel der Karte verdeutlicht dies: Eine Straßenkarte wird ganz anders aussehen und andere Elemente enthalten als eine Wanderkarte oder eine geologische Karte derselben Region.

In den Wirtschaftswissenschaften wird mit zahlreichen Modellen wie denen des homo oeconomicus, der Preisbildung, des vollkommenen Marktes oder des Wirtschaftskreislaufes gearbeitet.

Ein Modell, das in verschiedenen Zusammenhängen Verwendung findet, ist das des **Produktlebenszyklus**.

Beispiel

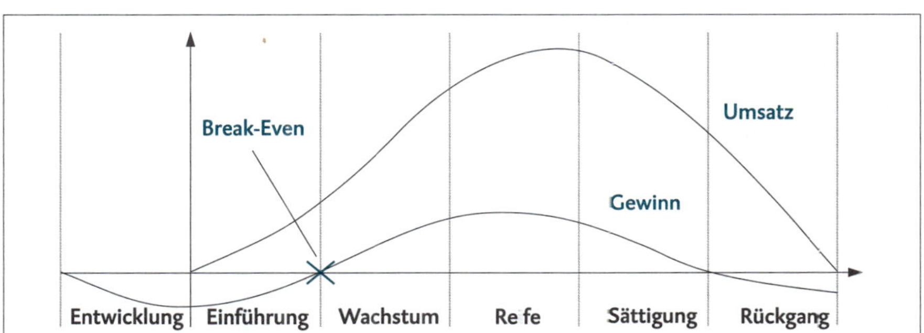

Das Modell stellt **den idealtypischen Lebensweg eines Produkts** von der Entwicklung über die Markteinführung bis hin zum Ausscheiden aus dem Markt dar. In der Literatur werden die einzelnen Phasen zum Teil unterschiedlich benannt:

- In der ersten Phase wird das Produkt **entwickelt**. Hierbei entstehen ausschließlich Kosten, da den Entwicklungsausgaben keine Einnahmen gegenüberstehen. Das Unternehmen macht in dieser Phase Verluste.
- In der **Einführungsphase** kommt das Produkt auf den Markt. Es muss nun mithilfe von Marketingmaßnahmen erfolgreich am Markt platziert werden. Der Umsatz steigt, das Unternehmen macht aber anfangs, bedingt durch Fixkosten für Maschinen, Gebäude etc., noch Verluste.
- In der **Wachstumsphase**, in der spätestens der Break-Even, also der Kostendeckungspunkt erreicht sein sollte, nimmt der Absatz weiter zu. Auch Umsatz und Gewinn steigen.
- In der **Reifephase** steigt der Absatz nur noch leicht, Umsatz und Gewinn erreichen ihren Höhepunkt.
- Die **Sättigungsphase** markiert den Wendepunkt: Der Absatz erreicht ein Maximum und geht danach langsam zurück.
- Die **Rückgangsphase** ist von stark rückläufigen Umsätzen und Verlusten geprägt. Dann ist der Punkt erreicht, an dem das Produkt nicht mehr abgesetzt werden kann und vom Markt genommen wird.

Der Produktlebenszyklus lässt sich sowohl auf Produktgattungen, wie z. B. Autos oder Mobiltelefone, als auch auf einzelne Modelle, wie VW Golf oder Nokia 6310, anwenden.

Bei der Arbeit am Modell muss man beachten, dass es sich um keine 1:1-Verkleinerung der Realität handelt, sondern um eine Abstraktion und Reduktion. Das Modell des Produktlebenszyklus unterstellt nicht, dass sich jedes Produkt genauso entwickelt, an der skizzierten Stelle die Gewinnschwelle erreicht ist oder jede Phase genau gleich lang ist. Es sollen vielmehr grundsätzliche Strukturen dargestellt werden. So durchlaufen Textilmoden den Zyklus in einer Saison, während der Produktlebenszyklus eines Automodells mehrere Jahre dauern kann. Es widerspricht dem Modell auch nicht, wenn Produkte, wie das iPad, nur eine kurze Einführungszeit haben, während andere, wie Elektroautos, lange in der Einführungsphase verharren oder Produkte über diese nie hinauskommen und schnell wieder vom Markt genommen werden. Ein Beispiel hierfür ist die Lebensmittelbranche. Hier können sich nur 10 % der neu auf den Markt gebrachten Produkte überhaupt durchsetzen.

3.7 Gestaltende Problemlösung

Bei Aufgabenstellungen, die eine gestaltende Lösung verlangen, soll ein Problem aus einem vorgegebenen Blickwinkel und in einer bestimmten Form bearbeitet werden. Denkbar ist z. B. das Entwerfen einer Rede, Pressemitteilung, Strategie oder Stellungnahme, eines Leserbriefs, Kommentars oder Streitgesprächs. Darüber hinaus kann auch die Entwicklung von Modellen und Szenarien verlangt werden.

Beispiel
- Gestalten Sie die Stellungnahme eines Gewerkschaftsvorsitzenden, die sich mit der Ausweitung der Zeitarbeit befasst.
- Gestalten Sie die Presseerklärung, in der ein Unternehmen die Verlagerung von Teilen der Produktion nach China ankündigt und begründet.

Bei Gestaltungsaufgaben ist es wichtig, dass die Antwort ausgehend von Sachwissen in der geforderten Form dargestellt wird. So geht es z. B. in einem **Leserbrief** darum, zu einem bestimmten Thema seine Meinung zu vertreten. Der Verfasser richtet sich damit an die Leser einer Zeitung und bezieht klar Stellung. Dabei muss sich die Position des fiktiven Leserbriefschreibers nicht mit der eigenen decken. Je pointierter ein Leserbrief formuliert ist, umso höher sind seine Chancen auf eine Veröffentlichung. Auch der Umfang spielt eine Rolle: Zu lange Leserbriefe werden von den Zeitungsredaktionen oft gekürzt bzw. gar nicht veröffentlicht. Der Leserbrief soll Autor, Titel und Thema des kommentierten Artikels enthalten, die Argumentation sowie die Meinung des Leserbriefschreibers. Am Schluss bietet sich eine Zusammenfassung an.

Ein **Kommentar** ist ebenfalls eine Textsorte, die interpretierende, wertende und subjektive Anmerkungen zu einem Thema enthält. Hierbei sollen der Sachverhalt dargestellt, Probleme benannt und die Meinung klargemacht werden. Die Argumentation soll nachvollziehbar sein, Gegenargumente sollen aufgegriffen und entkräftet werden. Die Darstellung kann im Vergleich zum Leserbrief mehr in die Tiefe gehen und ist, wenn die Aufgabenstellung keine genaueren Vorgaben macht, nicht so sehr auf eine Adressaten- und Produktorientierung aus.

Weitere Hinweise und Informationen zu gestaltenden Textsorten finden sich auch in Ihrem Deutschbuch.

3.8 Analyse, Bewertung und Gestaltung von Unternehmensstrategien

Ein Aufgabentyp, der vor allem beim Schwerpunktthema „Wirtschaftliches Handeln im Sektor Unternehmen – Grundlagen/Marketing" möglich ist, befasst sich mit der **Analyse**, **Bewertung** oder **Gestaltung einer Unternehmensstrategie** (vgl. S. 38 Aufgabe 15).

Solche Aufgaben sind i. d. R. materialgestützt, verlangen also in jedem Fall die Einhaltung der formalen Kriterien im Umgang mit den Quellen. Bei der Bearbeitung solcher Aufgaben können folgende Überlegungen sinnvoll sein:

- Was genau wird verlangt (Operator!)? Beachten Sie hier besonders, dass die „Bewertung" einer Unternehmensstrategie eine „Analyse" einschließt, auch wenn das in der Aufgabenstellung nicht explizit genannt wird (vgl. S. 2).
- Analysieren Sie das Material sorgfältig und machen Sie auch deutlich, welche Informationen sich den Quellen entnehmen lassen und welche ggf. noch ergänzt werden müssen.
- Handelt es sich um ein fiktives oder reales Fallbeispiel? Wird mit einem existierenden Unternehmen gearbeitet, kann man ggf. zusätzlich vorhandene Kenntnisse mit einbringen.
- Achten Sie auf die Perspektive in der Aufgabenstellung. Soll z. B. eine Bewertung einer Unternehmensstrategie aus Sicht des Marktes, der Umwelt oder der Geschäftsführung stattfinden? Grundsätzlich bietet sich eine ganzheitliche Betrachtung an, bei der die Wechselwirkungen zwischen Kunde, Mitbewerber/Konkurrenz und dem eigenen Unternehmen betrachtet werden (Strategisches Dreieck/Strategiedreieck).
- Beachten Sie den Zeithorizont bei der Strategieplanung. Bei einer nachgeordneten Strategie ist ein Problem der Ausgangspunkt. Eine Analyse des Sachverhaltes führt zur Entwicklung einer Strategie, die idealerweise das Problem behebt. Bei einer vorgeordneten Strategie bildet das Leitbild die Grundlage. Die Strategie dient dann dem Erreichen der Unternehmensziele.
- Auch wenn es in der Aufgabenstellung nicht verlangt ist, verwenden Sie, wenn es sinnvoll ist, ein Ihnen vertrautes Analyseraster, z. B. die SWOT- oder die Portfolioanalyse (vgl. S. 82 f.). Begründen Sie die Wahl Ihres Analyseinstrumentes.
- Überlegen Sie, inwieweit es bei der Beantwortung der Frage sinnvoll oder notwendig ist, auf Leitbild, Unternehmensziele und Instrumente zur Umsetzung der Strategie einzugehen.

Wirtschaftliches Handeln im Sektor Unternehmen

1 Betriebs- und volkswirtschaftliche Produktionsfaktoren

Unternehmen sind planvoll organisierte, **selbstständige Wirtschaftseinheiten**, die Waren produzieren und/oder Dienstleistungen[1] erbringen. Sie sind am **erwerbswirtschaftlichen Prinzip** (Gewinnerzielung) orientiert und können sich sowohl in privatem wie auch in staatlichem Besitz befinden.

Umgangssprachlich werden die Begriffe Betrieb und Unternehmen oft synonym verwendet. In der Betriebswirtschaft ist der **Betrieb** eine örtliche, organisatorische und technische Einheit, in der die Leistungserstellung eines Unternehmens stattfindet. Das **Unternehmen** ist die wirtschaftlich-juristische Einheit. Ein Unternehmen kann also aus mehreren Betrieben bestehen.

Das **Modell des Wirtschaftskreislaufs** zeigt die Wechselwirkungen zwischen den einzelnen Wirtschaftssubjekten einer Volkswirtschaft:

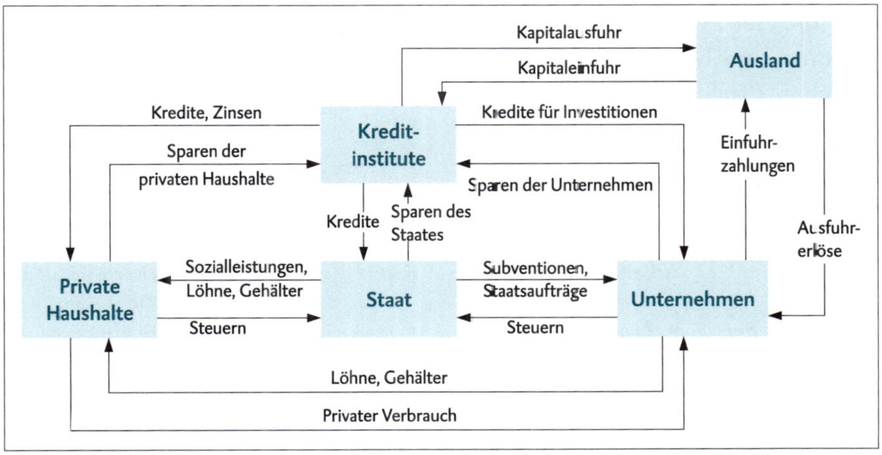

Der Wirtschaftskreislauf

1 Aus Gründen der sprachlichen Vereinfachung sind, soweit nichts anderes angegeben, im Folgenden bei Produkten/Gütern auch immer die Dienstleistungen mit eingeschlossen.

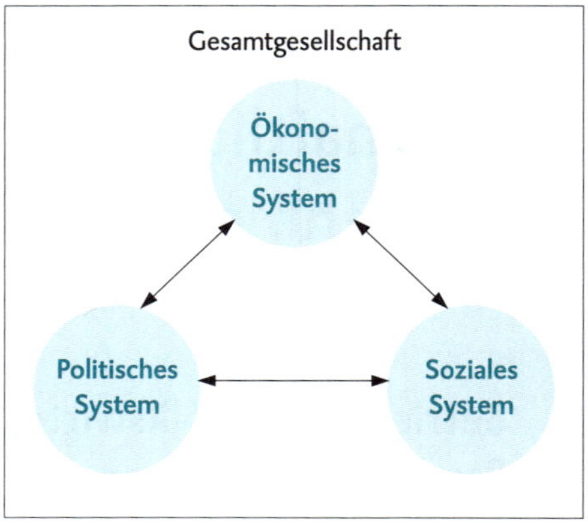

Unternehmen sind eingebunden in das Institutionen- und Regelsystem der jeweiligen Wirtschaftsordnung. Durch ihre wirtschaftliche Tätigkeit nehmen sie eine wichtige **gesamtgesellschaftliche Funktion** wahr und haben Einfluss auf das Normen- und Wertesystem. Im **ökonomischen (Sub-)System** gehen sie Beziehungen mit den Banken, den Kunden, dem Staat sowie anderen Unternehmen (als Zulieferer, Kunden oder Mitbewerber) ein. Auf das **soziale System** haben Unternehmen z. B. über Arbeitszeitregelungen Einfluss. Mit dem **politischen (Sub-)System** stehen sie in Wechselwirkung, indem sie Forderungen stellen, etwa nach Subventionen oder dem Abbau des Kündigungsschutzes, bzw. Unterstützung leisten, wenn sie z. B. einer bestimmten Partei Spenden zukommen lassen.

Alle Mittel und Leistungen, die zur Erstellung von Gütern benötigt werden, bezeichnet man als **Produktionsfaktoren**. Hierbei unterscheidet man zwischen volkswirtschaftlicher und betriebswirtschaftlicher Betrachtung.

Als klassische **volkswirtschaftliche Produktionsfaktoren** werden bereits seit Adam Smith[2] und insbesondere seit David Ricardo[3] **Arbeit, Kapital** und **Boden** angesehen. **Bildung/Qualifikation** gilt in der Volkswirtschaftslehre seit jüngerer Zeit als weiterer Produktionsfaktor. Die einzelnen Produktionsfaktoren sind begrenzt **substituierbar**. So kann z. B. die Anschaffung einer Maschine (Sachkapital) die Zahl der Arbeitskräfte reduzieren.

Volkswirtschaftliche Produktionsfaktoren

Originäre (= ursprüngliche) Produktionsfaktoren		Derivative (= abgeleitete) Produktionsfaktoren	
Boden	Arbeit	Kapital	(Wissen/Bildung/ Qualifikation)
• Gewerbe- bzw. Nutzflächen • Bodenschätze • Umwelt/Natur	• Zahl der Arbeitskräfte • Qualifikation der Arbeitskräfte • körperliche/geistige Arbeit	• Realkapital/Sachkapital (z. B. Maschinen) • Geldkapital	• Humankapital

2 Adam Smith (1723–1790): schottischer Moralphilosoph und Ökonom, gilt als Begründer der klassischen Volkswirtschaft

3 David Ricardo (1772–1823): englischer Nationalökonom, war ein führender Vertreter der klassischen Volkswirtschaft

Aus betriebswirtschaftlicher Sicht lassen sich folgende Produktionsfaktoren unterscheiden:

• **Ausführende Arbeit:** Diese lässt sich nach Art (körperlich oder geistig), Anforderung (z. B. einfache Arbeit) oder Tätigkeit (z. B. Verkaufen, Programmieren) differenzieren. • **Betriebsmittel:** Hierzu gehören alle Anlagen und Einrichtungen, die zur Leistungserbringung benötigt und über eine längere Zeit genutzt werden; z. B. Gebäude, Grundstücke und Maschinen sowie Büroausstattung oder Fahrzeuge. • **Werkstoffe:** Hierunter fallen alle Roh-, Hilfs- und Betriebsstoffe, die zur Erstellung des Produkts benötigt werden. Rohstoffe gehen direkt in das Produkt ein, wie z. B. Stahl in die Automobilproduktion. Hilfsstoffe werden ebenfalls für die Herstellung benötigt, sind aber kein wesentlicher Bestandteil und in der Regel geringwertige Stoffe, wie Kleber, Schrauben usw. Betriebsstoffe wie Energie, Wasser oder Schmiermittel werden für die Produktion benötigt, gehen aber nicht in das Produkt ein.	originäre Faktoren/ Elementarfaktoren
• **Leitende Arbeit/Leistung:** Diese umfasst den leitenden, organisierenden, planenden und kontrollierenden Teil der unternehmerischen Tätigkeit. Sie hat die Aufgabe, die Elementarfaktoren so zu koordinieren und zu kombinieren, dass das gesteckte Unternehmensziel möglichst effektiv erreicht wird.	dispositiver Faktor

Aufgaben

1 Beschreiben Sie die Stellung der Unternehmen im Wirtschaftskreislauf.

2 Erklären Sie, weshalb man die ausführende Arbeit auch als objektbezogene Arbeit bezeichnet, und stellen Sie diese der leitenden Arbeit gegenüber.

3 Stellen Sie Gemeinsamkeiten und Unterschiede zwischen der betriebs- und der volkswirtschaftlichen Betrachtung der Produktionsfaktoren dar.

4 Beurteilen Sie, inwieweit es problematisch ist, den Produktionsfaktor Boden undifferenziert zu betrachten, während man bei der Arbeit z. B. nach Art und Anforderung unterscheidet.

2 Bedeutung der Produzenten für eine Volkswirtschaft

Die Bedeutung des **Produzenten** bzw. des **Unternehmers** für eine Volkswirtschaft ist unbestritten. Unternehmer schaffen **Arbeitsplätze**, fördern durch **Innovationen** den **Fortschritt** und sorgen für mehr **Wettbewerb**. Das verhindert eine Machtkonzentration und Monopolbildung. **Neue Märkte** und **Bezugsquellen** werden erschlossen. **Wachstum** entsteht und die **Wettbewerbsfähigkeit** des Standorts steigt. Das alles sorgt für eine **Stabilisierung des politischen Systems** und fördert die Umsetzung demokratischer Werte. Wie die untenstehende Tabelle zeigt, wurden 2011 durch Unternehmensgründungen mehr als 450 000 Arbeitsplätze geschaffen.

Stellen für … / Stellen von …	Vollerwerb Gründer	Vollerwerb Mitarbeiter	Nebenerwerb Gründer	Nebenerwerb Mitarbeiter	Summe
Sologründern ohne Mitarbeiter	175 700	–	–	–	175 700
Sologründern mit Mitarbeitern	61 000	125 700	–	30 700	217 400
Teamgründern ohne Mitarbeiter	9 500	–	–	–	9 500
Teamgründern mit Mitarbeitern	13 800	11 100	–	25 800	50 700
	260 000	136 800	–	56 500	
Summe	396 800		56 500		453 300

Bereits zu Beginn des 20. Jahrhunderts befasste sich der bedeutende Volkswirtschaftler Joseph Schumpeter[4] mit der Rolle der Unternehmer für das Funktionieren einer Volkswirtschaft. Durch das „[…] Erkennen und Durchsetzen neuer Möglichkeiten auf wirtschaftlichem Gebiet […]“[5] ist er maßgeblich für die wirtschaftliche Entwicklung verantwortlich. Mit der Einführung neuer Produkte und Produktionsmethoden und der Schaffung neuer Organisationsformen werden gleichzeitig alte Erzeugnisse und Verfahren abgeschafft. Schumpeter bezeichnet dieses ständige Ersetzen vom Altem durch neue Innovationen als **„schöpferische Zerstörung“**. Dabei spricht er dem Typus des Unternehmers besondere Eigenschaften zu: Er muss nicht nur über das technische Know-how verfügen, sondern auch Willens und in der Lage sein, dieses in eine marktfähige Lösung umzusetzen. Eine besondere Bedeutung kommt

4 Joseph Schumpeter (1883–1950): österreichischer Ökonom, gilt als einer der einflussreichsten Nationalökonomen des 20. Jahrhunderts

5 Schumpeter: Unternehmer, in: Handwörterbuch der Staatswissenschaften, 4. Auflage, 1928, S. 483, zit. nach http://www.ibim.de/epol/2-3.htm

hier der **Unternehmerpersönlichkeit** zu (vgl. Kap. 3.3). Nach Schumpeter unterscheidet sich der Unternehmer vom **Eigentümer**, den er Kapitalist nennt. Dieser trage zwar ein finanzielles Risiko, es fehle ihm aber am Willen und/oder an den Charaktereigenschaften, um eigenständig unternehmerisch tätig zu sein.

Heute ist vor allem die Unterscheidung zwischen dem Typus **des Unternehmers** und dem **Manager** von Bedeutung. Der Unternehmer ist in der Regel am langfristigen Erfolg des Unternehmens interessiert. In diesem Zusammenhang hat sich der Begriff des **Entrepreneurship** bzw. des **Unternehmertums** eingebürgert. Der Entrepreneur sucht neue Geschäftsideen und setzt diese idealtypisch mit innovativen Geschäftsmodellen um. Der Manager hingegen ist in der Regel angestellt, hat oft weitreichende Entscheidungskompetenzen und ist, mit Ausnahme eines Arbeitsplatzverlustes, keinen weiteren persönlichen Risiken ausgesetzt, während der Unternehmer oft stärker, sowohl finanziell als auch emotional, vom Erfolg der unternehmerischen Tätigkeit abhängig ist.

Der permanente Prozess der schöpferischen Zerstörung vollzieht sich nach Schumpeter nicht stetig, sondern in unterschiedlich langen Wellen. Konjunktur- und Wachstumswellen wurden im 20. Jahrhundert von verschiedenen Ökonomen beschrieben. Zu den bekanntesten zählt der russische Wissenschaftler Nikolai Kondratjew[6]. Er beobachtete 40–60 Jahre dauernde, wiederkehrende Wirtschaftsschwankungen und formulierte die **Theorie der langen Wellen:** Eine **Basisinnovation** löst einen **Kondratjew-Zyklus** aus, in dessen Folge es zu einem ökonomischen Aufschwung und einer tiefgreifenden gesellschaftlichen Umwälzung kommt. Infolge dieses **Strukturwandels** gibt es eine Reihe von Folgeinnovationen. Es kommt zu einem wirtschaftlichen Aufschwung und einem Rückgang der Arbeitslosigkeit. Wie die folgende Abbildung zeigt, wurden bislang sechs lange Wellen identifiziert.

6 Nikolai Dmitrijewitsch Kondratjew (1892–1938): russischer Wirtschaftswissenschaftler, zählt zu den Mitbegründern der zyklischen Konjunkturtheorien

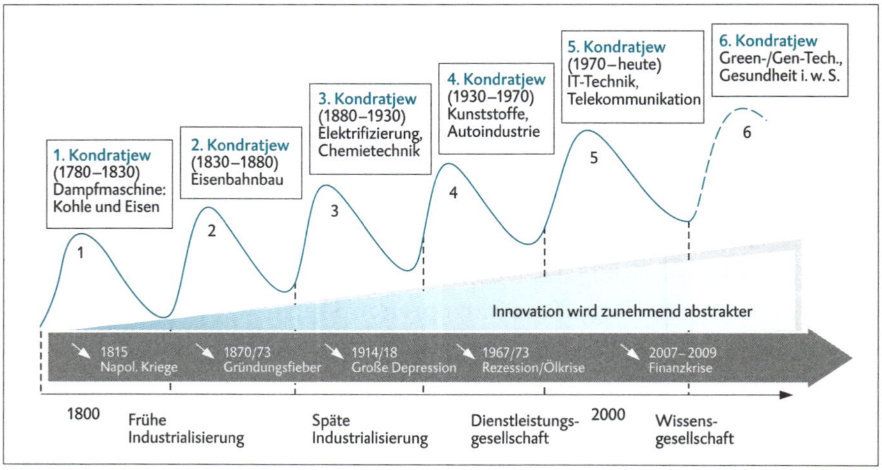

Kondratjew-Zyklen

Aufgaben

5 Begründen Sie, weshalb der Staat Unternehmensgründer fördert.

6 Erörtern Sie, ob der Staat alle Arten von Unternehmensgründungen gleichermaßen fördern soll.

7 Beschreiben Sie, wie es nach Schumpeter zu wirtschaftlichem Fortschritt kommt.

8 Erläutern Sie die Bedeutung von Basisinnovationen.

9 Nennen Sie Unterschiede zwischen einem „Kondratjew-Zyklus“ und einer konjunkturellen Schwankung.

3 Existenzgründungen

3.1 Existenzgründer in Deutschland

Angesichts der Bedeutung des Unternehmertums für eine Volkswirtschaft kommen den Existenzgründungen und deren Förderung eine wichtige Bedeutung zu.

In Deutschland lag die **Gründerquote** 2012 bei 1,50 %, bezogen auf die Gesamtbevölkerung im Alter von 18–65 Jahren. Deutschland liegt damit im internationalen Vergleich seit Jahren auf einem der letzten Plätze.

Betrachtet man die Zahl der Unternehmensgründungen von 1997–2012, ist ein rückläufiger Trend beobachtbar. Mit Ausnahme der Jahre 2008 und 2012 war der **Saldo der Unternehmensgründungen** aber immer positiv.

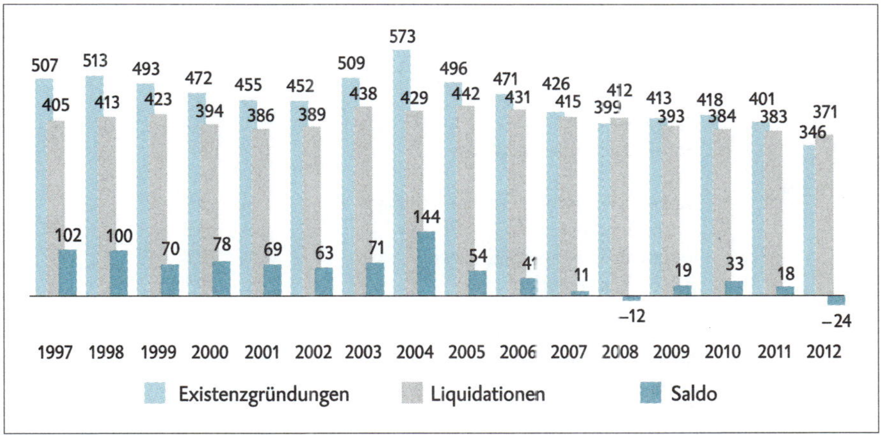

Existenzgründungen, Liquidationen und deren Saldo 1997–2012 in Deutschland (in Tausend)

Die folgende Tabelle stellt ausgewählte Merkmale der Gründer bzw. Gründungen 2012 in Prozent dar.

		Gründer	Bevölkerung
Geschlecht	männlich	61,3	50,6
	weiblich	38,7	49,4
Alter	18–24 Jahre	13,9	12,8
	25–34 Jahre	29,3	19,0
	35–44 Jahre	26,0	21,4
	45–54 Jahre	20,1	26,0
	55–64 Jahre	10,6	20,9

Berufsabschluss	Universität	16,7	9,6
	Fachhochschule, Berufsakademie u. Ä.	11,5	9,6
	Fachschule, Meisterschule	6,3	5,3
	Lehre, Berufsfachschule	49,1	52,1
	kein Berufsabschluss	16,3	23,4
Erwerbsstatus	angestellter Unternehmensleiter	4,8	3,0
	leitender/hoch qualifizierter Angestellter	17,6	13,1
	sonstiger Angestellter	23,5	29,0
	Beamter	1,7	3,4
	Facharbeiter	5,7	8,8
	sonstiger Arbeiter	2,8	6,4
	selbstständig	11,6	8,2
	arbeitslos	10,4	5,8
	Nichterwerbsperson	21,9	22,5
Gründungsform	Neugründung	75,6	
	Übernahme	10,0	
	Beteiligung	14,3	
Branche	verarbeitendes Gewerbe	4,9	
	Baugewerbe	5,2	
	Sonstige Nichtdienstleistungen	6,4	
	Handel	18,3	
	Verkehr und Nachrichtenübermittlung	5,9	
	Finanzdienstleistungen	4,2	
	wirtschaftliche Dienstleistungen	25,8	
	persönliche Dienstleistungen	29,1	
Gründungsgrößen	Sologründer ohne Mitarbeiter	66,4	
	Sologründer mit Mitarbeitern	15,4	
	Teamgründer ohne Mitarbeiter	8,2	
	Teamgründer mit Mitarbeitern	10,0	

Auffällig ist die hohe Gründerquote bei Personen, die vor der Gründung arbeitslos waren: Deren Anteil an den Gründern war fast doppelt so hoch wie ihr Anteil an der Bevölkerung. Die folgende Tabelle zeigt den **Zusammenhang zwischen Gründerquote und Erwerbslosenquote**.

		2003	2004	2005	2006	2007	2008	2009	2010	2011	2012
Erwerbslosenquote	(in %)	9,2	9,7	10,6	9,8	8,3	7,2	7,4	6,8	5,7	5,3
Gründerquote	(in %)	2,84	2,59	2,47	2,1	1,66	1,54	1,69	1,83	1,62	1,5

Viele Arbeitslose sehen in der Selbstständigkeit eine Chance, ihre persönliche Situation zu verbessern. Auch eine Phase des konjunkturellen Aufschwungs kann die **Gründungsmotivation** steigern. Hier verspricht die wirtschaftliche Belebung größere Chancen auf eine erfolgreiche Unternehmensgründung. Einen weiteren großen Einfluss auf die Gründeraktivitäten haben **staatliche Fördermaßnahmen**, allen voran die Maßnahmen der Bundesagentur für Arbeit (vgl. S. 36).

2012 gaben 46,6 % aller Gründer die „Ausnutzung ihrer Geschäftsidee" als hauptsächliches Gründungsmotiv an, gefolgt von „fehlenden Erwerbsalternativen" (30,4 %). Weiter wurden z. B. „Selbstverwirklichung" und „pekuniäre Gründe" genannt.

Der Wert der **innovativen Gründungen**, also derjenigen, die eine regionale, nationale oder weltweite Neuheit auf den Markt brachten, lag im Jahr 2012 bei 17,8 % und entsprach damit den Werten der Vorjahre.

Betrachtet man die **Nachhaltigkeit** der Neugründungen, kann man feststellen, dass rund ein Drittel aller neu gegründeten Unternehmen nach drei Jahren bereits nicht mehr am Markt sind. Gründe hierfür sind vor allem Finanzierungsmängel, Informationsdefizite über die Marktsituation und eine damit verbundene unzureichende Planung, Qualifikationsmängel des Gründers und nicht zuletzt familiäre Schwierigkeiten, die im Zusammenhang mit der unternehmerischen Tätigkeit stehen.

3.2 Produktidee und Businessplan

Ausgangspunkt einer erfolgreichen unternehmerischen Tätigkeit ist eine gute **Produkt- bzw. Geschäftsidee**. Allerdings führt eine Idee, ein Verbesserungsvorschlag, eine Erfindung oder eine Innovation nicht automatisch zu einer erfolgreichen Unternehmensgründung. Angehende Unternehmer müssen prüfen, ob und in welchem Umfang ein **Markt** für ihr Produkt besteht und ob sie aufgrund ihrer Persönlichkeit in der Lage sind, ein Unternehmen zu gründen und zu führen (vgl. S. 28 ff.).

Diese Eignung kann auf unterschiedliche Weise festgestellt werden. Beispielhaft ist eine Checkliste des Gründerportals des Bundesministeriums für Wirtschaft wiedergegeben, die angehende Unternehmer zur Überprüfung ihrer Geschäftsidee durchgehen können.

Prüfen Sie: Ist Ihre Geschäftsidee wirklich gut durchdacht?	
Gründerperson	
Bringen Sie die notwendigen	
persönlichen Voraussetzungen mit?	☐
fachlichen Voraussetzungen mit?	☐
unternehmerischen Voraussetzungen mit?	☐
Technologie	
Sind die technologischen Voraussetzungen gegeben (z. B. ausreichender Entwicklungsgrad, Beherrschbarkeit)?	☐
Können Sie diese Voraussetzungen (ggf. mit Unterstützung) schaffen?	☐
Markt	
Passt die Idee zur Branchenentwicklung?	☐
Stoßen Sie in einen Wachstumsmarkt vor?	☐
Haben Sie tatsächlich eine Marktnische gefunden?	☐
Kennen Sie die Vor- und Nachteile Ihrer Idee aus der Sicht des Marktes?	☐
Kennen Sie Ihre potenziellen Kunden?	☐
Gibt es für Ihre Idee genügend Käufer am Markt?	☐
Sind Ihre Konkurrenten zu schlagen?	☐
Kennen Sie Ihren Vorsprung vor der Konkurrenz?	☐
Sind Sie auf mögliche Reaktionen der Konkurrenz vorbereitet?	☐
Werden Sie Ihren Preis am Markt durchsetzen können?	☐
Wissen Sie, wie Vertrieb und Marketing funktionieren?	☐
Realisierungsaufwand	
Kennen Sie die rechtlichen und kaufmännischen Grundlagen Ihres geplanten Unternehmens?	☐
Werden Sie den Vorbereitungs- und Gründungsaufwand bewältigen können?	☐
Können Sie dies allein schaffen?	☐
Gibt es Hilfe, Partner etc.?	☐
Kennen Sie die notwendigen Ressourcen an Zeit, Geld und Know-how?	☐

Checkliste des Gründerportals des Bundesministeriums für Wirtschaft

Fällt diese erste Überprüfung positiv aus, formuliert der Existenzgründer idealerweise sein Vorhaben schriftlich in Form eines **Geschäftsplans** bzw. **Businessplans** aus. Dieser gibt Informationen über eigene Stärken und Schwächen und verschafft dem Gründer einen Überblick über den Markt. Der Gründer analysiert bei Erstellung des Plans die eigene finanzielle Situation, ermittelt daraus den Finanzierungsbedarf und versucht die wirtschaftliche Entwicklung des Unternehmens zu prognostizieren. Dabei wird er gezwungen, seine geplante Unternehmung aus verschiedenen Perspektiven zu durchdenken. Viele Fehler können so schon im Vorfeld vermieden werden.

Zum Aufbau eines Businessplans gibt es keine einhellige Meinung, sinnvoll ist aber die Aufnahme folgender Punkte:

- **Produkt-/Geschäftsidee**
  - Beschreibung
  - Entwicklungsstand/Marktreife
  - Kosten/Verkaufspreis
  - Kundennutzen
  - Innovationsgrad
- **Gründerperson/Gründerteam**
  - Stärken/Schwächen
  - Qualifikationen
  - Branchen-/Marktkenntnisse
- **Marketing**
  - Marketingkonzeption
  - Vertriebskonzept
- **Unternehmensform**
  - Rechts- und Organisationsform
  - Mitarbeiter
- **Marktübersicht**
  - Kundenkreis/Referenzkunden
  - Branchenanalyse
  - Mitbewerber/Wettbewerbssituation
  - Standortbewertung
- **Finanzierung**
  - Finanzierungs-, Investitions- und Liquiditätsplan
  - Umsatz- und Rentabilitätsvorschau
  - Unternehmerlohn
- **Chancen und Risiken**
  - Risikobewertung
  - Alternativszenarien (Best-case/Worst-case)

Auch der Umfang des Businessplans ist nicht festgelegt. Da er sich nicht nur nach **innen**, sondern auch nach **außen** – z. B. an Kreditgeber oder Einrichtungen zur Vergabe von Fördermitteln – richtet, stellt man ihm eine kurze Zusammenfassung voran, in der die wichtigsten Punkte des Vorhabens kurz und präzise dargestellt sind. Potenzielle Geldgeber und Förderer können sich so einen raschen Überblick verschaffen. Banken und andere Kreditgeber bestehen in der Regel auf die Vorlage eines Businessplans.

3.3 Bedeutung der Unternehmerpersönlichkeit

Unbestritten ist der **Zusammenhang zwischen der Persönlichkeit des Unternehmers und dessen wirtschaftlichem Erfolg**. Verschiedene Studien und Erhebungen haben dies empirisch belegen können. In der Fachliteratur und in Ratgebern für Existenzgründer finden sich Auflistungen von Eigenschaften, die ein Unternehmer idealerweise besitzt. Wichtige Eigenschaften eines Unternehmers sind:

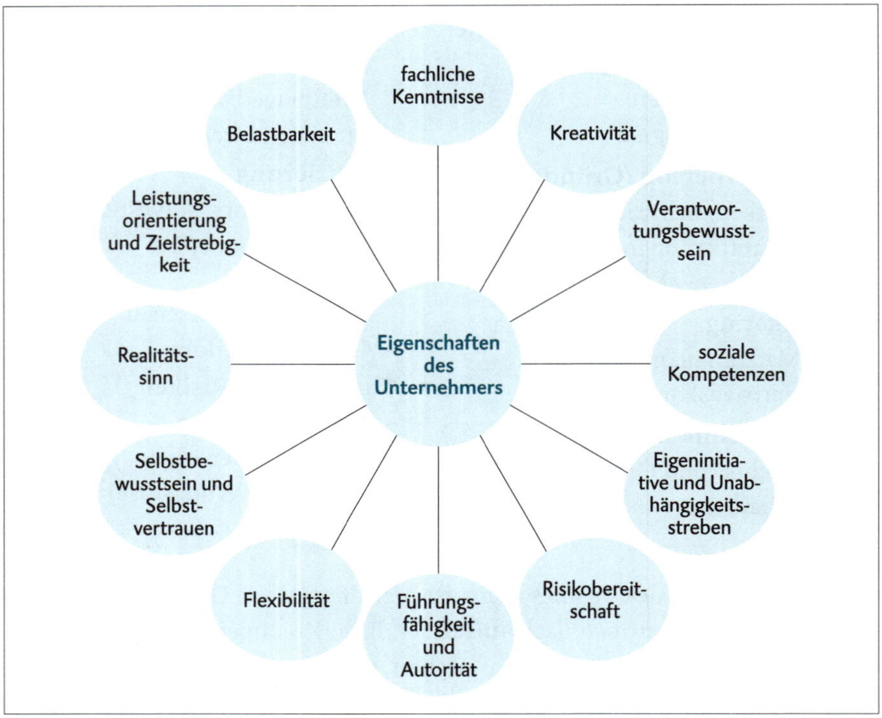

Wichtige Eigenschaften des Unternehmers

Diese Eigenschaften lassen sich nicht in eine eindeutige Rangfolge bringen. Vielmehr stehen sie mehr oder weniger auf der gleichen Stufe. Der „geborene Unternehmer" verfügt über diese Fähigkeiten und Eigenschaften gleichermaßen.

Allerdings entspricht kaum ein Unternehmer diesem Idealtypus. Insbesondere Existenzgründer sollten sich vor dem Schritt in die Selbstständigkeit genau über ihre Stärken und Schwächen im Klaren sein und dies auch im Businessplan dokumentieren. Sind einzelne Bereiche schwächer ausgeprägt, ist das grundsätzlich kein Ausschlusskriterium. So lassen sich bestimmte Mängel durch **Training, Fortbildung** und **Übung** beheben. Hierzu gibt es neben einem umfangreichen Literaturangebot auch unterschiedlichste Fortbildungsveranstaltungen. Mittlerweile lässt sich Entrepreneurship sogar an Universitäten und Fachhochschulen studieren. Andere Schwächen können durch die **unternehmerische Praxis** verschwinden, wenn etwa das anfangs geringe Selbstbewusstsein mit jedem Kundenkontakt und jeder Entscheidung, die getroffen wird, wächst. Und schließlich lassen sich bestimmte **Defizite durch Mitarbeiter, Berater und ggf. einen Partner kompensieren**. Umgekehrt ist aber vom Schritt in die Selbstständigkeit abzuraten, wenn beim Gründer die Schwächen überwiegen und auch nicht erkennbar ist, dass diese beseitigt werden können.

Die **Unternehmerpersönlichkeit ist eine notwendige, nicht aber hinreichende Bedingung für den Unternehmenserfolg**. Wenn der Gründer aufgrund seiner Persönlichkeit für das Führen eines Unternehmens ungeeignet ist, wird er mit großer Wahrscheinlichkeit scheitern. Sind die notwendigen Eigenschaften vorhanden, muss dies aber nicht zwingend zum Unternehmenserfolg führen. Faktoren wie eine ausreichende Finanzierung, das Marktumfeld, rechtliche Rahmenbedingungen usw. haben ebenfalls eine große Bedeutung.

Erfolgreiche Unternehmer und Existenzgründer werden von verschiedenen Einrichtungen und Organisationen ausgezeichnet. Die folgenden Fallbeispiele zeigen erfolgreiche Unternehmerpersönlichkeiten:

Torsten Toeller (* 1966)
Gründer und Inhaber der Fachhandelskette für Tiernahrung und -zubehör Fressnapf
Toeller hatte schon früh den Wunsch, sich selbstständig zu machen. Angeregt durch eine amerikanische Kette entwickelte er die Idee eines Fachmarkts für Tierbedarf für Deutschland. 1990 gründete er seinen ersten Markt, den er nach anfänglichen Schwierigkeiten zur größten Fachhandelskette seiner Branche in Europa machte. Da er seine Märkte im Franchise-System betreibt, konnten bis heute mehr als 1 000 Fressnapf-Filialen eröffnet werden. Toeller erhielt eine Reihe von Auszeichnungen, wie 2003 *Entrepreneur des Jahres*. Das Unternehmen Fressnapf wurde 2004 zum Franchisegeber des Jahres gewählt und belegt seitdem immer wieder vordere Plätze bei vergleichbaren Rankings.

Steve Jobs (* 1955 † 2011)
Mitbegründer und ehem. Vorstandsvorsitzender von Apple
Jobs gründete 1976 mit zwei Partnern in einer Garage die Firma Apple, die den ersten Heimcomputer herstellte. Nach internen Streitigkeiten verließ Jobs Apple 1985. Nach seinem Weggang gründete er eine neue Computerfirma und die Pixar Animation Studios, die mit vollständig computeranimierten Trickfilmen wirtschaftlich erfolgreich sind und bislang zwölf Oscars gewannen. 1996 kehrte Jobs zu Apple zurück. Es gelang ihm, das zwischenzeitlich schwer angeschlagene Unternehmen zu sanieren. Unter Jobs' Führung wurden bei Apple Produkte wie der iMac, der iPod, das iPhone und das iPad entwickelt. Apple gilt damit weltweit als eines der führenden Unternehmen bei Design und technischer Innovation. 2011 verstarb Steve Jobs nach langer Krankheit. Apple verlor damit einen seiner Hauptprotagonisten. Die Entwicklung und die Vermarktung neuer Produkte waren stets eng mit der Person von Jobs verbunden. Neuheiten wurden meist von ihm alleine auf einer Bühne der Öffentlichkeit vorgestellt.

Wolfgang Grupp (* 1942)
Inhaber der Textilfirma Trigema
Grupp übernahm 1969 das damals hoch verschuldete Unternehmen von seinem Vater. Er strukturierte das Unternehmen neu, reduzierte die Angebotspalette und setzte stattdessen auf den neuen Trend „T-Shirt". Nach wenigen Jahren waren die Schulden zurückbezahlt und Trigema ist heute der größte Hersteller von T-Shirts und Tennisbekleidung in Deutschland. Grupp produziert als einer von ganz wenigen Textilherstellern ausschließlich in Deutschland. Dabei erfolgen alle wesentlichen Arbeitsschritte von der Stoffherstellung bis zur Schneiderei und Konfektionierung im Unternehmen. Grupp pflegt einen patriarchalischen Führungsstil und hat nach eigenen Angaben in den vergangenen 30 Jahren weder kurzarbeiten lassen noch einem Mitarbeiter betriebsbedingt kündigen müssen. Zudem garantiert er jedem Kind eines Mitarbeiters einen Ausbildungs- und Arbeitsplatz.

Vanessa Kullmann (* 1972)
Gründerin und Inhaberin von Balzac Coffee
Die Textilbetriebswirtin Vanessa Kullmann kam 1996 während eines Praktikums in New York erstmals mit einem Coffeeshop in Berührung und war von dem Geschäftskonzept sofort überzeugt. Sie besuchte in Amerika einen Workshop über Coffeeshops und eröffnete 1998 in ihrer Heimatstadt Hamburg die erste Filiale von Balzac Coffee. Zu Beginn ihrer Unternehmung stand sie tagsüber im Shop und backte in der Nacht Muffins und Brownies. Nach acht Jahren gab es 30 Filialen in Norddeutschland, die 2006 einen Umsatz von 14,1 Mio. € erwirtschafteten. Das Unternehmen hat mittlerweile mehr als 400 Mitarbeiter und eine eigene Bäckerei, die die Filialen mit Backwaren versorgt. Kullmann wurde 2006 zur Unternehmerin des Jahres gekürt. Zuvor erhielt sie zudem den Hamburger Gründerpreis. 2008 veröffentlichte sie mit „Keine große Sache" ihre eigenen Erfahrungen als Gründungsratgeber.

3.4 Rechtliche Rahmenbedingungen und Anforderungen an den Unternehmensgründer

Rechtlicher Rahmen und gesetzliche Grundlagen

Das Grundgesetz garantiert in Art. 14 Abs. 1 GG das **Privateigentum** und in Art. 12 Abs. 1 GG die **Berufsfreiheit**. Demnach darf sich jeder Deutsche grundsätzlich unternehmerisch betätigen. Einschränkungen gibt es in folgenden Fällen:

- Wer Anlagen einrichten und betreiben will, von denen Gefahren oder Belästigungen für Mensch oder Natur ausgehen können, muss diese genehmigen lassen. Hierzu zählen z. B. chemische Fabriken oder Zementwerke.
- Bestimmte Tätigkeiten bedürfen einer Berechtigung zur Berufsausübung. Hierzu zählen Ärzte, Apotheker oder Handwerksmeister. Die Berechtigung wird in der Regel durch eine entsprechende Ausbildung erworben.
- Wer z. B. ein Taxiunternehmen führen will, bedarf einer Genehmigung und muss in einer Prüfung seine Eignung nachweisen.

Wer ein Unternehmen gründet, gilt nach dem **Handelsrecht** (HGB) zunächst als **Kaufmann**. Es handelt sich aber nicht um einen Kaufmannstitel, wie man ihn nach einer Ausbildung z. B. zum Einzelhandels- oder Bankkaufmann erwirbt. Wer z. B. ein Schreibwarengeschäft eröffnet, was keiner gesonderten Ausbildung bedarf, ist im Sinne des Handelsrechts ein Kaufmann.

So ist grundsätzlich jedes Unternehmen nach dem Handelsrecht, das neben dem Bürgerlichen Gesetzbuch (BGB), der Gewerbeordnung (GewO) und der Handwerksordnung (HwO) zu den wichtigsten Rechtsvorschriften für Unternehmen zählt, grundsätzlich ein **Handelsgewerbe**. Kein Handelsgewerbe sind land- und forstwirtschaftliche Betriebe, Kleingewerbe und die freien Berufe.

Bei den **freien Berufen** handelt es sich um selbstständig ausgeübte künstlerische, wissenschaftliche, unterrichtende oder erzieherische Tätigkeiten. Hierzu zählen z. B. Ärzte, Künstler, Rechtsanwälte, Architekten oder Journalisten. Diese genießen die Vorteile der Selbstständigkeit, müssen aber, anders als Gewerbetreibende, lediglich Einkommens-, aber keine Gewerbesteuer bezahlen. Zudem gelten für sie wesentliche Bestimmungen des HGB nicht.

Wer ein Unternehmen gründen will, muss dies beim **Gewerbeamt** seines Wohnorts tun. Eventuell notwendige Bescheinigungen, wie die Handwerkskarte im Falle der Gründung eines Handwerksbetriebs, sind vorzulegen. Daneben muss die Anmeldung beim **Finanzamt** und, falls Mitarbeiter beschäftigt werden, bei den **Sozialversicherungsträgern** erfolgen. Dazu zählt, neben der Kranken- und Rentenversicherung, auch die **Berufsgenossenschaft** als Träger der gesetzlichen Unfallversicherung. Alle Gewerbetreibenden mit Ausnahme der Handwerksbetriebe, der Freiberufler und der Landwirte sind zudem Pflichtmitglieder der **Industrie- und Handelskammern (IHK)**, die die Interessen ihrer Mitglieder gegenüber der Politik und Verbänden vertreten. Eine Anmeldung ist hier nicht erforderlich, die Kammer erhält automatisch eine Kopie der Gewerbeanmeldung. Wer einen Handwerksbetrieb anmeldet, tut dies bei der zuständigen **Handwerkskammer**. Auch hier handelt es sich um eine Pflichtmitgliedschaft. Bei Handwerksbetrieben unterscheidet man zwischen **zulassungspflichtigen** und **zulassungsfreien** Handwerken.

Wer einen zulassungspflichtigen Handwerksbetrieb führt, benötigt einen Meistertitel. Hierzu zählen z. B. Elektrotechniker, Bäcker, Fleischer oder Friseure. In allen anderen Fällen können auch Gesellen, die mindestens sechs Jahre gearbeitet haben, vier davon in leitender Position, einen Handwerksbetrieb eröffnen. Zulassungsfreie Handwerke sind z. B. die des Schuhmachers, Raumausstatters oder Fotografen. Hier bedarf es keines Befähigungsnachweises. Möchte jemand einen Handwerksbetrieb führen, ohne eine entsprechende Ausbildung zu haben, kann er dies tun, wenn er einen Meister einstellt.

Unternehmensgründer müssen sich ins **Handelsregister** eintragen lassen. Es handelt sich hierbei um ein öffentliches Verzeichnis, das beim jeweiligen Amtsgericht geführt wird und in dem alle Kaufleute und Handelsgesellschaften eingetragen sind. Anzugeben sind Informationen zum Sitz, Gegenstand, Inhaber, zur Rechtsform und zum Grund- und Stammkapital des Unternehmens usw. Ausgenommen von der Eintragungspflicht sind **Kleinunternehmen**. Das sind Unternehmen mit einem Jahresumsatz von maximal 50 000 €. Sie können, müssen sich aber nicht ins Handelsregister eintragen lassen.

Wer ein Unternehmen gründet, muss sich den folgenden **Firmengrundsätzen** verpflichten, damit es im Markt klar positioniert ist:

- **Firmenwahrheit/Firmenklarheit:** Unternehmensumfang und -art müssen klar sein. Irreführende Bezeichnungen und Angaben sind verboten. Ein Sologründer in der Schreinerbranche kann z. B. sein Unternehmen nicht „Mustermanns internationale Möbelherstellungs-Gruppe“ nennen.
- **Firmenzusatz:** Jedes Unternehmen muss in seinem Geschäftsnamen die Rechtsform führen, z. B. GmbH, e. K. oder AG.
- **Firmenausschließlichkeit:** Das Unternehmen muss sich deutlich von den Unternehmen in der Region bzw. den im Handelsregister eingetragenen unterscheiden. Nicht möglich ist es also, eine Bäckerei mit dem Namen „Mustermanns Backwaren“ zu eröffnen, wenn es im selben Ort bereits eine Bäckerei Mustermann gibt. Problemlos kann allerdings eine Metzgerei oder eine Apotheke „Mustermann“ eröffnet werden.
- **Firmenbeständigkeit:** Der Unternehmensname kann bei Veränderung der Besitzverhältnisse, etwa durch Verkauf oder Vererbung, beibehalten werden.
- **Firmenöffentlichkeit:** Bis auf Kleinunternehmen muss jedes Unternehmen ins Handelsregister eingetragen werden. Die geschäftliche Korrespondenz muss eine zustellfähige Anschrift und die Rechtsform enthalten.

Gründungsarten

Existenzgründer haben die Möglichkeit, verschiedene Fördermaßnahmen in Anspruch zu nehmen (vgl. S. 36) und sich bei unterschiedlichen Stellen, z. B. Banken, den Industrie- und Handelskammern, aber auch den Wirtschaftsministerien von Bund und Ländern beraten zu lassen. Hinzu kommt eine Fülle von Literatur, die sich mit dem Thema Existenzgründung beschäftigt.

Wer den Schritt in die Selbstständigkeit wagen möchte, jedoch wegen der damit verbundenen **Risiken** vor einer Neugründung zurückschreckt, kann andere **Gründungsarten** in Betracht ziehen:

- **Nebenerwerbsgründung:** Hier behält man seinen Arbeitsplatz, arbeitet in Voll- oder Teilzeit weiter und ist nur im Nebenberuf selbstständig tätig. Das minimiert das finanzielle Risiko, limitiert aber auch die Einsatzmöglichkeiten für das Unternehmen.
- **Beteiligung:** Man beteiligt sich mit einer bestimmten Summe an einem bestehenden Unternehmen. Dies ist bei einer **stillen Beteiligung** ohne Einfluss auf die operative Tätigkeit, aber auch mit einer konkreten Einflussnahme möglich. Man spricht hier von einer **tätigen Beteiligung**.
- **Unternehmensübernahme:** Ein bestehendes Unternehmen wird übernommen und weitergeführt. Geschieht dies durch die Führungskräfte des Unternehmens, spricht man von einem **Management-buy-out**. Von einer **Unternehmensnachfolge** ist die Rede, wenn der/die Eigentümer z. B. aus Altersgründen ausscheiden und das Unternehmen von einem Nachfolger übernommen wird.
- **Franchise:** Hier kann eine bestehende Geschäftsidee übernommen werden. Der Franchisegeber erlaubt gegen Entgelt die Nutzung des Konzepts, gewährt in der Regel Gebietsschutz, sorgt für eine Einarbeitung und Schulung und unterstützt den Unternehmensgründer etwa bei der Finanzierung oder dem Marketing. Der Franchisenehmer agiert als selbstständiger Kaufmann auf eigene Rechnung, ist aber an die Vorgaben des Franchisegebers zu Angebots- und Preisgestaltung, Marketing usw. gebunden.
- **Ausgründung:** Abteilungen oder Unternehmensteile machen sich selbstständig. Z. B. wird die Werkskantine eines Betriebs nicht mehr von diesem selbst betrieben, sondern an den Küchenchef verpachtet, der diese zwar in denselben Räumlichkeiten, aber unter eigenem Namen führt. Eine Sonderform ist die **Spin-off-Gründung**, die vor allem im Forschungs- und Entwicklungsbereich stattfindet. Hier machen sich Mitarbeiter mit einer Idee bzw. einem Konzept selbstständig, das im Unternehmen entwickelt wurde, von diesem aber nicht fortgeführt wird, da es nicht zum Kerngeschäft gehört.

3.5 Gründungsfinanzierung

Neben der Unternehmerpersönlichkeit (vgl. S. 28 ff.) und der Produktidee (vgl. S. 25 ff.) ist die **Finanzierung** eine wichtige Voraussetzung für eine erfolgreiche Existenzgründung. Nicht wenige Gründer scheitern, weil sie diesem Punkt nicht genug Beachtung geschenkt haben oder von unrealistischen Voraussetzungen ausgegangen sind und die finanziellen Mittel knapp werden.

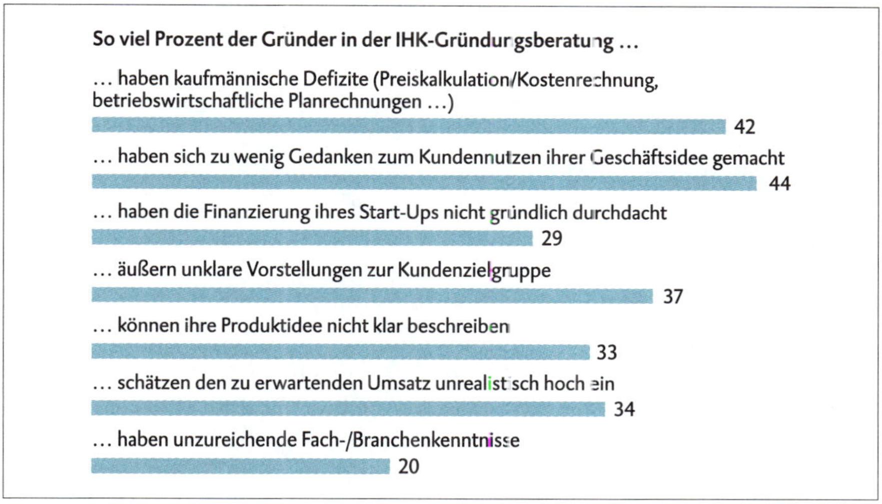

Defizite bei der Unternehmensgründung, Anteil in Prozent (2012)

Daher sollen die Existenzgründer im **Businessplan** (vgl. S. 25 ff.) dem Punkt Finanzierung besondere Beachtung schenken. Der **Finanzierungsplan** enthält die Angaben, woher die Mittel zur Unternehmensgründung kommen. Das **Eigenkapital** ist hier ebenso aufgelistet wie das **Fremdkapital** (vgl. S. 55 ff.). Je höher die Eigenkapitalquote ist, desto besser ist es für den Gründer. Finanziert der Unternehmer alles durch Eigenkapital, muss er sich nicht um weitere Geldquellen kümmern, hat keine Kosten für Zinsen usw. und ist nicht von den Entwicklungen auf den Finanzmärkten abhängig. 2012 benötigten nur 8,2 % der Gründer keine finanziellen oder sächlichen Mittel. Die folgende Grafik zeigt die Herkunft der Finanzmittel. Hier dominiert das klassische Bankdarlehen vor dem Kontokorrentkredit, der mit dem Dispositionskredit bzw. Überziehungskredit bei Privatpersonen vergleichbar ist. Die Finanzierung über die Hausbank ist in der Vergangenheit schwieriger geworden. Die Banken in der EU haben seit 2007 im Zusammenhang mit der Finanzkrise strengere Eigenkapitalvorschriften zu erfüllen. Entsprechend achten sie bei der Kreditvergabe stärker auf die Zahlungsfähigkeit des Kreditnehmers.

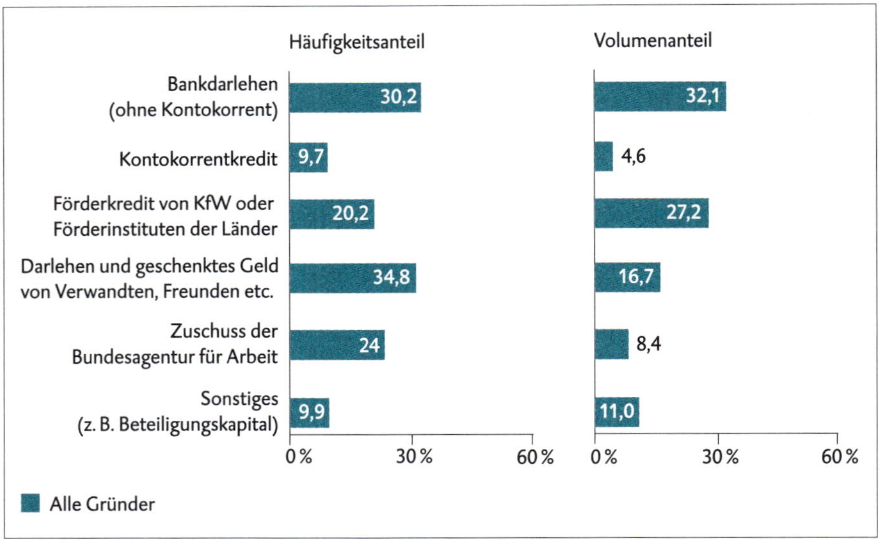

Herkunft des Fremdkapitals bei der Unternehmensgründung (2012)

Der Unternehmensgründer soll vor der Wahl des **Kreditgebers** immer mehrere Angebote einholen und sich dann für die beste Lösung entscheiden. Verschiedene **Förderprogramme** gewähren zinsgünstige Kredite, die teilweise in der Gründungsphase zins- und tilgungsfrei sind. Neben Krediten bzw. Darlehen gibt es von der öffentlichen Hand auch **Zuschüsse** oder **Bürgschaften**. Eine andere Möglichkeit sind öffentlich geförderte oder private **Kapitalbeteiligungsgesellschaften**, die sich, in der Regel als stille Teilhaber, mit einer bestimmten Summe am Unternehmen beteiligen und so dessen Eigenkapitalbasis stärken. Neueste Entwicklung ist das **Crowdfunding**, bei dem über das Internet Gründerkapital gesucht wird. Kapitalgeber sind in der Regel zahlreiche Internetnutzer, die sich mit oft kleineren Beträgen am Unternehmen beteiligen. Sowohl staatliche, öffentlich-rechtliche als auch verschiedene privatwirtschaftliche Einrichtungen u. Ä. beraten die angehenden Selbstständigen, denen oft die Kenntnisse über die zahlreichen Fördermöglichkeiten von Bund, Ländern oder der Kreditanstalt für Wiederaufbau (KfW) fehlen.

Für Gründungen aus der Arbeitslosigkeit heraus besteht die Möglichkeit den **Gründungszuschuss** in Anspruch zu nehmen. Gründer erhalten in den ersten sechs Monaten neben einem Zuschuss in Höhe ihres bisherigen Arbeitslosengelds 300 € monatlich, die zur freiwilligen Mitgliedschaft in den Sozialversicherungen genutzt werden sollen. Anschließend können nach einer Prüfung der unternehmerischen Tätigkeit für weitere neun Monate 300 € monatlich bezogen werden.

Der **Investitionsplan** zeigt den Kapitalbedarf und listet auf, wie viel Geld für die jeweiligen Anschaffungen vorgesehen ist.

Die **Umsatz-** und die **Rentabilitätsvorschau** sollen helfen, den künftigen wirtschaftlichen Erfolg des Unternehmens darzustellen. Ausgehend von einer Marktanalyse werden der künftige Kundenkreis und die damit verbundenen Umsätze so realistisch wie möglich abgeschätzt. Bei der Rentabilitätsvorschau wird auf Grundlage einer **Kostenplanung** ermittelt, wie sich das Verhältnis der Einnahmen und Ausgaben entwickelt. Die Rentabilitätsvorschau zeigt dem Gründer und etwaigen Kreditgebern, inwieweit sich das Unternehmen lohnt und ob ggf. noch an einigen Stellschrauben gedreht werden muss.

Der **Liquiditätsplan** thematisiert die Zahlungsfähigkeit des Unternehmens. Hier ist darzustellen, ob die laufenden Ausgaben für Kredite, Löhne, Mieten, Versicherungen, Steuerzahlungen etc. bedient werden können. Gerade in der Gründungsphase stehen hohen Kosten für die Entwicklung und Einführung des Produkts geringe oder keine Einnahmen gegenüber. Auch im Verlauf der weiteren Geschäftstätigkeit können immer wieder Schwankungen auf der Einnahmeseite auftreten, etwa weil Kunden nicht in den vorgegebenen Fristen bezahlen. Zudem gilt es, mögliche Ausgabesteigerungen, z. B. durch kurzfristig gestiegene Energiekosten, bei der Planung angemessen zu berücksichtigen. Ein guter Liquiditätsplan sorgt dafür, dass ausreichende Reserven vorhanden sind.

Der **Unternehmerlohn** wird von vielen Existenzgründern nicht ausreichend berücksichtigt. Dem Unternehmer verbleibt, abhängig von der gewählten Rechtsform, ein unterschiedlich hoher Anteil am Gewinn. Dieser taucht aber bilanztechnisch immer erst am Geschäftsjahresende auf. Um seine Lebenshaltungskosten, die Krankenversicherung und die notwendige Altersvorsorge zu finanzieren, benötigt der Unternehmer regelmäßige Einkünfte. Daher sollten diese auch als laufende Ausgaben bzw. Kosten in der Finanzplanung berücksichtigt werden.

Wie die folgende Tabelle zeigt, konnte ein Großteil der Gründer 2012 den eventuell bestehenden finanziellen Mittelbedarf selbst decken.

	nur eigene finanzielle Mittel	nur externe finanzielle Mittel	eigene und externe finanzielle Mittel
Vollerwerb	55,7 %	12,3 %	32,0 %
Nebenerwerb	79,2 %	8,7 %	12,1 %
alle Gründer	68,6 %	10,6 %	20,8 %

Der Mittelbedarf der einzelnen Gründer ist meist überschaubar und liegt überwiegend im Bereich bis 5 000 €. Wegen ihres kleinen Umfangs benötigen insbesondere die Nebenerwerbsgründungen geringe finanzielle Mittel.

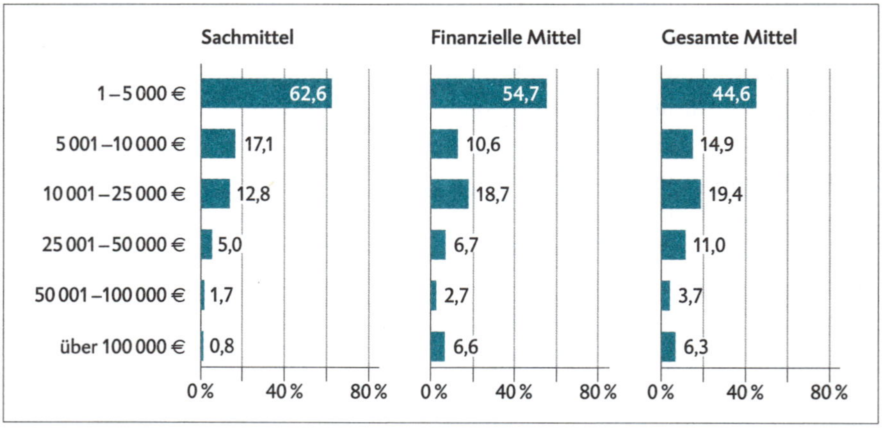

Mittelbedarf der Existenzgründer, Anteil in Prozent (2012)

Aufgaben

10 Beurteilen Sie die Aussagekraft der Gründerquote.

11 Nennen Sie Vor- und Nachteile einer Unternehmensgründung aus der Arbeitslosigkeit heraus.

12 Begründen Sie, weshalb die Mehrzahl der Unternehmensgründungen im Dienstleistungssektor stattfindet.

13 Erklären Sie den Zweck eines Businessplans.

14 Beurteilen Sie den Sinn einer Unternehmensgründung ohne Eigenkapital.

15 Ein Ingenieur hat ein innovatives Produkt entwickelt, das es bislang so noch nicht gab und dem er gute Chancen auf dem Markt einräumt. Er überlegt, sich damit selbstständig zu machen. Leider verfügt er über keinerlei kaufmännische Kenntnisse und muss sich selbst auch Defizite bei den sozialen Kompetenzen eingestehen. Erörtern Sie die Chancen einer erfolgreichen Existenzgründung.

16 Erklären Sie die Zielsetzungen von Firmengrundsätzen.

17 Stellen Sie Vor- und Nachteile des Franchising aus Sicht des Franchisegebers dar.

4 Grundlegende Unternehmensentscheidungen

4.1 Unternehmensziele

Jeder Unternehmer verfolgt mit seiner Tätigkeit bestimmte **Zielsetzungen**, die idealerweise **klar und nachvollziehbar formuliert** sind und in eine **Rangfolge/Prioritätenliste** gebracht wurden. Unter Umständen kann es sinnvoll sein, ein Ziel in verschiedene Teilziele zu unterteilen. Der Existenzgründer tut dies in seinem Businessplan, später sind die Ziele integraler Bestandteil des **Unternehmensleitbildes.** Werden die Ziele, wie es in der Praxis nicht selten der Fall ist, stillschweigend vorausgesetzt oder nicht operationalisiert, d. h. messbar und damit umsetzbar gemacht, kann es zu Unklarheiten, Missverständnissen und damit auch zu suboptimalen Ergebnissen kommen. Die folgende Übersicht zeigt die wesentlichen Aspekte von Unternehmenszielen:

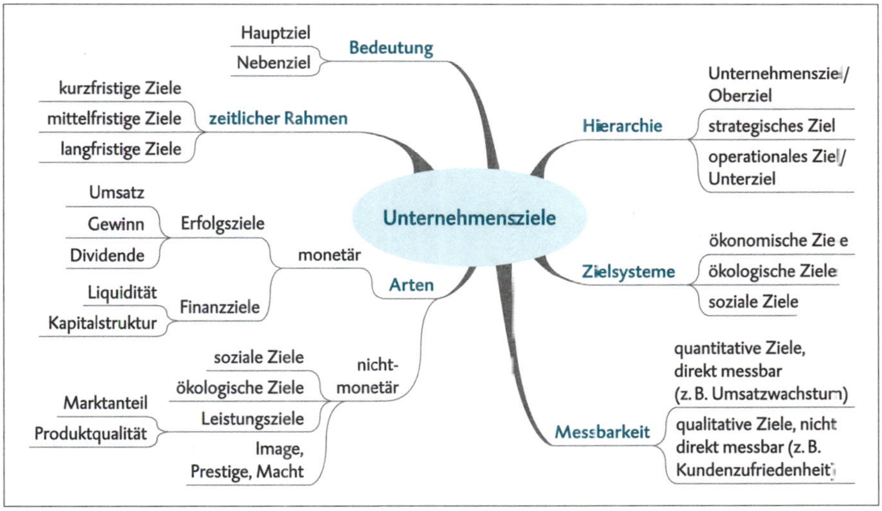

Aspekte von Unternehmenszielen

Folgende Zielbeziehungen lassen sich unterscheiden:

- **Komplementäre Ziele** ergänzen sich. Wird versucht, ein Ziel zu erreichen, wird gleichzeitig das andere gefördert. So sind die Ziele „Vergrößerung des Marktanteils" und „Umsatzsteigerung" in der Regel komplementär.
- **Konkurrierende Ziele** behindern sich gegenseitig. Im schlimmsten Fall schließen sie sich gegenseitig aus, was z. B. bei den Zielen „Senkung der Personalkosten" und „Steigerung der Mitarbeiterzufriedenheit" oft der Fall ist.

- **Indifferente oder neutrale Ziele** beeinflussen sich nicht gegenseitig. So bleibt z. B. die Renovierung der Betriebskantine, die die Zufriedenheit der Mitarbeiter steigern soll, ohne Wechselwirkung mit der Umstrukturierung des Lagers zur Optimierung der Logistik.

Im Falle konkurrierender Ziele spricht man von einem **Zielkonflikt**. Dieser kann auch auftreten, wenn keine Zielkonkurrenz vorliegt, aber z. B. nicht genügend Ressourcen im Unternehmen vorhanden sind, um mehrere Zielsetzungen gleichzeitig zu bearbeiten.

Wie bzw. von wem die Unternehmensziele formuliert werden, hängt von verschiedenen Faktoren ab. Relevant sind hier z. B. die Eigentümer, das Marktumfeld, gesetzliche Rahmenbedingungen oder gesellschaftliche Einflüsse. Oft leiten sich die Ziele von einem **Leitbild** ab, in dem das Selbstverständnis, die Mission, die Vision und die im Unternehmen wichtigen Werte festgelegt sind.

Um die angestrebten Ziele zu erreichen, wird eine **Unternehmensstrategie**, d. h. eine in der Regel langfristige und planvolle Verhaltensweise, festgelegt. Das Strategiedreieck verdeutlicht die relevanten Einflussgrößen. Eine besondere Rolle kommt der Marktforschung zu (vgl. S. 85 ff.).

Strategiedreieck

4.2 Standortwahl

Die **Wahl des Standorts** ist für ein Unternehmen von großer Bedeutung. Diese Entscheidung wird **langfristig** getroffen und sollte – vor dem Hintergrund der immer dynamischeren Märkte – sorgfältig getroffen werden, da sie oft nicht oder nur mit hohen Kosten geändert werden kann. Ideal ist ein Standort, an dem dauerhaft möglichst geringe standortbedingte Aufwendungen möglichst großen Erträgen gegenüberstehen, also ein **Gewinnmaximum** erzielt wird.

Grundsätzlich sind Unternehmen bei der Wahl ihres Standorts frei. Ausnahmen sind z. B. Unternehmen, die an Rohstoffvorkommen u. Ä. gebunden sind. Hierzu zählen Bergbauunternehmen oder Abfüller von Mineralwässern.

Bei einer Existenzgründung erfolgt die Standortwahl nicht immer rational, da der Einfachheit halber oder aus Kostengründen der Wohnort des Gründers als Unternehmenssitz gewählt wird. Oft spielt erst mit der Expansion und der Suche nach größeren Räumlichkeiten der Standort eine zentrale Rolle.

Bei der Suche nach einem geeigneten Standort sollten die **Standortfaktoren** analysiert werden. Sie legen die **Rahmenbedingungen** für die unternehmerische Tätigkeit fest und können vom Unternehmen nicht beeinflusst werden. Die Einteilung in harte und weiche Standortfaktoren ist eine einfache und gebräuchliche Systematisierung. Bei den **harten Standortfaktoren** handelt es sich um solche, die einfach zu quantifizieren sind, also deren Kosten und Nutzen sich für den Unternehmer kalkulieren lassen. Hierzu zählen z. B. Lohnkosten, Steuern, Grundstücks- und Immobilienpreise, Verkehrsanbindung, Nähe zu Zulieferern und Absatzmärkten, Infrastruktur usw.

Weiche Standortfaktoren sind nicht unmittelbar kostenwirksam, lassen sich also nur schwer oder gar nicht in eine wirtschaftliche Planung einbeziehen oder in der Bilanz ausdrücken. Hierzu zählen z. B. das Image eines Standortes, Unternehmerfreundlichkeit der Kommune, Wohnqualität und -wert, Kultur- und Bildungsangebote, Mentalität usw.

Harte und weiche Standortfaktoren lassen sich oft nicht klar unterscheiden.

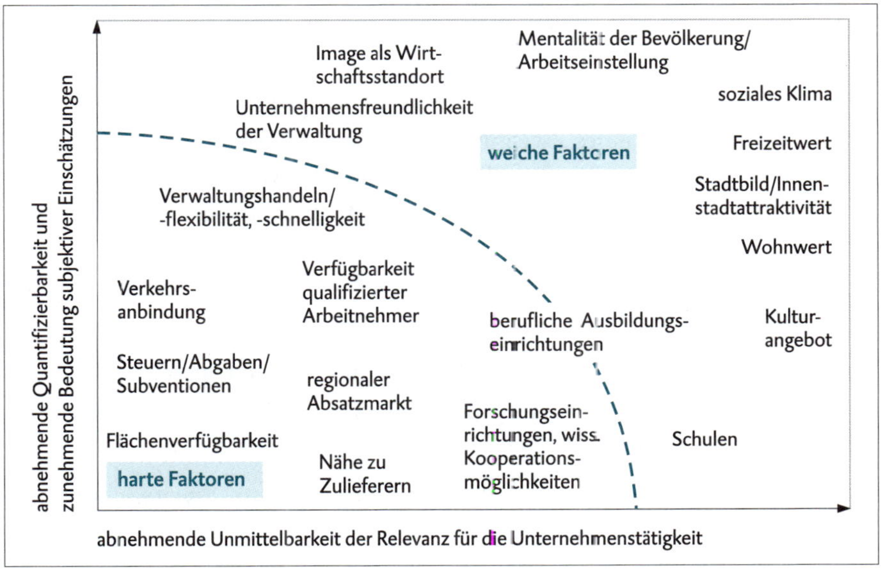

Bedeutung von Standortfaktoren

Eine andere Systematik orientiert sich an den betrieblichen Grundfunktionen (vgl. S. 59 ff.) Beschaffung, Produktion und Absatz. Dabei können **monetäre, nicht-monetäre quantitative** und **qualitative Faktoren** unterschieden werden. Wie die folgenden Beispiele zeigen, lässt sich hier eine gewisse Analogie zu den harten (monetäre und nicht-monetäre quantitative) und weichen (qualitative) Standortfaktoren erkennen.

Beispiele für beschaffungs-, produktions- und absatzbezogene Standortfaktoren

	monetär	nicht-monetär quantitativ	qualitativ
Beschaffung (input-orientiert)	• Kapitalkosten • Beschaffungskosten • Lagerkosten	• Nähe zu Zulieferern • Verkehrsnetz • Rohstoffvorkommen	• Zusammenarbeit mit Zulieferern • Agglomerationsvorteile • Beschaffungsstrategie der Mitbewerber
Produktion	• Personalkosten • Grundstückspreise • Energiekosten	• Flächenverfügbarkeit • Telekommunikations-netz • Auflagen	• Bildungseinrichtungen • Forschungs- und Entwicklungseinrichtungen • Regelungsdichte
Absatz (output-orientiert)	• Marktvolumen • Marktpotenzial • Zölle	• Markterschließung • Marktnähe • Mitbewerber • Kaufverhalten	• Stabilität des Markts • Image des Produktionsstandorts • Kundenstruktur

Bei der Standortwahl spielen daneben u. a. folgende Gesichtspunkte eine Rolle:

- Handelt es sich um eine Neugründung, eine Ausgründung, eine Verlagerung oder die Schaffung eines Zweigwerkes bzw. einer Filiale?
- Soll ein regionaler, nationaler oder internationaler Markt bedient werden?
- Handelt es sich um materialintensive, kapitalintensive oder lohnintensive Unternehmen?
- Wie hoch sind die Investitionen bzw. wie leicht kann eine Standortentscheidung revidiert werden?

Eine Standortentscheidung verläuft idealisiert in folgenden Phasen:

- Bestimmung der relevanten Standortfaktoren vor dem Hintergrund der Unternehmensziele.
- Erstellung einer Hierarchie: Welches ist der wichtigste, zweitwichtigste, ... Standortfaktor?

- Suche nach potenziellen Standorten, entsprechend der Zielsetzung: regional, national, international.
- Durchführung einer Standortanalyse. Informationen hierzu können von Kunden, Zulieferern, Fach- und Berufsverbänden, Wirtschaftsdiensten oder Fach- bzw. Wirtschaftszeitschriften stammen. Zudem können eigene Erhebungen und Analysen durchgeführt werden.
- Oft kristallisieren sich mehrere geeignete Standorte heraus. Diese werden noch einmal überprüft, oft finden schon erste Gespräche über Fördermöglichkeiten, anstehende Genehmigungsverfahren usw. mit Entscheidungsträgern des Standorts statt.
- Die Unternehmensführung trifft die Entscheidung.
- Genehmigungsverfahren, z. B. entsprechend den Vorschriften des Bundesimmissionsschutzgesetzes oder des Bauplanungsrechts, werden durchlaufen.
- Nach Beendigung der Genehmigungsverfahren, baulichen Maßnahmen usw. wird die Geschäftstätigkeit am Standort aufgenommen.

Die Standortsuche kann mithilfe einer **Nutzwertanalyse** systematisiert werden. Dabei sollen die infrage kommenden Alternativen nach gewichteten Kriterien verglichen und bewertet werden. Im folgenden Beispiel möchte eine Firma eine weitere Filiale in einem neuen Bundesland eröffnen. Es stehen drei Standorte zur Auswahl.

Kriterien	Gewichtung	A	A*G	B	B*G	C	C*G
Standort							
Hauptstraße	7	5	35	7	49	3	21
Nähe zu anderen Geschäften	9	5	45	3	27	10	90
Lagernähe	8	10	80	8	64	6	48
Kosten							
steuerliche Belastung	6	4	24	5	30	5	30
Bau-/Mietkosten	15	6	90	7	105	4	60
Werbung	10	7	70	4	40	8	80
Gewinnpotenziale							
wenig Konkurrenz	15	3	45	4	60	3	45
Kunden sind offen für Neues	10	5	50	5	50	6	60
geringe Arbeitslosenquote	20	7	140	5	100	6	120
Gesamt	**100**		**579**		**525**		**554**

Beispiel einer Nutzwertanalyse

Eine generelle Standorttheorie, die die räumliche Verteilung der Unternehmen erklärt und mit deren Hilfe der optimale Standort ermittelt werden kann, gibt es nicht. Vielmehr ist die Bedeutung und Gewichtung einzelner Standortfaktoren sehr stark **branchenabhängig** – in vielen Fällen gar **unternehmensabhängig**. So ist es z. B. leicht nachvollziehbar, dass für eine Maschinenbaufirma andere Standortfaktoren eine Rolle spielen als für einen Gastronomiebetrieb. Und auch im Bereich der Gastronomie gibt es selbstverständlich Unterschiede: Für ein Fast-Food-Restaurant ist z. B. ein gut frequentierter Standort in der Stadtmitte von großer Bedeutung, während ein Gourmetrestaurant eher eine reizvolle Lage schätzt und es sich erlauben kann, einen peripheren Standort zu wählen, da es nicht auf Laufkundschaft angewiesen ist. Gleiches gilt auch für den industriellen Sektor: So zeigt sich exemplarisch an der Automobilindustrie, dass Anbieter im niedrigpreisigen Massenmarkt der Klein- und Kompaktwagen bei der Standortwahl z. B. auf günstige Löhne, niedrige Grundstückspreise, Subventionen usw. achten, während für Hersteller im Premiumsegment das Image des Standorts ein wichtiges Entscheidungskriterium darstellt. Fahrzeuge, aber auch Maschinen oder andere technische Erzeugnisse, die das Prädikat „Made in Germany" tragen, genießen vielfach eine größere Achtung als Produkte aus Ländern wie Portugal oder Südkorea. Folgende Beispiele zeigen die branchenspezifischen Prioritäten ausgewählter Standortfaktoren:

- **Arbeitskosten:** z. B. Textil- und Bekleidungsindustrie, Konsum- und Unterhaltungselektronikindustrie, Landwirtschaft
- **Rohstoffvorkommen:** z. B. Bergbau, Mineralbrunnen, z. T. Fischerei
- **Energiekosten:** z. B. Kraftwerke, Aluminiumindustrie, Eisenbahn
- **Verkehrsinfrastruktur:** z. B. Werften, Kohlekraftwerke, Logistikunternehmen
- **Marktnähe:** z. B. konsumentenorientierte Dienstleistungen wie Bäcker, Friseure, Gastronomie, Brauereien

Die **Transportkosten**, die oft überschätzt werden, spielen in einer globalisierten Wirtschaft überwiegend eine untergeordnete Rolle. Lediglich bei Rohstoffen und homogenen Gütern fallen sie noch nennenswert ins Gewicht. Der vom Transport verursachte Kostenanteil beträgt bei Baustoffen 6,5–7,2 %, bei Nahrungsmitteln 3,6–3,9 %. Bei Straßenfahrzeugen macht dieser nur 1,5 %, bei elektrotechnischen Erzeugnissen, wie Computern oder Fernsehern, nur 1,3 % aus. So können z. B. schon kleine Unterschiede im Lohnniveau einen großen Standortvorteil bedeuten und weite Transportwege rechtfertigen.

Obwohl eine allgemeine Theorie fehlt, gibt es Ansätze, die Standortstrukturen erklären. Einer davon ist die **Diffusionstheorie** von Torsten Hägerstrand[7], die versucht, die räumliche Verbreitung von Innovationen zu zeigen. Zwischenzeitlich wurde dieser Ansatz weiterentwickelt. Angewandt auf die unternehmerische Standortwahl zeigt die unten stehende Tabelle den Zusammenhang zwischen **Produktlebenszyklus** (vgl. S. 13 f.) und den Standortfaktoren, wie er sich nach der Diffusionstheorie darstellt.

Zusammenhang zwischen Produktlebenszyklus und Standortfaktoren

	Entwicklungs- und Einführungsphase	Wachstumsphase	Reifephase	Sättigungs- und Rückgangsphase
Qualifizierte Arbeitskräfte	++	+	–	–
Agglomerationsvorteile	+	++	–	–
Hochwertige Infrastruktur	++	+	–	–
Billige Arbeitskräfte	–	–	++	++

++ sehr hohe Bedeutung + hohe Bedeutung – untergeordnete Bedeutung

4.3 Rechtsform

Einer der wichtigsten Schritte im Rahmen der Unternehmensgründung ist die Wahl der **Rechtsform**, die den rechtlichen Rahmen festlegt. Bei dieser Entscheidung ist der Unternehmer grundsätzlich frei, muss aber bei der Wahl bestimmte Bedingungen (z. B. Mindestkapital) beachten. Die Entscheidung sollte zweckmäßig sein und hängt von verschiedenen Bestimmungsfaktoren ab:

- **Haftung:** Bei **unbeschränkter Haftung** kann neben dem Firmenvermögen auch das Privatvermögen des Unternehmers herangezogen werden, bei **beschränkter Haftung** lediglich die eingebrachte Einlage.
- **Organisationsgewalt/Leitung:** Hier geht es einmal um die **Geschäftsführung**. Diese bezieht sich auf das Innenverhältnis und legt fest, wer das Unternehmen leitet und, wenn es mehrere Gesellschafter gibt, welche Rechte und Pflichten untereinander gelten. Die **Geschäftsvertretung** dagegen regelt das Verhältnis gegenüber Dritten, ist also nach außen gerichtet.

7 Torsten Hägerstrand (1916–2004): schwedischer Geograf, der 1953 in seiner Promotion über räumliche Diffusionsmodelle der wissenschaftlichen Diskussion neue Impulse gab

- **Gewinn- und Verlustbeteiligung:** In der Regel hängt die Beteiligung an Gewinnen bzw. an Verlusten des Unternehmens von der Haftung des Gesellschafters ab. Es gibt hier gesetzliche Bestimmungen, von denen aber zum Teil durch Festlegungen im Gesellschaftsvertrag abgewichen werden kann.
- **Kapitalaufbringung:** Die Rechtsform hat Einfluss auf die Beschaffung von **Fremd-** und **Eigenkapital**. Bei der Beschaffung von Fremdkapital spielen v. a. die Kreditwürdigkeit und die damit verbundene Möglichkeit eine Rolle, sich Kapital auf den Kredit- und ggf. Wertpapiermärkten zu beschaffen. Bezogen auf das Eigenkapital spielen die Haftung, die Gewinn-/Verlustverteilung und das Aufbringen des gesetzlichen Mindestkapitals eine Rolle.
- **Kosten und Steuern:** Die einmaligen Kosten, die bei der Unternehmensgründung anfallen, variieren abhängig von der gewählten Rechtsform stark. Genügt z. B. bei einem Einzelunternehmen der Eintrag ins Handelsregister, können bei Gesellschaftsunternehmen Kosten für die notarielle Beglaubigung des Gesellschaftsvertrags anfallen. Hinzu kommen laufende Kosten, z. B. im Zusammenhang mit Publizitätspflichten. Zudem gelten für die einzelnen Rechtsformen unterschiedliche steuerliche Regelungen.
- **Mitbestimmung:** Bei GmbHs mit mehr als 500 Beschäftigten und Aktiengesellschaften bis 2 000 Mitarbeiter ist der Aufsichtsrat, das Kontrollgremium der Gesellschaft, zu einem Drittel mit Arbeitnehmervertretern zu besetzen. Diese **Drittelparität** ist im **Betriebsverfassungsgesetz** von 1952 festgelegt. Bei mehr als 2 000 Mitarbeitern gilt bei beiden Rechtsformen das **Mitbestimmungsgesetz** von 1976. Nach diesem ist der Aufsichtsrat paritätisch zu besetzen, d. h., es müssen gleich viele Arbeitnehmer wie Vertreter der Kapitaleigner berufen werden. Unabhängig von der Rechtsform besteht in jedem Unternehmen mit mehr als fünf Mitarbeitern die Möglichkeit, einen Betriebsrat zu wählen.

Sonstiges: Daneben können weitere Faktoren eine Rolle spielen, wie etwa die **Nachfolgeregelung**, wenn z. B. der Firmengründer sicherstellen will, dass das Unternehmen auch dann fortgeführt wird, wenn es mehrere Erben gibt. Für Existenzgründer ist die Frage nach der **Altersversorgung** ein wichtiger Punkt. Mit dem Schritt in die Selbstständigkeit ist auch die Pflicht verbunden, sich selbst um die Alterssicherung zu kümmern, z. B. indem man Rücklagen bildet oder eine private Versicherung abschließt. Möglich ist es auch, sich z. B. bei einer GmbH als Geschäftsführer einzustellen, so als Arbeitnehmer zu gelten und weiterhin Mitglied der gesetzlichen Rentenversicherung zu sein. Eine etwaige Gewinnbeteiligung bleibt davon unberührt.

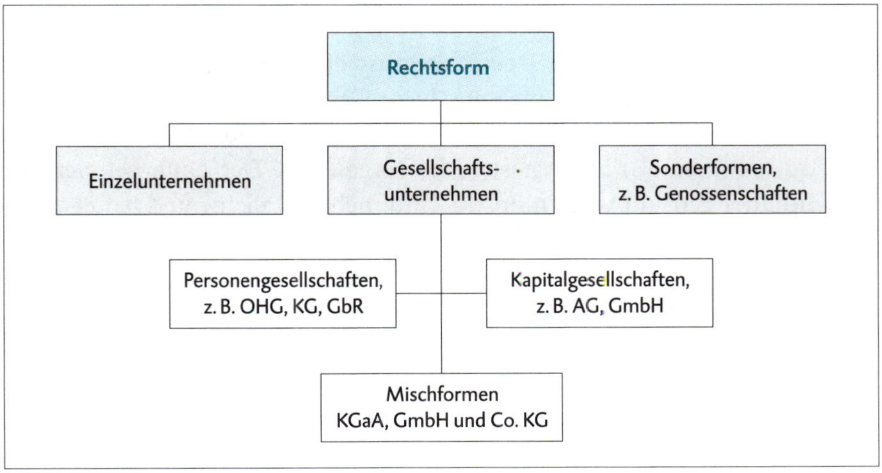

Überblick über mögliche Rechtsformen in Deutschland

Wie die folgenden Grafiken zeigen, ist die Einzelunternehmung die mit Abstand häufigste Unternehmensform. Gleichzeitig entfallen die größten Umsätze auf mittlere und große Betriebe, die überwiegend Kapitalgesellschaften sind. Besonders auffällig ist dies bei den Aktiengesellschaften: sie machen lediglich 0,2 % der Unternehmen in Deutschland aus, erzielen aber 18,1 % aller Umsätze.

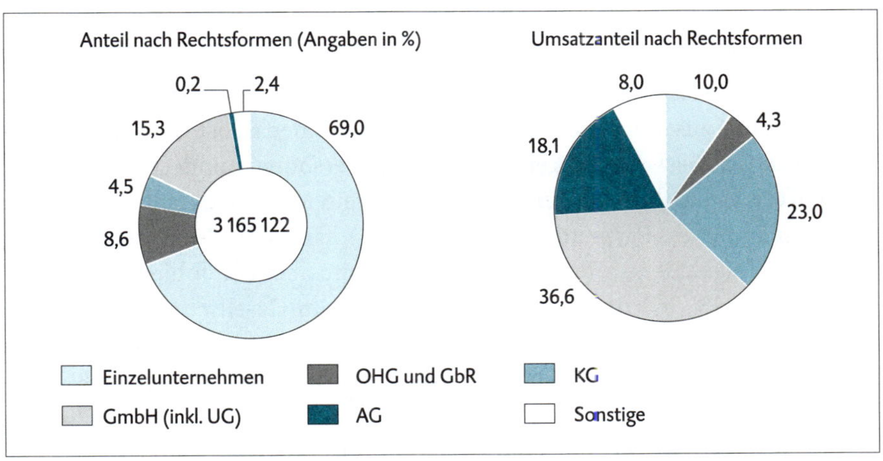

Unternehmen in Deutschland (2010)

Einzelunternehmen

Die häufigste Rechtsform in Deutschland ist das **Einzelunternehmen**. Für die Gründung reicht eine Anmeldung beim Gewerbeamt und ein Eintrag ins Handelsregister. Letzterer entfällt bei Freiberuflern und Kleingewerbe. Ein Mindestkapital zur Gründung ist nicht vorgesehen. Der Unternehmer, der auch **Inhaber** genannt wird, führt das Unternehmen alleine und haftet unbeschränkt, d. h. nicht nur mit dem Geschäfts-, sondern auch mit seinem Privatvermögen. Der Gewinn verbleibt ausschließlich beim Inhaber. Jeder eingetragene Kaufmann ist zur **ordnungsmäßigen Buchführung** verpflichtet. D. h., er muss alle Geschäftsvorfälle dokumentieren und am Geschäftsjahresende einen Jahresabschluss erstellen. Kleingewerbe und Freiberufler müssen nur Einnahmen und Ausgaben in einer **Überschussrechnung** gegenüberstellen.

Gesellschaftsunternehmen

Gibt es mehrere Gründer, fällt die Wahl auf die Form eines **Gesellschaftsunternehmens**. Diese Rechtsform bietet sich auch an, wenn nach der Unternehmensgründung weitere Gesellschafter aufgenommen werden, um das Risiko zu streuen, die Kapitelbasis zu verbreitern oder die Kreditwürdigkeit des Unternehmens zu erhöhen. Man unterscheidet bei den Gesellschaftsunternehmen **Personengesellschaften** und **Kapitalgesellschaften**.

Personengesellschaften

Personengesellschaften sind dadurch gekennzeichnet, dass sich mindestens zwei Personen zusammenschließen. Das Unternehmen selbst ist **nicht rechtsfähig**. Die Gesellschafter haften als natürliche Personen, mindestens einer, der **Vollhafter**, unbeschränkt. Zur Gründung ist kein Mindestkapital erforderlich. Mit Ausnahme der Partnergesellschaft (PartG) kann der Gesellschaftsvertrag formfrei erfolgen. Eine schriftliche Fixierung wird aber empfohlen. Viele Paragrafen des HGB sind **dispositives Recht**, d. h., im Gesellschaftsvertrag können von den gesetzlichen Regelungen abweichende Vereinbarungen getroffen werden. Nur dort, wo der Gesellschaftsvertrag nichts regelt, gelten die Bestimmungen des HGB.

Die **Gesellschaft bürgerlichen Rechts (GbR)/BGB-Gesellschaft** ist die einfachste Form der Geschäftspartnerschaft. Sie ist geeignet für Freiberufler, Praxisgemeinschaften und Kleingewerbetreibende. Häufig werden auch Projektgesellschaften, etwa bei Großbauprojekten, unter dieser Rechtsform gegründet.

Betreibt die GbR ein Handelsgewerbe, wird sie zur OHG. Die **offene Handelsgesellschaft (OHG)** besteht aus mindestens zwei unbeschränkt haftenden Gesellschaftern. Diese müssen beim obligatorischen Eintrag ins Handelsregister namentlich angegeben werden. Die Haftung erfolgt hier gesamtschuldnerisch, d. h. **solidarisch**. Jeder Gesellschafter kann also für die Begleichung der gesamten Schulden herangezogen werden, der Gläubiger kann sich den zahlungskräftigsten Gesellschafter auswählen. Jeder ist einzeln zur Geschäftsführung berechtigt, kann die OHG alleine nach außen vertreten und Verträge abschließen. Bei der Verteilung des Unternehmensergebnisses erhält jeder, wenn im Gesellschaftsvertrag nichts anderes festgelegt ist, 4 % Zinsen auf seinen Kapitalanteil. Der Restgewinn wird nach Köpfen verteilt.

Beispiel: Die Muster OHG erzielte einen Gewinn von 60 000 €. Gesellschafter Mustermann hat 200 000 € in die Gesellschaft eingebracht, Gesellschafterin Musterfrau 50 000 €. Damit ergibt sich folgende Gewinnverteilung:

Gesellschafter	Eigenkapital	4 % Verzinsung	Restgewinn	Gesamt
Mustermann	200 000 €	8 000 €	25 000 €	33 000 €
Musterfrau	50 000 €	2 000 €	25 000 €	27 000 €

Die **Partnergesellschaft** ist ausschließlich den freien Berufen vorbehalten. Sie ist eng mit der OHG verwandt und muss beim Amtsgericht ins Partnerschaftsregister eingetragen werden.

Die **Kommanditgesellschaft (KG)** hat mindestens einen Vollhafter **(Komplementär)** und einen Teilhafter **(Kommanditisten)**, der nur mit seiner Kapitaleinlage haftet. Auch hier ist der Eintrag ins Handelsregister vorgeschrieben, allerdings muss nur der Name der Vollhafter bekannt gemacht werden, während bei den Teilhaftern die Zahl ausreicht. Die Leitungsbefugnis liegt aus-schließlich beim Komplementär. Gibt es mehrere, ist jeder Einzelne zur Geschäftsführung und -vertretung berechtigt. Bei der Gewinn- bzw. Verlustverteilung erfolgt zunächst eine 4 %-ige Verzinsung der Kapitaleinlage. Der Rest wird nach § 168 HGB, soweit nicht anders vereinbart, angemessen aufgeteilt.

Kapitalgesellschaften

Kapitalgesellschaften sind im Unterschied zu Personengesellschaften **juristische Personen**, d. h., sie sind rechtsfähig und damit selbstständige Träger von Rechten und Pflichten. Sie können z. B. in eigenem Namen Verträge abschließen, klagen oder beklagt werden. Die Gesellschafter haften nur mit ihren Kapitaleinlagen. Zur Gründung müssen sie ins Handelsregister eingetragen werden, wozu ein beurkundeter Gesellschaftsvertrag notwendig ist. Die Unternehmensführung wird von gesetzlich festgelegten Organen ausgeführt, damit die Gesellschaft als eigenständige Rechtspersönlichkeit handlungsfähig ist. Kapitalgesellschaften sind zur gesetzlichen, d. h. doppelten **Buchführung** und zur Erstellung einer Jahresbilanz verpflichtet und bezahlen neben der Gewerbedie **Körperschaftssteuer**. Zudem unterliegen sie der **Publizitäts-** bzw. **Offenlegungspflicht**. Sie müssen demnach ihren Jahresabschluss offenlegen. Erleichterungen gibt es für kleinere und mittlere Kapitalgesellschaften. Der Publizitätspflicht unterliegt auch die Rechtsform der GmbH & Co. KG.

Die **Aktiengesellschaft (AG)** ist eine geeignete Rechtsform für **Unternehmen mit großem Kapitalbedarf**. Neben dem HGB ist das Aktiengesetz (AktG) die wichtigste Rechtsnorm. Bei der AG ist das **Grundkapital in Aktien** zerlegt. Der **Mindestnennwert** einer Aktie beträgt 1 €. Man spricht hier von einer **Nennwertaktie**. Aktien ohne aufgedruckten Nennwert bezeichnet man als **Stückaktien**. Ihr Nennwert errechnet sich, indem man das Kapital durch die Zahl der ausgegebenen Aktien teilt.

Der Mindestbetrag zur Gründung beträgt 50 000 € und kann in Form von Bargeld, Sachen oder immateriellen Werten wie Lizenzen eingebracht werden. Zur Gründung sind mindestens eine Person sowie eine Satzung notwendig, die zusammen mit dem Gründungsbericht zur Eintragung beim Handelsregister eingereicht werden muss. Die Gründung wird nur wirksam, wenn das gesamte Grundkapital eingebracht ist. Nicht zu verwechseln ist es mit dem Gesellschaftsvermögen, das nach erfolgreicher Geschäftstätigkeit höher sein kann als das Grundkapital und in der Höhe schwankt. Die AG haftet mit ihrem Gesellschaftsvermögen, das Grundkapital ist als Mindesthaftung zu sehen.

Der **Aktionär** ist Miteigentümer der AG und hat einen Anspruch auf einen seinem Aktienbesitz entsprechenden Anteil am ausgeschütteten Jahresgewinn, der **Dividende**. Außerdem hat er ein Stimmrecht auf der Hauptversammlung und Anspruch auf Auskünfte vom Vorstand. Man unterscheidet Stammaktien mit Stimmrecht und Vorzugsaktien, bei denen das Stimmrecht eingeschränkt oder ausgeschlossen ist. Der Aktionär erhält hier aber eine höhere Dividende.

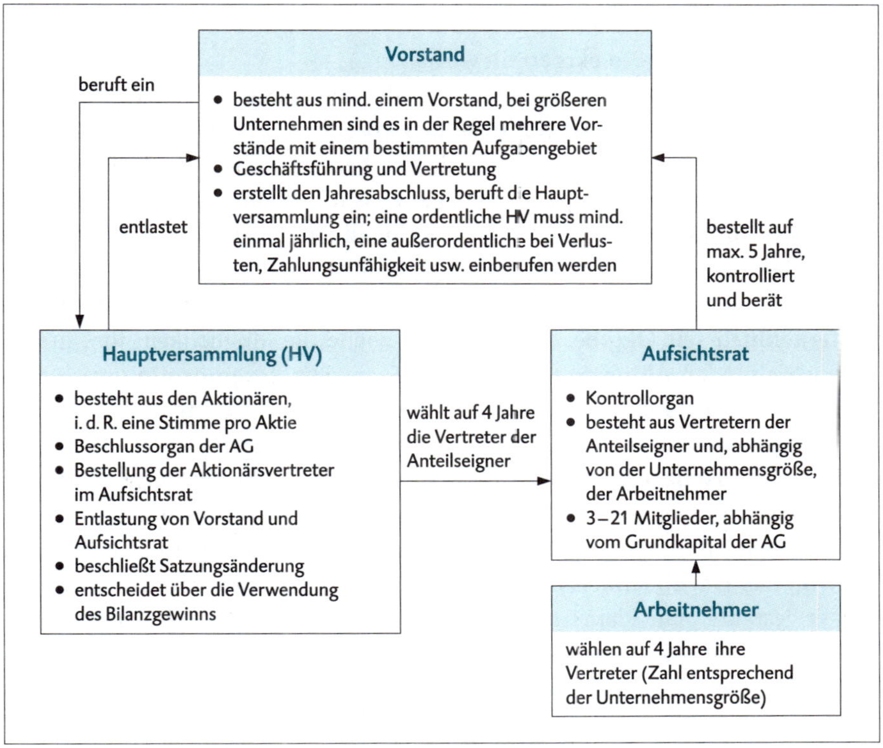

Aufbau der Aktiengesellschaft

Möchte eine AG einen **Börsengang** durchführen, ihre Aktien also an Wertpapierbörsen anbieten, so durchläuft sie ein aufwendiges Verfahren, das z. T. mit hohen Kosten verbunden ist und länger als ein Jahr dauern kann. Der Börsengang wird von mindestens einer Bank begleitet. Banken, die Unternehmen bei Wertpapieremissionen unterstützen, werden als Konsortialbanken bezeichnet. Die Unternehmenskennzahlen werden überprüft und bewertet. Ist das Unternehmen börsenreif, muss ein Börsenprospekt erstellt werden, der zusammen mit der sogenannten Roadshow den Börsengang des Unternehmens bei potenziellen Investoren bewerben soll. Bei der oder den ausgewählten Börsen, an denen die Aktien gehandelt werden sollen, wird eine Zulassung beantragt. Nach der Festlegung einer Preisspanne, zu der die Aktien erworben werden können, beginnt die Zeichnungsfrist. In diesem Zeitraum können Anleger die Aktie zeichnen, also ihre Kaufabsicht erklären. Börsennotierte AGs unterliegen zum Schutz der Aktionäre einer verschärften Publizitätspflicht. So müssen sie in Ad-hoc-Mitteilungen sofort alle Tatsachen veröffentlichen, die Einfluss auf den Aktienkurs haben können, z. B. wenn ein Großauftrag in letzter Sekunde nicht zustande kommt, ein Vorstand zurücktritt oder die Genehmigung zur Durchführung eines Projekts erteilt wurde.

Seit 1994 gibt es auch für Mittelständler die Möglichkeit zur Gründung einer AG. Diese **„kleine Aktiengesellschaft"** oder **„Ein-Mann-AG"** ist aber keine neue Rechtsform, es wurden lediglich bestimmte Regelungen so ausgestaltet, dass sie für kleinere AGs einfacher zu erfüllen sind. Die „kleine AG" ist nicht börsennotiert. Der Unternehmer kann alleiniger Aktionär und Vorstand sein. Allerdings sind drei Aufsichtsräte vorgeschrieben.

Mit der **Europäischen Gesellschaft** bzw. **Societas Europaea (SE)** haben Unternehmen seit Oktober 2004 auf EU-Ebene die Möglichkeit, ihre grenzüberschreitenden Aktivitäten, z. B. durch Tochterunternehmen in verschiedenen EU-Ländern, auf die Grundlage einer einheitlichen Rechtsform zu stellen. Die SE ist eine AG mit einem Stammkapital von mindestens 120 000 €.

Die **Gesellschaft mit beschränkter Haftung (GmbH)** eignet sich als Rechtsform für kleine und mittlere Unternehmen. Sie weist Ähnlichkeiten zur AG auf, das GmbH-Gesetz sieht aber weniger strenge Vorschriften als bei einer AG vor. Der **Gesellschaftsvertrag** bzw. die **Satzung** lässt sich personalorientierter gestalten. Die klare Trennung von Kapital und Unternehmensführung, wie sie für eine AG typisch ist, muss bei der GmbH keine Anwendung finden. Gegründet wird die GmbH von mindestens einer Person. Das **Mindestkapital** beträgt 25 000 €, Sacheinlagen sind möglich. Die Mindesteinlage eines Gesellschafters, der sowohl eine natürliche als auch eine juristische Person sein kann, beträgt 100 €. Die GmbH muss mindestens einen **Geschäftsführer** haben, der von der **Gesellschafterversammlung** ernannt wird. Gesellschafter können der Geschäftsführung angehören. Bei Gesellschaften mit mehr als 500 Mitarbeitern ist ein Aufsichtsrat zwingend vorgeschrieben.

Eine Variante der GmbH ist die **Unternehmensgesellschaft (haftungsbeschränkt)**. Haftung, Gründung, Steuerzahlung und Bilanzierungspflichten entsprechen weitgehend der GmbH. Es ist aber nur ein Mindestkapital von 1 € vorgeschrieben. Daher spricht man auch von der **Ein-Euro-GmbH** oder **Mini-GmbH**. Das Unternehmen muss „Unternehmensgesellschaft (haftungsbeschränkt)" oder „UG (haftungsbeschränkt)" als Zusatz führen. 25 % des Gewinns müssen in eine **Rücklage** eingestellt werden. Die Rücklagepflicht erlischt, wenn das Stammkapital auf 25 000 € angewachsen ist. Die UG kann sich dann in eine GmbH umwandeln. Diese existenzgründerfreundliche Rechtsform wurde 2008 eingeführt und ist mit der britischen Limited (Ltd) vergleichbar. Diese ist haftungsbeschränkt, einfach zu gründen und erfordert kein nennenswertes Eigenkapital. Begünstigt durch die Niederlassungsfreiheit innerhalb der EU wählten viele deutsche Unternehmen diese Rechtsform.

Misch- und Sonderformen

Die **Kommanditgesellschaft auf Aktien (KGaA)** ist eine eher selten gewählte Rechtsform. Diese AG vereint Merkmale der Personen- und Kapitalgesellschaft. An die Stelle eines Vorstands tritt mindestens ein persönlich haftender Komplementär, dem die Geschäftsführung und die Vertretung obliegen. Die Kommanditaktionäre haften lediglich mit ihrer Einlage.

Die **GmbH & Co. KG** ist als besondere Kommanditgesellschaft eine Personengesellschaft. An die Stelle eines persönlich haftenden Komplementärs tritt eine haftungsbeschränkte GmbH. Die Gesellschafter dieser GmbH sind oft Kommanditisten der KG. Damit werden die Vorteile der KG genutzt und gleichzeitig wird die Haftung der Gesellschafter beschränkt.

Eine Sonderform ist die **eingetragene Genossenschaft (eG)**. Hintergrund der Genossenschaftsidee ist, dass sich mehrere Personen mit einem gemeinsamen Interesse zusammenschließen. Beispielsweise kaufen mehrere Landwirte gemeinsam eine teure Maschine, die dann von allen genutzt wird. Oder einzelne Kaufleute schließen sich zu einer **Einkaufsgenossenschaft** zusammen, um so bessere Konditionen zu erhalten. Zur Gründung einer eG werden mindestens drei Personen benötigt. Sie muss ins Genossenschaftsregister beim Amtsgericht eingetragen werden. Die eG ist eine juristische Person, aber anders als z. B. die AG personenbezogen, d. h., sie ist auf Mitgliedschaften aufgebaut statt auf Kapitaleinlagen. Das Eigenkapital stammt von den Mitgliedern, deren Zahl unbegrenzt ist. Üblicherweise ist die Haftung auf die Einlage beschränkt, in der Satzung kann aber eine Nachschusspflicht vereinbart werden. Die eG benötigt kein Mindestkapital. Gewinne werden entsprechend der Anteile auf die Mitglieder verteilt. Die Geschäftsführung und Vertretung obliegen einem **Vorstand**, der von der Versammlung aller Mitglieder, der **Generalversammlung**, gewählt wird. Dabei hat jedes Mitglied unabhängig von seinem Anteil eine Stimme. Der **Aufsichtsrat** ist das Kontrollorgan der eG.

	Einzelunternehmen	OHG	KG	GmbH & Co. KG	GmbH	AG
Rechtsgrundlage	HGB	HGB	HGB	HGB	GmbHG	AktG
Gesellschafter	Einzelkaufmann	mind. 2 Gesellschafter	mind. 1 Vollhafter (Komplementär), 1 Teilhafter (Kommanditist)	1 Vollhafter (Komplementär) ist eine GmbH, mind. 1 Teilhafter (oft Gesellschafter der GmbH)	mind. 1 Gesellschafter	mind. 1 Gründer, Aktionäre
Mindestkapital	nein	nein	nein	nein	25 000 €	50 000 €
Rechtsfähigkeit	nein	nein	nein	nein	juristische Person	juristische Person
Haftung	Kaufmann allein und unbeschränkt	Gesellschafter solidarisch und unbeschränkt	Komplementär unbeschränkt, Kommanditist mit Einlage	GmbH als Vollhafter mit dem Gesellschaftsvermögen, Kommanditist mit Einlage	Gesellschaftsvermögen	Gesellschaftsvermögen
Geschäftsführung/Leitung	Kaufmann	alle Gesellschafter	Komplementär	handelt durch ihre Geschäftsführer	der/die Geschäftsführer	Vorstand
Gewinnverteilung	Gewinne erhält Kaufmann	4 % Verzinsung der Kapitaleinlagen, Rest nach Köpfen	4 % Verzinsung der Kapitaleinlagen, Rest nach „Umständen“	4 % Verzinsung der Kapitaleinlagen, Rest nach „Umständen“	in Höhe der Geschäftsanteile	Dividende

4.4 Finanzierung

Die **Finanzierung** umfasst alle Maßnahmen, die der Versorgung des Unternehmens mit Kapital und somit der Aufrechterhaltung des Geschäftsbetriebs dienen und das Tätigen von **Investitionen** ermöglichen. Die Finanzierungsarten lassen sich nach unterschiedlichen Gesichtspunkten gliedern:

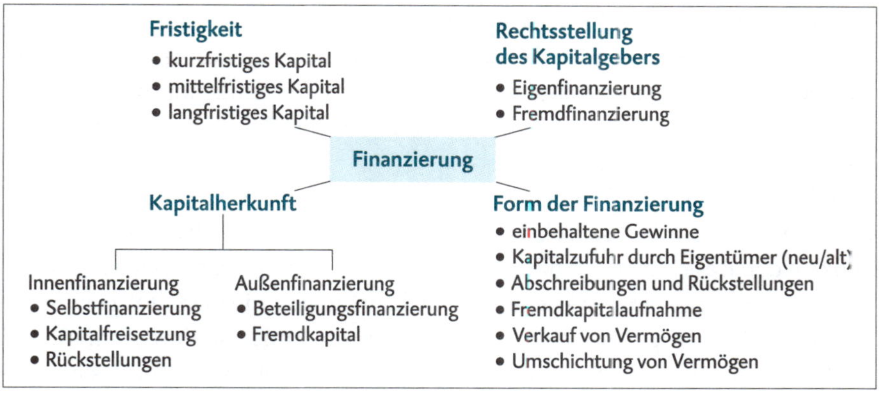

Zentrale Aspekte der Finanzierung

Grundsätzlich wird zwischen **Eigenkapital**, das dem Unternehmen dauerhaft zur Verfügung steht, und **Fremdkapital**, das zu einem festgelegten Zeitpunkt zurückbezahlt werden muss, unterschieden. Beträgt die Finanzierungsdauer nicht mehr als ein Jahr, spricht man von einer **kurzfristigen Finanzierung**, bei einem Zeitraum bis fünf Jahre von einer **mittelfristigen** und darüber hinaus von einer **langfristigen Finanzierung**. Bezogen auf die Rechtsstellung des Kapitalgebers spricht man von **Eigenfinanzierung/Selbstfinanzierung** bzw. **Fremdfinanzierung**.

Daneben ist von Bedeutung, ob die benötigten Mittel selbst erwirtschaftet **(Innenfinanzierung)** oder von außen bereitgestellt **(Außenfinanzierung)** werden. Die folgende Tabelle verdeutlicht die Zusammenhänge:

Kapitalherkunft	Form der Finanzierung	Kapitalgeber
Innenfinanzierung	• Abschreibungen • einbehaltene Gewinne • Verkauf von Vermögen • Umschichtung von Vermögen	Eigenfinanzierung
Außenfinanzierung	• Kapitalzufuhr durch Eigentümer • stille Beteiligung	Eigenfinanzierung
Außenfinanzierung	Fremdkapitalaufnahme (Bank- oder Lieferantenkredit)	Fremdfinanzierung

Erfolgt die Eigenfinanzierung im Rahmen der Außenfinanzierung, spricht man auch von einer **Einlagen- oder Beteiligungsfinanzierung**, bei der entweder die bisherigen Eigentümer ihren Kapitalstock erhöhen oder neue (Mit-) Eigentümer bzw. Gesellschafter aufgenommen werden. Die konkrete Umsetzung hängt von der **Rechtsform** des Unternehmens ab (vgl. S. 45 ff.). Vergleichsweise einfach erfolgt die Finanzierung bei sogenannten **nicht-emissionsfähigen Unternehmen** wie Einzelunternehmen, OHGs, KGs, GmbHs oder Genossenschaften. Hier können die bisherigen Eigentümer ihre Kapitaleinlage erhöhen oder es können neue Gesellschafter aufgenommen werden. Bei Gesellschaftsunternehmen muss eventuell der Gesellschaftsvertrag entsprechend angepasst werden.

Bei **emissionsfähigen Unternehmen**, wie der Aktiengesellschaft (AG) oder der Kommanditgesellschaft auf Aktien (KGaA), steht die Aktie als Möglichkeit der **Beteiligungsfinanzierung** zur Verfügung. Mit einer **Kapitalerhöhung** in Form einer Aktienemission kann neues Eigenkapitel gewonnen werden. Der Aufwand ist hoch, da Banken, die die Emission durchführen, und die Hauptversammlung beteiligt werden müssen. Es ist zudem nicht sichergestellt, dass sich der anvisierte Verkaufspreis der Aktien am Markt realisieren lässt.

Unabhängig von der Rechtsform des Unternehmens besteht die Möglichkeit, einen **stillen Teilhaber** aufzunehmen. Dieser bringt Kapital ein, ohne ein Mitspracherecht zu haben. Das eingebrachte Kapital erhöht das Eigenkapital. Der Teilhaber ist an Gewinnen und Verlusten beteiligt und erhält in der Regel neben einer jährlichen Festverzinsung eine gewinnabhängige Vergütung.

Auch aus dem Unternehmen selbst lassen sich Mittel zur Finanzierung gewinnen. So können erzielte Gewinne einbehalten werden. Vermögen kann veräußert oder innerhalb des Unternehmens umgeschichtet werden. Weitere Möglichkeiten der **Innenfinanzierung** sind Abschreibungen und Rückstellungen. Bei der **Abschreibung** wird der Wertverlust von Vermögenswerten z. B. infolge von Abnutzung erfasst. Dadurch sinkt der Gewinn, entsprechend geringer fallen Steuern und Ausschüttung an die Eigentümer aus. Dem Unternehmen bleiben damit finanzielle Mittel, die für Investitionen genutzt werden können.

Wenn künftige Verbindlichkeiten anstehen, deren Höhe aber noch nicht genau feststeht, bilden Unternehmen **Rückstellungen**. Ein Beispiel sind Pensionsrückstellungen. Auch hier werden ausgeschütteter Gewinn und Steuern verringert. Im Falle der Steuer kommt es aber nur zu einer Verschiebung der Steuerfälligkeit. Das bedeutet, solange Rückstellungen gebildet werden, fällt auf den entsprechenden Betrag keine Steuer an, werden nicht in Anspruch genommene Rückstellungen aber fällig, muss das Unternehmen darauf entsprechende Steuern entrichten. Es handelt sich hier genau genommen um eine Steuerstundung, also einen zinslosen Kredit des Finanzamtes.

Zudem kann jedes Unternehmen, entsprechende Sicherheiten vorausgesetzt, zur Finanzierung **Kredite** aufnehmen.

Nach dem Grundsatz der **goldenen Bilanzregel** soll bei Unternehmen die **Kapitalbindungsdauer mit der Finanzierungsdauer übereinstimmen**. D. h., langfristiges Vermögen soll langfristig, idealerweise durch Eigenkapital finanziert sein. Man spricht hier auch von der Fristenkongruenz. Das Verhältnis von Eigenkapital zu Anlagevermögen sollte gleich oder größer als 1 sein.

Aufgaben

18 Erklären Sie die Vorteile, Unternehmensziele in eine Rangfolge zu bringen.

19 Erklären Sie, weshalb es für ein Unternehmen sinnvoll ist, die eigenen Zielsetzungen auszuformulieren.

20 Stellen Sie Möglichkeiten dar, mit einem Zielkonflikt umzugehen.

21 Erläutern Sie, weshalb weiche Standortfaktoren nicht unmittelbar kostenwirksam sind.

22 Nennen Sie Beispiele für Unternehmen, bei denen die Standortwahl von untergeordneter Bedeutung ist.

23 Begründen Sie, weshalb harte Standortfaktoren nicht automatisch wichtiger sind als weiche.

24 Nennen Sie wichtige Standortfaktoren eines Betonwerkes.

25 Erklären Sie wichtige Faktoren bei der Standortwahl eines Schnellrestaurants.

26 Vergleichen Sie Anforderungen an den Standort eines Unternehmens, das Schrauben herstellt und diese weltweit verkauft, mit dem eines Unternehmens, das Hightech-Komponenten für die Luftfahrtindustrie fertigt.

27 Beschreiben Sie die goldene Bilanzregel.

28 Begründen Sie die abnehmende Bedeutung qualifizierter Arbeitskräfte im Verlauf des Produktlebenszyklus.

29 Begründen Sie, weshalb die Wahl der Rechtsform einen zentralen Gesichtspunkt bei der Unternehmensgründung darstellt.

30 Nennen Sie Vor- und Nachteile des Einzelunternehmens.

31 Erklären Sie, weshalb die Kreditwürdigkeit einer OHG in der Regel höher ist als die eines Einzelunternehmens.

32 Stellen Sie dar, für welche Fälle die KG eine geeignete Rechtsform ist.

33 Nennen Sie die grundlegenden Charakteristika von Kapitalgesellschaften und grenzen Sie diese von Personengesellschaften ab.

34 Nennen Sie Gemeinsamkeiten und Unterschiede einer AG und einer GmbH.

35 Erstellen Sie eine Grafik, die den Aufbau einer GmbH & Co. KG verdeutlicht.

36 Erörtern Sie, welche Rechtsform für Existenzgründer geeignet ist.

37 Erklären Sie, weshalb in Deutschland 69 % der Unternehmen Einzelunternehmen sind, diese aber lediglich 10 % aller Umsätze erwirtschaften.

5 Grundlegende Aufgaben eines Unternehmens

Um Güter herzustellen bzw. Dienstleistungen zu erbringen, schaffen Unternehmen unterschiedliche Funktionsbereiche. Es handelt sich hier um abgegrenzte Bereiche innerhalb der betrieblichen Organisation, die mit gleichartigen Aufgaben befasst sind.

Zu unterscheiden ist zwischen den **Grundfunktionen**, die sich mit Teilbereichen des betrieblichen Leistungsprozesses befassen, und den **Querschnittsfunktionen**, die sich auf den ganzen Betrieb beziehen. Hinzu kommt die **Unternehmensführung** (vgl. S. 73 ff.), die die **Leitungsfunktion** wahrnimmt, indem sie die einzelnen Teilbereiche steuert.

5.1 Grundfunktionen

Zu den betrieblichen Grundfunktionen gehören die Bereiche **Forschung und Entwicklung, Beschaffung, Produktion** und **Absatz**.

Forschung und Entwicklung

Am Anfang des Leistungsprozesses steht die Forschung und Entwicklung **(F&E)**, deren Aufgabe es ist, neue, marktgerechte und möglichst innovative Produkte zu entwickeln. Man unterscheidet hier zwischen der **Grundlagenforschung**, die in erster Linie der Gewinnung wissenschaftlicher Erkenntnisse dient, und der **angewandten Forschung**, bei der die konkrete Anwendungsmöglichkeit im Vordergrund steht.

Abhängig von der Branche ist die F&E unterschiedlich aufwendig. So haben z. B. Unternehmen in den Bereichen Elektronik, Maschinen- oder Fahrzeugbau, Chemie oder Pharmaindustrie einen sehr hohen F&E-Aufwand und tragen **nicht selten ein großes finanzielles Risiko**. Beispielsweise kostet die Konstruktion eines neuen Automodells mehrere Hundert Millionen Euro; die Entwicklung neuer Medikamente kann mehrere Jahre dauern und nur ein Bruchteil der Arzneimittel, die von der Pharmabranche entwickelt werden, erhält schließlich die Zulassung, um vertrieben werden zu dürfen. Siemens hat z. B. im Jahr 2012 4,2 Mrd. € für F&E ausgegeben. Das entspricht 5,4 % des Umsatzes.

Andere Branchen hingegen haben in diesem Bereich geringere Ausgaben, weil diese z. B. nur eingeführte Produkte herstellen, ein geringer Entwicklungsbedarf besteht oder Know-how eingekauft wird.

Beschaffung

Aufgabe der Beschaffung ist die Bereitstellung aller für den Leistungsprozess notwendigen Produktionsfaktoren. Hierunter fallen grundsätzlich: Personal, Finanzmittel, Werkstoffe, Betriebsmittel, Dienstleistungen, Rechte/Lizenzen und Informationen. Da die Beschaffung von Personal und Kapital zu den Aufgaben der Personalwirtschaft (vgl. S. 65 ff.) bzw. Finanzierung zählt (vgl. S. 68 ff.), werden diese nicht der Beschaffung im engeren Sinne zugerechnet. Für die Beschaffung von Roh-, Hilfs- und Betriebsstoffen sowie Dienstleistungen verwendet man auch den Begriff **Einkauf**.

Die Beschaffung ist verantwortlich dafür, dass das **benötigte Material** möglichst **kostengünstig** in der geforderten **Qualität** und **Zahl** zum richtigen **Zeitpunkt** am richtigen **Ort** ist.

Der Beschaffungsprozess lässt sich **zentral** oder **dezentral** organisieren. Erfolgt dieser zentral, werden alle Güter und Dienstleistungen von einer Stelle im Betrieb beschafft. Vorteile sind z. B. günstige Einkaufskonditionen durch größere Bestellmengen oder organisatorische Optimierung durch das Knowhow der Einkäufer. Nachteilig ist der vergleichsweise hohe Bürokratisierungsgrad. Zudem ist nicht immer gewährleistet, dass die jeweiligen Betriebsteile die für sie optimalen Güter und Dienstleistungen erhalten. Dies kann mit einer dezentralen Organisation verhindert werden. In der Realität begegnet man oft **Mischformen**, bei denen eine zentrale Einkaufsabteilung existiert, die einzelnen Abteilungen aber über ein gewisses Maß an Autonomie verfügen.

Am Anfang des Beschaffungsprozesses steht die **Bedarfsermittlung**, bei der die benötigte Menge festgestellt wird. Wichtig ist hier ein Informationsaustausch mit den Abteilungen, die mit Produktion und Absatz befasst sind. Bei Gütern, die nicht selbst im Unternehmen gefertigt werden, müssen geeignete **Bezugsquellen ermittelt** werden. Bei der **Lieferantenauswahl** gilt es, die Beschaffungsstrategie des Unternehmens umzusetzen. Sollen z. B. Produkte nur aus einer bestimmten Region bezogen werden, z. B. aus Europa, oder soll grundsätzlich der Weltmarkt der Beschaffungsmarkt sein **(Global sourcing)**? Bezieht man die Waren von mehreren Zulieferern oder beschränkt man sich auf einen Lieferanten **(Single sourcing)**? Bei der **Bestellabwicklung** geht es um das Einholen von Angeboten, die vertragliche Ausgestaltung der Liefer- und Zahlungsbedingungen und schließlich die Bestellung. Anschließend muss man den Bestellvorgang kontrollieren und prüfen, ob die Lieferung der gewünschten Menge und Qualität entspricht. Ist die eingegangene Rechnung sachlich, rechnerisch und preislich korrekt, wird die **Zahlungsabwicklung** veranlasst.

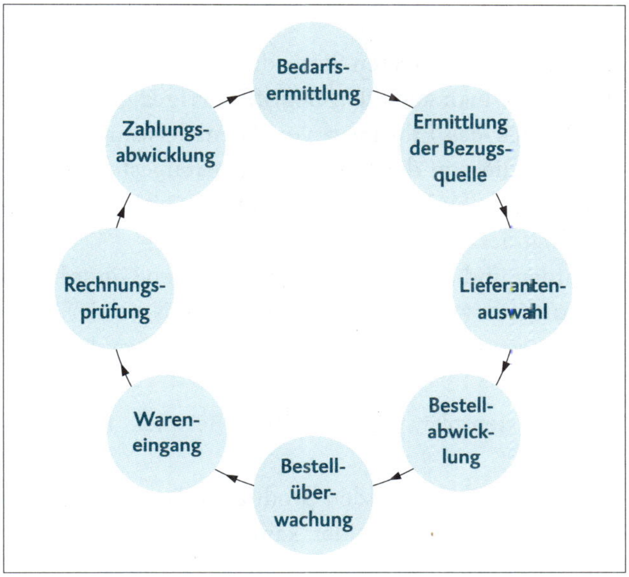

Der Beschaffungszyklus

Die Beschaffung versucht nicht nur, möglichst kostengünstig einzukaufen, sondern muss auch insgesamt die **Liquidität** des Unternehmens im Auge behalten. Jeder Einkauf bindet zunächst einmal Kapital, das an anderer Stelle im Unternehmen nicht zur Verfügung steht oder erst beschafft werden muss. Daher ist man grundsätzlich bestrebt, die logistische Abwicklung möglichst effizient zu gestalten, um die Lagerkosten zu minimieren. Eine Möglichkeit sind die **Konsignationslager**, bei denen die Waren in einem vom Zulieferer in der Nähe des Abnehmers betriebenen und finanzierten Lager untergebracht sind. Erst wenn der Abnehmer den Bestand oder Teile davon abnimmt, entstehen ihm Kosten.

Eine weitere Möglichkeit ist das **Just-in-time-Konzept**. Hier wird die Ware zu einem vereinbarten Zeitpunkt geliefert und in der Regel unmittelbar in den Produktionsprozess übernommen. Gelangen die Waren nicht nur in der notwendigen Menge und Qualität, sondern auch in der richtigen Reihenfolge an den Produktionsort, spricht man von **Just-in-Sequence**. Diese bedarfssynchrone Lieferung erspart dem Unternehmen Lagerkosten, bedeutet aber umgekehrt auch eine höhere Anforderung an die Logistik und die Koordination mit den Zulieferbetrieben. Da die Lagerkosten nun beim Zulieferer anfallen, ist dieser wiederum zur Optimierung seiner Produktion und Logistik gezwungen. Im besten Fall kann auch er auf eine aufwendige Lagerhaltung verzichten. Da die Güter dann direkt aus der Produktion des Zulieferers zum Hersteller transportiert werden, spricht man auch von **rollenden Lagern**.

Produktion

Unter der Produktion versteht man im engeren Sinne die Erzeugung von Sachgütern. In diesem Fall verwendet man auch den Begriff **Fertigung**. Wird der Begriff weiter gefasst, zählt auch das Erbringen von Dienstleistungen dazu. Aufgabe der Produktion ist es, die von der Beschaffung bereitgestellten Produktionsfaktoren am effizientesten zu kombinieren und die Güter in der gewünschten Menge und Qualität herzustellen.

Abhängig vom Unternehmen und der Art der herzustellenden Güter lassen sich unterschiedliche **Produktionsverfahren** unterscheiden. Nach der Wiederholungszahl des Herstellungsprozesses unterscheidet man folgende **Fertigungstypen:**

- **Einzelfertigung:** Nur ein Exemplar wird gefertigt. Beispiel: Bau eines Kreuzfahrtschiffes.
- **Serienfertigung:** Mehrere Exemplare werden produziert. Beispiele: Automobilindustrie, Elektroindustrie. Unterscheiden kann man zwischen Klein- und Großserienfertigung.
- **Sortenfertigung:** Nacheinander werden verwandte Produkte auf derselben Anlage hergestellt. Beispiele: Großbäckereien (über die Backstraße laufen zunächst Laugenstangen, dann Brezeln, dann Laugenbrötchen usw.), Molkereien (unterschiedliche Joghurtsorten), Brauereien (unterschiedliche Biersorten). Eine Sonderform der Sortenfertigung ist die **Partiefertigung**. Durch die schwankende Qualität und Ausprägung der Rohstoffe kommt es zu einer Variation des Endprodukts. So sind nur die Produkte, die aus einer Rohstofflieferung, einer **Partie**, gefertigt werden, von gleicher Qualität. Beispielsweise ist nur der Wein, der aus Trauben einer Lage eines Jahrgangs gekeltert wurde, identisch. Ähnlich ist es bei einer weiteren Sonderform, der **Chargenfertigung**. Hier ergeben sich Unterschiede aus dem Produktionsprozess, der nicht völlig gleich abläuft. Beispiele sind Vergärungsprozesse oder das Brennen von Keramik in einem Ofen. Die Produkte aus einem zusammenhängenden Fertigungsprozess bezeichnet man als **Charge**.
- **Massenfertigung:** Gleiche Produkte werden in (theoretisch) unbegrenzter Zahl gefertigt. Der Produktionsprozess ist in der Regel weitgehend automatisiert. Beispiele: Schrauben, Flaschen usw.

Nach der Organisation der Produktion lassen sich folgende **Fertigungsarten** unterscheiden:

- **Reihenfertigung:** Die Betriebsmittel werden in der erforderlichen Fertigungsreihenfolge angeordnet. Bei der Sonderform der **Fließfertigung** ist nicht nur die Reihenfolge, sondern auch die Bearbeitungszeit festgelegt. Die Arbeitsschritte sind standardisiert und getaktet. Oft werden die Arbeitsgänge entlang eines Fließbands verrichtet.
- **Werkstattfertigung:** Hier orientiert sich die Anordnung der Betriebsmittel nicht an der Fertigungsreihenfolge. Vielmehr sind die Maschinen, die vergleichbare Funktionen erfüllen, am selben Ort, der Werkstatt, untergebracht. So gibt es z. B. in einem Industrieunternehmen einen Bereich, in dem Dreh- und Fräsmaschinen stehen, und einen anderen Bereich, in dem sich die Bohrwerke befinden. Je nach herzustellendem Produkt variiert die Fertigungsreihenfolge im Betrieb. Nicht selten gelangt ein Werkstück mehrmals in dieselbe Werkstatt. Beispiel: Maschinenbau, Möbelindustrie.
- **Inselfertigung/Gruppenfertigung:** Die zur Herstellung der Produkte oder einzelner Bauteile notwendigen Arbeitskräfte und Betriebsmittel sind in **Fertigungsinseln** organisiert. Auch hier sind oft die Arbeitszeiten getaktet, die Mitarbeiter einer Gruppe sind aber weitgehend autonom bei der Organisation des Produktionsprozesses. Anders als bei der Fließfertigung führt nicht ein Mitarbeiter am Montageband immer dieselbe Tätigkeit aus, sondern die Gruppe hat eine Reihe von Tätigkeiten, die sie selbstorganisiert erledigt. Die damit verbundene Abwechslung soll die Mitarbeitermotivation und damit auch die Produktqualität verbessern.
- **Baustellenfertigung:** Die Betriebsmittel, Werkstoffe und Arbeitskräfte müssen zur Baustelle gebracht werden, weil das herzustellende Produkt ortsfest ist. Beispiele: Bauindustrie, Schiff- und Flugzeugbau.

Grundsätzlich gilt es zu entscheiden, welche Teile im Unternehmen selbst produziert und welche von außen beschafft werden **(Outsourcing)**. Unternehmen, die eine hohe **Fertigungstiefe** haben, also einen großen Anteil am Produkt selbst fertigen, haben den Vorteil, die Produktion über weite Phasen steuern und kontrollieren zu können. Absprachen mit Zulieferern und eine aufwendige Logistik entfallen. Zudem muss das Unternehmen wenig Know-how nach außen geben. Allerdings geht eine hohe Fertigungstiefe **zulasten der Flexibilität** und ist in der Regel mit **hohen Kosten** verbunden, da die Fixkosten, etwa für Gebäude, Personal oder Maschinen, unabhängig vom Auslastungsgrad anfallen.

Ausgehend vom japanischen Vorbild begann die Automobilindustrie, die in Deutschland die Rolle einer **Schlüsselindustrie** einnimmt, in den 1980er-Jahren ihre Fertigungstiefe zu reduzieren. Lag der Anteil der selbst gefertigten Teile in den 1970er-Jahren bei vielen Herstellern noch bei über 60 %, beträgt sie heute vielfach weniger als 30 %. Experten halten eine Reduktion auf 12–15 % für möglich. Die Unternehmen konzentrieren sich auf ihre **Kernkompetenzen**, im Fall der Automobilindustrie auf die Entwicklung und Montage von Fahrzeugen, und beziehen einen Großteil der Teile von spezialisierten Zulieferern, die in ihrem Bereich oft flexibler und günstiger sind, ohne dabei Abstriche bei der Qualität zu machen. Es wird verstärkt mit **Systemzulieferern** zusammengearbeitet, die nicht einzelne Teile, sondern bereits komplette Baugruppen wie Bremssysteme, Getriebe oder Armaturenbretter liefern. Dies setzt eine enge Zusammenarbeit mit Zulieferern voraus. Oft werden diese schon früh in die Entwicklung eines neuen Produkts mit einbezogen.

Die Reduktion der Fertigungstiefe ist in eine ebenfalls aus Japan übernommene Produktionskonzeption eingebettet: die **Lean Production** (schlanke Produktion). Ziel ist es, den Leistungsprozess zu optimieren, um so flexibler und effektiver zu produzieren.

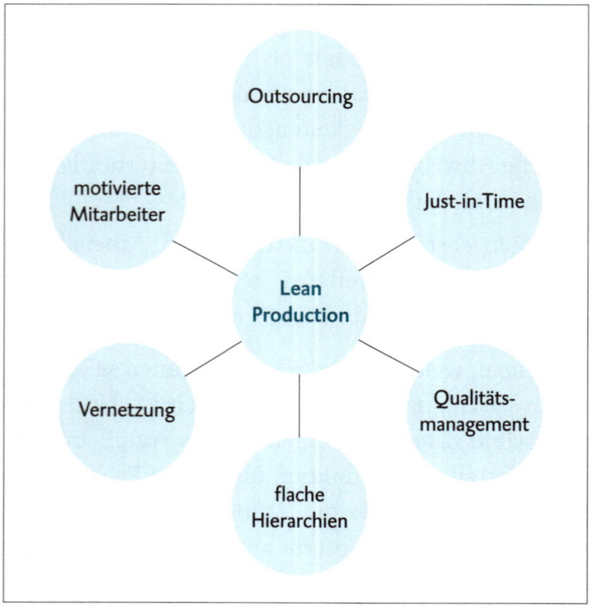

Kernelemente der Lean Production

Das Prinzip der Verschlankung findet auch in anderen Unternehmensbereichen wie dem Management und der Verwaltung statt. Man spricht hier von **Lean Management** bzw. **Lean Administration**.

Verbunden mit dem Wandel des Produktionsprozesses findet auch eine verstärkte **Kundenorientierung** statt. In dem Maße, in dem sich Unternehmen weg von der **Lagerfertigung** hin zur **Auftragsfertigung** organisieren, können sie zunehmend flexibel auf individuelle Kundenwünsche eingehen. Auf dem Automobilmarkt lässt sich z. B. durch die Kombination verschiedener Ausstattungsmerkmale, Motorisierungen und Farben eine nahezu unbeschränkte Zahl an Kombinationen wählen. Dies stellt hohe Anforderungen an die Organisation des Produktionsprozesses.

Absatz

Der Absatz ist die letzte Stufe des betrieblichen Wertschöpfungsprozesses. Zunächst muss eine **Analyse der Absatzchancen** stattfinden, die zur Festlegung der **Absatzziele** führt. Es folgt die Auswahl der **absatzpolitischen Instrumente** und schließlich die Durchführung der absatzwirtschaftlichen Maßnahmen. Am Ende erfolgt die **Kontrolle**, ob die gesetzten Ziele erreicht wurden. Der Absatz wird in der Literatur oft mit dem Marketing gleichgesetzt (vgl. S. 78 ff.).

5.2 Querschnittsfunktionen

Zu den Querschnittsfunktionen zählen **Personalwirtschaft, Finanzierung** und **Investitionen**.

Personalwirtschaft

Die betriebliche Personalwirtschaft, die auch als **Personalwesen** bezeichnet wird, befasst sich mit allen mitarbeiterbezogenen Angelegenheiten, die für den Leistungsprozess notwendig sind. Hierzu zählen: Beschaffung, Einsatz, Verwaltung, Führung, Beurteilung und Entwicklung des Personals. Hinzu kommt die Lohn- und Gehaltsabrechnung. Dabei verfolgt das Personalwesen folgende Zielsetzungen:

- **Wirtschaftliche Ziele:** Hier stehen die Bedürfnisse des Unternehmens im Mittelpunkt. Personal muss jeweils in der benötigten Anzahl und Qualifikation beschafft, bereitgestellt und erhalten werden. Bei fehlendem Bedarf müssen Stellen abgebaut werden.

- **Soziale Ziele:** Hier stehen die Mitarbeiterbedürfnisse im Vordergrund. Dazu zählen eine angemessene und leistungsgerechte Bezahlung, Sozialleistungen wie die Gesundheits- und Altersvorsorge, Aufstiegschancen, die Ausgestaltung der Arbeitsbedingungen, Arbeitsschutz und Arbeitsplatzsicherheit sowie die Fort- und Weiterbildungsmöglichkeiten.

Die **Personalbeschaffung** hat die Aufgabe, den von der Personalbedarfsanalyse ermittelten Arbeitskräftebedarf zu decken und die benötigte Zahl an Arbeitskräften in qualitativer, zeitlicher und räumlicher Hinsicht korrekt bereitzustellen. Dies kann auf zwei Arten geschehen:

Interne Personalbeschaffung	Externe Personalbeschaffung
• interne Stellenausschreibung • Versetzung • Aus- und Weiterbildung • Beförderung • Mehrarbeit	• Stellenanzeigen • Arbeitsvermittlung • Zeitarbeit/Leiharbeit/Personalleasing • Personalberater, „Headhunter“

Bezüglich des zeitlichen Horizonts lassen sich unterschiedliche Strategien der Personalbeschaffung unterscheiden:

	Interne Personalbeschaffung	Externe Personalbeschaffung
Kurzfristiger Bedarf	• Mehrarbeit • Verlegung von Urlaub/ Urlaubssperre	• Zeitarbeit/Personalleasing • freie Mitarbeiter
Langfristiger Bedarf	• Versetzung • Aus- und Weiterbildung • Beförderung	• Neueinstellung

In den letzten Jahren hat die **Zeitarbeit**/Leiharbeit zunehmend an Bedeutung gewonnen. War die gewerbliche Arbeitnehmerüberlassung bis 1971 verboten, fielen bis 2004 praktisch alle gesetzlichen Beschränkungen weg. Die Arbeitnehmer, die bei der Zeitarbeitsfirma fest angestellt sind, können nun unbefristet und wiederholt an dasselbe Unternehmen ausgeliehen werden. Unternehmen profitieren von der Zeitarbeit, da sie z. B. keine Kündigungsfristen einhalten müssen und flexibel auf Auftragsschwankungen reagieren können. Die Arbeitnehmer haben durch die Zeitarbeit die Möglichkeit, Berufserfahrungen zu sammeln. Viele waren vor der Aufnahme dieser Beschäftigung arbeitslos und haben zudem die Chance, beim entleihenden Unternehmen in ein festes Beschäftigungsverhältnis übernommen zu werden.

In der Öffentlichkeit wird die Zeitarbeit oft kritisch gesehen. Leiharbeiter gelten als **Arbeitnehmer zweiter Klasse**, die Schwierigkeiten haben, sich in das Unternehmen sozial zu integrieren, und gegenüber der Stammbelegschaft bezüglich der Bezahlung und Sozialleistungen benachteiligt sind. Prinzipiell gilt zwar eine rechtliche Gleichstellung von Festangestellten und Zeitarbeitern, von der aber aufgrund von Tarifverträgen abgewichen werden kann. In der Wissenschaft besteht grundsätzlich Einigkeit darüber, dass durch die Ausweitung der Zeitarbeit das **Lohnniveau gesenkt** wird. Keine gesicherten empirischen Daten gibt es hingegen über den Beitrag der Leiharbeit zur Verringerung der Arbeitslosenquote.

Die **Personalsuche** findet z. B. über Zeitungsanzeigen oder Angebote im Internet statt. Auf die ausgeschriebenen Stellen bewerben sich interessierte Kandidaten beim Unternehmen. Auch wenn der Trend hin zu **Online-Bewerbungen** geht, geschieht dies noch überwiegend mit den üblichen **Bewerbungsunterlagen** (Anschreiben, Lebenslauf, Zeugnisse und vorhandene Referenzen). Die Personalabteilung trifft eine Vorauswahl und lädt aussichtsreiche Bewerber zu einem **Vorstellungsgespräch** bzw. einem **Auswahlverfahren** (z. B. Eignungstest oder Assessment-Center) ein. Hat sich das Unternehmen für einen Bewerber entschieden, kommt es zur **Einstellung**. In Betrieben, in denen ein **Betriebsrat** existiert, hat dieser ein **Mitwirkungsrecht**.

Rechtliche Grundlage des Arbeitsverhältnisses ist der **Arbeitsvertrag**, aus dem sich Rechte und Pflichten von Arbeitgeber und -nehmer ergeben. Grundsätzlich gilt bei der Aushandlung des Arbeitsvertrags die Vertragsfreiheit. Diese findet aber im Rahmen geltenden Rechts, also vornehmlich des Arbeitsrechts sowie der Rechtsprechung, der Tarifverträge und vorhandener Betriebsvereinbarungen statt.

Individuelles Arbeitsrecht	Kollektives Arbeitsrecht
regelt das rechtliche Verhältnis zwischen Arbeitgeber und -nehmer • Arbeitsvertragsrecht • Arbeitsschutzrecht	regelt das rechtliche Verhältnis zwischen den Arbeitgeber- und -nehmervereinigungen (z. B. Arbeitgeberverbände, Gewerkschaften, Betriebsräte) • Tarifvertragsrecht • Mitbestimmungsrecht • Arbeitskampfrecht

Rahmenbedingungen des Arbeitsrechts

Die **Personalführung** (vgl. auch Unternehmensführung/Management, S. 73 ff.) hat die Aufgabe, die Mitarbeiter so zu führen, zu motivieren und anzuleiten, dass diese hohes Engagement und Leistungsbereitschaft zeigen und so die angestrebten Unternehmensziele erreicht werden. Führungsgrundsätze sollen Richtlinien dabei darstellen, wie Vorgesetzte angemessen und effizient ihre Verantwortung gegenüber dem Unternehmen und den Mitarbeitern wahrnehmen.

Bei der **Mitarbeitermotivation** unterscheidet man zwei Arten: die **monetäre Motivation**, wie z. B. eine Umsatzbeteiligung oder eine Prämie beim Erreichen bestimmter Ziele, und die **nicht-monetäre Motivation**. Hierzu zählen z. B. Lob und Anerkennung durch Vorgesetzte, aber auch die Übertragung verantwortungsvoller, interessanter oder herausfordernder Aufgaben.

Zu den Aufgaben des Personalwesens gehört es auch, im Bedarfsfall **Personal freizusetzen**. Mittelfristig kann dies dadurch geschehen, dass die Stellen, die durch natürliche Fluktuation, etwa wenn Mitarbeiter kündigen oder in den Ruhestand gehen, nicht mehr besetzt werden. Handelt es sich um freie Mitarbeiter oder solche, die von einer Zeitarbeitsfirma überlassen wurden, ist die Freisetzung für das Unternehmen in der Regel vergleichsweise einfach: Die Arbeitskraft erhält keinen Auftrag mehr oder wird nicht mehr angefordert. Befristet angestellte Arbeitskräfte erhalten nach Ablauf ihres Arbeitsvertrags keinen neuen. Bei fest angestellten Mitarbeitern kommt es zur **Kündigung**.

Finanzierung und Rechnungswesen

Aufgabe der Finanzabteilung ist zum einen die Bereitstellung der für die unternehmerische Tätigkeit notwendigen finanziellen Mittel (vgl. S. 55 ff.). Zum anderen geht es um die systematische Erfassung, Darstellung, Analyse und Bewertung der betrieblichen Vorgänge zum Zwecke der Kontrolle, Steuerung und Planung. Man unterscheidet zwischen dem **internen** und dem **externen Rechnungswesen**.

Das interne Rechnungswesen, das auch als **Controlling** bezeichnet wird, überprüft, ob bzw. inwieweit mit den eingesetzten Mitteln die festgelegten Unternehmensziele erreicht wurden. Ein zentrales Element ist die **Kostenrechnung**, in der die anfallenden Kosten mit den Soll-Werten verglichen werden. Adressat der gewonnenen Informationen ist in der Regel die Unternehmensleitung.

Anders als beim Controlling gibt es beim **externen Rechnungswesen** gesetzliche Vorgaben. Das Handelsgesetzbuch, das Publizitätsgesetz und die Abgabeordnung enthalten die relevanten Bilanzierungs- und Bewertungsvorschriften. Das externe Rechnungswesen soll die Vermögens- und Ertragslage des Unternehmens nach außen abbilden. So sind Kaufleute zur **Buchführung** und Erstellung eines Jahresabschlusses verpflichtet (vgl. S. 45 ff. Rechtsformen). Die Buchführung ist die Grundlage der **Bilanz** und der **Gewinn- und Verlustrechnung (GuV)**.

In der Bilanz sind in Kontenform die Vermögen (Aktiva) und Schulden (Passiva) eines Unternehmens gegenübergestellt. Sie ist das Ergebnis der Inventur, d. h. der an einem bestimmten Stichtag erfolgten Ermittlung der Vermögenswerte eines Unternehmens.

Die Bilanz zum 31. 12. 20..

Aktiva	Passiva
I. Anlagevermögen	**I. Eigenkapital**
1. Immat. Verm., Gegenstände	
2. Grundstücke, Bauten	**II. Verbindlichkeiten**
3. Techn. Anlagen, Maschinen	1. Hypotheken
4. Fahrzeuge/Fuhrpark	2. Darlehen/Kredite
5. Ladeneinrichtung	3. Verbindlichkeiten aus LL
6. Betriebs-/Geschäftsausst.	4. Sonstige Verbindlichkeiten
7. Finanzanlagen	
II. Umlaufvermögen	
1. Roh-, Hilfs-, Betriebsstoffe	
2. Unfertige Erzeugnisse	
3. Fertige Erzeugnisse	
4. Handelswaren	
5. Forderungen aus LL	
6. Sonstige Forderungen	
7. Postgiroguthaben	
8. Bankguthaben	
9. Kasse	
Summe Aktiva	Summe Passiva

Die linke Seite (Kapitalverwendung) wird nach **zunehmender Liquidität** geordnet, d. h., diejenigen Posten, die sich am einfachsten in Bargeld umwandeln lassen, stehen unten. Das **Anlagevermögen** umfasst alle längerfristig eingesetzten Vermögensgegenstände, wie Gebäude, Maschinen oder Fahrzeuge. Zum **Umlaufvermögen** zählen alle Wertgegenstände, die lediglich kurzfristig im Unternehmen verbleiben, wie Rohstoffe oder fertige Produkte. Die rechte Seite (Kapitalherkunft) ist nach **abnehmender Fristigkeit** geordnet, d. h., das langfristigste Kapital steht ganz oben. Da die Bilanz auf einer Stichtagerhebung basiert, muss diese auf der Aktiva- und Passivaseite ausgeglichen sein. Anders ist das bei der **Gewinn- und Verlustrechnung (GuV)**. Sie stellt die Aufwendungen und Erträge eines Unternehmens in einem Zeitraum dar. Von den Erträgen/Erlösen werden die Aufwendungen/Kosten abgezogen. Das Ergebnis ist der Jahresüberschuss (Gewinn) bzw. Jahresfehlbetrag (Verlust).

Investitionen

Während sich die Finanzierung mit der Herkunft der Mittel befasst, geht es bei der Investition um deren Verwendung. Die Umwandlung der flüssigen Mittel kann in **Sachinvestitionen**, sogenannte Investitionsgüter, in **Finanzinvestitionen** wie z. B. Unternehmensbeteiligungen oder in **immaterielle Investitionen**, wie den Aufkauf von Patentrechten oder Weiterbildungsmaßnahmen der Mitarbeiter, erfolgen. Nach dem **Zweck** der Investition unterscheidet man:

- **Erst-** oder **Gründungsinvestitionen**, die nur zu Beginn der unternehmerischen Tätigkeit anfallen.
- **Erhaltungs-** oder **Ersatzinvestitionen**, die die betriebliche Leistungsfähigkeit aufrechterhalten, indem sie die während des Produktionsprozesses abgenutzten Betriebsmittel erneuern bzw. ersetzen. Ein Wertzuwachs im Unternehmen findet nicht statt.
- **Rationalisierungs-** oder **Modernisierungsinvestitionen**, die die Produktivität des Unternehmens verbessern, indem z. B. Maschinen angeschafft werden, für deren Bedienung weniger Mitarbeiter notwendig sind oder die in derselben Zeit mehr Teile produzieren.
- **Erweiterungsinvestitionen**, die zu einer Ausweitung der Produktionskapazitäten führen, indem z. B. ein zusätzliches Werk errichtet wird.

Nach der **Funktion der Investition** kann man differenzieren:

- **Forschungsinvestitionen** wie etwa die Einrichtung eines neuen Labors oder die Einstellung neuer Entwicklungsingenieure.
- **Fertigungsinvestitionen** wie z. B. neue Maschinen.
- **Absatzinvestitionen** wie die Finanzierung einer Werbekampagne.

Nach dem **Zeitpunkt der Investition** unterscheidet man die **Anfangsinvestition** und die **laufende Investition**.

Finanzinvestitionen können Anlagen in Festgeld, Wertpapiere oder Beteiligungen an anderen Unternehmen sein. Im Vordergrund können dabei Renditeziele stehen, aber auch die Sicherstellung von Rohstofflieferungen oder die Erschließung neuer Absatzmärkte können mögliche Motive sein.

Investitionen sind für **Unternehmen von großer Bedeutung**. Sie werden getätigt, um damit in der **Zukunft höhere oder zusätzliche Erträge** zu erwirtschaften und/oder neue Geschäftsfelder zu erschließen. Sie sollen die Produktionsmöglichkeiten ausweiten und verbessern und damit die Wettbewerbsfähigkeit und Rentabilität sichern. Investitionsentscheidungen müssen wohlüberlegt sein, da sie langfristig Kapital binden und erst in der Zukunft eine Rendite bringen. In der Regel verändert sich durch Investitionen die Kostenstruktur, die Fixkosten steigen. Hinzu kommen Unwägbarkeiten, was z. B. das künftige Marktumfeld und die rechtlichen Rahmenbedingungen angeht.

Aber auch für die **Volkswirtschaft** sind **Investitionen von großer Bedeutung**. Zentral sind hier besonders die **Nettoinvestitionen**. Darunter versteht man alle Investitionen, die sogenannten **Bruttoinvestitionen**, abzüglich der Ersatzinvestitionen. Die Nettoinvestitionen führen zu einer Erhöhung des Sachkapitals, dem sogenannten Kapitalstock. Idealerweise führen Investitionen zu einer Konjunkturbelebung, einer zusätzlichen Marktnachfrage und damit zu einem Wirtschaftswachstum. Ebenfalls können sie sich positiv auf den Arbeitsmarkt auswirken.

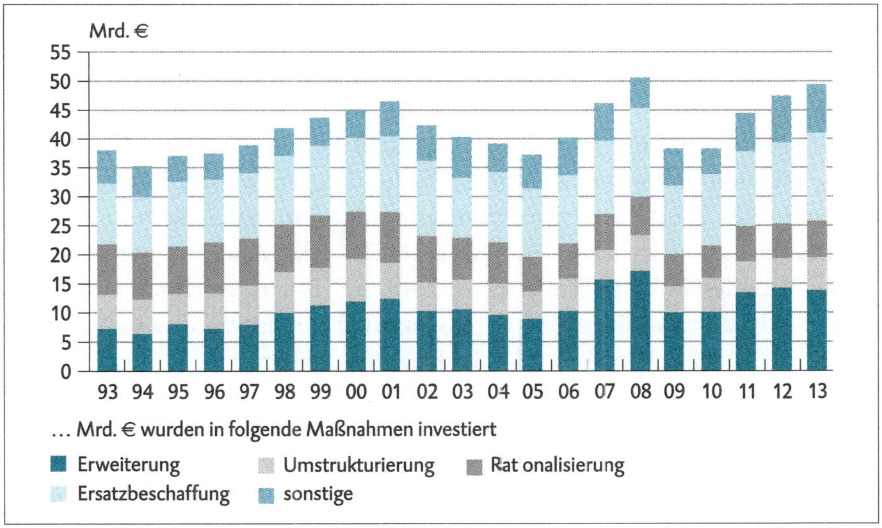

Investitionen in Ersatzbeschaffungen dominieren

Die folgende Abbildung illustriert die **Investitionsquote**, also das Verhältnis von Investitionen zum Umsatz, im Verarbeitenden Gewerbe in Deutschland:

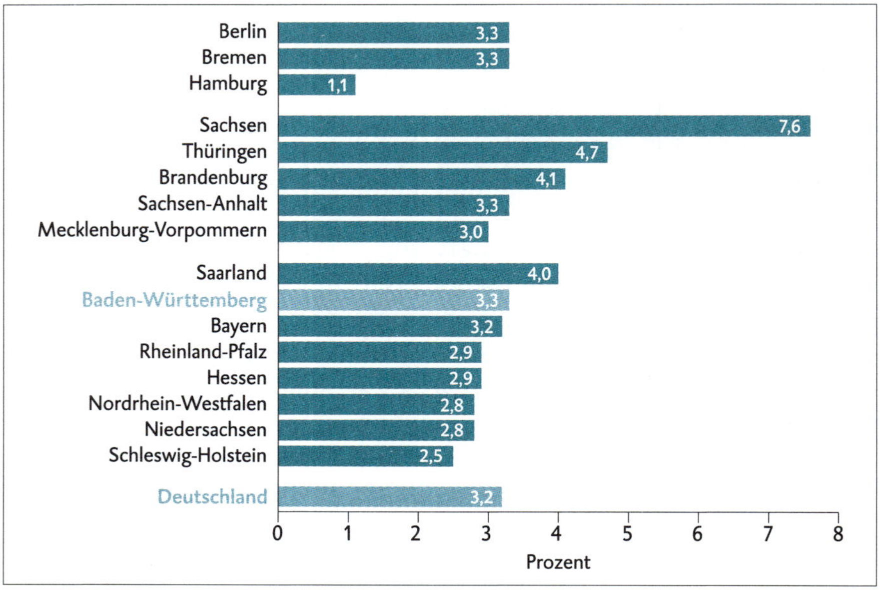

Investitionsquote im Verarbeitenden Gewerbe in Deutschland 2011

Hier zeigen sich große Unterschiede. Während die Werte der alten Bundesländer größtenteils unter dem Bundesdurchschnitt liegen, weisen die neuen Bundesländer eine deutlich höhere Investitionsquote auf. In den alten Bundesländern kann man ein leichtes Süd-Nord-Gefälle erkennen: Die wirtschaftlich starken Bundesländer Baden-Württemberg und Bayern zeichnen sich durch eine überdurchschnittliche bzw. durchschnittliche Investitionsquote aus, während die norddeutschen Flächenländer hier zurückfallen.

Seit 1990 sind die privaten und öffentlichen Investitionen in Deutschland um mehr als 50 % gesunken und liegen gegenwärtig um mehr als 50 % unter dem OECD-Schnitt.

5.3 Unternehmensführung

Ziel der **Unternehmensführung/Leitung** ist es, die betrieblichen Abläufe so zu organisieren, dass die von ihr bzw. den Eigentümern festgelegten Unternehmensziele (vgl. S. 39 ff.) effektiv und effizient erreicht werden.

Der Begriff des **Managements** bezeichnet sowohl die **Leitungsfunktion** als auch die damit betrauten **Institutionen** bzw. **Personen**.

Aufgabe der Leitung ist nicht nur die **Planung, Organisation und Kontrolle** der betrieblichen Abläufe sowie die **Motivation** der Mitarbeiter (vgl. S. 68), sondern auch die **Gestaltung und Weiterentwicklung** des Unternehmens. Dazu gehört es, die **Corporate Identity**, das Erscheinungsbild des Unternehmens, mit Leben zu füllen und die Unternehmenskultur zu pflegen und weiterzuentwickeln.

Unternehmerische Entscheidungen werden immer unter der Bedingung der **Unsicherheit** getroffen, da das Verhalten des Markts und der beteiligten Akteure nur bedingt vorhergesagt werden kann.

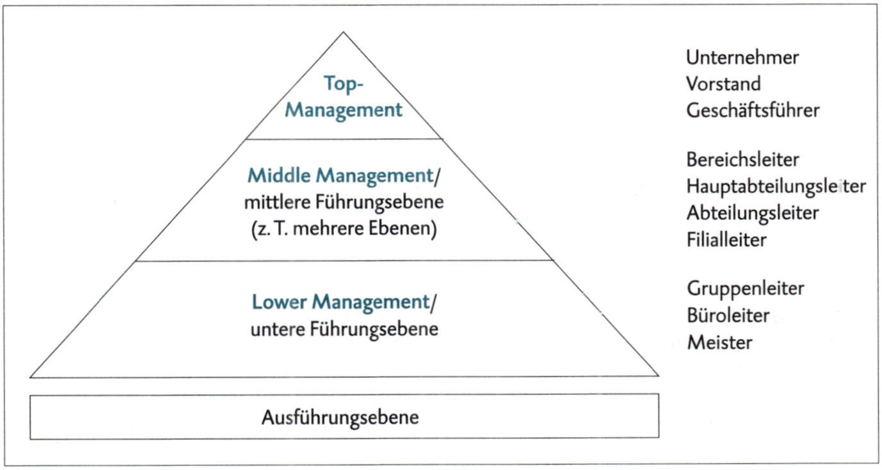

Klassischer Aufbau der Unternehmensführung

Nach den Handlungsfeldern lassen sich drei Managementebenen unterscheiden:

- Das **normative Management** formuliert generelle Zielsetzungen, legt die Ausrichtung des Unternehmens fest und definiert die Unternehmenskultur.
- Das **strategische Management** leitet daraus konkrete Ziele ab und formuliert diese z. B. in einem Geschäftsplan.
- Das **operative Management** ist für die betriebliche Umsetzung der Strategien zuständig.

Führungsgrundsätze

In der Literatur finden sich eine ganze Reihe an **Führungsgrundsätzen** bzw. **Management-by-Methoden**, von denen die folgenden drei exemplarisch ausgeführt werden:

	Management by Objectives (Führung durch Zielvereinbarungen)	**Management by Delegation** (Führung durch Delegation)	**Management by Exception** (Führen nach dem Ausnahmeprinzip)
Definition	Führung beschränkt sich auf die Koordination und Kontrolle gemeinsam getroffener Zielvereinbarungen. Dabei unterscheidet man Oberziele und daraus abgeleitete Ziele.	Führung erfolgt durch die klare Vergabe von Aufgaben und Kompetenzen an die Mitarbeiter, die diese eigenverantwortlich erfüllen.	Führung erfolgt nur in Ausnahmefällen, die Mitarbeiter entscheiden im Rahmen ihrer definierten Aufgabenfelder unabhängig.
Vorteile	• Eigenverantwortlichkeit der Mitarbeiter • eindeutige Verantwortungsbereiche • Mitarbeiterautonomie bei der Aufgabenerfüllung durch Spielraum bezüglich des Mitteleinsatzes • Einbringung individueller Fähigkeiten und Stärken • Identifikation mit den Zielen	• Verantwortlichkeit und Eigeninitiative der Mitarbeiter • klare Kompetenzen und Hierarchien • Entlastung der Führung von Routineaufgaben • schnellere Entscheidungen, da weniger Vorgesetzte zustimmen müssen	• Mitarbeiterautonomie • Entlastung der Führung
Nachteile/ Probleme	• aufwendige Operationalisierung der Ziele • aufwendige Formulierung der Ziele • hoher Kontrollaufwand	• aufwendiges System des Informationsaustausches • hoher Kontrollaufwand • fehlende Partizipation und Kooperation • starre Strukturen und Hierarchien im Unternehmen durch großen Regelungsaufwand	• Informationsaustausch und Kontrollinstrumentarium muss geregelt sein • Ausnahmen müssen genau definiert werden • unzureichender Informationsstand der Vorgesetzten möglich • Mitarbeiter erhält oft vom Vorgesetzten nur bei einer negativen Abweichung eine Rückmeldung

Weitere Führungsgrundsätze sind beispielsweise:

- Management-by-Ideas (Führung durch Vermittlung von Leitbildern)
- Management-by-Participation (Führung durch Beteiligung der Mitarbeiter)
- Management-by-Results (Führung durch Ergebnisüberwachung)

Führungsstile

Das Verhalten eines Vorgesetzten im Umgang mit seinen Mitarbeitern bezeichnet man als **Führungsstil**. Hier lassen sich folgende Stile unterscheiden:

- **autoritärer/hierarchischer Führungsstil:** Der Vorgesetzte entscheidet alleine, ohne Mitarbeiterbeteiligung. Motivation und positives Feedback sind selten.
- **patriarchalischer Führungsstil:** Der Vorgesetzte ist die Vaterfigur und hat das Wohlergehen der Mitarbeiter im Blick. Entscheidungen trifft er allein.
- **charismatischer Führungsstil:** Führung erfolgt durch das Charisma und die Ausstrahlungskraft des Vorgesetzten. Die Entscheidungen werden mehrheitlich autoritär getroffen.
- **bürokratischer Führungsstil:** Die Entscheidungen werden mehrheitlich durch Regeln, Vorschriften und Gesetze getroffen, der Vorgesetzte hat keinen oder nur einen geringen Ermessensspielraum.
- **informierender Führungsstil:** Die Entscheidungen werden in letzter Konsequenz vom Vorgesetzten getroffen. Dieser informiert aber die Mitarbeiter und lässt sie so an der Entscheidungsfindung teilhaben.
- **kooperativer Führungsstil:** Die Mitarbeiter erarbeiten Vorschläge, der Vorgesetzte wählt einen davon aus.
- **partizipativer Führungsstil:** Im Rahmen festgelegter Grenzen entscheiden die Mitarbeiter selbstständig.
- **demokratischer Führungsstil:** Die Mitarbeiter haben weitgehende Freiheiten, der Vorgesetzte übernimmt die Rolle eines Koordinators.
- **Laisser-faire-Führungsstil:** Die Mitarbeiter sind in ihren Entscheidungen weitgehend frei. Eine Kontrolle durch den Vorgesetzten findet in der Regel nicht statt.
- **situativer Führungsstil:** Geführt wird situations-, aufgaben- und personenabhängig. Ein vorab ausgearbeitetes Konzept liegt den Entscheidungen nicht zugrunde.

In der Literatur werden der autoritäre/hierarchische, der kooperative, oft zusammen mit dem demokratischen, und der Laisser-faire-Führungsstil als die **drei klassischen Führungsstile** bezeichnet.

Eigentumsverhältnisse

Für das Verständnis der Unternehmensführung sind auch die Besitzverhältnisse von Bedeutung: Handelt es sich um ein **eigentümergeführtes/inhabergeführtes** oder **managergeführtes** Unternehmen?

Die Eigentümer bzw. die Eigentümerfamilie haben in der Regel ein enges persönliches Verhältnis zum Unternehmen. Sie haften oft mit ihrem privaten Vermögen und sind folglich an einer erfolgreichen Unternehmensentwicklung und an einem **langfristigen, ertragreichen Bestehen** interessiert. Daher werden die Managementstrategien **nachhaltig** angelegt sein und weniger auf eine kurzfristige Gewinnmaximierung abzielen. Da die Eigentümer oft ein persönliches Verhältnis zum Standort und den Mitarbeitern haben, ist der Umgang mit diesen in der Regel eher fürsorglich.

Die Beschäftigung externer Führungskräfte im Top-Management bringt dann Vorteile, wenn zusätzliches **Know-how** in das Unternehmen eingebracht wird, wenn neue Geschäftsfelder erschlossen werden oder die **Unternehmensgröße** zusätzliches Leitungspersonal erforderlich macht. Zudem kann eine andere Sichtweise oder ein anderer Führungsstil das Unternehmen positiv beeinflussen. Eine Führungskraft von außen wird sich zudem leichter von eingefahrenen Gewohnheiten und Praktiken trennen, wenn es dafür keine ökonomische Notwendigkeit gibt. Gibt es mehrere Eigentümer bzw. Eigentümerfamilien, können unterschiedliche Auffassungen zwischen ihnen die Entscheidungsfindung im Unternehmen beeinträchtigen bzw. ganz blockieren.

Die Mehrzahl der kleinen und mittleren Unternehmen in Deutschland ist eigentümergeführt. Je größer ein Unternehmen ist, desto höher ist der Anteil an externen Führungskräften. Auch die Rechtsform spielt hier eine Rolle: Beispielsweise bei einer AG, bei der ein Kennzeichen die weitgehende Trennung von Besitz und Unternehmensleitung ist (vgl. S. 50 f.), ist das Management überwiegend nicht mit Mitgliedern der Eigentümerfamilie besetzt. Diese machen ihren Einfluss eher in der Hauptversammlung oder durch einen Posten im Aufsichtsrat geltend.

Aufgaben

38 Nennen Sie den Unterschied zwischen betrieblichen Grund- und Querschnittsfunktionen.

39 Erläutern Sie den Beschaffungszyklus.

40 Nennen Sie Vor- und Nachteile des Just-in-time-Konzepts für die beteiligten Akteure.

41 Stellen Sie die unterschiedlichen Fertigungsarten hinsichtlich ihrer Anforderungen an die Qualifikation der Arbeitskräfte dar.

42 Überprüfen Sie die These: „Die Lean Production geht zulasten der Mitarbeiter."

43 Beurteilen Sie die Leiharbeit aus Sicht eines Unternehmens.

44 Erklären Sie Vor- und Nachteile der internen Personalbeschaffung.

45 Erörtern Sie, ob bei einer AG zusätzlicher Kapitalbedarf durch Kreditaufnahme oder durch eine Aktienemission gedeckt werden soll.

46 Beurteilen Sie, inwieweit die Bilanz und die GuV eines Unternehmens Rückschlüsse auf dessen Wettbewerbsfähigkeit zulassen.

47 Erläutern Sie die Bedeutung von Investitionen.

48 Begründen Sie, weshalb ein Anstieg der Nettoinvestitionen in einer Volkswirtschaft nicht immer mit einem Rückgang der Arbeitslosigkeit verbunden ist.

49 Nennen Sie die Vor- und Nachteile eines autoritären Führungsstils.

50 Der Firmengründer möchte aus Altersgründen aus seinem mittelständischen Unternehmen ausscheiden und die Unternehmensführung in die Hände seiner Kinder legen, die beide schon einige Jahre Erfahrungen im Betrieb gesammelt haben. Beurteilen Sie seine Absicht.

51 Erklären Sie Nachteile von managergeführten Unternehmen.

6 Bedeutung grundlegender Marketingentscheidungen

6.1 Grundlagen des Marketings

Marketing wird umgangssprachlich häufig mit Werbung gleichgesetzt. Tatsächlich umfasst es weit mehr, wobei in der aktuellen wissenschaftlichen Diskussion der Begriff nicht einheitlich verwendet wird. In einer **engen Definition** wird Marketing mit der betrieblichen Grundfunktion des **Absatzes** bzw. der **Absatzwirtschaft** gleichgesetzt. Man spricht hier auch vom Absatz-Marketing.

In einer **weiter gefassten Definition** ist Marketing ein **umfassendes Unternehmenskonzept**, bei dem alle Maßnahmen und Aktivitäten an den Bedürfnissen und Möglichkeiten des Marktes ausgerichtet sind. Marketing wird nicht nur als nach außen, sondern auch als nach innen gerichteter Prozess verstanden, bei dem die Mitarbeiter dazu motiviert werden, die **Unternehmensziele** zu erreichen. Unterschieden wird darüber hinaus zwischen dem **langfristig angelegten strategischen Marketing** (Festlegung der Marketingstrategie) und dem **operativen Marketing**, bei dem es um den konkreten Einsatz von Marketingmaßnahmen zum Erreichen strategischer Ziele geht. Marketing bedeutet nicht ausschließlich ein reaktives Verhalten, bei dem das Unternehmen den Markt analysiert und auf das Verhalten der Konsumenten reagiert. Das **Marktgeschehen soll aktiv beeinflusst** und das **Verbraucherverhalten gezielt gesteuert** werden.

Der moderne Marketingbegriff geht über die Beschreibung der klassischen Produzenten-Konsumenten-Beziehung hinaus und wird auf andere Bereiche wie Dienstleistungsmarketing, Personalmarketing oder Finanzmarketing übertragen. Neben Unternehmen **(kommerzielles Marketing)** wenden auch Verbände, Parteien oder staatliche Einrichtungen **(Non-Business-Marketing)** Erkenntnisse des Marketings an.

Grundsätzlich bedienen sich alle Marketingarten derselben Marketinginstrumente. In der konkreten Ausgestaltung des Konzepts gibt es aber teils größere Unterschiede. Verbraucher und Unternehmen haben verschiedene Bedürfnisse und Ansprüche. So wird die Marketingabteilung z. B. eines Autoherstellers jeweils spezifische Strategien entwickeln müssen: Private Nutzer legen beim Pkw-Kauf z. B. Wert auf Umweltverträglichkeit, Sicherheit, Komfort, Image, Fahrleistung oder Sonderausstattungen, während gewerbliche Kunden verstärkt auf Wirtschaftlichkeit, Mengenrabatte oder Kosten des Flottenmanagements achten. Insgesamt werden Haushalte eher unspezifisch angesprochen (indirektes Massenmarketing), während für gewerbliche Kunden aufgrund ihrer jeweiligen Besonderheiten individuelle Marketingkonzepte (direktes Individualmarketing) dominieren.

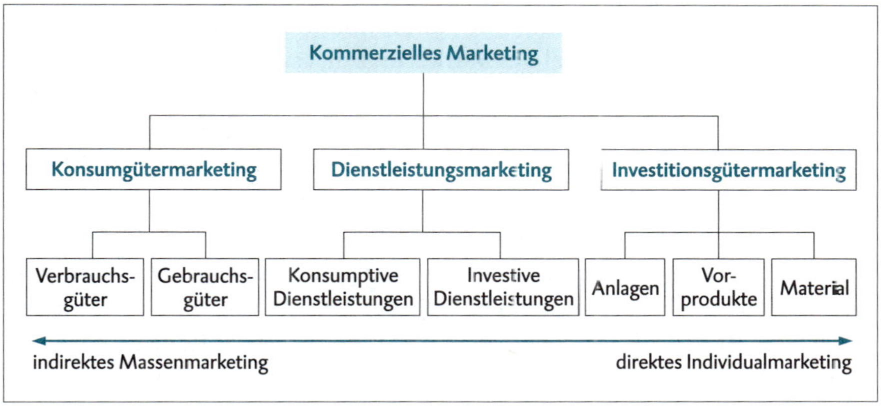

Arten des kommerziellen Marketings

Handelt es sich um eine Geschäftsbeziehung zwischen mindestens zwei Unternehmen, spricht man vom **Business-to-Business-Marketing** bzw. **B2B-Marketing**, im anderen Fall vom **Business-to-Consumer/Consumer-Marketing** bzw. **B2C-Marketing**.

Der Begriff des Marketings wurde erstmals zu Beginn des 20. Jahrhunderts in den USA verwendet. In Deutschland taucht er seit den 1950er-Jahren auf, auch wenn schon zuvor einzelne Autoren und Unternehmen die Idee einer umfassenden, auf den Käufer ausgerichteten Absatzstrategie aufgegriffen, diese aber mit anderen Begrifflichkeiten versehen hatten. Spätestens mit den 1960er-Jahren waren Begriff und Grundgedanke des Marketings in Deutschland verbreitet und es erhielt mit der Gründung des ersten Instituts für Marketing an der Universität Münster einen festen Platz in der Wissenschaft.

Die Entwicklung des Marketings ist eng mit der Veränderung der Marktsituation verbunden. Bis in die 1970er-Jahre waren viele Märkte noch **Verkäufermärkte**, d. h., die Nachfrage überstieg das Angebot. Der Absatz bzw. die Verkaufsabteilung hatte also nur die Verteilung und den Vertrieb der Produkte zu organisieren. Kunden waren meist in der benötigten Zahl vorhanden. Gesellschaftliche und wirtschaftliche Veränderungen, eine verbesserte Einkommens- und damit Lebenssituation der Bevölkerung, die Zunahme der Konkurrenz, bessere Informations- und Kommunikationskanäle usw. führten zu einer Verschiebung der Marktmacht hin zum Kunden. In diesen **Käufermärkten** übersteigt das Angebot die Nachfrage. Unternehmen sind daher gezwungen, ihre Aktivitäten an den Kundenwünschen auszurichten.

Die drei folgenden Anzeigen der Autofirmen Baker, Ford und Mercedes-Benz illustrieren den **Wandel des Marketings** im Laufe der Zeit. Im ersten Bild von ca. 1900 sieht man eine einfache Abbildung des Fahrzeugs mit einer großen Textmenge. In den 1950er-Jahren wird das Produkt bereits optisch ansprechend in einer damals modernen Lebenssituation präsentiert, ebenfalls mit hohem Textanteil. In beiden Anzeigen dominiert die Verbraucherinformation, wenn auch in der zweiten die Sprache schon weniger neutral ist: „More exciting, more sure, more safe." Anders in der aktuellen Anzeige: Das Auto steht hier im Zentrum. Es gibt nur einen Slogan – „Warnt vor Kollisionen, unterstützt beim Bremsen" – und wenige Informationen, die das Konzept der Kollisionsprävention erläutern. Die technologische Kompetenz soll durch den Text „125! Jahre Innovation" unterstrichen werden. Im Zusammenwirken von Foto und Text soll beim Betrachter das Bild eines Wagens entstehen, der attraktives Design mit innovativer Sicherheitstechnologie verbindet.

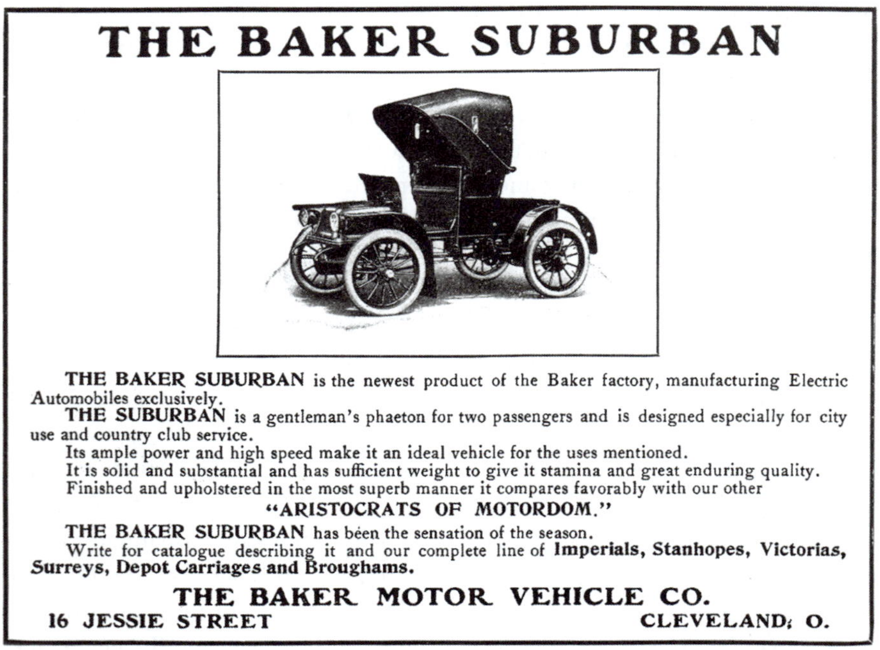

Baker-Werbung um 1900

Werbung aus den 1950er-Jahren

Werbeanzeige von 2013

6.2 Absatz und Marketing

Folgt man der engen Marketing-Definition des Begriffes, besteht eine klare Verknüpfung mit dem **Absatz**, der neben der Beschaffung und der Produktion eine zentrale Größe des betrieblichen Leistungsprozesses darstellt.

Im Unternehmen verläuft der absatzwirtschaftliche Prozess zur Festlegung der **Marketingstrategie** idealtypisch nach folgendem Muster:

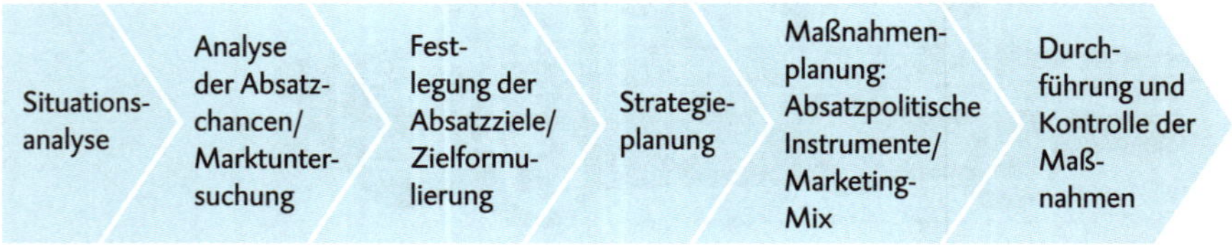

Der absatzwirtschaftliche Prozess

Ziel des strategischen Marketings ist es, die aktuelle Situation des Unternehmens zu analysieren und künftige Entwicklungen zu prognostizieren. Unternehmen bedienen sich hier oft der sogenannten **SWOT**-Analyse, auf deren Grundlage die Stärken (Strength), Schwächen (Weaknesses), Chancen (Opportunities) und Risiken (Threats) ermittelt und bewertet werden sollen. Die SWOT-Analyse ist grundsätzlich ein Instrument des strategischen Managements, kann aber z. B. auch im Rahmen der Produktpolitik verwendet werden.

externe Sicht (Aufgabe, Wettbewerb, Markt)	interne Sicht (Team, Unternehmen, Produkt)	
	Strengths (Stärken)	**Weaknesses (Schwächen)**
Opportunities (Möglichkeiten)	Mit den eigenen Stärken bestehende Chancen nutzen. z. B. mit bestehendem Produkt einen neuen Absatzmarkt erschließen	Eigene Schwächen beseitigen, um bestehende Chancen zu nutzen. z. B. neues Produkt entwickeln, um Kundenanforderungen zu erfüllen
Threats (Risiken)	Mit den eigenen Stärken bestehende Gefahren abwehren. z. B. durch Werbung für bestehendes Produkt, einen neuen Wettbewerber zurückdrängen	Eigene Schwächen beseitigen, um drohende Gefahren bestehen zu können. z. B. Qualitätsmängel des eigenen Produkts beheben, um einen Wettbewerber zurückzudrängen

Die SWOT-Analyse

Ein weiteres Instrument bei der Erstellung einer Marketingstrategie beruht auf dem Produktlebenszyklus. Neben der zweidimensionalen Darstellung des Grundmodells (vgl. S. 13 f.) werden von Unternehmen für die **Portfolioanalyse** verschiedene Konzepte verwendet. Eines der bekanntesten ist die Matrix der Unternehmensberatung **Boston Consulting Group (BCG)**.

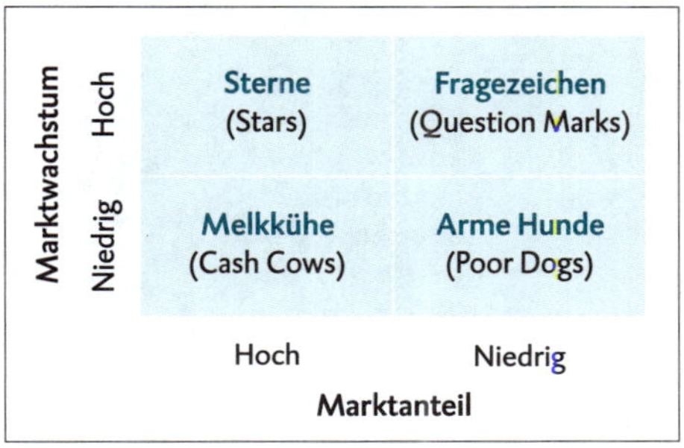

BCG-Matrix

Dabei wird die Produktpalette des Unternehmens analysiert und bewertet. Als Ziel der darauf basierenden strategischen Entscheidungen soll ein ausgewogenes Portfolio gefunden werden.

- **Fragezeichen** sind neue Produkte bzw. Nachwuchsprodukte mit einem noch geringen Marktanteil und einer anfänglich niedrigen Wachstumsrate. In der Einführungsphase übersteigen die Kosten noch die Umsätze. Es wird zu einem selektiven Vorgehen geraten. Lassen sich im Marktumfeld Erfolge verzeichnen, empfiehlt sich ein **offensives Vorgehen**. Bleiben die Wachstumsraten hinter den Erwartungen, soll eine **Rückzugsstrategie** verfolgt werden.
- Die **Sterne** sind Produkte, bei denen das Unternehmen in einem Wachstumsmarkt einen hohen Marktanteil hat. Hier soll **investiert** werden.
- Die **Melkkühe** sind Produkte in einem Marktsegment, das nur noch geringe Wachstumsraten verzeichnet. Das Unternehmen kann aufgrund seines Marktanteils in der Regel hohe Umsätze bei geringen Kosten realisieren. Hier gilt es, nur noch so viel zu investieren, um die Marktposition zu halten. Ansonsten empfiehlt sich eine **Abschöpfungsstrategie**.
- Die **Armen Hunde** haben einen relativ geringen Anteil in einem Markt mit schwachen Wachstumsraten. Hier ist eine **Rückzugsstrategie** aus dem Markt angezeigt.

Es gibt eine Reihe weiterer Analysemodelle, von denen exemplarisch noch die ebenfalls oft verwendete **McKinsey-Matrix** dargestellt werden soll.

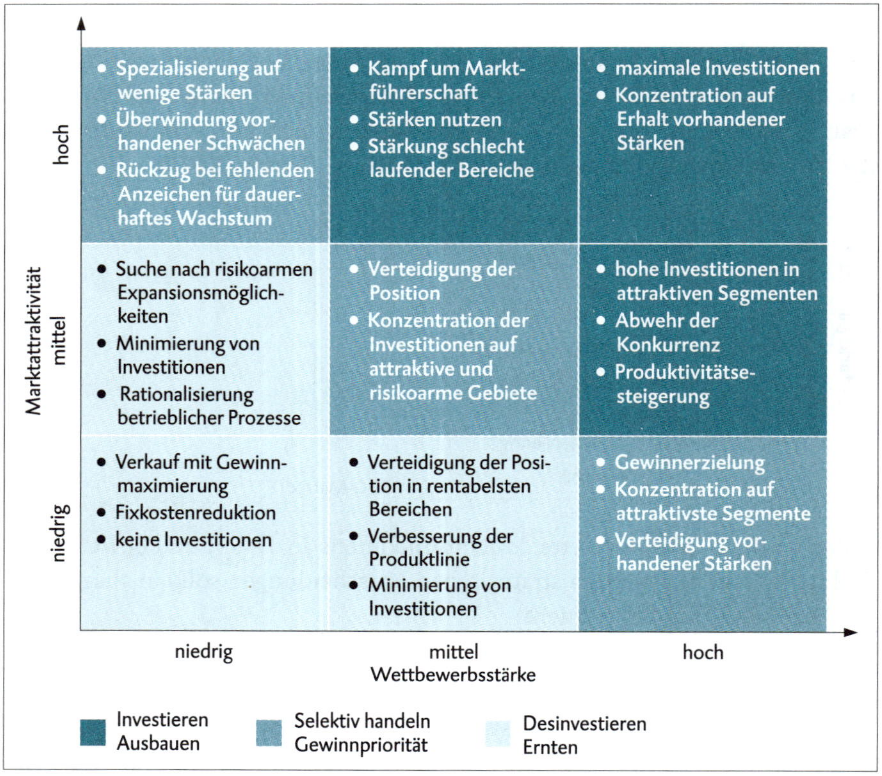

McKinsey-Matrix

Unerlässlich ist dabei die **Marktuntersuchung**, die folgende Punkte umfasst:

- In einer **Selbstanalyse** werden Stärken und Schwächen des eigenen Unternehmens festgestellt.
- Die **Marktanalyse** ermittelt z. B. das Marktvolumen, das Marktpotenzial und die Marktanteile der Mitbewerber.
- Die **Kundenanalyse** erbringt Informationen über Gewohnheiten, Bedürfnisse und Erwartungen der Konsumenten.
- Die **Wettbewerbsanalyse** gibt Informationen über das Verhalten, die Situation und die Strategie der Mitbewerber. Hierbei ist es notwendig, alle Wettbewerber, die im entsprechenden Marktsegment tätig sind, zu identifizieren.

Die Marktuntersuchung kann zunächst betriebsintern und unsystematisch erfolgen, indem z. B. Kundengespräche geführt, Beobachtungen aus dem Kundenverkehr festgehalten oder Marktberichte aus Fachzeitschriften herangezogen werden. In diesem Fall spricht man von einer **Markterkundung**.

Erfolgt die Marktuntersuchung systematisch und nach wissenschaftlichen Kriterien, spricht man von **Marktforschung**. Hier unterscheidet man zwei Arten: die **Marktbeobachtung**, die über einen bestimmten Zeitraum erfolgt, und die **Marktanalyse**, die einmalig ist und zu einem bestimmten Zeitpunkt durchgeführt wird.

Auf Grundlage der Ergebnisse der Marktuntersuchung werden **Absatzziele** formuliert. Diese können z. B. bestimmte Stückzahlen, ein Umsatzziel, aber auch ein bestimmter Marktanteil oder eine Positionierung in einem bestimmten Marktsegment, wie dem Premiumsegment, sein.

Methoden in der Marktforschung

Primärforschung (Feldforschung)	**Sekundärforschung** (Schreibtischforschung)
Erhebung und Auswertung neuer Daten • Befragung • Beobachtung • Experiment • Panel	Auswertung bestehender Daten • betriebsinterne Daten • externe Daten

Methoden der Marktforschung

Die **Primärforschung**, die in der Regel betrieben wird, wenn das vorhandene Datenmaterial ungeeignet oder veraltet ist, muss folgenden wissenschaftlichen Grundsätzen genügen:

- **Objektivität:** Die Untersuchung muss immer zum selben Ergebnis führen, unabhängig davon, wer sie durchführt.
- **Validität:** Die Studie muss gültig sein, d. h., es ist sicherzustellen, dass das Messinstrument dazu geeignet ist, die Fragestellung zu beantworten.
- **Reliabilität:** Die Untersuchung muss zuverlässig sein, d. h., sie muss bei einer erneuten Durchführung zu denselben Ergebnissen kommen.

Grundsätzlich gilt es zu entscheiden, ob eine **Voll-** oder eine **Teilerhebung** durchgeführt wird. In der Praxis dominiert die Teilerhebung, weil sonst der Kreis der zu Untersuchenden zu groß ist. So ergibt es keinen Sinn, die etwa 42 Millionen deutschen Pkw-Besitzer zu ihren Bedürfnissen zu befragen, da der Aufwand in keinem Verhältnis zum Zweck stünde. Vorstellbar ist jedoch, dass ein Automobilzulieferer eine Befragung bei allen Automobilherstellern weltweit durchführt, da deren Zahl von mehreren Dutzend noch handhabbar ist.

Die Regel ist also eine Teilerhebung, bei der eine **Stichprobenauswahl** getroffen wird. Es muss sich hier um ein repräsentatives Abbild der **Grundgesamtheit**, d. h. aller infrage kommenden Untersuchungsgegenstände handeln. Die Auswahl kann nach dem **Zufalls-/Randomverfahren** erfolgen. Man befragt z. B. jeden 200. Autobesitzer. Oder sie erfolgt nach dem **Quotenverfahren**, bei dem man anhand mathematisch-statistischer Verfahren versucht, einen repräsentativen Bevölkerungsquerschnitt zu ermitteln. Wenn z. B. 20 % aller Autofahrer einen Kleinwagen fahren, sollen auch 20 % aller Befragten Kleinwagenfahrer sein.

Folgende Methoden der Datenerhebung können zur Anwendung kommen:

- **Befragung:** Diese kann schriftlich oder mündlich, z. B. telefonisch oder über das Internet erfolgen. Hierbei können insbesondere nicht direkt beobachtbare Sachverhalte wie Bedürfnisse, Einstellungen oder Wünsche ermittelt werden. Jede Befragungsart hat spezielle Vor- und Nachteile. So sind z. B. schriftliche Umfragen finanziell vergleichsweise günstig, haben aber oft eine geringe Rücklaufquote. Die mündliche Befragung hat den Nachteil, dass das Verhalten des Interviewers Einfluss auf die Antworten haben kann. Bei Online-Befragungen stellt sich die Frage der Manipulierbarkeit, wenn z. B. ein Fragebogen von derselben Person mehrfach beantwortet werden kann oder die Personenangaben bezüglich Alter, Geschlecht usw. nicht überprüft werden können.
- **Beobachtung:** Hier werden Verhaltensweisen direkt beobachtet. Dies kann in bestimmten Fällen ergiebiger und objektiver als eine Befragung sein, da zwischen der Einstellung einer Person und deren tatsächlichem Verhalten ein großer Unterschied bestehen kann. So werden in einem Interview vermutlich weniger Befragte zugeben, bei Rot eine Fußgängerampel zu überqueren, als es in der Realität tatsächlich tun. Ein Beispiel einer Beobachtung ist die **Blickaufzeichnung**, bei der das Betrachtungsverhalten einer Anzeige, eines Plakats, einer Verpackung o. Ä. analysiert wird. Im Beispiel geht der Blick erst zum Kind, dann zur Mutter usw. Der Firmen-/Produktname wird zweimal wahrgenommen. Das Ergebnis der Blickaufzeichnung kann z. B. sein, dass der Firmen- und Produktname näher ans Kind gerückt wird, damit ihn der Betrachter öfter wahrnimmt.

Beobachtung durch Blickaufzeichnung

Ein anderes Beispiel ist die **Kundenlaufanalyse**, bei der verfolgt wird, welchen Weg der Kunde durch einen Laden nimmt.

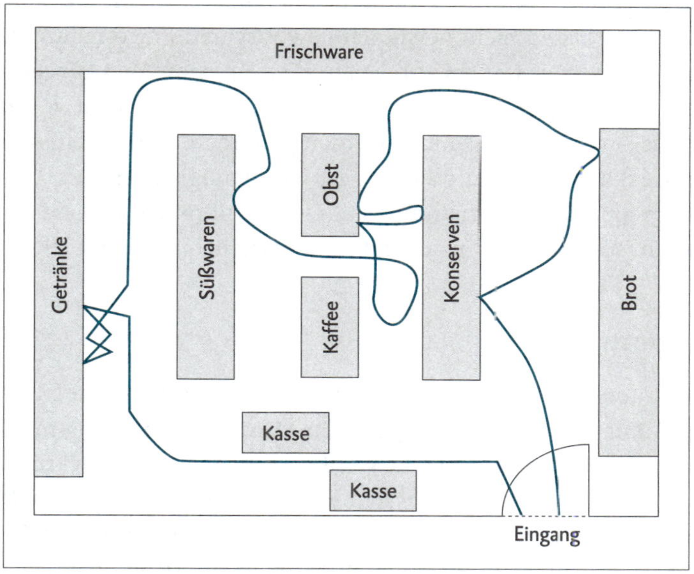

Bei der Kundenlaufanalyse wird verfolgt, welchen Weg der Kunde durch einen Laden nimmt.

- **Experiment:** Hier werden neue Produkte, Dienstleistungen, Werbekampagnen etc. unter realistischen Bedingungen erprobt. Man unterscheidet zwischen **Feldexperimenten**, die unter normalen Bedingungen auf einem Testmarkt ablaufen, und **Laborexperimenten**, bei denen die Erhebungen unter künstlichen Rahmenbedingungen stattfinden. Den Vorteilen einer realistischen Datenerhebung steht in der Regel ein großer zeitlicher und finanzieller Aufwand gegenüber.
- **Panel:** Hier wird im Gegensatz zu einer normalen Erhebung ein immer gleichbleibender, repräsentativer Personenkreis wiederholt zum gleichen Sachverhalt, Thema oder Produkt befragt, beobachtet oder einem Experiment unterzogen. Hierbei sollen Veränderungen im zeitlichen Verlauf ermittelt werden. Ein Panel ist daher eigentlich keine Methode, sondern eine spezielle Forschungsanordnung.

Bei der **Sekundärforschung** können als externe Datenquellen z. B. Erhebungen und Daten statistischer Ämter, Veröffentlichungen von Mitbewerbern, Fachzeitschriften, Zeitungen oder Informationen von IHK, Verbänden usw. herangezogen werden. Innerbetrieblich lassen sich Daten der verschiedenen Abteilungen, insbesondere der Buchhaltung oder des Controllings verwenden.

Vorteile der Sekundäranalyse liegen vor allem in den geringeren Kosten, da keine eigenen Daten erhoben werden müssen. Außerdem kann man in der Regel auf eine größere Datengrundlage zurückgreifen. Nachteilig kann sein, dass die vorhandenen Daten nicht genau der gewünschten Fragestellung entsprechen, zu alt sind oder sich nicht auf die anvisierte Region/den anvisierten Markt beziehen. Allgemein zugängliche Daten können zudem auch von den Mitbewerbern ausgewertet und genutzt werden, während die Ergebnisse der Primärforschung exklusiv dem Auftraggeber zur Verfügung stehen.

In der Praxis greifen die Unternehmen auf eine auf ihre Bedürfnisse zugeschnittene Datenmischung aus Primär- und Sekundärerhebungen zurück.

6.3 Marketinginstrumente

Nach der Marktuntersuchung werden Absatzziele formuliert, auf deren Basis eine Strategieplanung erfolgt. Bei der konkreten Maßnahmenplanung müssen die **Marketinginstrumente** so gewählt werden, dass die Ziele effektiv und effizient erreicht werden. Dies muss vor dem Hintergrund des **gesellschaftlichen Wandels** der letzten Jahrzehnte geschehen. Die **Zunahme der Realeinkommen** bei gleichzeitiger **Verringerung der Arbeitszeit** hat seit der Gründung der Bundesrepublik zusammen mit einem **Wertewandel** und der damit verbundenen **Individualisierung** und **Pluralisierung der Lebensstile** das Konsumverhalten stark verändert. Hinzu kommen die **strukturellen Veränderungen** der Gesellschaft, wie der gestiegene Altersdurchschnitt oder die rückläufige Kinderzahl, und der Prozess der **Globalisierung**.

Gaben 1950 die Haushalte noch beinahe die Hälfte ihres Einkommens für Nahrungsmittel aus, sind es im Jahr 2010 nur noch gut 10 %. Im gleichen Zeitraum sank die durchschnittliche Wochenarbeitszeit in Deutschland von 48 auf unter 39 Stunden. Insgesamt hat sich mit dem gestiegenen Einkommen auch die Nachfrage nach qualitativ hochwertigeren Angeboten erhöht.

Noch bedeutsamer ist der mit dem gesellschaftlichen Wandel seit den 1960er-Jahren einhergehende Wertewandel, infolgedessen sich neue Wertvorstellungen in der Gesellschaft etablierten. **Materielle Werte** wie Sicherheit, wirtschaftliche Stabilität oder Ordnung verlieren an Bedeutung, während sogenannte **postmaterialistische Werte** wie Selbstverwirklichung, politische Mitgestaltung und Naturschutz eine immer größere Rolle spielen. In der Folge kommt es zu einer zunehmenden gesellschaftlichen Ausdifferenzierung. In der öffentlichen Wahrnehmung wird dies etwa durch die unterschiedliche Charakterisierung der Gesellschaft deutlich: Man spricht z. B. von der Informations-, Dienstleistungs-, Konsum-, Medien- oder Spaßgesellschaft.

Die zunehmende Fragmentierung spiegelt sich auch in den individuellen Lebensläufen wider: Klassische Erwerbsbiografien werden immer seltener und neue Formen des Zusammenlebens etablieren sich. Mit dem technischen Fortschritt kommen vor allem in der Informations- und Kommunikationstechnik völlig neue Möglichkeiten hinzu. Entsprechend verändert sich auch das Konsumverhalten. Es lassen sich dabei folgende Veränderungen feststellen:

- Das gestiegene Einkommen und der Rückgang der Arbeitszeit führen zu einer verstärkten Nachfrage nach **Freizeitaktivitäten**. Dabei geht der Trend immer mehr zum erlebnisorientierten Konsum.
- Bedingt durch die Einkommensverteilung und das gewandelte Konsumentenverhalten **nimmt die Nachfrage nach Angeboten „in der Mitte" ab**, während sie sowohl im Niedrigpreis- als auch im Hochpreis- bzw. Luxussegment in den vergangenen Jahren gestiegen ist.
- Die Pluralisierung der Lebensstile führt zur **Herausbildung neuer Konsummuster und -typen**. Entsprechend differenziert sich das Angebot immer weiter aus.
- Die **strukturelle Veränderung der Gesellschaft** führt zu einer **Zunahme bestimmter Konsumentengruppen**. So spielen kinderlose Singles, Alleinerziehende und Senioren eine immer größere Rolle.
- Das **Internet** nimmt in allen Bereichen des Wirtschaftskreislaufs eine immer bedeutendere Funktion ein.
- Die **Globalisierung** führt zu einer Vergrößerung des Angebots – ein **weltweiter Absatzmarkt** hat sich herausgebildet. Zudem lassen sich verstärkt **globale Konsummuster** beobachten, d. h., Menschen aus unterschiedlichen Kulturkreisen haben immer mehr gemeinsame Verhaltensweisen. Ein Beleg dafür ist die weltweite Verbreitung amerikanischer Fast-Food-Ketten (vgl. S. 139).
- Durch Medien, neue Trends und den zunehmenden technischen Fortschritt verändert sich das Konsumentenverhalten immer rascher – entsprechend verkürzt sich der **Produktlebenszyklus** (vgl. S. 13 f.) vieler Angebote.
- Die zunehmende Gefährdung der Umwelt und der Verbrauch der natürlichen Ressourcen/Rohstoffe verstärken den **nachhaltigen Konsum**.

Die Kombination von Marketinginstrumenten bezeichnet man als **Marketing-Mix**. Entsprechend der englischen Instrumentbezeichnung spricht man auch von den **4 Ps**. Es geht dabei nicht nur um die Auswahl jeweils geeigneter Marketingmaßnahmen, sondern auch um deren sinnvolles Zusammenwirken.

Marketing-Mix: Die 4 Ps			
Produkt- und Sortimentspolitik	Preis- und Konditionenpolitik	Distributionspolitik	Kommunikations-politik
product • Produktgestaltung • Servicepolitik	price • Preispositionierung und -gestaltung • Rabatte • Lieferbedingungen • Zahlungsbedingungen • Kreditpolitik	place • Absatzwege • Absatzmittler • Vertriebswege • Logistik	promotion • Werbung • Direktwerbung • Sales Promotion • Public Relations (PR) • Product-Placement • Sponsoring

Produkt- und Sortimentspolitik

Die Produkt- und Sortimentspolitik hat zu entscheiden, welche Produkte in welcher Vielfalt und Gestaltung und welche produktbegleitenden Serviceleistungen angeboten werden. Im Bereich von Handwerk und Industrie ist von **Produkt-/Programmpolitik** die Rede, bei Handelsbetrieben von **Sortimentspolitik**. Diese kann unterschiedlich ausgestaltet sein:

		Sortimentsbreite	
		schmal	breit
Sortiments-tiefe	flach	Discountstrategie	Universalstrategie
	tief	Spezialisierungsstrategie	Multispezialisierungsstrategie

Eng damit verbunden ist die **Wettbewerbsstrategie**. Das Unternehmen muss sich überlegen, in welchem Marktsegment es tätig sein will, ob es z. B. den mittleren Preis- und Anforderungsbereich bedienen will oder eine Hochpreisstrategie anstrebt. Bei dieser ist es sinnvoll, auf eine **Qualitätsführerschaft** hinzuarbeiten. Weitere Optionen sind, sich als **Kostenführer** im Niedrigpreissegment zu positionieren oder die **Nischenstrategie**.

Der Produktpolitik kommt eine wesentliche Funktion zu, da weniger als 20 % aller Käufer ein Produkt aufgrund des Preises kaufen. Es gilt, u. a. folgende Fragen zu beantworten:

Frage	Beispiele aus der Automobilindustrie
Welche Eigenschaften soll das Produkt haben?	Wird Wert auf einen niedrigen Verbrauch, sportliche Fahrleistungen, Familientauglichkeit usw. gelegt?
In welcher Qualität soll es angeboten werden?	Soll eine Positionierung im Premiumsegment mit einer hohen Verarbeitungsqualität stattfinden oder soll der günstigere Massenmarkt bedient werden?
Wie soll das Design aussehen, welche Formen, Größen, Farben usw. werden angeboten?	Wie soll das Auto aussehen? Werden Designelemente anderer Fahrzeuge der Marke aufgegriffen oder wird ein neuer Trend gesetzt? Welche Ausstattungsvarianten und Sonderausstattungen werden angeboten? Wie lassen sich einzelne Ausstattungsmerkmale kombinieren? Hat der Kunde bei der Lackierung nur eine begrenzte Farbauswahl?
Wie ist die Verpackung gestaltet (Transport-, Schutz- und Werbefunktion)?	–
Welche Produktbezeichnung soll gewählt werden (Markierung/Branding)?	Gibt es einen unverwechselbaren Schriftzug, der mit der Marke in Verbindung gebracht wird?
Welche Serviceleistungen werden vor und nach dem Kauf angeboten? (Pre-Sales-Service und After-Sales-Service (Kundendienst))	Erfolgt eine umfassende Beratung im Autohaus? Kann das Fahrzeug zuvor im Internet konfiguriert werden? Kann man eine Probefahrt machen? Erhält der Käufer eine detaillierte Einweisung in das Fahrzeug? Wie umfassend ist der regelmäßige Kundendienst?
Welche Garantieleistungen werden geboten?	Gibt es neben der gesetzlich vorgeschriebenen Gewährleistung zusätzliche Garantien, z. B. eine Mobilitätsgarantie? Werden Reparaturen aus Kulanz vorgenommen?
Was ist Kern- und was ist Randsortiment?	Werden nur Fahrzeuge vertrieben oder bietet der Hersteller auch Zubehör, Finanzierungen, Entsorgung usw. an? Werden auch branchenfremde Produkte wie Schmuck, Uhren oder Bekleidung angeboten? Gibt es ein zusätzliches Angebot, wie „Besitzerclubs" mit speziellen Reise- oder Kulturangeboten?
Wie viele Artikel-/Produktgruppen sollen angeboten werden (Sortimentsbreite)?	Sollen neben den bestehenden Modellen weitere angeboten werden?

Mit der Ausdifferenzierung unterschiedlicher Lebensstile und den damit verbundenen Konsummustern spielt die **Marktpositionierung des Produkts** bzw. der Marke eine große Rolle. Grundsätzlich muss das Unternehmen entscheiden, ob es Markenprodukte, Handelsmarken oder No-Name-Produkte produziert. Ein **Markenprodukt** ist mit einem Markenzeichen versehen und wird entsprechend positioniert und beworben. Das Markenzeichen, das ein Name, ein Wort oder ein Bild sein kann, lässt sich durch Eintragung beim

Patentamt schützen. Durch das Prägen einer Marke soll der Kunde eine genaue Vorstellung vom Produkt und dessen Eigenschaften haben und damit einen bestimmten Namen bzw. ein Unternehmen verbinden. Er erwartet einen höheren Mehrwert, wie Qualität oder Image, als wenn er **No-Name-Produkte**, die auch als **weiße Ware** bezeichnet werden, erwirbt. Das Unternehmen kann durch Markentreue eine höhere Nachfrage erwarten, profitiert vom Wiedererkennungswert der Marke, kann teilweise höhere Preise erzielen und auch neue Produkte, die mit dem Markenprodukt in Verbindung gebracht werden, leichter am Markt platzieren. Bestimmte Marken und deren Markenzeichen wie der CocaCola-Schriftzug oder das goldene M von McDonald's werden weltweit von einem Großteil der Menschen erkannt. Im Idealfall wird aus der Marke ein Qualitätssiegel („Der Mercedes unter den Staubsaugern") oder die Bezeichnung geht als sogenannte **Gattungsmarke** in den allgemeinen Sprachgebrauch ein („Tempo" als Begriff für Papiertaschentuch).

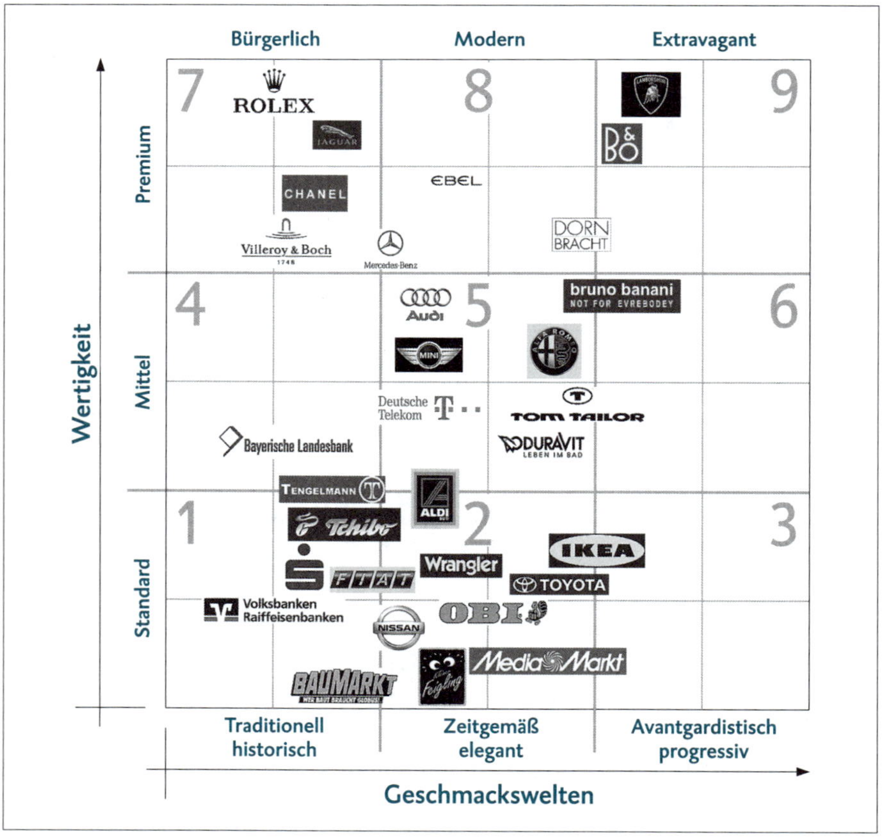

Positionierung ausgewählter Marken

Neben den **Herstellermarken** gibt es auch **Handelsmarken**. Hier wird das Markenprodukt nicht mit dem Hersteller, sondern mit dem Verkäufer – in der Regel einer Handelskette – in Verbindung gebracht und ist auch nur bei diesem erhältlich. Dabei muss es sich nicht um günstige Produkte handeln. Die Zahl der Premium-Handelsmarken nimmt zu. Z. B. führen Lebensmittelketten Bio-Eigenmarken, die preislich auf dem Niveau von Markenprodukten liegen. Ihr Anteil am Sortiment bzw. in der Produktion variiert erheblich. Unternehmen wie Aldi, C & A oder IKEA vertreiben fast ausschließlich eigene Marken und viele Hersteller produzieren zusätzlich Handelsmarken, um ein zweites Standbein zu haben oder die Produktionskapazitäten besser auszulasten.

Eng verbunden ist die Produkt- und Sortimentspolitik mit dem **Produktlebenszyklus** (vgl. S. 13 f.). Ziel der Produktentwicklung ist es, eine **Produktinnovation**, also eine tatsächliche Neuerung, die dem Kunden eine verbesserte, andersartige Problemlösung oder einen echten Mehrwert bietet, auf den Markt zu bringen. Häufiger als tatsächliche Innovationen sind aber Verbesserungen bestehender Produkte und die Ausweitung einer bestehenden Innovation auf andere Zielgruppen, wie es Ende der 1990er-Jahre mit den Mobiltelefonen geschah. **Scheininnovationen** sind Produkte, die den Kunden glauben machen, es handle sich um eine wirkliche Neuerung. Tatsächlich werden bestehende Komponenten und Technologien zu einem „neuen" Produkt zusammengestellt und vermarktet. So warfen Kritiker Apple vor, bei dem als Innovation vorgestellten iPad handle es sich lediglich um eine neue Aufmachung bestehender Geräte, da es bereits Tablet-PCs, Lesegeräte für E-Books und Geräte für mobilen Internetempfang gebe. Wird ein bestehendes Produkt von einem anderen Unternehmen kopiert, spricht man von einer **Imitation**.

Schon in der Einführungsphase kann es sinnvoll sein, eine **Produktdifferenzierung** zu betreiben, also nacheinander neue Varianten des Produkts auf den Markt zu bringen. So ist es in der Automobilbranche üblich, ein neues Modell mit einer Auswahl an Motorisierungen einzuführen. Einige Monate später folgen dann eine Kombiversion und weitere Motorvariationen. Nach einiger Zeit gibt es das Modell als Cabrio usw. Während des Produktlebenszyklus wird auch immer wieder **Produktpflege** bzw. **Produktverbesserung** betrieben. So werden kleinere Mängel beseitigt, die sich im Alltagsbetrieb zeigen, oder das Produkt wird an den aktuellen Stand der Technik angepasst. Seit einiger Zeit werden z. B. viele Automodelle mit der modernsten Abgasfiltertechnologie versehen oder Navigationsgeräte werden mit angeboten. Eine weitere Möglichkeit sind **Produktvariationen**, die die Marktpräsenz verlängern sollen.

In der Automobilbranche ist es auch üblich, ein Modell in der Reife- bzw. Sättigungsphase einem Facelifting zu unterziehen. Dabei wird in der Regel das

Äußere durch einige markante Änderungen, z. B. der Frontpartie, erneuert, um so den Produktlebenszyklus zu verlängern. Technisch bleiben die Fahrzeuge dabei oft unverändert. In der Sättigungsphase findet verstärkt eine **Produktdiversifikation** statt, d. h., es werden neue Produkte für neue Märkte entwickelt.

Arten der Produktdiversifikation		
Horizontal	**Vertikal**	**Lateral**
Produkte der gleichen Wirtschaftsstufe	Produkte der vor- oder nachgelagerten Wirtschaftsstufe	Produkte ohne Zusammenhang zur bisherigen Produktpalette
z. B.: Der Automobilhersteller vertreibt Pkw-Zubehör wie Reifen oder Unterhaltungselektronik für den Pkw.	*z. B.*: Der Automobilhersteller betreibt eine Bank, um den Kunden Finanzierungs- oder Leasingangebote zu unterbreiten.	*z. B.*: Der Automobilhersteller produziert Kochgeschirr.

Lassen sich mit Produktpflege, -differenzierung oder -variation in der Sättigungs- oder Degenerationsphase nicht mehr die angestrebten Umsatz- und Gewinnziele erreichen, wird das Produkt eliminiert, also vom Markt genommen.

Preis- und Konditionenpolitik

Bei der Preis- und Konditionenpolitik, die man zusammengefasst auch als **Kontrahierungspolitik** bezeichnet, geht es darum, unter Berücksichtigung der eigenen Kosten und des Verhaltens von Kunden und Mitbewerbern die gesetzten Unternehmensziele zu erreichen. Auf die **Preisbildung** haben folgende Faktoren einen Einfluss:

- **Kosten:** Bei der **kostenorientierten Preispolitik** werden die bei der Herstellung und im Vertrieb anfallenden Kosten ermittelt und bilden mit dem Gewinnzuschlag den Preis. Liegt der Preis, der am Markt erlöst werden kann, dauerhaft unter den Herstellungskosten, wird das Unternehmen das Produkt vom Markt nehmen oder versuchen, seine Produktionskosten zu reduzieren. Bietet ein Unternehmen unterschiedliche Güter an, kann es, z. B. im Rahmen einer breiten Sortimentspolitik, zu einer **Mischkalkulation** kommen, bei der die Verluste bei der Herstellung von Gut A durch die Gewinne des Guts B ausgeglichen werden.
- **Kunden:** Bei der **kundenorientierten Preispolitik** spielt die Preisgestaltung nach der **Kaufkraft** und der **Zahlungsbereitschaft** der Kunden die entscheidende Rolle. Das Maß ist die **Preiselastizität der Nachfrage**. Liegt der Angebotspreis über dem Preis, der am Markt erzielt werden kann, muss das Unternehmen versuchen, Kosten zu reduzieren. Im umgekehrten Fall

kann aber auch der Preis erhöht werden, wenn die Kunden bereit sind, mehr dafür zu bezahlen – etwa weil das Produkt gerade in Mode gekommen ist. Die Zahlungsbereitschaft hängt auch von weiteren Faktoren ab: So sind viele Menschen bereit, auf dem Oktoberfest für eine Maß Bier 9,40 € zu bezahlen, empfinden aber den Preis eines Bieres (0,5 l) von 3,60 € in einem normalen Biergarten als zu hoch.

- **Mitbewerber:** Bei der **konkurrenzorientierten Preispolitik** richtet sich das Unternehmen an der Preispolitik der Mitbewerber aus. Gut zu beobachten ist dies bei Tankstellen, die die Preissenkung oder -erhöhung relativ rasch von den anderen Tankstellen am Ort übernehmen. Vergleichbares lässt sich auf dem deutschen Markt der Lebensmitteldiscounter feststellen. In diesem Zusammenhang ist auch die Marktform von Bedeutung: Handelt es sich um ein Monopol, ein Oligopol oder ein Polypol?
- **Staat/gesetzliche Regelungen:** In einigen Bereichen nimmt der Staat Einfluss auf die Preispolitik. So ist z. B. die Preisgestaltung von verschreibungspflichtigen Medikamenten und bestimmten medizinischen Leistungen beschränkt. Auf dem Buchmarkt gilt in Deutschland die Buchpreisbindung, d. h., jeder Verkäufer, egal ob Buchhändler, Kiosk oder Internetanbieter, muss den vom Verlag festgesetzten Preis verlangen. Und schließlich haben Subventionen, wie bei der Förderung von erneuerbaren Energien, Einfluss.

Bei der **Preisgestaltung** lassen sich zwei Strategien unterscheiden:

- Bei der **Preispositionierung** bzw. **Festpreisstrategie** versucht man den durch die Produktpolitik festgesetzten Preisbereich dauerhaft zu halten. Man kann hier, neben der Orientierung am Marktpreis, eine **Hochpreisstrategie** bzw. **Prämienpreispolitik** anstreben. Dies kann aber nur erfolgreich sein, wenn der Kunde einen entsprechenden Mehrwert erhält. Eine andere Strategie ist die **Niedrigpreisstrategie**, die auf günstige Preise, also die **Preisführerschaft**, abzielt. Das Unternehmen strebt in diesem Fall die **Kostenführerschaft** bei der Herstellung an. Betreibt man eine Nischenstrategie, kann man sich grundsätzlich in allen Preisbereichen positionieren.
- Bei der **Preisdifferenzierung** werden vergleichbare Produkte zu unterschiedlichen Preisen angeboten. Beispielsweise kann in einem Lokal der Mittagstisch günstiger als eine vergleichbare Abendmahlzeit sein oder es gibt Vergünstigungen für Schüler oder Gruppen. Z. B. in der Tourismusbranche und bei Flugzeug-, teilweise auch bei Bahnreisen, hängen die Preise sehr stark vom Zeitpunkt der Reise ab.

Bei einer **dynamischen Preisgestaltung** passt das Unternehmen seine Preise flexibel an die Nachfrage an. So kann etwa für eine Innovation anfangs ein hoher Preis verlangt werden, der bei einer Sättigung des Marktes oder dem Auftauchen von Mitbewerbern mit vergleichbaren Produkten am Markt mit der Zeit gesenkt werden kann. Diese **Abschöpfungsstrategie** bezeichnet man auch als **Skimming-Strategie**. Im umgekehrten Fall kann bei der Markteinführung ein günstiger Preis verlangt werden, um rasch einen hohen Marktanteil zu erreichen. Er kann erhöht werden, wenn sich das Produkt am Markt etabliert hat. Diese **Marktdurchdringungsstrategie** bezeichnet man auch als **Penetrationsstrategie**.

Bei einer Reihe von Gütern wie Kraftfahrzeugen oder bei Artikeln im Bereich der Unterhaltungs- und Haushaltsgeräte spielt der Preis nicht die ausschlaggebende Rolle. Hier kommt der **Konditionenpolitik** eine größere Bedeutung zu. Seit im Jahr 2001 in Deutschland das Rabattgesetz außer Kraft gesetzt worden ist, können Unternehmen bis auf einige Ausnahmen, wie dem Buch- oder Arzneimittelmarkt, die Preise grundsätzlich frei gestalten und sind seit 2004 auch bei Sonderaktionen, wie z. B. dem Sommerschlussverkauf, nicht mehr auf gesetzliche Vorgaben angewiesen. So gibt es eine Reihe von Möglichkeiten, Kunden durch **Rabatte** an das Produkt oder das Unternehmen zu binden:

- Mengenrabatte für Großabnehmer,
- ein Bonus beim Erreichen eines gewissen Mindestumsatzes,
- Treuerabatte für Stammkunden,
- Sonderrabatte wie Jubiläumsrabatte, Messerabatte oder Personalrabatte oder
- Gewährung eines Skontos/Nachlasses, wenn die Ware in einem bestimmten Zeitraum bezahlt wird.

Die Gestaltung der **Zahlungsbedingungen** kann Einfluss auf die Nachfrage haben. So können **Zahlungsfristen** und **Zahlungsweisen** kundenfreundlich ausgestaltet werden, indem z. B. die Ware erst ein paar Wochen nach dem Kauf bezahlt werden muss oder die Möglichkeit von Ratenzahlung eingeräumt wird. Bei größeren Anschaffungen spielen auch Finanzierungsmöglichkeiten eine Rolle. Dem Kunden können hier vom Unternehmen attraktive **Absatzkredite** angeboten werden, um ihn so zum Kauf zu animieren. Die Festlegung von **Leasingbedingungen** gehört ebenfalls dazu.

Die Ausgestaltung der **Lieferbedingungen** ist für das Unternehmen eine weitere Möglichkeit, sich von Mitbewerbern abzusetzen. Hierzu zählen die Transportkosten, die Lieferung innerhalb bestimmter Fristen bzw. zu speziellen Terminen und Orten, aber auch Montageservice, Entsorgung alter Produkte usw. Für die Kunden ist auch die Frage der **Umtauschmöglichkeiten** von Bedeutung, insbesondere bei Produkten, die sie im Internet oder bei Versandhäusern bestellen. Das Unternehmen kann zudem dem Kunden **Garantien**, z. B. über die Qualität des Produkts, einräumen. Diese dürfen aber nicht mit der **gesetzlichen Gewährleistungspflicht** verwechselt werden, die den Kunden in der Regel innerhalb der ersten zwei Jahre ab dem Kaufdatum vor Mängeln am Produkt schützt.

Zinsfreie Finanzierungsmöglichkeiten sollen Kunden zum Kauf animieren

Distributionspolitik

Die Distributionspolitik umfasst alle Entscheidungen, die darauf abzielen, wie das Produkt vom Hersteller zum Kunden gebracht werden soll.

Distributionspolitik	
Akquisitorische Distribution	**Physische/logistische Distribution**
Absatzwege • direkter Absatz • indirekter Absatz **Absatzmittler** • Großhandel • Einzelhandel **Vertriebssysteme** • werkseigene, betriebseigene Verkaufsfilialen (Werksverkauf, Versandhandel, E-Commerce, Außendienstmitarbeiter) • werksgebunden (Vertragshändler, Franchising) • werksungebunden (Großhandel, Einzelhandel)	**Transportmittel** • Lkw/Pkw • Bahn • Schiff • Flugzeug **Lagersysteme** • zentrales Lager • dezentrales Lager • Eigenlager • Fremdlager

Bei der **akquisitorischen Distribution** geht es um die Organisation des Vertriebs und die Wahl der Vertriebskanäle. Die Gestaltung der Distribution ist von den Unternehmenszielen und dem Produkt abhängig. So erfolgt der Verkauf von Pkws über ein Netz von eigenen Autohäusern und Vertragshändlern, während Lebensmittel oft über Groß- und Einzelhändler vertrieben werden. Werkseigene und werksgebundene Vertriebssysteme geben dem Hersteller größere Kontrollmöglichkeiten, z. B. hinsichtlich des Images des Produkts, setzen aber einer schnellen Expansion Grenzen. In der Regel haben Unternehmen unterschiedliche Absatzwege und Vertriebssysteme, um einen möglichst breiten Produktabsatz sicherzustellen. So können Bücher von Verlagen in Buchhandlungen, Warenhäusern oder an Kiosken ebenso erworben werden wie über Internet-Buchhändler. Auch über den Online-Shop der Verlage werden die Bücher oft verkauft. Einige Verlage, vor allem im Schulbuchbereich, unterhalten auch eigene Filialen, in denen sie ihre Bücher vertreiben.

Bei der **physischen Distribution** hängt die Wahl des Transportmittels u. a. von der Art des Produkts ab, von den Kosten, der Zuverlässigkeit und der Transportgeschwindigkeit. Eine immer größere Rolle, vor allem aufgrund des veränderten Konsumverhaltens, spielt auch die Umweltbelastung, die der Transport verursacht. Ob ein zentrales oder dezentrales Lager eingerichtet wird, hängt wiederum von den Zielen des Unternehmens ab. So verursacht ein Zentrallager zwar niedrigere Lagerkosten, aber auch längere Lieferzeiten und höhere Transportkosten als ein dezentrales Lager. Vergleichbare Überlegungen stehen hinter der Frage, ob das Lager selbst oder von einer Fremdfirma betrieben werden soll. Bei einem Fremdlager stehen u. U. niedrigere Kosten einer geringen/fehlenden Kontrolle des Personals und der dortigen Abläufe gegenüber.

Kommunikationspolitik

Die Kommunikationspolitik hat die Aufgabe, die Beziehungen zu den relevanten Akteuren herzustellen, diese mit Informationen zu versorgen und ihr Verhalten so zu beeinflussen, dass die gesetzten Unternehmensziele erreicht werden. Von zentraler Bedeutung ist hier natürlich der Konsument. Aber auch andere Adressaten, wie die Öffentlichkeit insgesamt, die Politik oder die Mitarbeiter des Unternehmens werden direkt oder indirekt angesprochen (vgl. S. 115 ff.). Bei vielen Unternehmen nimmt die Kommunikationspolitik den größten Posten im Marketingbudget ein.

Grundlage sind **Kommunikationsprozesse**, die Interaktionsprozesse zwischen einem Sender, hier dem Unternehmen, und einem Empfänger, hier dem Konsumenten, darstellen. Der Sender gibt über ein bestimmtes Medium eine Botschaft weiter, die vom Empfänger aufgenommen wird und bei diesem zu einem bestimmten Verhalten führt. Allerdings darf man dies nicht als direkten Ursache-Wirkungs-Zusammenhang – im Sinne des Stimulus-Response-Modells – sehen, d. h., die vom Sender übermittelte Botschaft führt beim Empfänger nicht immer zum beabsichtigten Verhalten. Der Empfänger ist als eine **Black-Box** zu betrachten, in deren Inneres man nicht hineinsehen kann, wodurch nicht genau zu entschlüsseln ist, welche Reize wie verarbeitet werden und zu welchem Ergebnis sie führen.

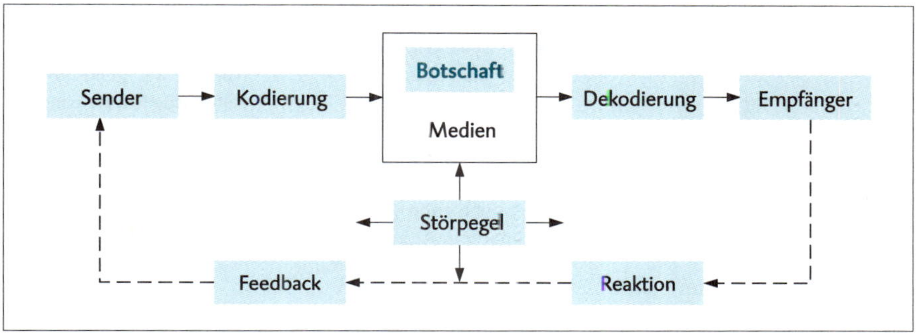

Beispiel für Kommunikationsprozesse

Die Kommunikationspolitik kann sich einer Reihe von Instrumenten bedienen: Mit der **(klassischen) Werbung** versucht das Unternehmen, Werbebotschaften über geeignete Werbemittel zu transportieren und den Konsumenten zum gewünschten Verhalten zu bewegen. Seit Entstehen des Web 2.0, bei dem der Konsument die Möglichkeit hat, sich direkt am Kommunikationsprozess zu beteiligen, finden immer mehr interaktive Elemente Einzug in die Werbung. Das **social media marketing** bedient sich verschiedener Plattformen wie z. B. Twitter und Facebook. Die **Werbeplanung** muss die **Ziele** festlegen, die **Zielgruppe** ermitteln und unter Beachtung des zur Verfügung stehenden **Werbeetats** die **Werbeträger/Werbemedien** sowie die **Werbemittel** auswählen und deren räumliche und zeitliche Verbreitung festlegen. Am Ende steht die **Erfolgskontrolle** der Werbung.

Werbemedium	Werbemittel	Vorteile	Nachteile
Zeitung	• Anzeige • Beilage	• aktuell • hohe Glaubwürdigkeit • lokale Marktabdeckung	• kurzlebig • wenige junge Leser • begrenzte Gestaltungsmöglichkeit
Zeitschrift	• Anzeige • Beilage	• hohe Glaubwürdigkeit • selektivere Nutzung • höherwertige Aufmachung	• teilweise geringe Auflagen • eingeschränkte Möglichkeiten bei der Anzeigenplatzierung

Fernsehen	• TV-Spot	• große Reichweite • hohe Streuung • hohe Aufmerksamkeit • viele Gestaltungsmöglichkeiten	• hohe Kosten • Streuverluste
Radio	• Radio-Spot	• günstiger als TV-Spot • große Reichweite • hohe Streuung	• Streuverluste • Medium wird oft nur beiläufig wahrgenommen • keine visuelle Darstellung
Internet	• Homepage • Bannerwerbung • Direktwerbung (Mail)	• große Reichweite • ständige Verfügbarkeit • zunehmende Internetnutzung • ermöglicht Direktwerbung • geringe Kosten	• geringe Aufmerksamkeit der Empfänger • geringe Glaubwürdigkeit • z. T. hohe Streuverluste
Plakat	• Anzeige	• hoher Wiederholungswert • günstiger als Zeitungsanzeige oder Radio-Spot	• Streuverluste • begrenzte Gestaltungsmöglichkeit • nicht überall möglich

Ein klassisches Werbemodell ist das bereits Ende des 19. Jahrhunderts erstellte **AIDA-Modell**. Nach diesem verläuft der Werbeprozess in vier Stufen:

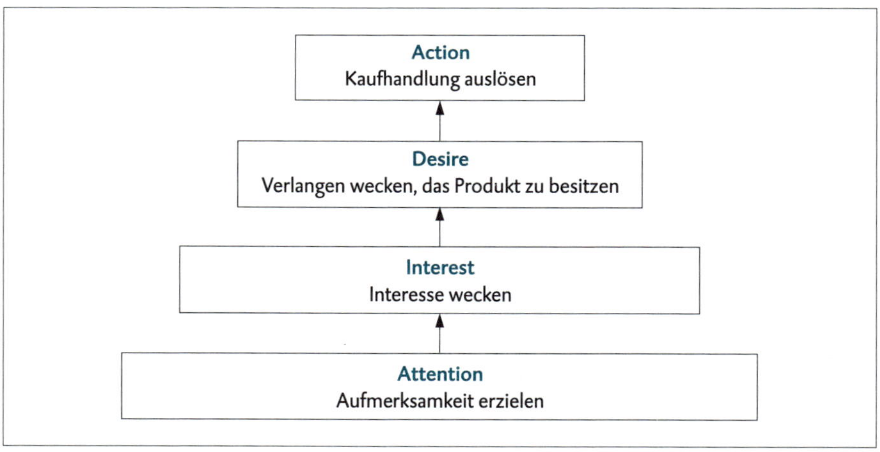

Das AIDA-Modell

Auch wenn das Modell für einzelne Fälle, etwa bei der Bewerbung eines neuen Produkts und/oder einer **impulsiven Kaufentscheidung** einen Erklärungsansatz bietet, findet es wegen seiner einseitigen Ausrichtung und zu starken Vereinfachung kaum noch Anwendung. So wird z. B. das Interesse für ein bestimmtes Produkt nicht zwingend durch Werbung geweckt. Oft ist es ein aktuelles Bedürfnis, das den Kunden erst dazu bewegt, sich mit einer bestimmten Produktgruppe auseinanderzusetzen. Erfolgt die Kaufentscheidung aufgrund eines strukturierten und bewussten Problemlösungsprozesses, spricht man von einer **extensiven Kaufentscheidung**. Ebenso ungeeignet ist das Modell zur Erklärung **habitualisierter Kaufentscheidungen**, also mehr oder weniger automatisch ablaufender Entscheidungsprozesse, und sogenannter **limitierter Kaufentscheidungen**, bei denen der Kunde seine Auswahl aufgrund von Kauferfahrungen und anhand bewährter Entscheidungskriterien trifft.

Bei der **Direktwerbung** wird versucht, den Konsumenten durch individuelle postalische oder elektronische Werbung persönlich anzusprechen und so eine positive Kaufentscheidung herbeizuführen. Hierzu zählt auch das **Telefonmarketing**. Immer mehr Menschen geben bewusst oder unbewusst persönliche Daten preis, z. B. durch die Teilnahme an Gewinnspielen oder Bonusprogrammen, aber auch über soziale Netzwerke im Internet. Daraus lässt sich ein Kundenprofil erstellen, um dem Kunden genau die Produkte anzubieten, die zu seinen Interessen und Bedürfnissen passen. Dies reduziert Streuverluste und damit Werbekosten. Die Direktwerbung wird kritisiert, weil z. B. Werbe-Mails die Postfächer verstopfen oder die Herkunft der Kundendaten oft unklar ist und eine Verletzung des **Datenschutzes** vermutet wird.

Die **Sales Promotion** oder **Verkaufsförderung** umfasst Maßnahmen, die in der Regel ergänzend zur klassischen Werbung eingesetzt werden. Hierzu zählen z. B. eine attraktive Dekoration für den Verkaufsraum, Gewinnspiele, Warenproben und spezielle Händlerschulungen.

Bei der **Öffentlichkeitsarbeit** bzw. den **Public Relations (PR)** geht es um eine positive Darstellung des Unternehmens. Damit soll das Image gepflegt und die Corporate Identity gestärkt werden. Im Gegensatz zur klassischen Werbung und zur Verkaufsförderung, die in der Regel auf ein bestimmtes Produkt ausgerichtet und zeitlich begrenzt sind, ist die PR eine permanente Gestaltungsaufgabe. Instrumente sind Pressemitteilungen, redaktionelle Beiträge, Kundenzeitschriften, PR-Veranstaltungen, Vorträge, Seminare, Betriebsbesichtigungen, aber auch Mitarbeiterzeitungen oder eine ansprechende Gestaltung des Intranets.

Das **Product-Placement**, also das Platzieren von Produkten in Fernsehserien, Kinofilmen, redaktionellen Medienbeiträgen oder Videoclips, ist eine bei vielen Unternehmen beliebte, aber insgesamt umstrittene Strategie. Der Konsument nimmt die Produktpräsentation nicht als Werbung wahr und räumt damit der Darstellung eine höhere Glaubwürdigkeit ein. Ist eine solche Produktplatzierung nicht deutlich als Werbung gekennzeichnet, handelt es sich um eine in Deutschland verbotene Schleichwerbung. Gleichwohl gibt es immer wieder diesbezügliche Vereinbarungen zwischen Wirtschaft und Medienschaffenden.

Beim **Sponsoring** werden Personen, Gruppen oder Organisationen gefördert und unterstützt. Je nach Adressat unterscheidet man **Sport-, Sozial-, Kultur-** oder **Umweltsponsoring**. Die Förderung kann auf unterschiedliche Weise erfolgen: durch finanzielle Mittel, Sachmittel, Überlassung von Material, Räumlichkeiten, Personal, Know-how-Transfer usw. In der Praxis überwiegen die finanziellen Mittel. Das Unternehmen erhält dafür eine Gegenleistung, indem z. B. der Name des Unterstützers präsentiert wird oder eine positive Berichterstattung in den Medien das Image des Unternehmens fördert.

6.4 Möglichkeiten und Grenzen der Beeinflussung des Verbraucherverhaltens

Wenn in der Öffentlichkeit von der Beeinflussung des Verbraucherverhaltens die Rede ist, geschieht dies oft negativ wertend im Sinne einer **Manipulation**. Dabei ist es grundsätzlich die Aufgabe des Marketings, den Konsumenten im Sinne des Unternehmens zu beeinflussen, Bedürfnisse zu wecken, neue Kunden zu gewinnen, Stammkunden zu halten und ein positives Image zu schaffen und zu pflegen. Aus Sicht der Unternehmen hat Marketing auch für den Kunden Vorteile: So bekommt dieser durch die Werbung eine bessere Marktübersicht und kann Kosten für die Beschaffung von Informationen einsparen. Zudem werde der Wettbewerb und damit Innovation gefördert und nicht zuletzt auch ein Preisdruck auf die Marktteilnehmer ausgeübt, der dem Kunden nütze. An die Grenzen stößt das Bemühen der Unternehmen dort, wo sie ihre Marktstellung missbrauchen, gesetzliche Regelungen missachten und andere Marktteilnehmer hintergehen. Bei der Festlegung von Grenzen bei der Beeinflussung des Verbraucherverhaltens spielen zwei Aspekte eine Rolle:

- Die **Marktsituation:** Zum einen geht es um die Unterscheidung, ob es sich um einen **Verkäufer-** oder einen **Käufermarkt** handelt, zum anderen geht es um die vorherrschende Marktform. Befindet man sich in einem Monopol, einem Oligopol oder einem Polypol? Auch die Marktgröße spielt eine Rolle. Je größer und komplexer ein Markt ist, umso schwieriger ist es für den Verbraucher, sich Informationen zu beschaffen und den Markt zu überblicken.
- Die **Stellung des Verbrauchers:** Hier geht es um das Verhältnis zwischen Konsumenten und Anbietern.

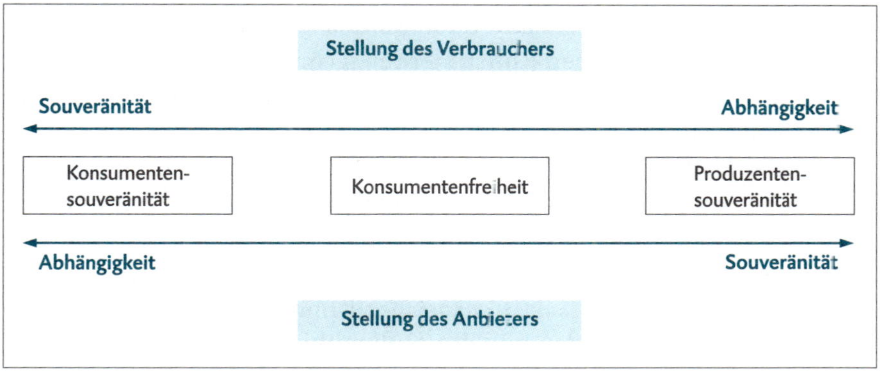

Stellung des Verbrauchers zwischen Souveränität und Abhängigkeit

Die Rolle des Verbrauchers am Markt

Das Modell der **Konsumentensouveränität**, das auf wirtschaftsliberale Vorstellungen zurückgeht, geht von einem autonomen Verbraucher aus, der durch sein Verhalten das Angebot bestimmt. Der Konsument hat Wahlmöglichkeiten, ist über diese vollständig informiert und trifft seine Entscheidungen rational. Voraussetzung ist ein funktionierender Wettbewerb, bei dem sich das beste Angebot durchsetzt. Entsprechend bedeutet Verbraucherschutz hier, für funktionierende Wettbewerbsverhältnisse zu sorgen. In der wissenschaftlichen Diskussion hat sich jedoch die Erkenntnis durchgesetzt, dass diese Modellannahmen nicht der Realität entsprechen, d. h., die Angebotsseite ist gegenüber dem Konsumenten im Vorteil, da sie über einen Informations- und Know-how-Vorsprung sowie über größere finanzielle Mittel verfügt. In der Praxis kann der Konsument sich aufgrund zeitlicher und finanzieller Restriktionen nicht umfassend über ein Produkt informieren. Daher muss man von einer **Informationsasymmetrie** zugunsten der Unternehmen ausgehen.

Das liberale **Wettbewerbs-** und **Informationsmodell** greift diesen Kritikpunkt auf und sieht in der Herstellung einer größeren Transparenz, z. B. durch Verbraucherinformation, die Lösung. Die Sicherung der Wettbewerbspolitik hat aber auch hier Vorrang. Die Maßnahmen zum Verbraucherschutz müssen marktkonform sein.

Im Modell der **Konsumentenfreiheit** hat der Verbraucher grundsätzliche Entscheidungsfreiheit. Er ist über die Wahlmöglichkeiten informiert und kann sowohl seine Bedürfnisse als auch das Angebot kritisch reflektieren. Das Modell räumt ein, dass der Konsument gewissen Beschränkungen unterliegt. So kann er sich nur in einem begrenzten zeitlichen Rahmen informieren und ihm steht nur ein bestimmtes Einkommen zur Verfügung, mit dem er seine

Bedürfnisse befriedigen kann. Der Verbraucherschutz muss dafür sorgen, dass die Freiheit dieses **mündigen Konsumenten** nicht eingeschränkt wird und er durch Verbraucherinformation und -bildung in die Lage versetzt wird, seine Wahlmöglichkeiten wahrzunehmen.

Modelle, die den **Verbraucherschutz** als Leitbild haben, gehen von einem anderen Verbraucherbild aus. Im Modell der **Produzentensouveränität** ist der Verbraucher – trotz Aufklärung und Information – nicht in der Lage, sein Informationsdefizit zu beseitigen, und bleibt daher systematisch in seiner Entscheidungsfähigkeit beschränkt. Entsprechend müssen von staatlicher Seite Regelungen getroffen werden, um den Verbraucher zu schützen, indem z. B. bestimmte Informationen auf Produkten angegeben werden oder für bestimmte Güter nicht oder nur eingeschränkt geworben werden darf.

Sind die vorangegangenen Modelle von einem rein reaktiven Verbraucher ausgegangen, wird auf Grundlage **partizipativer Modelle** eine frühzeitige Beteiligung der Konsumenten bei Produktionsentscheidungen gefordert.

6.5 Verbraucherpolitik in Deutschland

Die Verbraucherpolitik in Deutschland geht von einem **Informations- und Machtungleichgewicht zwischen Anbietern und Nachfragern** aus, versucht dieses zu verringern und dabei gleichzeitig nur so weit wie nötig in den Markt einzugreifen. Einzelne Marktteilnehmer sollen nicht benachteiligt werden. Neben nationalen Vorschriften gibt es zahlreiche EU-weit gültige Regelungen. Im Einzelnen sollen folgende Maßnahmen die Stellung des Verbrauchers stärken:

Sicherung des Wettbewerbs

Die im **Gesetz gegen Wettbewerbsbeschränkungen** fixierten Regelungen sollen das bestehende Marktungleichgewicht verringern und verhindern, dass Unternehmen ihre Marktstellung missbräuchlich verwenden, indem sie z. B. dort überhöhte Preise verlangen, wo sie ein Monopol haben, oder kleinere Mitbewerber mit Kampfpreisen vom Markt drängen. Das **Kartellrecht** soll Wettbewerbsbeschränkungen durch Vereinbarungen und Absprachen verhindern. Träger der Wettbewerbspolitik sind das Bundeskartellamt, die Landeskartellbehörden und die Monopolkommission.

Verbraucherinformation

Der Verbraucher soll mithilfe **unabhängiger Informationen** über Eigenschaften, Herstellungsverfahren, Risiken oder Umweltverträglichkeit des Produkts seine Kaufentscheidung treffen. Die Information übernimmt der Staat zum einen selbst, indem z. B. verschiedene Behörden Publikationen mit Verbraucherinformationen herausbringen, Beratungsstellen Rat und Hilfe bieten oder Aufklärungskampagnen und -initiativen gestartet werden. Zum anderen unterstützt der Staat unabhängige Vereinigungen und Organisationen, die Verbraucherinformation und -beratung betreiben. Und schließlich kann die Verbrauchererziehung bereits früh in Kindergarten und Schule erfolgen.

Probleme treten dann auf, wenn für den Verbraucher unklar ist, ob der Herausgeber der Information tatsächlich unabhängig ist. So wird die Zeitschrift „test“ der unabhängigen Stiftung Warentest oft mit der Zeitschrift „Öko-Test“ in Zusammenhang gebracht. Diese wird aber von einem Wirtschaftsunternehmen herausgegeben, das mit der Stiftung Warentest nichts zu tun hat.

Förderung von Verbraucherorganisationen

Da Probleme oft von Betroffenen besser gelöst werden können als von Außenstehenden, ist die Förderung von Verbraucherorganisationen ein weiterer wichtiger Pfeiler der Verbraucherpolitik. Hier kommt das **Subsidiaritätsprinzip** zum Ausdruck, nach dem die Akteure der unteren Ebene eigenverantwortlich agieren können und die übergeordnete Einheit, hier also der Staat, erst dann eingreift, wenn diese selbstständig keine Lösung der Probleme erreichen. Es gibt für nahezu alle Verbraucherinteressen eine Organisation. Allgemeine Interessen werden z. B. durch die Verbraucherzentralen, besondere Anliegen durch verschiedene spezielle Vereinigungen vertreten. Exemplarisch seien der Deutsche Mieterbund e. V., der Fahrgastverband Pro Bahn e. V., der Bund der Energieverbraucher e. V., die Schutzgemeinschaft der Kapitalanleger e. V. oder der Verkehrsclub Deutschland e. V. erwähnt. Hierzu zählen auch die Verbände, die sich um benachteiligte Bevölkerungsgruppen kümmern und eine primär soziale Zielsetzung haben. Beispielhaft können der katholische Deutsche Caritasverband e. V. oder das Diakonische Werk der Evangelischen Kirche genannt werden. Tätigkeiten der Verbraucherorganisationen sind v. a.:

- Beratung und Information,
- individuelle Unterstützung bei der Durchsetzung von Interessen, z. B. durch eine Rechtsberatung,
- Einflussnahme auf die öffentliche Meinung durch Presseerklärungen, eigene Publikationen, Durchführung von Aktionen, Kampagnen u. a.,

- Verfolgung von Rechtsverstößen,
- Lobbyismus, also die Interessenvertretung bei den politischen Entscheidungsträgern.

Der Staat fördert die Verbraucherorganisationen, indem er sie finanziell und ideell unterstützt und durch Zuerkennung einer besonderen Rechtsstellung, z. B. als gemeinnütziger Verein oder Stiftung, schützt.

Ein Nachteil von Verbraucherschutzorganisationen ist die ungleiche Durchsetzungsfähigkeit von Interessen. Abhängig von ihrer Größe, ihren finanziellen Möglichkeiten, der gesellschaftlichen Relevanz ihres Anliegens usw. sind die Organisationen unterschiedlich erfolgreich.

Viele Angebote der Verbraucherorganisationen sind mit Kosten verbunden. Oft ist die Mitgliedschaft in der Organisation bzw. dem Verein die Voraussetzung, um bestimmte Beratungs- und Unterstützungsangebote überhaupt wahrnehmen zu können.

Verbraucherschutz

Unter dem Verbraucherschutz versteht man alle rechtlichen Regelungen, die den Verbraucher schützen und seine Stellung auf dem Markt stärken sollen. Dies ist zunächst ordnungspolitisch begründet. Der Staat setzt die Rahmenbedingungen, innerhalb derer sich ein freier Wettbewerb entwickeln kann. Rechtliche Regelungen sind immer dann sinnvoll und notwendig, wenn eine Selbstorganisation, etwa wegen mangelnder Ressourcen oder Informationen, nicht oder nur unzureichend erfolgen kann, und wenn sie zur Vorbeugung oder Gefahrenabwehr notwendig sind. Unter Regelungen zum Verbraucherschutz in Deutschland fallen:

- Regelungen zur **Information der Verbraucher:** Die Lebensmittel-Kennzeichnungsverordnung regelt, was auf einer Verpackung vermerkt sein muss. Die Hersteller sind verpflichtet, Name und Anschrift des Herstellers bzw. Vertreibers, die Zutaten, die Menge sowie ein Mindesthaltbarkeits- oder Verbrauchsdatum anzugeben. Die Preisangabenverordnung verpflichtet die Unternehmen, dem Konsumenten den Endpreis eines Produkts bzw. einer Dienstleistung anzugeben. Angaben wie „Preis zzgl. Umsatzsteuer" oder „Nettopreis" sind unzulässig.
- Regelungen zur **Sicherheit der Verbraucher:** Hierzu gehört z. B. das Produkthaftungsrecht. Hersteller haften für die Lieferung eines fehlerhaften Produkts bzw. kommen für Schäden auf, die durch dieses entstehen. Hierzu zählen auch das Lebensmittel- und das Arzneimittelrecht.

- Regelungen zum **Schutz bei Rechtsgeschäften:** So werden Vereinbarungen zwischen Anbieter und Verbraucher mit den Allgemeinen Geschäftsbedingungen auf eine klare Rechtsgrundlage gestellt. Das Gesetz zur Regelung der Allgemeinen Geschäftsbedingungen von 1977 legt fest, was Inhalt der Vereinbarung sein darf. Der Konsument darf nicht unangemessen benachteiligt werden, indem z. B. das sogenannte Kleingedruckte automatisch Vertragsbestandteil ist. Weitere Regelungen zur Ausgestaltung von Verträgen gibt es im Bürgerlichen Gesetzbuch (BGB). Hier finden sich auch Vorschriften zum Mieterschutz.

Zu den wichtigsten Rechtsnormen zählt das **Gesetz gegen den unlauteren Wettbewerb (UWG)**, das 2008 im Rahmen der Harmonisierung des europäischen Rechts vollkommen neu geregelt wurde, indem die Europäische Richtlinie über unlautere Geschäftspraktiken in nationales Recht übernommen wurde. So gibt es u. a. folgende Regelungen:

- Werbung muss als solche gekennzeichnet werden. Verboten ist als Information getarnte Werbung, bei der z. B. ein Unternehmen eine Zeitschrift dafür bezahlt, in ihrem redaktionellen Teil ein Produkt positiv darzustellen.
- Es ist nicht gestattet, irreführende oder falsche Angaben zu bestimmten Produkten zu machen oder einen entsprechenden Eindruck zu erwecken. Dies gilt insbesondere, wenn eine gesundheitsfördernde oder heilende Wirkung versprochen wird, diese aber nicht nachweisbar ist.
- Es ist nicht erlaubt, Gewinnversprechungen („Sie haben gewonnen!!!“) zu machen, die später nicht eingelöst werden, bzw. wenn der Gewinn nur dann überreicht wird, wenn der Kunde etwas bestellt.
- Verboten ist es, die Unerfahrenheit von Kunden auszunutzen, bei diesen Angst zu erzeugen oder sie emotional unter Druck zu setzen, um bestimmte Waren oder Dienstleistungen zu verkaufen.
- Gütesiegel dürfen nur verwendet werden, wenn die entsprechende Genehmigung erteilt wurde.
- Bei vergleichender Werbung, wenn also die Produkte eines Unternehmens mit denen eines Mitbewerbers verglichen werden, müssen die aufgestellten Behauptungen objektiv nachprüfbar sein.

Bewertung und Einordnung von Verbraucherschutzmaßnahmen

Die Frage, ob der Verbraucherschutz die Interessen der Verbraucher und der Unternehmer gleichermaßen berücksichtigt, wird unterschiedlich bewertet. In der Vergangenheit wurden Regelungen getroffen, die den Verbraucherschutz stärkten. So wurde die Werbung für Zigaretten und Tabak stark eingeschränkt, zur Vergleichbarkeit der Preise muss bei allen Produkten immer der Grundpreis, z. B. Preis pro Kilo oder Liter, angegeben werden. Aber es gab auch Regelungen, die im Sinne der Unternehmer waren. Etwa bekamen diese durch die Liberalisierung des Rabattgesetzes 2001 große Spielräume in der Preispolitik, die Vorschriften zur vergleichenden Werbung wurden gelockert und die in Deutschland bis 2009 vorgegebenen Füllmengen für Bier, Zucker, Milch u. a. wurden abgeschafft. Verbraucherschützer fordern immer wieder, die sogenannte **Nährwertampel** einzuführen. Dabei wird dem Konsumenten in den Farben Grün, Gelb oder Rot signalisiert, in welchen Mengen bestimmte Inhaltsstoffe wie Fett oder Zucker in einem Lebensmittel enthalten sind. Die Lebensmittelindustrie lehnt diese Kennzeichnung ab. Gegenwärtig wird die Ampel sowohl vom Bundestag als auch von der EU abgelehnt.

In den Medien und von Verbraucherschutzorganisationen wird immer wieder von Fällen berichtet, bei denen sich Marketingmaßnahmen in einer **rechtlichen Grauzone** befinden oder Verstöße gegen das Gesetz gegen den unlauteren Wettbewerb nicht geahndet werden. So werden die Grundpreise oftmals nur in kleiner Schrift und schlecht lesbar angebracht oder Produktaufmachung und Werbung suggerieren, es handle sich um ein gesundes und ausgewogenes Produkt, obwohl die Zutatenliste einen sehr hohen Zuckeranteil ausweist. Oder der Elektronik-Fachmarkt kündigt eine große Preissenkungsoffensive an und senkt dabei nur die Preise, die er drei Wochen zuvor erhöht hat.

Noch problematischer wird eine Bewertung, wenn man **ethisch-moralische Kriterien** anlegt, denn nicht alles, was gesetzlich erlaubt ist, muss auch moralisch gerechtfertigt sein. So kann man z. B. fragen, ob es moralisch vertretbar ist, wenn ein Unternehmen Gut A unter vorbildlichen ökologischen und sozialen Gesichtspunkten produziert, damit offensiv wirbt und von einem positiven Image in der Öffentlichkeit profitiert, aber in Südostasien unter ethisch fragwürdigen Umständen Gut B für einen Discounter herstellt und dies verschweigt. Ein anderes Beispiel: Auf der Verpackung eines Joghurts mit Fruchtgeschmack wird ein Bild mit vielen saftigen Erdbeeren gezeigt. Tatsächlich beträgt nach gesetzlichen Regelungen bei einem solchen Joghurt der Fruchtanteil weniger als 3,5 %. Die zugesetzten Aromen können aus völlig anderen Substanzen hergestellt worden sein. Auch die vermeintlichen Erdbeerstückchen im Joghurt können aus verschiedenen gelierten Säften bestehen, die dank Aromen nach Erdbeere schmecken. Und wenn auf der Verpackung „natürliches Aroma“ angegeben ist, muss es laut Aromaverordnung zwar aus natürlichen Stoffen bestehen, nicht aber zwingend aus der entsprechenden Frucht. So können z. B. Holzspäne für das Erdbeeraroma sorgen.

Ethisch umstritten ist auch das **Neuromarketing**. In diesem neuen interdisziplinären Forschungsgebiet wird versucht, aus den Erkenntnissen der Psychologie bzw. der psychologischen Marktforschung und der Hirnforschung neue Einsichten in das Verbraucherverhalten zu gewinnen. Die Hirnforschung hat festgestellt, dass spezifische Schlüsselreize in bestimmten Hirnregionen besondere Aktivitäten hervorrufen. Die wissenschaftliche Forschung steckt hier noch in den Kinderschuhen, das Interesse von Medien und Wirtschaft ist aber groß. Wenn mit einem bestimmten Reiz eine Hirnregion, z. B. das Belohnungszentrum, aktiviert wird, bietet dies neue Möglichkeiten, Einfluss auf das Verbraucherverhalten zu nehmen. Aus Sicht des Verbraucherschutzes ist das problematisch, wenn z. B. Konsumenten unbewusst zu bestimmten Kaufhandlungen verleitet werden.

Aufgaben

52 Erklären Sie, was man unter Marketing versteht.

53 Stellen Sie dar, weshalb in einem Verkäufermarkt, wie z. B. dem der Luxussportwagen, grundsätzlich auf eine Marketingabteilung nicht verzichtet werden kann.

54 Erläutern Sie Vor- und Nachteile der BCG-Matrix.

55 Begründen Sie, weshalb es für ein Unternehmen nicht sinnvoll ist, ausschließlich „Cash Cows“ im Portfolio zu haben.

56 Nennen Sie die Vor- und Nachteile einer Sekundärforschung.

57 Erstellen Sie eine Grafik, die die relevanten Aspekte der Marktuntersuchung enthält.

58 Stellen Sie Gemeinsamkeiten und Unterschiede von Panel und Befragung dar.

59 Nennen Sie die Vor- und Nachteile, die sich ergeben, wenn man bei der Marktuntersuchung innerbetriebliches Material verwendet.

60 Ein Fleischereibetrieb unterhält sechs Filialen und überlegt, durch die Einführung von Tofu-Würsten und Soja-Frikadellen für die vegetarische Küche neue Kunden zu gewinnen. Zuvor möchte der Betrieb durch eine Marktuntersuchung die Erfolgschancen der geplanten Sortimentserweiterung abschätzen. Beurteilen Sie, welche Methoden der Marktforschung dafür sinnvoll sind.

61 Erklären Sie, was man im Marketing unter den 4 Ps versteht.

62 Erläutern Sie den Unterschied zwischen Sortimentsbreite und -tiefe.

63 Stellen Sie Vor- und Nachteile einer großen Sortimentsbreite dar.

64 Erläutern Sie die Bedeutung der Produktverpackung für das Marketing.

65 Nennen Sie Vorteile von Handelsmarken aus Sicht einer Einzelhandelskette.

66 Ordnen Sie den einzelnen Phasen des Produktlebenszyklus produktpolitische Schwerpunkte zu.

67 Stellen Sie Möglichkeiten für Unternehmen dar, den Lebenszyklus ihrer Produkte durch Marketinginstrumente zu verlängern.

68 Beschreiben Sie mögliche Aspekte, die ein Unternehmen bei der Preisgestaltung berücksichtigen muss, wenn es sich im mittleren Preisbereich positionieren will.

69 Begründen Sie, weshalb Unternehmen Preisdifferenzierung betreiben.

70 Nennen Sie Einflussfaktoren auf die Auswahl des Vertriebssystems.

71 Erörtern Sie die Tauglichkeit der Eisenbahn als Transportmittel für Güter.

72 Ein Modehersteller, der bislang seine Ware über Bekleidungsfachgeschäfte und Kaufhäuser absetzte, möchte sein Vertriebssystem erweitern und neben dem Ausbau eines Online-Shops auch eigene Filialen eröffnen. Bewerten Sie das Vorhaben aus Herstellersicht.

73 Erklären Sie, weshalb Marketing oft mit Werbung gleichgesetzt wird.

74 Ein Discounter veröffentlichte bislang einmal wöchentlich in der Regionalzeitung seine aktuellen Angebote. Nun hat er das Werbemedium gewechselt und lässt einmal die Woche einen Prospekt an alle Haushalte in der Region verteilen. Nennen Sie mögliche Gründe für diese Entscheidung.

75 Überprüfen Sie die Bedeutung des AIDA-Modells für das moderne Marketing.

76 Erörtern Sie die Wirksamkeit des Sponsorings.

77 Ein Bäcker in einem kleinen Ort, der dort ein Monopol auf Backwaren hatte, bekommt Konkurrenz: Eine Bäckereikette eröffnet eine neue Filiale. Deren Preise liegen im Schnitt 20 % unter denen des angestammten Handwerksbetriebs. Gestalten Sie aus Sicht des Bäckers sinnvolle Marketingstrategien, um möglichst wenig Marktanteile zu verlieren.

78 Erläutern Sie, wie eine ökologisch ausgerichtete Marketingstrategie aussehen kann.

79 Nennen Sie die Modelle, die die Rolle des Verbrauchers am Markt charakterisieren.

80 Erklären Sie den Zusammenhang zwischen den verschiedenen Leitbildern des Konsumenten und der Verbraucherschutzpolitik.

81 Erörtern Sie die Tauglichkeit des Modells vom souveränen Konsumenten.

82 Nennen Sie mögliche Argumente von Gegnern einer weiteren Ausweitung der Verbraucherschutzrechte.

83 Eine Verbraucherschutzorganisation wirft einem Joghurthersteller vor, auf seiner Verpackung mit Bildern von appetitlichen Früchten zu werben, obgleich diese im Produkt nur in sehr geringen Mengen enthalten sind. Erörtern Sie, inwieweit es sich hier um eine Verbrauchertäuschung handelt.

7 Vereinbarkeit von Unternehmenszielen und unternehmerischer Verantwortung

7.1 Ökonomische Zielsetzungen

Gegenwärtig, nicht zuletzt verstärkt durch die Finanz- und Wirtschaftskrise seit 2007, wird an Unternehmen immer wieder Kritik geübt. So wird ihnen beispielsweise vorgeworfen, sie seien nur an kurzfristigen Gewinnen interessiert und würden soziale und ökologische Aspekt zu wenig berücksichtigen. Auch werden immer wieder die hohen Bezüge der Vorstände und die Vergütungen der leitenden Angestellten angeprangert. Dass unternehmerische Tätigkeiten in erster Linie auf Gewinnerzielung ausgerichtet sind, erscheint allerdings nicht nur grundsätzlich logisch, die sogenannte **Gewinnerzielungsabsicht** als unternehmerisches Ziel ist in Deutschland auch in der Gewerbeordnung und im Steuerrecht als Definition eines Gewerbes festgeschrieben.

Die Kritik richtet sich vor allem gegen das **Shareholder-Value-Konzept**. Hierbei sind die Ziele des Unternehmens vorwiegend auf die Interessen der Eigentümer bzw. Anteilseigner ausgerichtet. Belange von Arbeitnehmern, Umwelt und Gesellschaft sind von untergeordneter Bedeutung oder zählen gar nicht zu den Unternehmenszielen. Die Unternehmensführung ist vor allem bestrebt, den **Wert des Eigenkapitals und die Rendite zu erhöhen**. Grundsätzlich lässt sich diese Konzeption auf alle Rechtsformen anwenden, sie wird aber überwiegend mit AGs in Verbindung gebracht. Hier sind Eigentum und Unternehmensführung in der Regel getrennt. Die Aktionäre können nur auf der Hauptversammlung Einfluss nehmen. Bei börsennotierten AGs spiegelt der Börsenkurs die aktuelle Bewertung des Unternehmens wider. In Verbindung mit der Publizitätspflicht führt das dazu, dass die Vorstände sich oft verpflichtet fühlen bzw. verpflichtet sind, auch kurzfristig möglichst gute Geschäftszahlen vorzulegen. Hinzu kommt, dass angestellte Manager in der Regel neben einem Fixgehalt auch eine erfolgsabhängige Vergütung erhalten, die sich an bestimmten Vorgaben, z. B. an Umsatz- oder Gewinnzielen oder dem Börsenkurs, orientiert. Ein hoher Börsen- und damit Unternehmenswert erschwert darüber hinaus eine feindliche Übernahme durch einen Konkurrenten. Zudem müssen sich Unternehmen, die Fremdkapital benötigen, an den Renditen orientieren, die auf den internationalen Finanzmärkten erzielt werden. Ein Anleger oder Geldgeber wird nur dort sein Kapital investieren, wo er einen entsprechenden Ertrag erwarten kann. Unternehmen, die auf den globalisierten Märkten agieren, müssen versuchen, **international konkurrenz-**

fähig zu sein – und das vor dem Hintergrund verschiedener nationaler Standards wie z. B. Umweltauflagen oder Arbeitnehmerschutz und unterschiedlicher Kostenstrukturen. Um der Renditeerwartung gerecht zu werden, muss demnach der Umsatz gesteigert und/oder müssen Kosten gesenkt werden. Letzteres geschieht z. B. durch die Verlagerung von Unternehmensteilen an günstigere Standorte oder die Kürzung von Leistungen und Gehältern.

In den letzten Jahrzehnten orientieren sich nach britischem bzw. US-amerikanischem Vorbild auch immer mehr deutsche Unternehmen am Shareholder-Value-Konzept.

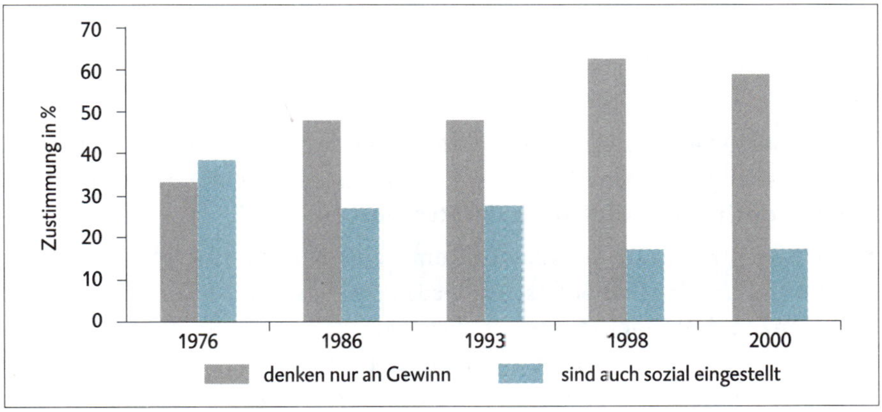

Wahrnehmung von Unternehmen in Deutschland

7.2 Nachhaltigkeit

Konzentrierte sich die betriebswirtschaftliche Lehrmeinung noch bis vor 20 Jahren auf die Gewinnmaximierung als dominierendes unternehmerisches Ziel, greift die wissenschaftliche Diskussion heute immer mehr Ansätze auf, die für weiterreichende Unternehmensziele plädieren. In diesem Zusammenhang ist von **Nachhaltigkeit** bzw. **nachhaltiger Entwicklung** (engl.: sustainable development) die Rede. Statt kurzfristiger Rendite gilt hier der langfristige Unternehmenserfolg als wichtigstes Ziel. Dieser Ansatz berücksichtigt, wie unten stehende Abbildung verdeutlicht, dass das Unternehmen nicht im luftleeren Raum existiert, sondern in einen gesellschaftlichen und ökologischen Kontext eingebunden ist. Dieser soll bei der Formulierung von Unternehmenszielen ebenso berücksichtigt werden wie ökonomische Zielsetzungen.

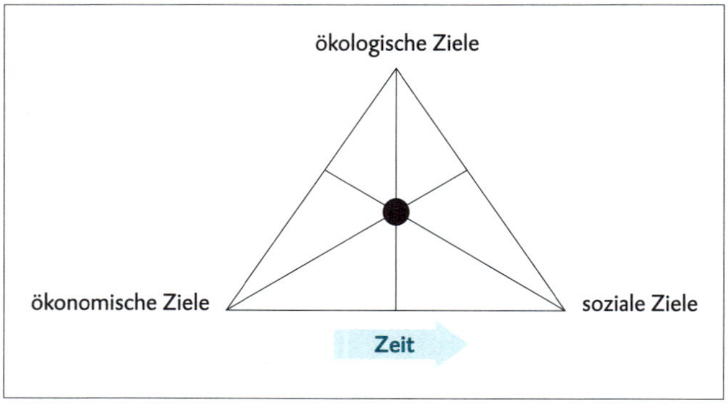

Das Nachhaltigkeits-
dreieck

Die Nachhaltigkeitsdiskussion wird unter anderem aus folgenden Gründen geführt:

- Eine weitgehend unregulierte, freie Marktwirtschaft, wie sie von Anhängern einer streng liberalen Wirtschaftspolitik gefordert wird, **führt nicht zu einer optimalen Allokation der Ressourcen**.
- 1973 veröffentlichte der Club of Rome, eine Non-Profit-Organisation, die einen internationalen politischen Gedankenaustausch betreibt, den Bericht **„Grenzen des Wachstums“**. In dieser viel beachteten Studie wurden Szenarien entwickelt, die die drastischen Folgen darstellen, die eintreten, wenn die Menschheit unverändert wächst, Rohstoffe ausbeutet und ihren Lebensraum zerstört.
- Die **Umweltzerstörung** und die Diskussion um die **Klimaerwärmung** werden in Europa von der Bevölkerung als sehr dringliche Probleme angesehen.
- Die **sozialen Gegensätze** in der Gesellschaft werden größer. Diese verschärfen sich durch die Globalisierung und die Internationalisierung der Wirtschaft (vgl. S. 127 ff.). Der Druck auf die Arbeitnehmer wächst, die Entwicklung der Arbeitseinkommen fällt seit Jahren hinter die der Gewinne zurück.
- **Wirtschaftskrisen** wie der wirtschaftliche Abschwung nach dem Einbruch der Börsenkurse bei Aktien der sogenannten New Economy im Jahr 2000 oder die Finanz- und Wirtschaftskrise seit 2007 schwächen das Vertrauen in die Leistungsfähigkeit und das Verantwortungsbewusstsein des ökonomischen Systems.

Das mit der Nachhaltigkeitsdiskussion verbundene Konzept bezeichnet man als **Stakeholder-Value-Konzept**, d. h., hierbei werden die Interessen aller am Unternehmen beteiligten Akteure, der Stakeholder, berücksichtigt. Man unterscheidet dabei interne und externe Stakeholder:

Interne Stakeholder	Externe Stakeholder
• Eigentümer/Eigenkapitalgeber • Mitarbeiter • Management	• Fremdkapitalgeber • Zulieferer • Kunden • Mitbewerber • Staat • Gesellschaft • Umwelt

Die Berechtigung dieses **Unternehmenskonzepts lässt sich auch ökonomisch begründen**. So ist z. B. der Zusammenhang zwischen der Zufriedenheit der Mitarbeiter und deren Leistung und Motivation wissenschaftlich belegt. Haben Mitarbeiter einen sicheren Arbeitsplatz und erhalten sie eine angemessene Bezahlung, sind sie auch bereit, mehr Güter und Dienstleistungen nachzufragen und weniger Geld zu sparen, was wiederum der Wirtschaft zugutekommt. Die öffentliche Hand kann nur dann eine hochwertige Infrastruktur bereitstellen, von der auch die Unternehmen profitieren, wenn sie über die entsprechenden Finanzmittel verfügt. Sinken die Steuereinnahmen, z. B. weil ein Unternehmen aus Kostengründen seinen Standort ins Ausland verlagert hat, fehlen Mittel, um in Schulen, Straßen etc. zu investieren. Und schließlich werden von den Kunden immer mehr Güter nachgefragt, die bestimmten ökologischen und/oder sozialen Mindeststandards genügen.

7.3 Corporate Social Responsibility

Eine Reihe von Unternehmen haben auf die veränderten gesellschaftlichen Ansprüche reagiert und ihre Zielsetzungen entsprechend angepasst. Sie entwickeln eine **Unternehmenskultur** und formulieren ein **Unternehmensleitbild**, das verschiedene Aspekte der Nachhaltigkeit enthält. Dieses verantwortliche Handeln findet unter dem Stichwort Corporate Social Responsibility (CSR) bzw. **unternehmerische Verantwortung** auch immer mehr Beachtung in der wissenschaftlichen Forschung und in der öffentlichen Diskussion. Unternehmen publizieren zunehmend regelmäßig CSR-Berichte, einige verfügen über CSR-Beauftragte. In diesem Zusammenhang findet man in der Literatur auch den Begriff der **Corporate Citizenship** bzw. des **unternehmerischen Bürgerengagements**. Hierbei sollen unternehmerische Zielsetzungen und das Gemeinwohlinteresse zum beiderseitigen Vorteil miteinander verknüpft werden. Die Gesellschaft, Politik, Arbeitnehmer usw. profitieren davon, wenn das Unternehmen z. B. freiwillig höhere soziale Standards anlegt oder sich für ökologische oder gemeinnützige Projekte engagiert. Umgekehrt kann das Unternehmen etwa einen Imagegewinn verbuchen oder durch motiviertere Mitarbeiter effizienter produzieren. Das Bundesministerium für Wirtschaft und Technologie schlägt zur Umsetzung einen Corporate Citizenship-Mix vor. Es handelt sich hier um die folgenden Vorschläge, aus denen beteiligte Unternehmen nach dem Baukastenprinzip diejenigen auswählen, die ihren Interessen und Möglichkeiten entsprechen:

1. **„Unternehmensspenden" (Corporate Giving)** ist der Oberbegriff für ethisch motiviertes selbstloses Überlassen, Spenden oder Zustiften von Geld oder Sachmitteln sowie für das kostenlose Überlassen oder Spenden von Unternehmensleistungen, -produkten und -logistik.
2. **„Sozialsponsoring" (Social Sponsoring)** ist die Übertragung der gängigen Marketingmaßnahme Sponsoring – als ein Geschäft auf Gegenseitigkeit – auf den sozialen Bereich, womit dem Unternehmen neue Kommunikationskanäle und der gemeinnützigen Organisation neue Finanzierungswege eröffnet werden.
3. **„Zweckgebundenes Marketing" (Cause Related Marketing)** ist ein Marketinginstrument, bei dem der Kauf eines Produkts/einer Dienstleistung damit beworben wird, dass das Unternehmen einen Teil der Erlöse einem sozialen Zweck oder einer Organisation als „Spende" zukommen lässt.
4. **„Unternehmensstiftungen" (Corporate Foundations)** bezeichnet das Gründen von Stiftungen durch Unternehmen – eine Art des Engagements, die auch von mittelständischen Unternehmen immer häufiger benutzt wird.
5. **„Gemeinnütziges Arbeitnehmerengagement" (Corporate Volunteering)** bezeichnet das gesellschaftliche Engagement von Unternehmen durch die Investition der Zeit, des Know-hows und Wissens ihrer Mitarbeiterinnen und Mitarbeiter und die Unterstützung des ehrenamtlichen Engagements von Mitarbeiterinnen und Mitarbeitern in und außerhalb der Arbeitszeit.
6. **„Auftragsvergabe an soziale Organisationen" (Social Commissioning)** bezeichnet die gezielte geschäftliche Partnerschaft mit gemeinnützigen Organisationen, die z. B. behinderte und sozial benachteiligte Menschen beschäftigen, als (gleichfalls kompetente und konkurrenzfähige) Dienstleister und Zuliefererbetriebe, mit der Absicht, die Organisationen durch die Auftragsvergabe zu unterstützen.
7. **„Gemeinwesen Joint-Venture" (Community Joint-Venture)** bezeichnet eine gemeinsame Unternehmung von einer gemeinnützigen Organisation und einem Unternehmen, in die beide Partner Ressourcen und Know-how einbringen und die keiner allein durchführen könnte.
8. **„Lobbying für soziale Anliegen" (Social Lobbying)** bezeichnet den Einsatz von Kontakten und Einfluss des Unternehmens für die Ziele gemeinnütziger Organisationen oder für Anliegen spezieller Gruppen im Gemeinwesen.
9. **„Soziales Risiko-Kapital" (Venture Philanthropy)** bezeichnet unternehmerisch agierende Risiko-Kapitalgeber, die für eine begrenzte Zeit und ein bestimmtes Vorhaben sowohl Geld als auch Know-how in gemeinnützige Organisationen investieren.

Die zunehmende Betonung der eigenen Verantwortung wird nicht unkritisch gesehen. So wird den Unternehmen vorgeworfen,

- bei den CSR-Maßnahmen handle es sich vielfach nur um **Augenwischerei**. Es würden ausgewählte öffentlichkeitswirksame Prestigeprojekte durchgeführt, die oftmals ohne nachhaltige Wirkung blieben. Wenn man einem Unternehmen vorwirft, es würde nur vorgeblich ökologisch handeln, spricht man von **Greenwashing**.
- das freiwillige Engagement solle lediglich gesetzliche Regelungen verhindern, die oft aufwendiger und teurer sind.
- sie würden ökologische und soziale Standards nur deshalb einführen, weil es dafür eine große gesellschaftliche Nachfrage gibt, und nicht, weil es sich um ein tatsächliches Anliegen handelt. Befürworter dieses Kritikpunkts weisen auf die Konjunkturabhängigkeit beim Einsatz von CSR-Maßnahmen hin.

Ein grundsätzliches Problem stellen die **Trittbrettfahrer** dar. Unternehmen, die bestimmte CSR-Maßnahmen durchführen, haben zumindest kurzfristig einen Kostennachteil. Mitbewerber, die darauf verzichten, profitieren einerseits vom positiveren Image der Branche insgesamt, können möglicherweise Marktanteile gewinnen und die verantwortungsbewussten Unternehmen sogar vom Markt verdrängen.

In einer besonderen Situation befinden sich viele **kleine und mittlere Unternehmen**. Hier **fehlt oft ein entsprechendes CSR-Know-how**, um verantwortungsvolles Handeln, das bereits praktiziert wird, in einem Leitbild zu dokumentieren und angemessen nach innen und außen zu kommunizieren.

Hinzu kommen Skandale und Missstände bei einzelnen Unternehmen, die oft zu einem negativen Bild einer ganzen Branche führen.

Eine institutionalisierte Form, um unternehmerische Verantwortung zu zeigen, stellt der **Global Compact** dar. Hierbei handelt es sich um eine weltweite Allianz zwischen der UNO und der Wirtschaft, die 1999 auf Initiative des damaligen UN-Generalsekretärs Kofi Annan ins Leben gerufen wurde. Die Unternehmen verpflichten sich, soziale und ökologische Mindeststandards einzuhalten und damit die negativen Auswirkungen der Globalisierung einzudämmen und auf eine nachhaltige Weltwirtschaftsordnung hinzuarbeiten.

Die zehn Prinzipien des Global Compact

1. Unternehmen sollen den Schutz der internationalen Menschenrechte unterstützen und achten.
2. Unternehmen sollen sicherstellen, dass sie sich nicht an Menschenrechtsverletzungen mitschuldig machen.
3. Unternehmen sollen die Vereinigungsfreiheit und die wirksame Anerkennung des Rechts auf Kollektivverhandlungen wahren.
4. Unternehmen sollen für die Beseitigung aller Formen von Zwangsarbeit eintreten.
5. Unternehmen sollen für die Abschaffung von Kinderarbeit eintreten.
6. Unternehmen sollen für die Beseitigung von Diskriminierung bei Anstellung und Erwerbstätigkeit eintreten.
7. Unternehmen sollen im Umgang mit Umweltproblemen dem Vorsorgeprinzip folgen.
8. Unternehmen sollen Initiativen ergreifen, um größeres Umweltbewusstsein zu fördern.
9. Unternehmen sollen die Entwicklung und Verbreitung umweltfreundlicher Technologien beschleunigen.
10. Unternehmen sollen gegen alle Arten der Korruption eintreten, einschließlich Erpressung und Bestechung.

Bislang nehmen weltweit 7 000 Unternehmen aus 145 Ländern am Global Compact teil. In Deutschland sind es mehr als 200 (Stand 5/2013), darunter der Großteil der DAX-Unternehmen. Kritisiert wird, dass nur Mindeststandards festgelegt sind, die bereits Eingang in die Rechtsprechung der meisten Länder gefunden haben. Auch fehlen Kontroll- und Sanktionsmöglichkeiten. Die einzige Verpflichtung der Unternehmen besteht darin, einen jährlichen Fortschrittsbericht anzufertigen, der nicht überprüft wird.

Auf die Frage, weshalb sich Unternehmen überhaupt für gesellschaftliche, soziale oder ökologische Belange einsetzen sollen, werden neben den oben angesprochenen ökonomischen Motiven vielfach **ethisch-moralische Gründe** angeführt. Das damit verbundene Streben nach Gerechtigkeit findet sich auch in unserer Rechtsordnung wieder. Das Grundgesetz stellt Anforderungen an ein verantwortliches unternehmerisches Handeln: Art. 14 GG garantiert das Privateigentum, dessen Gebrauch aber, wie in Abs. 2 festgelegt, zugleich dem Wohle der Allgemeinheit dienen soll. Man spricht hier von der **Sozialpflicht des Eigentums**. Zum **Sozialstaatsgebot des Art. 20 GG** gehört das **Solidaritätsprinzip**, nach dem der Schwächere vom Stärkeren unterstützt wird (vgl. Art. 14 Abs. 2, Art. 20 Abs. 1 GG). Die Verantwortung für die Umwelt lässt sich aus Art. 20a GG ableiten, der den **Schutz der natürlichen Lebensgrundlage** als Staatsziel festschreibt (vgl. S. 113 ff.).

Neben **freiwilligen Maßnahmen** und **Selbstverpflichtungen** kann die **Wirtschaftsordnung** Rahmenbedingungen so setzen, dass das erwünschte Verhalten gezeigt wird. Dabei sollen folgende Punkte berücksichtigt werden:

- Die Maßnahmen müssen **wettbewerbsneutral** erfolgen, d. h., einzelne Marktteilnehmer dürfen keinen unmittelbaren Nachteil haben, um nicht von Mitbewerbern ohne ökonomische Zwänge vom Markt gedrängt zu werden.
- Die **Bedeutung des ökonomischen Prinzips darf nicht vernachlässigt** werden. Wirtschaftlichkeit und Gewinnerzielung sind die bestimmenden Faktoren der unternehmerischen Tätigkeit. Verantwortungsvolles Handeln ist daher auch nicht mit Mildtätigkeit zu verwechseln. Es geschieht nicht aus einer altruistischen Haltung heraus, sondern trägt dem Umstand Rechnung, dass Unternehmen nicht im luftleeren Raum existieren, sondern mit dem gesellschaftlichen, ökologischen und politischen System in Wechselwirkung stehen.
- Das **Spannungsverhältnis von Moral und Wirtschaftlichkeit** muss idealerweise so gelöst werden, dass, wie die unten stehende Abbildung zeigt, der positive Kompatibilitätsfall erreicht wird, d. h. eine hohe moralische Akzeptanz mit einer hohen Rentabilität zusammenfällt. In allen anderen Fällen ist immer ein Akteur im Nachteil.

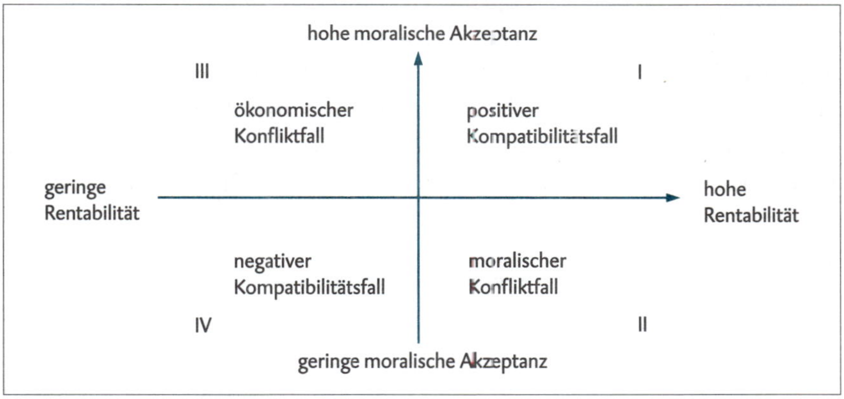

Verhältnis von Moral und Wirtschaftlichkeit

7.4 Rolle des Unternehmers in einer ökologisch ausgerichteten Wirtschaftsordnung

Die Existenz des **Klimawandels** wird heute angesichts global steigender Temperaturen und zunehmender extremer Wetterereignisse kaum bezweifelt. Gegenwärtig geht es in der Hauptsache um die Frage, welche **Ausmaße und Folgen** der Klimawandel hat und inwieweit er vermindert werden kann. Ein weiteres Problem sind die Schäden, die durch extensive Nutzung der Umwelt entstehen und die immer aufwendiger zu beseitigen bzw. gar irreversibel sind.

Sowohl von nationaler als auch von internationaler Seite wird zunehmend versucht, dem Klimawandel und der Umweltzerstörung zu begegnen und nachhaltige Produktion und nachhaltigen Konsum zu stärken. In Deutschland gibt es seit 1986 ein **eigenständiges Ministerium für Umweltschutz**. Seit 1994 ist der **Umweltschutz in Art. 20a GG als Staatsziel festgeschrieben**. Eine Reihe von Vorschriften und Gesetzen macht die Bundesrepublik weltweit zu dem Land mit den höchsten Umweltstandards. Auch auf globaler Ebene sind verschiedene Organisationen und Gremien mit dem Umweltschutz beschäftigt. Verschiedene Konferenzen und Abkommen versuchen, die negativen globalen Auswirkungen auf Klima und Umwelt zu begrenzen.

Neben den Akteuren „Staat/Ausland“ und „Verbraucher“ nehmen bei der Umsetzung ökologischer Standards die Unternehmen eine zentrale Stellung ein. Sie verfügen in der Regel über ein entsprechendes Know-how und kennen ihre Produkte, Produktionsbedingungen und -abläufe besser als der Staat oder die Verbraucher. Entsprechend werden Maßnahmen dann nachhaltig und effektiv sein, wenn die Unternehmen möglichst eng mit eingebunden sind. Hierzu bedient sich die Umweltpolitik verschiedener Prinzipien.

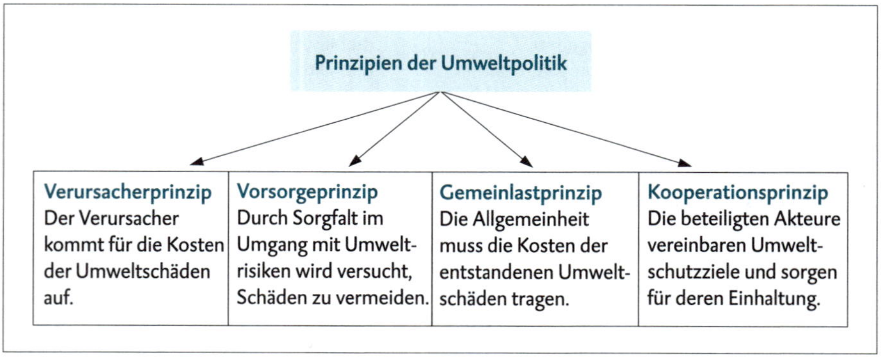

Prinzipien der Umweltpolitik

Welches Prinzip zur Anwendung kommt, hängt von der Art und dem Umfang der tatsächlichen bzw. potenziellen Umweltverschmutzung ab.

In Deutschland liegt der Schwerpunkt der Umweltpolitik auf den **ordnungspolitischen Instrumenten**, d. h., mit Geboten, Verboten und der Festlegung von Grenzwerten und Standards sollen Umweltschäden vermieden bzw. minimiert werden. Diese Instrumente haben u. a. den Nachteil, dass umweltfreundliches Verhalten nur so weit betrieben wird, wie es die Vorschriften vorsehen, auch wenn technisch mehr möglich wäre. Zudem werden Vermeidungsstrategien, d. h. Versuche, die geltenden Bestimmungen zu umgehen, gefördert. Sinnvoller sind umweltpolitische Instrumente, die positive Anreize zu umweltgerechtem Verhalten schaffen. Hierzu zählen **marktwirtschaftliche Instrumente** wie die Ökosteuer oder der Emissionshandel. Dabei wird umweltfreundliches Verhalten belohnt. Hinzu kommen **Aufklärung** und **Informationen**, die auf eine freiwillige Verhaltensänderung abzielen, und **Anreizsysteme**, wie etwa die Verleihung von Umweltsiegeln oder -zertifikaten, die von den Unternehmen zur Imageförderung genutzt werden können. Ein Verfahren ist das von der EU entwickelte Eco Management and Audit Scheme (EMAS). Bei diesem **Öko-Audit** handelt es sich um ein System aus **Umweltmanagement** und **Umweltbetriebsprüfung**. Unternehmen können daran freiwillig teilnehmen. Sie haben dabei auf der Grundlage einer Umweltbetriebsprüfung, die den Ist-Stand erhebt, ein Umweltprogramm zu entwickeln. Es wird regelmäßig überprüft, ob die darin festgelegten Maßnahmen durchgeführt und die Ziele erreicht wurden. Die erfolgreich auditierten Unternehmen profitieren nicht nur von einem Imagegewinn, sondern haben in der Regel auch konkrete Kostenersparnisse durch die Umsetzung der Umweltziele.

Am erfolgreichsten werden ökologische Ziele erreicht, wenn Unternehmen nicht **reagieren**, sondern **agieren**. Dies setzt die Schaffung bzw. Stärkung des Umweltbewusstseins voraus. Unternehmen müssen sich ihrer **Stellung und ihres Einflusses im Wirtschaftskreislauf** und der daraus resultierenden **Verantwortung**, wie sie auch in Art. 14 GG gefordert wird, bewusst werden. Umweltschutz darf nicht als zusätzlicher Kostenfaktor betrachtet werden. Er bietet vielmehr die Möglichkeit, durch einen geringeren Energie- und Ressourcenverbrauch und eine Optimierung der Prozessabläufe einen Nutzen für das Unternehmen zu erzielen. Zudem spielt Nachhaltigkeit auch beim Konsumenten eine immer größere Rolle. So achten rund 60 % der Verbraucher beim Kauf auf Nachhaltigkeit. Jeder zweite hat schon einmal Produkte eines Unternehmens boykottiert, die nachweislich die Umwelt schädigen oder unter sozial fragwürdigen Bedingungen hergestellt worden sind. Investitionen in eine ökologische Ausrichtung können sich also durch eine verstärke Nachfrage amortisieren.

Nachhaltiges unternehmerisches Verhalten setzt eine Systematik voraus. Zielführend sind dabei nicht voneinander isolierte Einzelmaßnahmen, sondern ein kontinuierliches **Umweltmanagementsystem**, bei dem Ziele festgelegt und Maßnahmen dokumentiert werden. Ein **Öko-Controlling** überwacht und kontrolliert die Maßnahmen.

Sinnvoll ist es hierbei, die **Ökobilanz des Lebenszyklus** eines Produkts zu betrachten. Hierzu gehört nicht nur die Produktion, sondern auch die Rohstoffgewinnung, die Entwicklung, der Vertrieb, die Nutzung und die Entsorgung.

Verbraucher achten verstärkt auf die CO_2-Bilanz bei der Produktion und die verwendeten Materialien. Ebenfalls von Bedeutung bei der Kaufentscheidung sind Aspekte wie der Energieverbrauch im Betrieb, die Lebensdauer und die Wiederverwertbarkeit von Produkt und Verpackung.

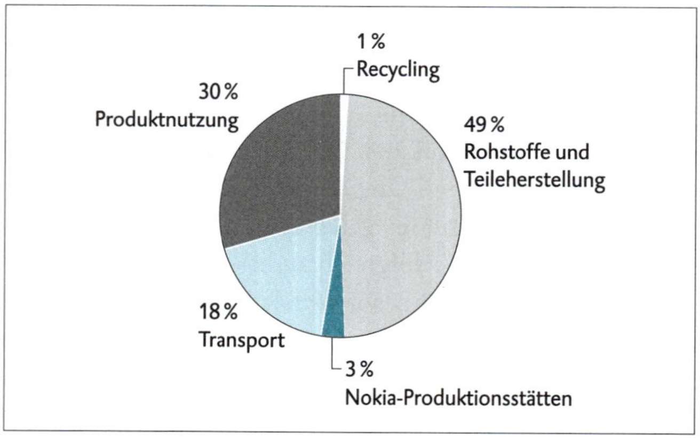

Energieverbrauch im Lebenszyklus eines Mobiltelefons der Marke Nokia

Aufgaben

84 Stellen Sie Vor- und Nachteile der Shareholder-Value-Konzeption für Unternehmen, Staat und Gesellschaft sowie die Arbeitnehmer dar.

85 Stellen Sie anhand von Beispielen dar, wie das Stakeholder-Value-Konzept dem Unternehmen ökonomische Vorteile bringen kann.

86 Beurteilen Sie die Wirksamkeit der Global Compact Initiative.

87 Beschreiben Sie die Schwierigkeiten, die sich für die Politik ergeben, wenn sie Unternehmen gesetzlich zu moralischem Handeln verpflichten will.

88 Nennen Sie Argumente, die aus Sicht eines Unternehmens für die Einführung eines Umweltmanagementsystems sprechen.

89 Erstellen Sie eine Grafik, die ein nachhaltiges Umweltmanagement in einem Unternehmen zeigt.

90 Nennen Sie Aspekte, die im Zusammenhang mit dem Ziel einer nachhaltigen Entwicklung und Produktion von Bedeutung sind.

91 Erläutern Sie den Zusammenhang von Leitbild, Unternehmenszielen, Strategie und Instrumenten.

92 Bewerten Sie folgende Aussage: „Ohne die Bereitschaft und den Willen der Unternehmen, ökologische Standards als Unternehmensziele zu definieren, kann eine ökologische Marktwirtschaft nicht realisiert werden."

93 (materialgestützt)
a) Beschreiben Sie mithilfe von M 1 die Struktur der Unternehmensformen in Deutschland.
b) Erörtern Sie, inwieweit die Rechtsform der GmbH für einen Existenzgründer geeignet ist.
c) Vergleichen Sie das Marketing bei Markenprodukten und Handelsmarken.
d) Arbeiten Sie aus M 2 die Anforderungen heraus, die Günter Faltin an einen Unternehmensgründer stellt.
e) Beurteilen Sie die Aussage „Jeder ist Unternehmer" (Z. 22).
f) Erklären Sie ausgehend von M 3 die Herausforderungen an eine Unternehmensführung.

M 1 Vergleich ausgewählter Kennzahlen von Einzelunternehmungen und Aktiengesellschaften in Deutschland 2008

	Einzelunternehmen	Aktiengesellschaften
Anzahl	2 233 767	7 862
Anteil an allen Unternehmen	70,1 %	0,2 %
Anzahl der Unternehmen mit einem Umsatz von 17 500 – 100 000 € und Anteil an der Gesamtzahl	1 314 331 (58,8 %)	1 023 (13 %)
Anzahl der Unternehmen mit einem Umsatz über 250 Mio. € und Anteil an der Gesamtzahl	9 (0,0 %)	345 (4,4 %)

eigene Darstellung nach Daten des Statistischen Bundesamtes Wiesbaden, 2008 und Berechnungen des IFM, Bonn 2008

M 2 Kopf schlägt Kapital, Günter Faltin

Viele Vorstellungen, die heute noch das Gros der Gründerberatung ausmachen, kann man abschneiden wie einen alten Zopf. Wir brauchen eine radikale Umorientierung. [...]

Es ist die Qualität der Idee, die den Ausschlag gibt. Eine Idee, die den meisten am Anfang verrückt vorkommt [...]. Es ist aber kein Einfall oder eine flüchtige Idee, sondern ein durchdachtes Konzept. Das Prinzip heißt: Von der Funktion her denken, statt den Konventionen zu folgen. [...]

Ein erster Hinweis darauf, dass bei einer Unternehmensgründung der Idee und ihrer Ausarbeitung viel mehr Bedeutung zukommen als bisher angenommen, finden wir bei dem Psychologen Peter Goebel. In seiner Studie *Erfolgreiche Jungunternehmer* analysierte er 50 Unternehmensgründer, die von völlig unterschiedlichen Bedingungen ausgingen. Seine ausführliche Befragung, auch des Umfelds des Gründers, zeigte, dass ihnen überraschenderweise nur eines gemeinsam ist: Sie brachten eine Idee zum Reifen, indem sie beharrlich immer wieder um das gleiche Problem kreisten, und dies in einer Art und Nachhaltigkeit, die „normalen“ Menschen schon fast absonderlich erscheint. [...]

Aristoteles sagt: „Jeder ist ein Philosoph.“ Joseph Beuys sagt: „Jeder ist ein Künstler.“ Wenn Beuys eine Befähigung zu künstlerischem Handeln in jedem Menschen sieht, warum sollte dies nicht umso mehr für Entrepreneurship gelten, wo ja der Anreiz, eine ökonomische Lebensperspektive zu schaffen, noch zusätzlich motivierend wirkt? In einer Art erweitertem Unternehmensbegriff könnte man sagen: „Jeder ist Unternehmer.“ Wir müssen nur von überholten

Vorstellungen Abschied nehmen, die grundlegend neuen Bedingungen für Entrepreneurship wahrnehmen und aufgreifen. […]
„Simplicity, simplicity, simplicity“, forderte Henry David Thoreau in seinem berühmten Buch Walden. Das Gegenprinzip, Komplexität, erfordert viel größere Fachkompetenz, birgt, weil unüberschaubarer, größere Risiken. Ein Gründer ist also gut beraten, wenn er sein Konzept so einfach wie irgend möglich hält. „In der Einfachheit liegt die höchste Vollendung.“ Dieses Prinzip […] ist hilfreich, gerade für Unternehmensgründer. Genau genommen heißt die Aufgabe: Den Dingen eine neue Einfachheit, nur mit der eigenen überzeugenden Ökonomie geben.

Faltin, Günter: Kopf schlägt Kapital, Hanser Verlag, München 2008

M 3 Kommunikation im Unternehmen

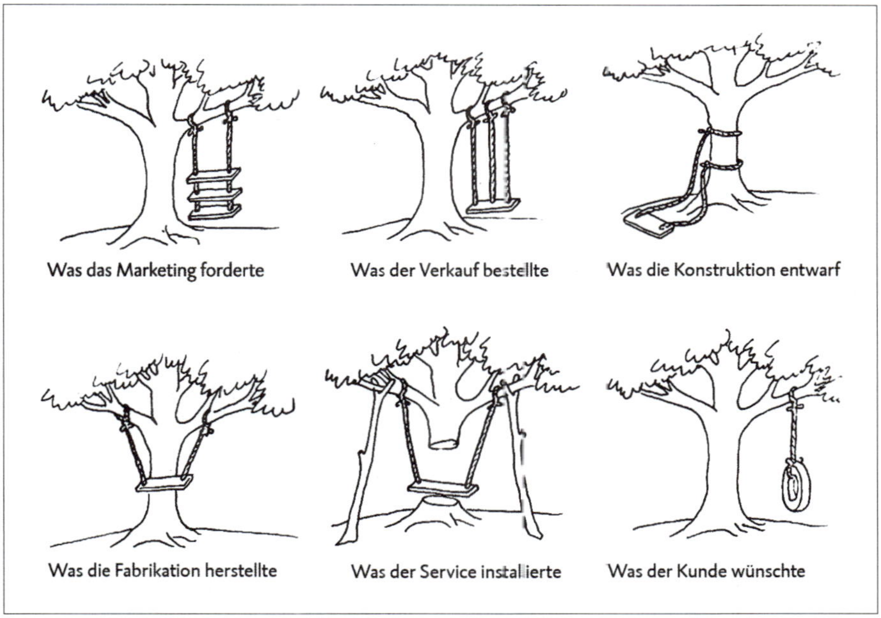

http://www.businessballs.com/treeswing.htm

Wirtschaftliches Handeln im Sektor Ausland

1 Weltwirtschaftliche Entwicklung

Die aktuelle weltwirtschaftliche Entwicklung wird oft mit dem Begriff der **Globalisierung** in Verbindung gebracht. Tatsächlich ist die zunehmende wirtschaftliche Verflechtung nur ein Teilaspekt der Globalisierung, die gleichzeitig Zustand und Prozess ist und die Verdichtung der globalen Beziehungen auf mehreren Ebenen umfasst.

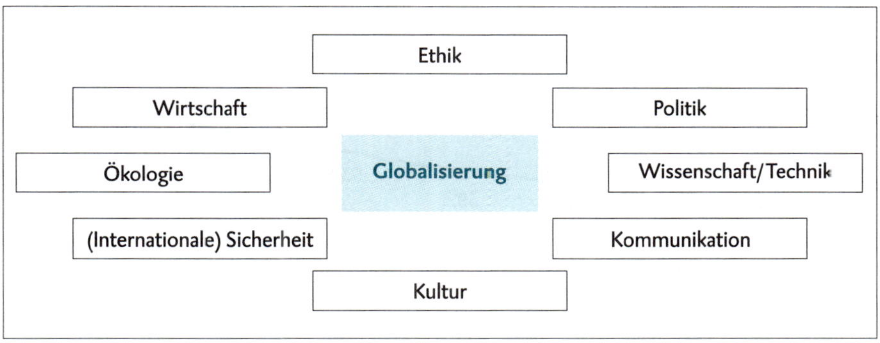

Dimensionen der Globalisierung

Auch wenn von **Internationalisierung** die Rede ist, wird nur ein Teilaspekt der Globalisierung angesprochen: die zunehmende Vernetzung internationaler Wirtschaftsprozesse – und zwar eher auf internationaler als auf globaler Ebene, da sie vor allem zwischen den industrialisierten Staaten stattfindet. Die folgenden Ausführungen beschränken sich im Wesentlichen auf die ökonomische Dimension der Globalisierung.

Betrachtet man das Modell des **Wirtschaftskreislaufs einer offenen Volkswirtschaft** (vgl. S. 17), sieht man die Austauschbeziehungen zwischen den Sektoren Unternehmen, private Haushalte, Staat, Banken und dem Ausland dargestellt.

Handel und wirtschaftlichen Austausch gab es schon in der Antike. Die **internationale Arbeitsteilung** führt zu einer zunehmenden Verflechtung zwischen den einzelnen Volkswirtschaften. Wie die folgende Grafik zeigt, hat der

Welthandel, besonders seit 1990, deutlich zugenommen und sich von der Weltwirtschaftsleistung abgekoppelt. Aufgrund der aktuellen Wirtschaftskrise ist zwischen 2007 und 2009 ein vorübergehender Rückgang der Werte festzustellen.

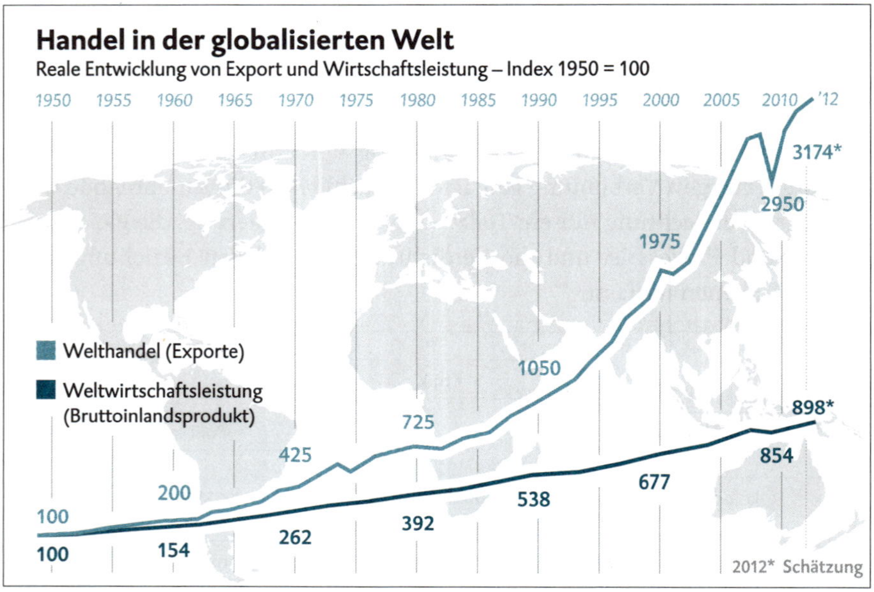

Welthandel und Weltwirtschaftsleistung in der globalisierten Welt

Mit der Entwicklung des Welthandels verbunden ist eine starke Veränderung der **internationalen Wettbewerbssituation**, die auch als zunehmende Globalisierung beschrieben wird. Neu an dieser Ausweitung der Arbeitsteilung ist der zunehmende Bedeutungsverlust nationalstaatlicher Grenzen.

1.1 Indikatoren des weltweiten Strukturwandels

Entwicklung des Welthandels

Neben der absoluten Zunahme des Handels hat sich auch die **Struktur des Handels** verändert. Die klassische Arbeitsteilung, bei der die Industrieländer Fertigprodukte und die Entwicklungs- und Schwellenländer Rohstoffe liefern, verliert an Bedeutung, während der **Handel mit Vor- und Zwischenprodukten** durch Verlagerung von Produktionskapazitäten zunimmt. Auch die Warenstruktur hat sich stark verändert: Betrug z. B. der Anteil des Agrarhandels 1950 noch 50 %, liegt er heute deutlich unter 10 %. Stark zugenommen hat der **Dienstleistungsexport**. Weltweit hatte er 1980 ein Volumen von 395 Mrd. $, bis 2012 hat er sich mehr als verzehnfacht (4 243 Mrd. $).

Nicht alle Länder haben gleichermaßen von der Zunahme des Welthandels profitiert. Zunächst hatte er vor allem für Europa und die USA positive Auswirkungen. Daneben konnten bereits einige Länder in Südostasien wie Taiwan und Singapur ihren Anteil ausbauen. Hohe Wachstumsraten haben die großen Schwellenländer Brasilien, Russland, Indien, China und Südafrika, die sogenannten **BRICS-Staaten**. Diese werden nach Expertenmeinung künftig eine überaus bedeutende Rolle im Welthandel spielen (S. 152). Der Großteil der Entwicklungsländer in Afrika und in Lateinamerika konnte hingegen keine nennenswerten Zuwächse verzeichnen. Insgesamt lag 2012 der Anteil der Industrieländer (OECD-Staaten) an der Weltwirtschaftsleistung bei 61,4 % – bei einem Anteil an der Weltbevölkerung von lediglich 21,4 %. Die folgende Abbildung verdeutlicht die Dominanz der OECD-Staaten im Welthandel.

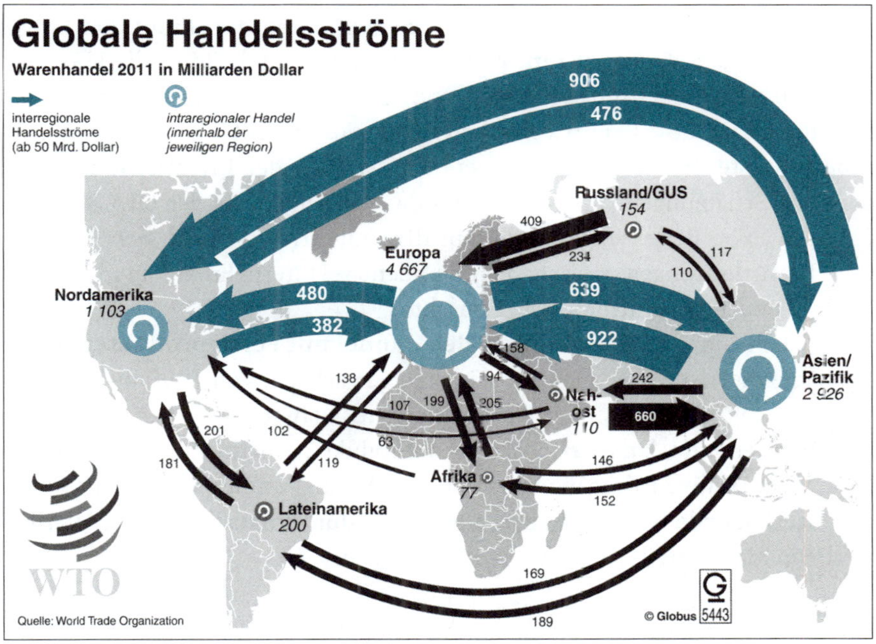

Globale Handelsströme 2011

Zudem ist zu erkennen, dass der **Großteil der interregionalen Warenströme** zwischen Europa, Nordamerika und den (industrialisierten) Ländern Ostasiens verläuft. Man spricht in diesem Zusammenhang auch vom **Triade-Handel**. Die Länder der Peripherie spielen im globalen Handel eine deutlich geringere Rolle. Dabei ist der **Süd-Süd-Handel**, also die Austauschbeziehung zwischen den Schwellen- und Entwicklungsländern, trotz eines Wachstums in den vergangenen Jahren nicht so bedeutend wie die Handelsströme zwischen diesen und den Industrieländern. Deutliche Unterschiede bestehen auch beim **intraregionalen Handel**. Während die Länder der Triade mehr als die Hälfte, im Fall Europas sogar fast drei Viertel ihrer Waren innerhalb ihrer Region austauschen, dominiert ansonsten der Handel mit anderen Regionen.

Große Bedeutung hat der **intraindustrielle** Handel, d. h. der Handel mit gleichartigen Gütern, wenn z. B. deutsche Autofahrer französische oder italienische Fahrzeuge kaufen und in Frankreich bzw. Italien deutsche Fabrikate gekauft werden. Dies spiegelt die geänderte Nachfragestruktur wider und ermöglicht eine höhere Produktvielfalt auf dem Markt, ohne dass einzelne Produzenten ihre Angebotspalette erweitern müssen. Unter dem **interindustriellen Handel** versteht man hingegen den Austausch unterschiedlicher Güter zwischen einzelnen Volkswirtschaften, wenn z. B. Maschinen von Deutschland nach Russland geliefert werden und von dort Erdöl und Erdgas bezogen werden. Die **größten Warenexporteure** sind China, die USA und Deutschland, wobei China seit 2009 mehr Güter ausführt als Deutschland, das damit den Titel des „Exportweltmeisters“, den es seit 2003 getragen hatte, abgeben musste. In diesem Zusammenhang ist auch der **Intrafirmenhandel**, der nach Schätzungen rund ein Drittel des Außenhandels der OECD-Länder ausmacht, von Bedeutung. Bei diesem firmeninternen Handel werden Güter und Dienstleistungen zwischen verbundenen Unternehmen, in der Regel Mutter- und Tochterfirmen, ausgetauscht.

Auf dem Gütermarkt **dominiert der Handel mit Fertigprodukten**. In der Vergangenheit ist dieser auch am stärksten gewachsen. Von 1990 bis 2012 hat sich hier das Volumen mehr als verdreifacht, während sich der Export von Brennstoffen und landwirtschaftlichen Produkten nicht einmal verdoppelt hat. Dieser relative Rückgang bedeutet, dass Handel immer weniger die Funktion hat, fehlende Rohstoffe auszugleichen. Dafür nimmt der globale Wettbewerb um Marktanteile in gesättigten Märkten zu.

Entwicklung der Auslandsdirektinvestitionen (ADI)

Auslandsdirektinvestitionen sind Kapitalanlagen von Unternehmen im Ausland mit dem Ziel, dort unternehmerisch tätig zu sein, indem sie z. B. Unternehmen erwerben, gründen oder durch eine Unternehmensbeteiligung Einfluss auf die wirtschaftlichen Entscheidungen nehmen. Unternehmen wollen damit u. a. neue Absatzmärkte gewinnen, günstigere Produktionsbedingungen nutzen oder Wechselkursrisiken minimieren.

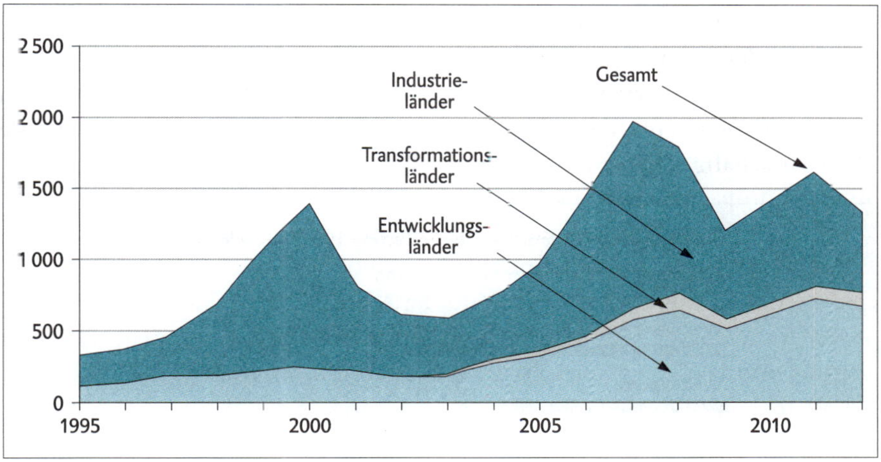

Entwicklung der Direktinvestitionen nach Ländergruppen 1995–2012 (in Mrd. $)

Mit der Zunahme der Direktinvestitionen ist daher eine Ausweitung der Auslandsproduktion verbunden. Direktinvestitionen sind in der Regel langfristig angelegt. Sie sind ein Maß für die **Attraktivität eines Standorts** und ein Indikator für das **Ausmaß der Globalisierung**. Langfristige Kapitalinvestitionen in ausländische Unternehmen, die ohne aktiven Einfluss auf die unternehmerische Tätigkeit bleiben sollen, bezeichnet man als **Portfolioinvestitionen**. Hier will der Anleger vom Gewinn des Unternehmens, aber auch von internationalen Zinsunterschieden und Wechselkursschwankungen profitieren.

Der Umfang der Direktinvestitionen stieg von 13 Mrd. $ (1970) über 55 Mrd. $ (1980) auf ein Maximum von 1 833 Mrd. $ im Jahr 2007. In den Folgejahren gingen die ADI wieder leicht zurück. Nach vorläufigen Angaben der OECD lag der Wert 2012 bei 1 414 Mrd. $. Der Schwerpunkt der Investitionen liegt in den Industrieländern bzw. in der Triade-Region. Einen Großteil der Auslandsdirektinvestitionen stellen **brancheninterne Fusionen** und **Unternehmensübernahmen bzw. -käufe** dar. Im Zeitraum 2000–2007 machten diese im Schnitt 84,5 % aller Auslandsdirektinvestitionen aus.

Zunehmende Bedeutung der Finanzmärkte

Der internationale Kapitalverkehr ist der Bereich der globalen Wirtschaftsbeziehungen, der in den letzten 40 Jahren am stärksten gewachsen ist. Die Struktur des globalen Finanzmarktes hat sich erheblich verändert: Neben Banken, Versicherungen und traditionellen Investmentgesellschaften spielen **neue Akteure** wie Hedgefonds oder staatliche Investmentfonds eine immer größere Rolle. Auch werden verstärkt neue **Finanzprodukte** gehandelt. So ist der

Wert börsengehandelter **Derivate** (vgl. S. 191 ff.), also abgeleiteter Wertpapiere, im Zeitraum 1990 – 2007 um fast das 35-Fache gestiegen. Auch wenn Schätzungen schwierig sind, gehen Experten davon aus, dass die weltweiten Finanzmärkte ein um das 20-Fache höheres Volumen haben als die globale Weltwirtschaftsleistung, die 2012 rund 72 Mrd. $ betrug.

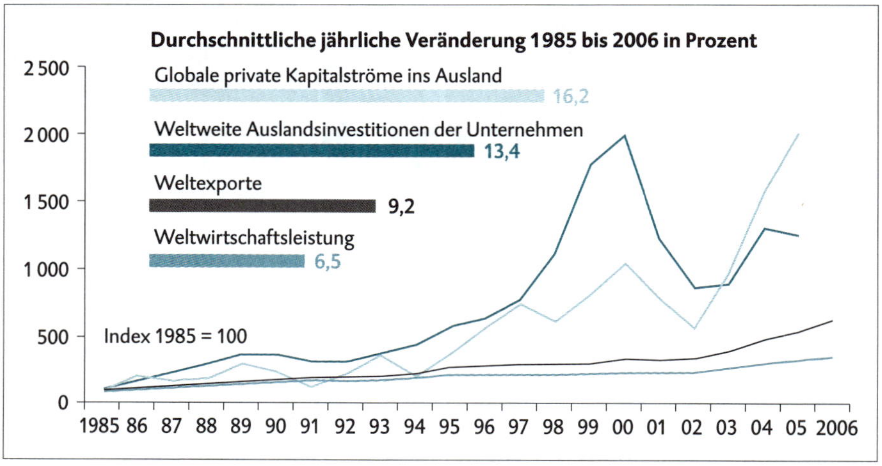

Indikatoren der ökonomischen Globalisierung

Zunehmende Bedeutung der Dienstleistungsmärkte

Der globale Dienstleistungsmarkt hat sich in den letzten 30 Jahren vor dem Hintergrund eines **Strukturwandels** in den westlichen Industrieländern stark entwickelt: Sowohl aufgrund von Rationalisierung, Automatisierung, Technisierung und den damit verbundenen Produktionssteigerungen als auch wegen des gesellschaftlichen Wandels geht die Beschäftigung im **primären Sektor** (Landwirtschaft) und im **sekundären Sektor** (produzierendes Gewerbe) zurück und die Beschäftigung im tertiären Sektor (Dienstleistungen) nimmt zu. Diesen Prozess bezeichnet man als **Tertiärisierung**. Bereits in den 1930er-Jahren beschrieb Jean Fourastié[8] in seiner **Drei-Sektoren-Hypothese** diese Entwicklung von Volkswirtschaften.

8 Jean Fourastié (1907 – 1990): französischer Ökonom

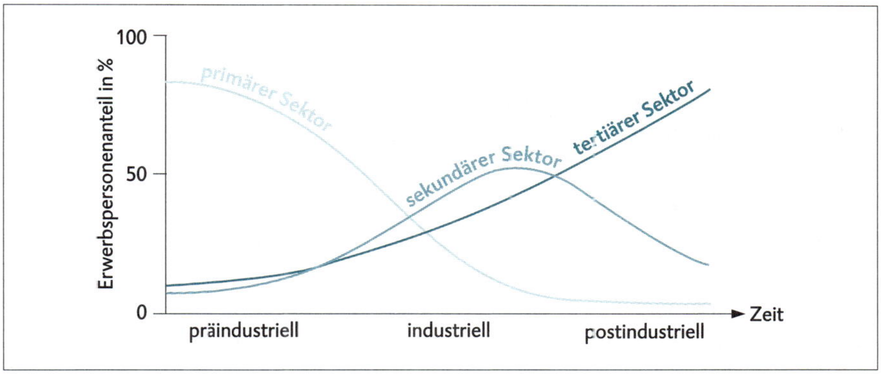

Drei-Sektoren-Hypothese

Der **Dienstleistungsexport** hat, wie die folgende Tabelle zeigt, in den vergangenen Jahrzehnten stark zugenommen. Im Zeitraum von 1980–2011 haben sich die Dienstleistungsexporte um fast das 11-Fache erhöht, während sich der Warensektor nur knapp verneunfacht hat. Bei den Dienstleistungsexporten dominieren die Industriestaaten. Die sich entwickelnden Staaten verzeichnen aber in jüngster Vergangenheit große Wachstumsraten.

Bei den Dienstleistungen sind die USA (599 Mrd. $) 2011 „Exportweltmeister". Deutschland (258 Mrd. $) liegt hinter Großbritannien (277 Mrd. $) auf Rang drei. China ist mit einem Dienstleistungsexport von 183 Mrd. $ mittlerweile auf der vierten Position. Noch im Jahr 2000 lag das Volumen bei 30 Mrd. $ und damit auf dem Niveau der Schweiz oder Österreichs.

	1980	1990	2000	2005	2010	2011
Gesamt	395,7	830,2	1 521,7	2 563,4	3 835,0	4 243,3
Ökonomisch entwickelte Länder	312,5 (79,0)	663,1 (79,9)	1 146,4 (75,3)	1 876,6 (73,2)	2 594,1 (67,6)	2 856,7 (67,3)
Ökonomisch sich entwickelnde Staaten	73,4 (18,5)	150,4 (18,1)	351,0 (23,1)	629,4 (24,6)	1 137,8 (29,7)	1 265,6 (29,8)
Südosteuropa und GUS	9,8 (2,5)	16,7 (2,0)	24,3 (1,6)	57,5 (2,2)	103,1 (2,7)	121,0 (2,9)

Entwicklung der globalen Dienstleistungsexporte in Mrd. $ (in Klammern prozentualer Anteil)

Zunehmende Bedeutung der Global Player

Im Zuge der zunehmenden internationalen Arbeitsteilung und des Anstiegs der Direktinvestitionen haben die Zahl, die Größe und der Einfluss der sogenannten **Global Player** stark zugenommen. Es handelt sich hierbei um große, global operierende Konzerne, die den Weltmarkt als Beschaffungs- und Absatzmarkt sehen und die aufgrund ihrer Größe nicht nur bedeutenden wirtschaftlichen, sondern auch politischen Einfluss haben. Durch Standorte in verschiedenen Ländern und eine gute Kapitalausstattung ist die Möglichkeit der politischen Steuerung durch einzelne Nationalstaaten begrenzt. Vergleicht man den Umsatz eines Unternehmens mit der Wirtschaftsleistung eines Landes (BIP), so kommt Royal Dutch Shell, das größte Unternehmen der Welt, 2012 mit 484 Mrd. $ auf Rang 26 von 187 Ländern – direkt vor Argentinien, Taiwan und Österreich.

1.2 Ursachen und Rahmenbedingungen des weltwirtschaftlichen Strukturwandels

Der Prozess der zunehmenden wirtschaftlichen Verflechtung hat seine Wurzeln weit in der Vergangenheit. Bereits im 17. und im 18. Jahrhundert wurden die Handelsbeziehungen, die damals vor allem europazentriert waren, immer weiter ausgebaut. Diese Entwicklung setzte sich, durch militärische Auseinandersetzungen immer wieder unterbrochen, bis heute fort. Nach dem Zweiten Weltkrieg nahmen die wirtschaftlichen Verflechtungen durch einen Ausbau des Waren-, Dienstleistungs- und Kapitalhandels weiter zu. Ab dem Jahr 1990 stieg die Wachstumsrate stark an.

Auf eine einzelne Ursache lässt sich diese Entwicklung nicht zurückführen. Vielmehr sind es eine Reihe von Ursachen und Rahmenbedingungen, die dafür verantwortlich waren. Diese haben sich teils verstärkt, teils gegenseitig erst ermöglicht.

Liberalisierung und Deregulierung

Nach dem Zweiten Weltkrieg kam es zu einer schrittweisen Liberalisierung auf den Güter-, Dienstleistungs- und Kapitalmärkten. Die Hoffnung, eine zunehmende wirtschaftliche Verflechtung würde mit friedlichen Konfliktlösungsmechanismen einhergehen, war neben den ökonomischen Vorteilen einer internationalen Arbeitsteilung ein Motiv dafür – eine Hoffnung, die sich zumindest für einen Großteil der Länder der westlichen Welt erfüllt hat. Die Entwicklung vollzog sich in mehreren Schritten:

- Auf der Konferenz von **Bretton Woods** wurde 1944 von 44 Teilnehmerstaaten das Weltwährungssystem neu geordnet und das **System der festen Wechselkurse** eingeführt, das bis 1973 Gültigkeit besaß. Zur Überwachung des Bretton-Woods-Systems wurden als UN-Sonderorganisationen der **Internationale Währungsfonds (IWF)** und die Weltbank gegründet. Der IWF hat u. a. die Aufgaben, die Finanzmärkte zu stabilisieren, die Geldpolitik zu überwachen, den freien Devisenverkehr sicherzustellen und den Welthandel zu fördern. Zudem unterstützt er seine gegenwärtig 188 Mitgliedsländer mit Krediten, falls diese kurzfristig in Zahlungsschwierigkeiten geraten (vgl. 6.2, S. 205 ff.). Die **Weltbank** hat die Aufgabe, weniger entwickelte Mitgliedstaaten mit finanzieller und technischer Hilfe zu unterstützen und so deren wirtschaftliche Entwicklung zu fördern.
- 1948 trat das **GATT**, das General Agreement on Tariffs and Trade (Allgemeines Zoll- und Handelsabkommen), in Kraft. In dessen Rahmen wurden in mehreren Verhandlungsrunden tarifäre (Zölle) und nichttarifäre Handelshemmnisse (Mengenbeschränkungen oder technische Vorschriften beim Im- und Export) abgebaut. 1995 entstand aus dem GATT die **Welthandelsorganisation WTO** (World Trade Organization, vgl. 6.1, S. 200 ff.).
- Mit der Gründung der **Europäischen Wirtschaftsgemeinschaft (EWG)**, dem Vorläufer der **EU**, wurde im westeuropäischen Raum eine Zollunion und Wirtschaftsgemeinschaft gegründet, mit dem Ziel, zwischen den Mitgliedern vollständige Handelsfreiheit zu verwirklichen. Eine Reihe weiterer **regionaler Freihandelszonen** wie in Nordamerika (NAFTA), Südamerika (Mercusor) oder Südostasien (ASEAN) wurden nach dem Zweiten Weltkrieg errichtet. Die WTO fördert die Einrichtung von Freihandelszonen.

Technischer Fortschritt

Eine Reihe von technischen Innovationen, insbesondere im Bereich der Mikroelektronik und der Kommunikationstechnik, haben zu neuen Produktionsmethoden und dem zunehmenden Aufbau eines Kommunikationsnetzes geführt, das einen nahezu unbegrenzten Informationsaustausch erlaubt. Computer ermöglichen eine immer effizientere und flexiblere Automatisierung der Produktion. Aber auch im Bereich Entwicklung und Absatz nehmen deren Einsatzmöglichkeiten immer weiter zu. Durch die Vernetzung können Produktionsabläufe weltweit koordiniert werden. Der Begriff der **digitalen Revolution** beschreibt die in immer kürzeren Zeitabständen erzielten technischen Fortschritte. Computer und Kommunikationsnetze werden immer leistungsfähiger. Auch bei der Verbreitung der Informations- und Kommunikationstechnologie gibt es große Fortschritte. In den entwickelten Ländern verfügen nahezu alle Haushalte über einen Telefon- und ein Großteil über einen Internetanschluss. Auch in weniger entwickelten Ländern steigen die Zuwachsraten, wobei die Anzahl der Mobiltelefone überdurchschnittlich zunimmt.

Senkung der Kommunikations- und Transportkosten

Mit dem technischen Fortschritt und dem rasanten Ausbau der globalen Kommunikationsnetze sind die Kommunikationskosten deutlich gesunken. Gleiches gilt für die Transportkosten. Machte der Transportkostenanteil bei Gütern, die mit dem Schiff transportiert wurden, 1984 noch durchschnittlich 10 % der Kosten aus, ist es heute gerade noch ein Prozent. Sahen frühe Standorttheorien, wie die von Alfred Weber, in den Transportkosten noch einen zentralen Standortfaktor, fallen diese heute kaum noch ins Gewicht. So lohnt es sich, in der Nordsee gefangene Krabben wegen der geringen Lohnkosten nach Marokko zum Schälen zu transportieren, um sie anschließend in einem Hamburger Restaurant auf den Teller zu bringen. Holländische Tulpenzwiebeln werden zum Wachsen nach Neuseeland verschifft, Rosen werden aus Kenia eingeflogen usw. Ermöglicht wurde dies mitunter durch den Bau immer größerer Schiffe und die Entwicklung effizienter Logistikmethoden und -techniken. Eine große Rolle spielte auch die Einführung des 20- bzw. 40-Fuß-Standardcontainers. Dieser erleichtert das Be- und Entladen, lässt sich mit allen gängigen Transportmitteln transportieren und gestattet eine optimale Ausnutzung des Lade- und Lagerraums.

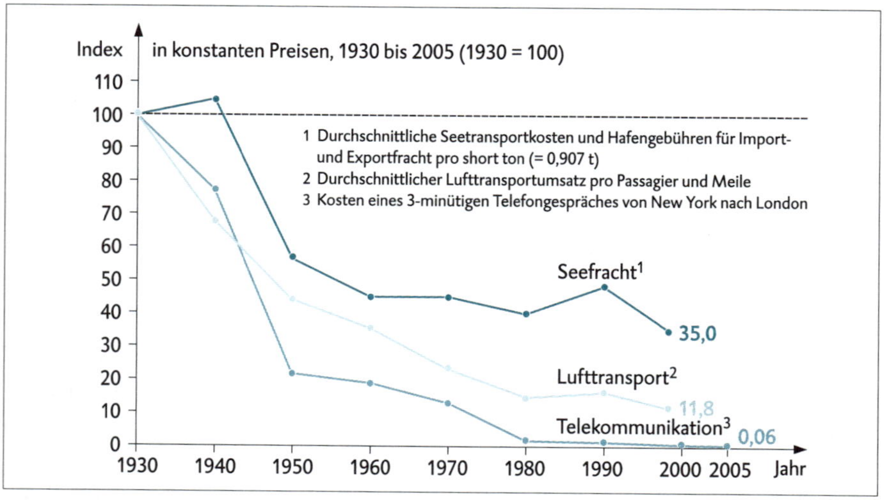

Transport- und Kommunikationskosten weltweit

Ende des Kalten Krieges

Einen wichtigen Einschnitt stellen das Ende des Kalten Krieges und der Zusammenbruch der Sowjetunion 1990 dar. Nach dem Zweiten Weltkrieg war die Welt in zwei Blöcke aufgeteilt, die ökonomisch wenige Berührungspunkte hatten. Das Ende der bipolaren Weltordnung bedeutete zugleich, dass sich die **marktwirtschaftliche Wirtschaftsordnung durchgesetzt** hatte. Der Welthandel (vgl. Abb. S. 128) entwickelt sich seit 1990 mit einer neuen Dynamik, wobei insbesondere China für die Warenproduktion und Russland für die Rohstoffmärkte eine zunehmend wichtige Rolle spielen.

Aufstieg der südostasiatischen Schwellenländer

Seit den 1970er-Jahren kam es in Südostasien zu einem immer dynamischeren Aufschwung, der in den 1980er-Jahren einen ersten Höhepunkt erlebte. War Japan lange Zeit das einzige hoch industrialisierte Land in der Region, entwickelten sich nun die Schwellenländer Südkorea, Taiwan, Singapur und Hongkong innerhalb weniger Jahrzehnte zu Industrieländern. Da die wirtschaftliche Entwicklung einen kraftvollen, dem Satz eines Tigers ähnlichen „Sprung" machte – zwei dieser Länder konnten innerhalb eines Jahrzehnts ihr BIP/Kopf verdoppeln – bezeichnet man diese Länder auch als **Tigerstaaten**. Eine vergleichbare Entwicklung gab es in Malaysia, Thailand, Indonesien und auf den Philippinen, die man als späte Tiger- oder als Pantherstaaten bezeichnet.

Auch ein wirtschaftlicher Einbruch 1997, die **Asienkrise**, konnte den Aufschwung nur unterbrechen, nicht aber beenden. Die Staaten in Südostasien verfolgten nach dem Zweiten Weltkrieg zunächst eine protektionistische Wirtschaftspolitik, indem sie den Binnenmarkt durch Einfuhrbeschränkungen schützten und **Importsubstitution** betrieben, d. h. soweit möglich Importe durch einheimische Produkte ersetzten. Dies war aber nur bedingt erfolgreich, da die Industrialisierung aufgrund fehlender Innovationen nicht die erhofften Fortschritte machte. Die südostasiatischen Staaten änderten in der Folge ihre wirtschaftspolitische Strategie und betrieben in zunehmendem Maße eine exportorientierte Politik.

Die Ausgangsbedingungen waren gut, schließlich verfügen diese Staaten über ein großes Arbeitskräftepotenzial, da viele Menschen dort bereit sind, für geringe Löhne zu arbeiten. Hinzu kommt oft ein hoher Arbeitsethos. So haben in Ländern, die vom Konfuzianismus geprägt sind, Werte wie Fleiß, Gehorsam, Treue, eine hohe Arbeitsmotivation und Lernbereitschaft eine große Bedeutung. Zudem waren Sozial- und Umweltstandards entweder gar nicht oder nur auf sehr geringem Niveau vorhanden. Die überwiegend autoritär geführten Staaten konnten außerdem wirksam für Stabilität und damit für die Sicherheit der ausländischen Investitionen sorgen. Die Exportgüter der sich nach Westen öffnenden Staaten waren anfangs in Lohnfertigung hergestellte Produkte, z. B. Textilien oder elektronische Geräte, die in den Industriestaaten entwickelt wurden. Daher bezeichnete man die südostasiatischen Schwellenländer auch als **verlängerte Werkbank** des Westens. Die Tigerstaaten konnten jedoch ihre Wettbewerbsfähigkeit auf dem Weltmarkt in immer mehr Wirtschaftszweigen steigern und entwickelten zunehmend eigene Produkte. So gehört z. B. Südkorea zu den weltweit führenden Standorten für Schiffbau. Koreanische Marken wie Hyundai und Kia (Automobilbau) oder Samsung und LG (Elektronik) sind auf westlichen Märkten feste Größen. Singapur verfügt über den größten Hafen der Welt und baut den Bereich der biotechnischen Entwicklung weiter aus. Taiwan ist bei vielen Produktgruppen der IT-Branche Weltmarktführer, besaß von 2004–2007 das höchste Gebäude der Welt usw.

Eine vergleichbare Entwicklung lässt sich in China beobachten: Unterstützt durch eine starke Zunahme der Auslandsdirektinvestitionen – von ca. 5 Mrd. $ 1990 auf über 253 Mrd. $ 2012 – soll der Export, der gegenwärtig von Massenartikeln, Textilien und anderen lohnintensiven Produkten dominiert wird, künftig von eigenen Produktinnovationen getragen werden. So beherrscht China bereits heute den Markt für Solaranlagen, versucht Kraftfahrzeuge in Europa abzusetzen und eine eigene Luftfahrtindustrie aufzubauen.

Soziokultureller Wandel und veränderte Nachfragestruktur

Mit dem Ende des Zweiten Weltkrieges hat sich die Nachfragestruktur, besonders in den westlichen Industrieländern, nachhaltig gewandelt. Die 1950er-Jahre waren in Europa vom Wiederaufbau und einem starken wirtschaftlichen Aufschwung gekennzeichnet. **Gestiegener Wohlstand** führt zu einer verstärkten Konsumgüternachfrage. Der **Tourismus** gewinnt an Bedeutung. Eine weitergehende Verkürzung der Arbeitszeit und gestiegene Einkommen vergrößern die Nachfrage nach **Dienstleistungen**. Die Unterhaltungsbranche gewinnt ebenso an Bedeutung wie die Kommunikations- und Unterhaltungselektronik. Die Verbreitung von PCs, Handys und Internet zieht veränderte **Kommunikations- und Konsummuster** nach sich. Hinzu kommt im westlichen Kulturkreis ein **gesellschaftlicher Wertewandel**. Die Bedeutung traditioneller Werte wie Fleiß oder Pflichtbewusstsein nimmt ab, die neuer Werte wie Selbstentfaltung oder Umweltbewusstsein steigt. Das führt zu einer stärkeren **Individualisierung** und damit zu einer **Pluralisierung** der Gesellschaft. In vielen Reformländern in Mittel- und Osteuropa hat sich seit 1990 ein vergleichbarer Lebensstil entwickelt.

Infolge des zunehmenden kulturellen Austausches durch Reisetätigkeiten, moderne Medien und Kommunikationsmöglichkeiten lässt sich einerseits die **Herausbildung eines globalen Konsummusters** beobachten. Da bei diesem Prozess vor allem US-amerikanisch geprägte Unterhaltungsmedien und -formate sowie Marken wie Apple, McDonald's, Coca-Cola und Nike eine große Rolle spielen, spricht man von einer „Amerikanisierung" oder „McDonaldisierung". Andererseits lässt sich, z. B. im Ernährungsbereich, auch ein Trend zur **Regionalisierung** feststellen. So ist McDonald's in über 100 Ländern vertreten – die Filialen besitzen zwar eine gemeinsame Corporate Identity, haben aber von Region zu Region ein sehr unterschiedliches Speiseangebot, so gibt es selbst in Österreich und Deutschland verschiedene Speisekarten. Die Verknüpfung der soziokulturellen Globalisierung mit einer Hinwendung zum Regionalen bzw. Lokalen bezeichnet man als **Glokalisierung**.

McDonald's-Filiale in Moskau

Veränderte Angebotsstruktur

Die Unternehmen profitieren sehr stark von der **Deregulierung** und der **Liberalisierung der Märkte**. Insbesondere die Öffnung der Finanzmärkte und der Wegfall diverser Devisenbestimmungen erleichtert es ihnen, neue Märkte zu erschließen und Auslandsdirektinvestitionen zu tätigen. Die Zahl der multinationalen Unternehmen und damit auch das Volumen der intraindustriellen Warenströme wächst. Der technische Fortschritt beschleunigt dies. Neue Produktionskonzepte wie die Lean Production führen zu Outsourcing und zu einer auf den Weltmarkt ausgerichteten Beschaffungsstrategie (vgl. S. 60 f.). Größe und Einfluss globaler Konzerne nehmen zu (vgl. S. 134, S. 155 ff.). Die Unternehmen reagieren nicht nur auf die sich verändernden Kundenwünsche, indem sie z. B. ihre Produktpalette diversifizieren, sie versuchen zudem mit Innovationen oder Marketingstrategien, neue Trends zu setzen und das Verbraucherverhalten zu beeinflussen. Beispiele sind das stetig weiterentwickelte und vernetzte Produktangebot von Google (Suchmaschine, Streetview, Maps, Browser, E-Mail etc.) oder der Versuch von Apple, mit dem iPad einen neuen Vertriebsweg für Medien aller Art zu schaffen. Und schließlich hat sich die **Shareholder-Value-Konzeption** (vgl. S. 185) auf vielen Märkten der Welt durchgesetzt. Es gilt vorrangig, für die Eigentümer eine hohe Rendite zu erzielen, während Belange der Arbeitnehmer, der Zulieferer, des Umweltschutzes und weiterer sogenannter Stakeholder von untergeordneter Bedeutung sind.

1.3 Statistische Erfassung des Welthandels

Zur Erfassung der Weltwirtschaftsleistung bedient man sich der Summe der **Bruttoinlandsprodukte (BIP)** aller Länder. Das BIP umfasst alle in einem Jahr in einer Volkswirtschaft erstellten Waren und erbrachten Dienstleistungen. Es werden alle Güter betrachtet, unabhängig davon, ob sie von Inländern oder von im Inland tätigen Ausländern produziert wurden. Dieses Inlandskonzept darf nicht verwechselt werden mit dem Inländerkonzept, das nur die Produktion der Inländer berücksichtigt, unabhängig davon, wo die wirtschaftliche Tätigkeit stattfindet. Das Inländerkonzept wird zur Ermittlung des Bruttonationaleinkommens (BNE) herangezogen, das man früher als Bruttosozialprodukt (BSP) bezeichnete. Das BIP zeigt die wirtschaftliche Leistung eines Landes an, lässt aber keine direkten Schlüsse auf dessen Wohlstand zu. So macht es z. B. keine Angaben über die Einkommens- und Vermögensverteilung.

Die wirtschaftlichen Austauschbeziehungen einer Volkswirtschaft mit dem Ausland werden in der **Zahlungsbilanz** dargestellt. Sie ist, anders als eine Unternehmensbilanz, keine Bestandsrechnung zu einem Stichtag, sondern eine Erfassung von Güter- und Finanzströmen, die innerhalb eines bestimmten Zeitraums, in der Regel ein Kalenderjahr, zwischen dem In- und Ausland fließen. Sie gibt den Umfang der wirtschaftlichen Verflechtung eines Landes sowie dessen Zahlungsfähigkeit an und ist ein Indikator für die Standortqualität.

Die **Leistungsbilanz** umfasst die **Handelsbilanz**, die **Dienstleistungsbilanz**, die Erwerbs- und Vermögenseinkommen sowie die laufenden Übertragungen, bei denen Zahlungen für Entwicklungshilfe oder für internationale Organisationen bzw. entsprechende Einnahmen verbucht werden. Zu den Dienstleistungen zählen neben Transport-, Finanz- und Kommunikationsdienstleistungen auch Patent- und Lizenzgebühren sowie der Reiseverkehr. Ist in den Medien von einem Zahlungsbilanzüberschuss oder -defizit die Rede, bezieht sich das meist auf die Leistungsbilanz. Im Saldo der **Vermögensübertragungen** werden einmalige, unentgeltliche Leistungen verbucht, die nicht direkt das Einkommen oder den Verbrauch der beteiligten Länder verändert. Hierzu zählt z. B. ein Schuldenerlass. Die **Kapitalbilanz** umfasst alle grenzüberschreitenden Kapitalbewegungen. Hierzu zählen die Direktinvestitionen, die Wertpapieranlagen, die Finanzderivate sowie der Kreditverkehr.

Die einzelnen Teilbilanzen der deutschen Zahlungsbilanz

Position	2010	2011	2012
	in Mrd. €		
I. Leistungsbilanz			
1. Außenhandel			
Ausfuhr	951,9	1 061,2	1 097,3
Einfuhr	797,1	902,5	909,1
Saldo	+154,8	+158,7	+188,2
Ergänzungen zum Außenhandel	−12,4	−20,5	−27,3
2. Dienstleistungen (Saldo)	−2,1	−2,3	−3,1
3. Erwerbs- und Vermögenseinkommen (Saldo)	+53,9	+59,0	+64,4
4. Laufende Übertragungen (Saldo)	−38,3	−33,7	−36,8
Saldo der Leistungsbilanz	+155,9	+161,2	+185,4
II. Saldo der Vermögensübertragungen	−0,6	+0,7	+0,04
III. Kapitalbilanz			
1. Direktinvestitionen	−48,4	−2,3	−46,9
2. Wertpapiere und Finanzderivate	−141,6	−0,5	−83,6
3. Übriger Kapitalverkehr	+51,5	−156,9	−103,0
4. Veränderung der Währungsreserven zu Transaktionswerten (Zunahme: –)	−1,6	−2,8	−1,3
Saldo der Kapitalbilanz	−140,1	−162,6	−234,9
IV. Saldo der statistisch nicht aufgliederbaren Transaktionen (Restposten)	+15,3	+0,7	+49,4

Anders als beim Warenverkehr können wirtschaftliche **Austauschbeziehungen im Dienstleistungssektor** nur schwer statistisch erfasst werden, da sich lediglich eingeschränkt quantitative und qualitative Aussagen treffen lassen. Oft ist die Trennlinie zwischen Ware und Dienstleistung fließend. Wird etwa ein technisch hochwertiges Gut, in dem viel Know-how und Wissen steckt, in der Zahlungsbilanz dem Warenhandel zugerechnet, bleiben die darin enthaltenen Ingenieursdienstleistungen in der Dienstleistungsbilanz unberücksichtigt.

Eine weitere Messgröße für wirtschaftliche Austauschbeziehungen sind die **Terms of Trade (ToT)**. Sie geben das reale Austauschverhältnis von exportierten und importierten Gütern wieder. Zur Berechnung werden die Exportpreise durch die Importpreise dividiert. Steigen die Exportgüterpreise, während die Importgüterpreise gleich bleiben, verbessern sich die Terms of Trade. Umgekehrt führt eine überproportionale Zunahme der Importgüterpreise zu einer Verschlechterung der Terms of Trade. In diesem Fall können für den Erlös der ausgeführten Güter weniger Waren aus dem Ausland eingeführt werden. Für Länder, die überwiegend Güter exportieren, bei denen die Weltmarktpreise stark schwanken, wie es bei Rohstoffen oder landwirtschaftlichen Produkten häufig der Fall ist, besteht bei einer Verschlechterung der ToT die Gefahr, sich zu verschulden.

Die Tabelle zeigt die Entwicklung der ToT in Deutschland von 2000–2013.

Indizes der Preise im Außenhandel 2000–2013* (2010 = 100)

Jahr	00	01	02	03	04	05	06	07	08	09	10	11	12	13
Ausfuhr	92,8	93,8	93,5	93,3	93,8	94,7	96,3	97,5	99,2	97,0	100,0	103,3	104,9	104,2
Einfuhr	92,4	93,0	91,0	88,9	89,9	92,9	97,0	97,6	102,1	93,4	100,0	106,4	108,7	105,5
ToT	100,4	100,9	102,7	104,9	104,3	101,9	99,3	99,9	97,2	103,9	100,0	97,1	96,5	98,8

* = Werte für 2013 = September 2013, ansonsten Jahresdurchschnitte

1.4 Protektionismus vs. Freihandel – Zur theoretischen Begründung des Freihandels

Die Idee des Freihandels basiert auf dem klassischen Liberalismus. Nach dieser wirtschaftspolitischen Konzeption profitieren die Akteure an der Marktteilnahme umso mehr, je weniger Eingriffe und Regulierungen es in einem Markt gibt. Adam Smith zeigte 1776 in seiner Theorie des **absoluten Kostenvorteils** modellhaft, dass Länder vom Handel profitieren, wenn sie sich auf die Produktion derjenigen Güter spezialisieren, bei denen sie einen absoluten Kostenvorteil besitzen, also diese kostengünstiger herstellen können. Die Theorie wurde immer weiterentwickelt. So konnte David Ricardo mit seinem Modell der **komparativen** (relativen) **Kostenvorteile** zeigen, dass sich der Handel zwischen zwei Ländern auch dann lohnt, wenn ein Land bei allen Gütern einen absoluten Kostenvorteil hat. Eine aktuelle Fortentwicklung stellt z. B. die Neofaktorenproportionentheorie der Ökonomen Heckscher und Ohlin dar.

Heute teilen viele Wissenschaftler und Entscheidungsträger in Wirtschaft und Politik die Auffassung, eine Liberalisierung des Welthandels würde zu einer Zunahme der Wohlfahrtsgewinne bei den beteiligten Staaten führen. Das folgende Preis-Mengen-Diagramm illustriert dies. Der Staat bzw. die Steuereinnahmen bleiben bei dieser vereinfachten Darstellung unberücksichtigt.

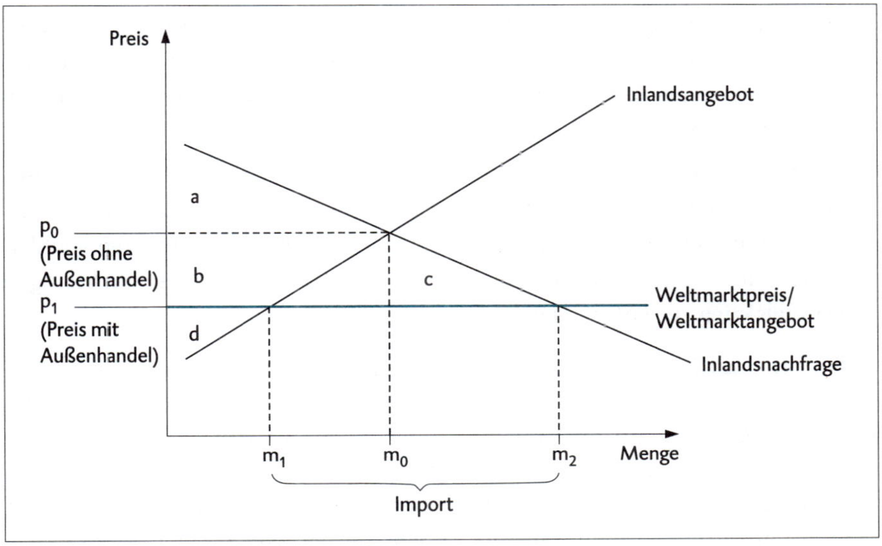

Modellhafte Darstellung der Wohlfahrtsgewinne bei Außenhandel

In einem geschlossenen Markt kommt es beim Zusammentreffen von Angebot und Nachfrage zu einem Preis p_0 und einer Absatzmenge m_0. Die **Produzentenrente**, die den Nutzen der Anbieter an der Marktteilnahme misst, entspricht der Fläche (b+d). Die **Konsumentenrente** ist a. Nun kommt es zu einer Marktöffnung. Der Weltmarktpreis liege unter dem Preis ohne Außenhandel. Es wird angenommen, die inländische Nachfrage bzw. das Angebot habe keinen Einfluss auf den Weltmarktpreis und das -angebot. Daher sind diese in der Grafik eine Parallele zur x-Achse. Wegen des niedrigeren Preises steigt die Nachfrage von m_0 auf m_2. Gleichzeitig sinkt die abgesetzte Menge der inländischen Produzenten von m_0 auf m_1. Die Konsumentenrente beträgt nun (a+b+c), die Produzentenrente d. Betrachtet man die Gesamtrente, steigt diese von (a+b+d) auf (a+b+c+d). Der Freihandel bringt also der Volkswirtschaft einen **Wohlfahrtsgewinn**. Dabei profitieren im Beispiel die inländischen Nachfrager, während diejenigen Produzenten aus dem Markt ausscheiden müssen, die ihre Güter nicht zum Weltmarktpreis anbieten können. Nach der Argumentation der Befürworter führt Freihandel grundsätzlich zu:

- einer **Vergrößerung der Absatzmärkte**. Damit können Massenproduktionsvorteile realisiert werden. Diese bedeuten für den Verbraucher **niedrigere Preise** und **sichern Arbeitsplätze**.
- einem zunehmenden **Transfer von Kapital und Know-how**. Davon können besonders die weniger entwickelten Staaten profitieren.

- einem **verstärkten Wettbewerb** und fördert so **Innovationen**. Protektionismus dagegen bewirkt Wettbewerbsverzerrungen, wenn z. B. eine heimische Branche durch staatliche Gelder subventioniert wird und dann auf den ausländischen Märkten die dortigen Anbieter verdrängt.
- einer zunehmenden wirtschaftlichen Kooperation, die die Gefahr **eines gewaltsamen Konfliktaustrags** zwischen den beteiligten Ländern verringert. Zudem provozieren Handelshemmnisse eines Staates eine vergleichbare Reaktion anderer Staaten. Das kann einen für alle Beteiligten nachteiligen Handelskrieg zur Folge haben.

Dabei bedeutet Freihandel nicht, gänzlich auf Handelsbeschränkungen zu verzichten. Es kann durchaus sinnvoll, ja notwendig sein, **zeitweise Handelshemmnisse einzuführen**, um z. B. einen Konjunkturabschwung oder die Folgen eines Strukturwandels abzumildern. Oft wird auch das Infant-Industries-Argument angeführt: Junge Branchen sollen vor einem übermächtigen Wettbewerbsdruck geschützt werden. Auch können Aspekte wie Versorgungssicherheit oder innere/äußere Sicherheit Grund für eine Regulierung sein.

Immer wieder werden auch Forderungen laut, die sich **gegen eine Ausweitung des Freihandels** aussprechen und **regulierende Eingriffe befürworten**, um einzelne Wirtschaftszweige oder sogar ganze Volkswirtschaften vor ausländischer Konkurrenz zu schützen. Damit soll die Zahlungsbilanz des Landes verbessert und eine positive Wirkung auf die Beschäftigung und den Wohlstand im Land erzielt werden. Insbesondere wenn die technischen oder finanziellen Möglichkeiten sehr unterschiedlich sind, wie es im Vergleich von Entwicklungsländern und Industriestaaten der Fall ist, besteht beim Freihandel die Gefahr, dass die Nachteile für ein Entwicklungsland größer sind als die Vorteile. So können Handelsschranken für die (Wieder-)Herstellung eines **fairen Wettbewerbs** sorgen. Es gibt eine Reihe von Beispielen, bei denen sich ausländische Unternehmen dank ihrer finanziellen Möglichkeiten und/oder ihres technischen Vorsprungs Märkte oder Zugang zu Rohstoffen gesichert und inländische Betriebe verdrängt haben.

Daneben können protektionistische Maßnahmen auch ein **Schutz sozialer oder ökologischer Standards** sein. Zudem sind Steuern und Zölle **Einnahmequellen des Staates**, auf die dieser unter Umständen nicht so leicht verzichten kann. Protektionistische Maßnahmen werden aber auch eingesetzt, um sich **individuellen Vorteil zu Lasten Dritter** zu verschaffen.

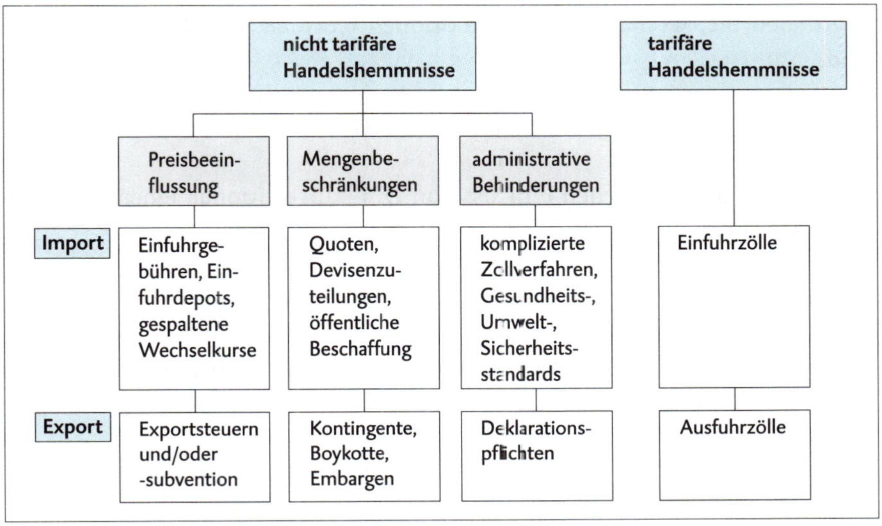

Tarifäre und nichttarifäre Handelshemmnisse

Historisch gesehen wurde der Gedanke des Freihandels mit der Industrialisierung im 18. Jahrhundert, auch vor dem Hintergrund der theoretischen Überlegungen von Smith und Ricardo, zunehmend umgesetzt. Davor, im Zeitalter des Merkantilismus, war der Handel von **Protektionismus** geprägt, d. h., es gab verschiedene Maßnahmen, die die heimische Wirtschaft schützen sollten. Bis zum Ersten Weltkrieg nahm die Bedeutung des Freihandels in Europa und Nordamerika rasch zu. Von 1914 bis 1945 gewann wiederum der Protektionismus die Oberhand. Nach dem Zweiten Weltkrieg wurden dann zunehmend die Güter-, Finanz- und Dienstleistungsmärkte liberalisiert.

Aufgaben

1 Erläutern Sie, inwieweit das Modell des Wirtschaftkreislaufs einer offenen Volkswirtschaft die realen Wirtschaftsbeziehungen widerspiegelt.

2 Charakterisieren Sie die aktuellen Entwicklungen im Welthandel.

3 Beurteilen Sie, inwieweit es gerechtfertigt ist, von einer starken Zunahme des Welthandels zu sprechen.

4 Erklären Sie, weshalb sich der Welthandel deutlich stärker als die Weltwirtschaftsleistung entwickelt hat.

5 Begründen Sie, weshalb Direktinvestitionen ein Maß für die Globalisierung sind.

6 Erklären Sie, weshalb Unternehmen Direktinvestitionen tätigen.

7 Erörtern Sie den möglichen Einfluss von Direktinvestitionen eines Industrielandes in einem Entwicklungsland.

8 Stellen Sie die Bedeutung des Internets für die Globalisierung dar.

9 Erläutern Sie, weshalb man nicht sagen kann, dass die Globalisierung mit dem Ende des Kalten Krieges begann.

10 Erstellen Sie eine Grafik, die die Ursachen des Globalisierungsprozesses darstellt.

11 Erklären Sie den Begriff der verlängerten Werkbank.

12 Erörtern Sie, inwieweit ein Leistungsbilanzdefizit kennzeichnend für eine wirtschaftlich wenig leistungsfähige Volkswirtschaft ist.

13 Der Markt für Elektrogeräte von Land A wird liberalisiert. Ausländische Anbieter treten in den Markt ein. Die Regierung von Land A erhebt kurz darauf einen Importzoll für Elektrogeräte aus Land B. Stellen Sie mithilfe eines Preis-Mengen-Diagramms die Auswirkungen auf den Markt für Elektrogeräte in Land A dar und erklären Sie die Darstellung.

14 Erläutern Sie, inwiefern das Infant-Industries-Argument zur Begründung protektionistischer Maßnahmen problematisch ist.

15 Nennen Sie Möglichkeiten, um den Import ausländischer Güter zu begrenzen.

2 Staatliche und nichtstaatliche Akteure

Die Akteure im internationalen Handel lassen sich in **staatliche** und **nichtstaatliche** unterscheiden. Staatliche Akteure sind dadurch gekennzeichnet, dass sie **Recht setzen und durchsetzen** können. Darüber hinaus sind sie im Stande, völkerrechtlich wirksame Verträge zu schließen.

Die einzelnen Akteure haben jeweils **spezifische Interessen:** Die Nationalstaaten vertreten die Interessen ihrer Bürger und Unternehmen, Gewerkschaften die ihrer Mitglieder und Unternehmen die ihrer Eigentümer. Organisationen wie Greenpeace oder attac verfolgen ökologische oder politische Zielsetzungen. In bestimmten Fällen kann es zu Interessenskonflikten kommen, wenn z. B. Deutschland EU-Recht umsetzen muss, welches seinen Bürgern mehr Nachteile als Vorteile bringt.

Inwieweit die Akteure ihre Interessen durchsetzen können, hängt von einer ganzen Reihe von Faktoren ab. So spielen die Größe, Wirtschaftskraft, Vernetzung, technische Ausstattung, Sozialstruktur usw. eine Rolle.

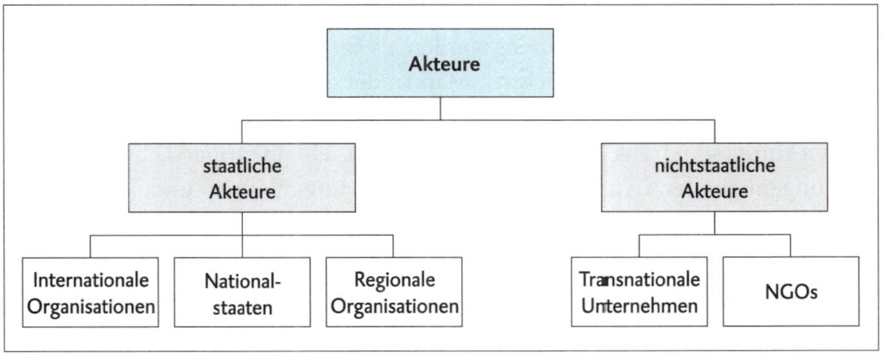

Akteure im internationalen Handel

2.1 Nationalstaaten

Zentrale Akteure des internationalen Handels sind die Nationalstaaten. Sie steuern über ihre Außenwirtschaftspolitik das Ausmaß der wirtschaftlichen Verflechtung. Unter sozioökonomischen Gesichtspunkten unterscheidet man **Industrie-**, **Schwellen-** und **Entwicklungsländer**, wobei es keine einheitlichen Abgrenzungskriterien zwischen den einzelnen Ländergruppen gibt. **Industrieländer** sind technisch hoch entwickelte Länder mit einem hohen Pro-Kopf-Einkommen. Sie verfügen über eine hochspezialisierte Arbeitsteilung. Entgegen der Bezeichnung ist in den meisten Industriestaaten der Dienstleistungssektor der Wirtschaftsbereich mit der größten Zuwachsrate.

Rang	Land	BIP (in Mrd. $)	BIP/Kopf (in Mrd. $)	Rang	Einwohner (in Mio.)	Rang
1.	USA	15684	49922	11.	314	3.
2.	China	8227	6076	87.	1354	1.
3.	Japan	5963	46736	13.	128	10.
4.	Deutschland	3400	41513	21.	82	16.
5.	Frankreich	2608	41141	22.	63	21.

Die fünf größten Wirtschaftsmächte (2012)

Schwellenländer sind Staaten, deren Entwicklungsstufe zwischen den Entwicklungs- und den Industriestaaten einzuordnen ist. Sie weisen hohe Wachstumsraten auf, wobei die gesellschaftliche und soziale Entwicklung oft mit der ökonomischen nicht Schritt hält. Große Gegensätze zwischen Arm und Reich sowie politisch instabile Verhältnisse sind häufig. Neben den **BRICS-Staaten** (vgl. S.152) zählen Mexiko, Malaysia und die Philippinen zu dieser Gruppe.

Die wenig entwickelten Länder werden als **Entwicklungsländer** oder **Less Developed Countries** bezeichnet. Man findet auch die Bezeichnung **Dritte-Welt-Länder**. Sie zeichnen sich durch einen geringen sozioökonomischen Entwicklungsstand aus. Kennzeichen sind u. a. ein niedriger Lebensstandard mit ungenügender Grundversorgung an Nahrung, Wasser und Wohnraum, unzureichende Infrastruktur im Gesundheits-, Bildungs-, Sozial- und Verkehrswesen sowie eine hohe Arbeitslosigkeit. Die Wirtschaft ist geprägt von traditionellen Produktionsformen, die sich überwiegend im Landwirtschaftssektor finden, und von einem dynamischen Wachstum vor allem im Industriesektor. Durch die geringe Produktivität vieler Wirtschaftsbereiche sind diese auf dem Weltmarkt nur bedingt konkurrenzfähig. Ein hoher Exportanteil an Rohstoffen und Vorprodukten führt zu einer geringen Kapitalbildung. Viele Entwicklungsländer weisen eine hohe Staatsverschuldung auf bzw. sind überschuldet. Die UN fasst die am wenigsten entwickelten Länder zur Gruppe der **Least Developed Countries** zusammen. Von den aktuell 48 Ländern liegen 33 in Afrika, 10 in Asien und eines in Lateinamerika.

Ein Indikator zur Beschreibung von Entwicklung ist der **Human Development Index (HDI)** (vgl. S. 211 f.), der neben ökonomischen Aspekten auch die Bereiche Bildung und Gesundheit einschließt. Er liegt zwischen 0 und 1, wobei 1 für den höchsten Entwicklungsstand steht.

2.2 Regionale Organisationen

Mit steigendem Globalisierungsgrad nimmt auch der Prozess der **Regionalisierung** zu, eine Entwicklung, die auf den ersten Blick widersprüchlich erscheint. Regionalisierung bedeutet in diesem Zusammenhang die Entstehung wachstumsstarker Teilräume, die in der Regel auf einem vergleichbaren ökonomischen Niveau sind und kulturelle Ähnlichkeiten ausweisen. Die Aufnahme von Wirtschaftsbeziehungen zwischen zwei oder mehr Ländern ist dabei normalerweise zunächst durch den **Abbau von Handelshemmnissen** und die **Bildung von Freihandelszonen** gekennzeichnet. Bilden diese Kooperationsmuster Organisationsstrukturen heraus, spricht man von **regionalen Organisationen**. Diese können bis hin zu einer **Wirtschaftsunion** mit einheitlichen Regelungen in der Wirtschafts-, Steuer- und Währungspolitik ausgebaut werden. Das hat zur Folge, dass Entscheidungskompetenzen von den Nationalstaaten auf die Region übergehen. Ein Beispiel ist die EU: Hier hat der einzelne Mitgliedstaat bei Zöllen keine und beim Politikfeld Außenhandel nur sehr eingeschränkt eigene Entscheidungskompetenz. In anderen Bereichen wie der Wirtschaftspolitik werden zahlreiche Entscheidungen in Brüssel getroffen.

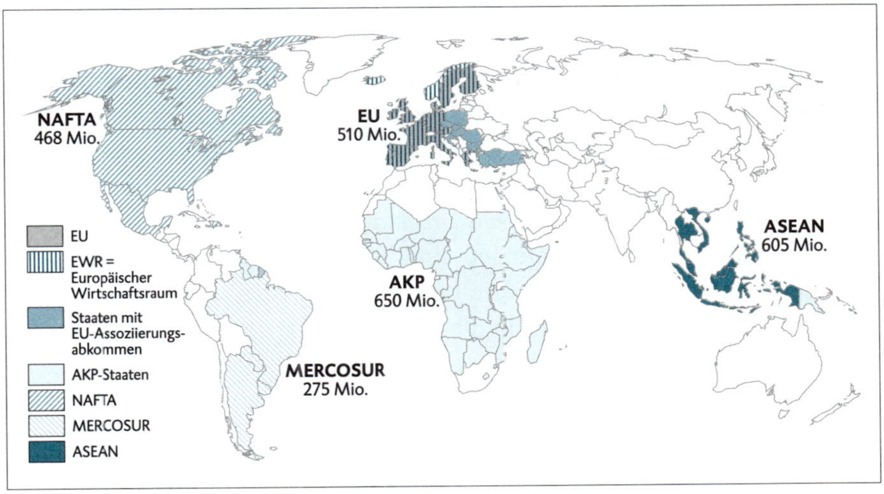

Die wichtigsten regionalen Wirtschaftsräume mit ihren Einwohnerzahlen

Ein Grund zur Kooperation liegt in den Vorteilen, die mit der internationalen Arbeitsteilung verbunden sind. Hinzu kommen **Agglomerationsvorteile**, die sich aus der Konzentration von Infrastruktur, Unternehmen, Arbeitskräften usw. ergeben. Beleg sind die großen intraregionalen Handelsströme in der Triade-Region. Man unterscheidet fünf wichtige regionale Wirtschaftsräume:

- Die **Europäische Union (EU)** besteht aus 28 Mitgliedstaaten und zählt, bezogen auf die Wirtschaftskraft (BIP), zur stärksten Region auf der Welt. Die EU ist eine supranationale Organisation, bei der neben einer weit fortgeschrittenen ökonomischen Zusammenarbeit in vielen anderen Politikbereichen von übergeordneten Organen (Europäisches Parlament, EU-Kommission, Europäischer Rat) Entscheidungen getroffen werden.
- Zur **nordamerikanischen Freihandelszone (NAFTA)** gehören Kanada, die USA und Mexiko. Eine Reihe von Zöllen wurde abgeschafft bzw. ausgesetzt. Ziel des 1994 gegründeten Wirtschaftsverbunds ist die Errichtung einer vollständigen Freihandelszone.
- Dem 1991 gegründeten Gemeinsamen Markt Südamerikas **MERCOSUR** gehören Argentinien, Brasilien, Paraguay, Uruguay und Venezuela an. Neben diesem Binnenmarkt gibt es fünf assoziierte Staaten in Südamerika, die einen Beitritt anstreben. Ziele des MERCOSUR sind, tarifäre und nichttarifäre Handelshemmnisse abzuschaffen, die Wirtschaftspolitik aufeinander abzustimmen und rechtliche Regelungen zu harmonisieren. Der Integrationsprozess kommt immer wieder ins Stocken, weil z. B. historisch bedingte Rivalitäten auftauchen oder ein gemeinsamer Standpunkt in der außen- und handelspolitischen Haltung zu den USA fehlt.
- Die **Gruppe der afrikanischen, karibischen und pazifischen Staaten (AKP)** umfasst derzeit 79 Staaten. Deren Ziele sind, insbesondere für eine wirtschaftlich nachhaltige Entwicklung zu sorgen, die Armut zu bekämpfen und für eine gerechte Welthandelsordnung einzutreten. Traditionell ist die Bindung zur EU sehr stark, da ein Großteil der AKP-Staaten ehemalige britische und französische Kolonien sind. So ist zwischen der EU und den AKP-Staaten in vier Lomé-Abkommen u. a. Zollfreiheit für die Einfuhr von Gütern aus den AKP-Staaten in die EU vereinbart worden. Diese Regelung ist aber 2007 ausgelaufen, da sie gegen das Prinzip der Nichtdiskriminierung der WTO verstößt. Im Abkommen von Cotonou wurde 2000 zwischen der EU und den AKP-Staaten eine engere Zusammenarbeit zur Armutsbekämpfung beschlossen.
- Der **Verband Südostasiatischer Nationen (ASEAN)** umfasst 10 Staaten, darunter einige Tigerstaaten. Der Verband wurde 1967 gegründet und hat das Ziel, die wirtschaftliche Zusammenarbeit zu fördern. Daneben werden auch soziale, ökologische oder kulturelle Fragen behandelt. 2009 beschlossen die Mitgliedstaaten, einen der EU vergleichbaren Wirtschaftsraum zu schaffen. Die globalen Wirtschaftsbeziehungen pflegt der Verband durch regelmäßige Gespräche mit den sogenannten Dialogpartnern, zu denen

China, Australien, die USA und die EU gehören. Die großen ökonomischen und kulturellen Unterschiede erschweren die Integration. Die globale Bedeutung des ASEAN leidet darunter, dass die Regionalmacht China nicht Mitglied im Verband ist.

Aus völkerrechtlicher Sicht handelt es sich bei den genannten regionalen Organisationen um internationale Organisationen.

2.3 Internationale Organisationen

Auch auf internationaler Ebene gibt es eine Reihe von Organisationen, die im Zusammenhang mit dem Globalisierungsprozess eine Rolle spielen. Sie werden auch als **International Gouvernmental Organisations (IGOs)** bezeichnet. Die bekannteste dürften die **Vereinten Nationen/UN** mit ihren Unterorganisationen sein. Für den Welthandel und die internationalen Finanzmärkte zentral sind v. a. die **WTO** und der **IWF** (vgl. Kap. 6, S. 200 ff.).

Von Bedeutung ist auch die **OECD, die Organisation für wirtschaftliche Zusammenarbeit und Entwicklung**, die sich mit Ausnahme des Bereiches Verteidigung/Sicherheit mit allen relevanten Politikbereichen befasst. Ihr gehören 34, meist höchst entwickelte Staaten an.

Neben den genannten internationalen Organisationen, die über eigene Organe verfügen, gibt es noch eine Reihe von teils informellen Treffen und Gesprächsrunden, die sich mit dem Welthandel befassen. Folgende zählen zu den einflussreichsten:

- Die **G20** ist der informelle Zusammenschluss der zwanzig wichtigsten Industrie- und Schwellenländer, wobei die EU-Staaten als ein Akteur auftreten. Es werden u. a. zentrale Fragen des **internationalen Finanzsystems** thematisiert. Die G20-Staaten repräsentieren rund zwei Drittel der Weltbevölkerung, knapp über 80 % des weltweiten BIP und drei Viertel des Welthandels. An den Treffen nehmen neben den Staats- und Regierungschefs, den Finanzministern und den Notenbankchefs der Mitgliedstaaten auch die Präsidenten der EZB und der Weltbank sowie der Direktor des IWF teil.
- Zur Gruppe der **G8** gehören die acht größten Industriestaaten der Welt. Bei ihren jährlichen Gipfeltreffen erörtern die Staats- und Regierungschefs wichtige weltpolitische Fragen. Kritisiert wird besonders die **fehlende Repräsentation der Interessen der Entwicklungsländer** und die mangelnde Transparenz. Wie auch bei der G20 sind die getroffenen Entscheidungen nicht bindend.

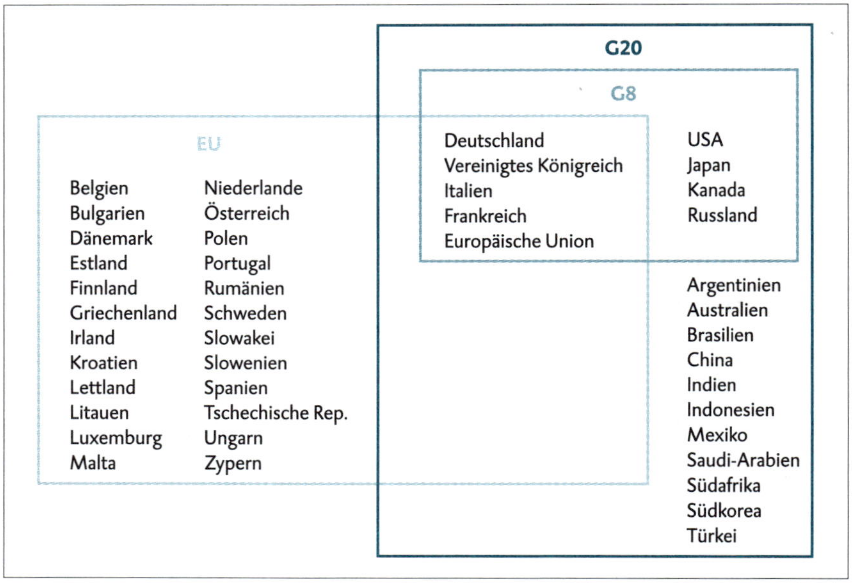

Mitglieder von EU, G20 und G8

- Das **World Economic Forum/Weltwirtschaftsforum** ist eine Stiftung mit Sitz in der Schweiz. Von besonderer Bedeutung ist das einmal jährlich in **Davos** veranstaltete Treffen, bei dem internationale Führungskräfte aus Wirtschaft, Politik und Medien zum Dialog zusammenkommen. Kritiker werfen dem Forum eine neoliberale Haltung vor, die ökonomische Interessen über soziale und ökologische stelle.
- Die **BRICS-Staaten** umfassen mit **B**rasilien, **R**ussland, **I**ndien, **C**hina und **S**üdafrika die größten Schwellenländer, die in der Vergangenheit überdurchschnittliche Wachstumsraten aufwiesen. Geprägt wurde die Bezeichnung von der Investmentbank Goldman Sachs 2001. 2009 kam es erstmals zu einem Treffen der Außenminister der BRIC-Staaten. Seit 2011 nimmt Südafrika an den jährlichen Gipfeln teil. Welche Rolle die BRICS-Staaten künftig spielen werden, ist umstritten. Viele Wissenschaftler sehen die BRICS-Staaten schon in wenigen Jahrzehnten die G8-Staaten überflügeln. Andere sind weniger optimistisch und verweisen auf die großen ökonomischen, politischen und kulturellen Unterschiede innerhalb der Gruppe.

  Brasilien ist mit einer großen landwirtschaftlichen Produktion, den reichen Rohstoffvorkommen und einer breiten industriellen Basis die führende Wirtschaftsmacht in Lateinamerika. Auch wenn Brasilien eine Demokratie ist, können die weit verbreitete Korruption und die großen sozialen Gegensätze möglicherweise die Wachstumsdynamik bremsen.

Indien, das sich selbst als größte Demokratie der Welt bezeichnet, verfügt über eine junge, zunehmend gut ausgebildete Bevölkerung und steht in der IT-Branche und Softwareentwicklung im internationalen Vergleich auf einem der vorderen Plätze. Entwicklungshemmnisse können beispielsweise die fehlende Gleichberechtigung und das de facto immer noch existierende Kastenwesen sein.

China hat in den letzten Jahren bemerkenswerte technologische Fortschritte gemacht und entwickelt sich von der Werkbank der Welt zu einem Industriestaat. Als größter Markt der Welt ist es attraktiv für ADI. Allerdings existieren in China nach wie vor sehr große soziale Unterschiede: Verarmte Kleinbauern auf dem Land und ein Millionenheer an schlecht bezahlten Wanderarbeitern stehen einer immer wohlhabenderen städtischen Bevölkerung an der Küste gegenüber. Das politische System ist gekennzeichnet von einer Ein-Parteien-Herrschaft. Die Meinungs- und Pressefreiheit ist eingeschränkt. Zudem sorgen der zunehmende Ressourcenverbrauch und die ansteigende Umweltverschmutzung für Probleme. Es stellt sich die Frage, inwieweit diese Faktoren das Wachstum Chinas in Zukunft hemmen.

Südafrika wird als Tor zum afrikanischen Kontinent bezeichnet. Es ist das weitestentwickelte Land Afrikas, versteht sich als Sprachrohr des Südens und tritt als Vermittler zwischen Industrie- und Entwicklungsländern auf. Auch wenn die Wirtschaftsleistung pro Kopf über der von China und Indien liegt, gibt es große Armut und soziale Gegensätze. Südafrika liegt mit einem HDI von 0,629 weltweit nur auf Rang 121. Von den BRICS-Staaten weist lediglich Indien einen schlechteren Wert auf. Weitere Problemfelder sind die hohe Arbeitslosigkeit und die Kriminalitätsrate.

2.4 Nichtregierungsorganisationen

Eine zunehmende Bedeutung spielen die **Nichtregierungsorganisationen** bzw. **Non Governmental Organisations (NGOs)**. In unterschiedlichen Politikfeldern organisieren sie Interessen und versuchen, diese in den Prozess der politischen Willensbildung einzubringen. Sie sind im allgemeinen Verständnis parteipolitisch unabhängig und arbeiten gemeinnützig. Da die Zahl der internationalen NGOs stetig zunimmt, spricht man hier vom Auf- und Ausbau einer **globalen Zivilgesellschaft**. Bürger engagieren sich in Vereinen, Verbänden und Organisationen im öffentlichen Raum zwischen den staatlichen Institutionen und dem privaten Bereich. Die Zivilgesellschaft wird daher oft als Dritter oder intermediärer Sektor bezeichnet.

NGOs sind vor allem in den Bereichen Menschenrechte, Umwelt- und Tierschutz, Friedenssicherung, Gesundheit, Bildung und Durchsetzung von Sozialstandards tätig. Bekannte Beispiele sind **Greenpeace** (Klima- und Umweltschutz), **Oxfam** (Entwicklungshilfe), **Ärzte ohne Grenzen** (Gesundheit) und **Amnesty International** (Menschenrechte).

Im Zusammenhang mit der Globalisierung ist oft von **attac** die Rede. Diese globalisierungskritische Nichtregierungsorganisation wurde 1998 in Frankreich gegründet und forderte die Einführung einer Transaktionssteuer auf Finanzgeschäfte. Daher stammt auch der Name: **a**ssociation pour la **t**axation des **t**ransactions financières et pour l'**a**ction **c**itoyenne (Vereinigung zur Besteuerung von Finanztransaktionen im Interesse der Bürger). Mittlerweile hat sich attac auch anderen globalisierungsrelevanten Themen angenommen.

Um Einfluss zu nehmen, gibt es für die NGOs folgende Möglichkeiten:

- NGOs versuchen als **Lobbyisten**, Einfluss auf die öffentliche Meinung und politische Entscheidungen zu nehmen. Die Bandbreite der Lobbytätigkeit reicht vom Aufbau eines Netzwerkes von Kontakten mit Entscheidungsträgern und Medienvertretern über Kampagnen und die Verbreitung von Informationsmaterialien bis hin zu unkonventionellen Aktionen, wie die Organisation von Protestveranstaltungen oder Boykottaufrufen. Hierbei spielen die neuen **Informations- und Kommunikationsmöglichkeiten** eine große Rolle. Über das Internet und soziale Netzwerke verbreiten sich Informationen schnell und über letztere lässt sich Unterstützung oder Protest organisieren.
- NGOs unterstützen Politik, Medien und Unternehmen mit ihrer **Expertise**. Sie stellen Personal bzw. Know-how bereit, um Projekte durchzuführen oder Monitoring- und Zertifizierungsverfahren zu begleiten.
- NGOs **beteiligen sich direkt an Entscheidungsprozessen**, indem sie an Verhandlungen teilnehmen. So gibt es beim Deutschen Bundestag eine Lobbyliste mit 2 142 Vereinen, Verbänden und Organisationen (Stand 11/2013), die bei den Beratungen im Gesetzgebungsprozess hinzugezogen werden. Auch auf internationaler Ebene werden NGOs beteiligt. So führt z. B. die EU-Kommission eine Lobbyliste. Bei der UN gibt es ebenfalls verschiedene Möglichkeiten für Nichtregierungsorganisationen sich registrieren zu lassen und bei der Lösung globaler Probleme mitzuwirken.

Inwieweit NGOs ihre Interessen durchsetzen können, hängt von einer Reihe von Faktoren ab.

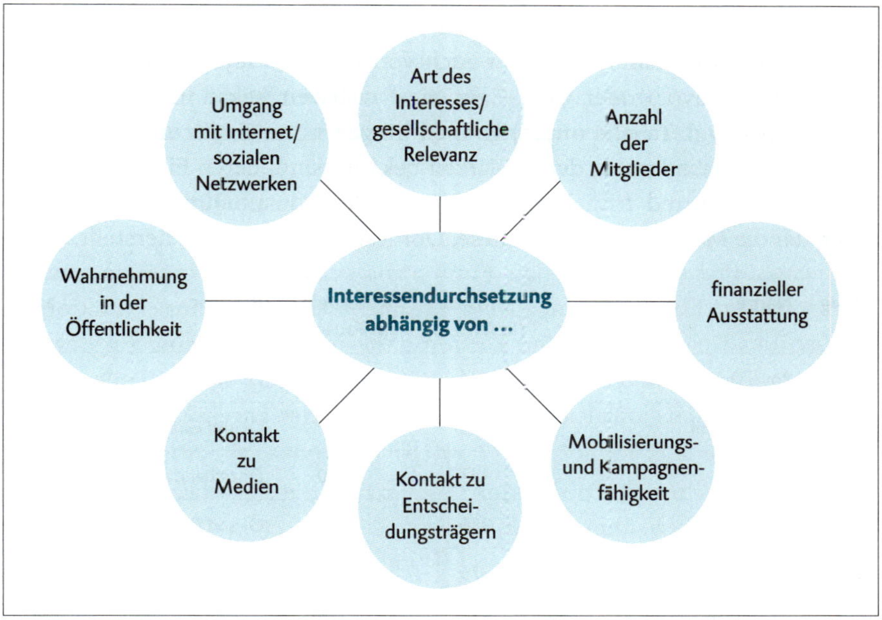

Faktoren der Interessendurchsetzung durch NGOs

Die Kritik an den NGOs bezieht sich auf deren **Legitimation**. Sie seien von der Bevölkerung nicht gewählt und es fehle bei der Entscheidungsfindung an Transparenz. Anders als Politiker müssten sie sich nicht regelmäßig zur Wahl stellen und Rechenschaft ablegen. Auch werde die **Überparteilichkeit oft überbewertet**. Nicht wenige NGOs seien Sprachrohr einer bestimmten politischen oder ideologischen Richtung.

2.5 Transnationale Unternehmen

Ein wichtiger **Wachstumsmotor der Globalisierung sind transnationale bzw. multinationale Unternehmen**. Unternehmen, die neben dem Hauptsitz mindestens eine weitere Tochtergesellschaft oder eine Betriebsstätte im Ausland haben, werden als **multinationale Unternehmen** bezeichnet. In der Literatur wird teilweise synonym der Begriff „**transnationale Unternehmen**" verwendet. Andere Autoren verstehen unter letzterem Unternehmen, die global tätig sind und sich keinem Land zugehörig fühlen.

Obwohl es wenige multinationale Unternehmen gibt – in der EU 1 % aller Unternehmen –, sind sie für rund 80 % des Welthandels verantwortlich. Zwar zählen auch kleine und mittlere Unternehmen zu den transnationalen Unternehmen, meist handelt es sich aber um Großkonzerne mit hoher Wirtschafts- und Finanzkraft. Man spricht hier auch von **Global Player**. Einige, wie z. B. McDonald's, Toyota oder Coca-Cola, sind weltweit bekannt. Unternehmen wie Sinopec (vgl. Tabelle unten) kennen hingegen nur Fachleute. Es gibt eine Reihe von Unternehmen, deren Marken bekannt sind, deren Firma selbst aber in den Hintergrund tritt. Hierzu zählt z. B. der Konsumgüterhersteller Unilever, der die Marken Knorr, Langnese, Domestos, Rexona usw. herstellt.

Rang	Name	Umsatz (in Mrd. $)	Mitarbeiter (in Tausend)	Branche	Land
1.	Royal Dutch Shell	484	90	Öl und Gas	NL
2.	ExxonMobil	453	99	Öl und Gas	USA
3.	Walmart	447	2 200	Einzelhandel	USA
4.	BP	386	83	Öl und Gas	GB
5.	Sinopec	375	1 022	Öl und Gas	China
6.	China National Petroleum	352	1 668	Öl und Gas	China
7.	State Grid	259	1 583	Versorger	China
8.	Chevron	245	61	Öl und Gas	USA
9.	ConconPhilips	237	30	Öl und Gas	USA
10.	Toyota Motor	235	326	Automobile	Japan
...					
21.	Daimler	148	271	Automobile	D

Die größten Unternehmen in Deutschland und der Welt 2012

Für eine Aufnahme oder Ausweitung der Geschäftstätigkeit im Ausland gibt es mehrere Gründe:

- **Markt- und absatzorientierte Motive:** Mit Auslandsdirektinvestitionen sollen neue Absatzmärkte erschlossen bzw. solche, die bereits mit Exporten beliefert wurden, gesichert und ausgebaut werden. Auch sollen mit einer Produktion im Land (nicht-)tarifäre Handelshemmnisse umgangen werden.
- **Kostenorientierte Motive:** Die Standortfaktoren im Ausland können eine billigere Produktion ermöglichen. Hierzu zählen z. B. niedrigere Lohn- oder Grundstückskosten, niedrigere Steuersätze, Subventionen oder geringe Regulierung. Zudem kann das Wechselkursrisiko minimiert werden.

- **Beschaffungs- bzw. faktororientierte Motive:** Die Beschaffung von Inputfaktoren wie Rohstoffe, Vorprodukte, Humankapital, die im Inland nicht oder nicht zu den erwünschten Preisen bzw. in der erwünschten Qualität vorhanden sind, soll sichergestellt sein. Die Investitionen werden aus Kostengründen oder zur Wahrung der Versorgungssicherheit getätigt.
- **Politische und umweltorientierte Motive:** Hierbei geht es um Fragen der staatlichen Regulierung, bestehende Auflagen, aber auch Rechtssicherheit, gesellschaftliches Umfeld usw., die für ein unternehmerisches Engagement von Bedeutung sind. So können einfache und kostengünstige Genehmigungsverfahren oder fehlende Umweltschutzauflagen für ein Unternehmen Grund für die Aufnahme einer Geschäftstätigkeit im Ausland sein.

Dominanz von Fusionen und Übernahmen

Mehr als zwei Drittel der Auslandsdirektinvestitionen entfallen jährlich auf **Fusionen**, d. h. Zusammenschlüsse von Unternehmen, und **Übernahmen**. Für eine Übernahme bzw. Fusion gibt es eine Reihe von Gründen:

- **Erschließung neuer Märkte:** Es ist einfacher und risikoärmer, ein am Markt etabliertes Unternehmen zu übernehmen, als selbst zu versuchen, schrittweise auf einem fremden Markt Fuß zu fassen.
- **Zugang zu Know-how, Patenten usw.:** Zurzeit sind z. B. viele Automobilhersteller auf der Suche nach Unternehmen, die Kompetenzen im Bereich Alternative Antriebe und/oder Speichertechnologien haben.
- **Erweiterung der Produktpalette:** BMW hat seine Angebotspalette mit dem Kauf von Rolls-Royce und Mini nach oben bzw. unten abgerundet.
- **Einstieg in eine neue Branche:** Fehlende Branchenkenntnisse lassen sich leicht erhalten – es muss kein teures Wissen von außen erworben werden.
- **Nutzung von Synergieeffekten:** Der Zusammenschluss von Unternehmen kann Vorteile bringen, wenn die jeweiligen Stärken gebündelt und so Kostenersparnisse aus der Zusammenarbeit realisiert werden.
- **Zusätzliches Wachstum:** In gesättigten Märkten ist die Übernahme eines Mitbewerbers oft die einzige Option, zusätzliches Wachstum zu generieren.
- **Größerer Einfluss/Marktmacht:** Mit zunehmender Unternehmensgröße lassen sich eigene Interessen besser gegenüber Kunden und Zulieferern durchsetzen und Mitbewerber aus dem Markt drängen. Auch kann mehr Einfluss auf Politik, Verbände, Tarifpolitik etc. genommen werden.

Die Vorteile, die sich theoretisch aus einer Übernahme/Fusion ergeben, treten in der Praxis nicht immer ein. **Rund zwei Drittel aller Fusionen gelten als Fehlschlag.** Gründe für die schlechte Entwicklung liegen in der falschen Bewertung der Risiken, einem Überschätzen der Synergieeffekte, unzureichenden Informationen im Vorfeld und in nicht kompatiblen Unternehmenskulturen.

Ziel: Welt AG

Die Karikatur greift die Situation am Automobilmarkt auf. 1998 fusionierte Daimler mit dem US-Hersteller Chrysler. Später kam noch eine Beteiligung an Mitsubishi hinzu. Die Aktien der neuen DaimlerChrysler AG verloren von 1998 bis 2007 über 16 Mrd. € an Wert. Der Automobilhersteller GM, der mit den Marken Opel und Saab auf dem europäischen Markt präsent war und in den 1990er-Jahren mit mehr als 10 Marken weltweit operierte, musste 2009 Insolvenz anmelden. Volkswagen, der größte deutsche Automobilkonzern, geht nach Ansicht des Karikaturisten einen ähnlichen Weg. Zu VW gehören, nimmt man Porsche dazu, mittlerweile acht Pkw- und zwei Lkw-Marken.

Unternehmenskooperation

Ein weiteres Kennzeichen der fortschreitenden Verflechtung ist die **zunehmende Kooperation** zwischen multinationalen Unternehmen. So entwickeln und produzieren Automobilhersteller, ungeachtet der Konkurrenzsituation, gemeinsam Komponenten und sogar ganze Fahrzeuge. Z. B. ist die erste Generation des Ford Galaxy (1995–2006) eine gemeinsame Entwicklung mit VW und wurde mit dem VW Sharan und dem baugleichen Seat Alhambra in einem Werk in Portugal gebaut. Auch in der Luftverkehrsbranche gibt es zunehmend Kooperationen. Unternehmen schließen sich zu Allianzen zusammen, die ihre Angebote abstimmen und den Kunden damit ein möglichst weit gespanntes Flugnetz anbieten. Durch gemeinsame Flugzeugbestellungen oder Wartungsverträge können sie Kosten sparen. Zu den wichtigsten Kooperationen zählen die Star Alliance (z. B. Lufthansa, United Airlines, Air Canada), SkyTeam (z. B. AirFrance, KLM, China Southern Airlines) und oneworld Alliance (z. B. Air Berlin, British Airways, American Airlines, Qantas Airways).

Transnationale Unternehmen in der Kritik

Transnationale Unternehmen stehen wegen ihrer vermeintlichen **wirtschaftlichen Macht und ihres Einflusses auf die Politik** in der Kritik. Tatsächlich arbeiten bei den zehn größten Unternehmen mehr als 7 Mio. Menschen. Zum Vergleich: Die Schweiz hat rund 8 Mio. Einwohner. Die Unternehmen erwirtschaften gemeinsam einen Umsatz von 3,48 Bill. $. Das Vereinigte Königreich hatte 2012 ein BIP von 2,44 Bill. $, Deutschland ein BIP von 3,4 Bill. $. Kritiker bringen insbesondere folgende Argumente an:

- Die Global Player haben als Wirtschaftsfaktor, Arbeitgeber und Steuerzahler einen so großen Einfluss, dass oft schon die Drohung einer Standortverlagerung ausreicht, um ihre **Wünsche und Interessen durchzusetzen**. Es gibt eine Reihe von Beispielen, die zeigen, wie es Unternehmen gelungen ist, mittels **Lobbyarbeit** ihre Interessen durchzusetzen. Vor allem in strukturschwachen Ländern geraten ökologische oder soziale Standards unter Druck. Zudem können einzelne Länder gegeneinander ausgespielt werden.
- Durch die weltweite Verflechtung lassen sich die multinationalen Unternehmen vom einzelnen Nationalstaat **nicht ausreichend kontrollieren**. Zudem verliert der Staat immer mehr an politischer Gestaltungsmöglichkeit. Er kann in der Wirtschaftspolitik nur mehr reagieren statt agieren.
- Durch den innerbetrieblichen Handel zwischen den Tochtergesellschaften können **Gewinne in Länder mit niedrigen Steuersätzen verschoben** werden. An anderen Standorten werden dann wenige oder keine Steuern gezahlt. Die dortige Infrastruktur nutzen die Unternehmen aber dennoch.
- Global Player können, insbesondere in weniger entwickelten Ländern, dafür verantwortlich sein, dass sich die dortige **Wirtschaftsstruktur nur einseitig entwickelt**. Durch die Möglichkeit, höhere Löhne zu bezahlen, entziehen sie dem lokalen Arbeitsmarkt qualifizierte Arbeitskräfte.

- **Gewinne werden oft nicht vor Ort reinvestiert**, sondern in das Land mit dem Hauptsitz des Unternehmens abgeführt.
- Die unternehmerische Tätigkeit von transnationalen Unternehmen führt zu einer **Verwestlichung der Konsum- und Kulturmuster**. Da zahlreiche Produkte von US-Herstellern wie Apple, Coca-Cola, McDonald's, Philip Morris (Marlboro) weltweit Ausdruck eines modernen Lebensstiles sind, spricht man hier auch von einer **Amerikanisierung** oder **McDonaldisierung** (vgl. S. 139). Die lokale Kultur und Tradition verschwindet.

Unbestritten sind aber auch die positiven Aspekte, die mit Investitionen von transnationalen Unternehmen verbunden sind:

- Direktinvestitionen führen zu **Arbeitsplätzen, Kapital und Know-how**.
- Der **Wettbewerb wird gefördert**, eventuell vorhandene lokale Monopole oder Marktungleichgewichte können beseitigt werden.
- Transnationale Unternehmen bieten oft **Löhne, die über dem Landesdurchschnitt** liegen, und **gewähren teilweise Sozialleistungen** wie Krankenversicherung, Betriebswohnungen etc.
- Durch die **Ausbildung** der Arbeitskräfte steigt das Bildungsniveau.
- **Lokale Zulieferer profitieren** durch größere Nachfrage.

Die wirtschaftliche Aktivität der Global Player kann eine **Initialzündung für die heimische Wirtschaft** sein. Ein gelungenes Beispiel sind die Transformationsländer Mittel- und Osteuropas, von denen viele seit 1990 ein großes Wirtschaftswachstum und daher auch einen Wohlstandsanstieg verzeichnen.

Es gibt auch Stimmen, die davon ausgehen, **dass der Einfluss der Global Player überbewertet wird**. So sind die Unternehmen in der Regel abhängig vom Vorhandensein einer bestimmten **Infrastruktur, qualifizierter Arbeitskräfte und von Rechtssicherheit**. Damit scheiden eine Vielzahl an Standorten für eine Verlagerung aus. Zudem mögen die Wirtschaftsleistung oder die Zahl der Beschäftigten der weltweit größten Unternehmen zusammengenommen auf den ersten Blick beeindruckend sein. Die Global Player ziehen aber bei ihrem gemeinsamen Ziel der Gewinnmaximierung nicht an einem Strang, vielmehr gibt es zwischen Unternehmen derselben Branche einen intensiven Wettbewerb. Größe allein ist zudem keine Garantie, dauerhaft am Markt zu bestehen. Die Insolvenz des ehemals größten Unternehmens der Welt, des US-Automobilherstellers General Motors 2009 ist ein Beispiel. Und schließlich können Konzerne zwar versuchen, Einfluss auf Entscheidungsträger zu nehmen, **verbindliche Regelungen trifft aber ausschließlich die Politik**. Auch kleine Staaten können Unternehmen zwingen, sich an Recht und Gesetz zu halten. Je weiter die **politische Zusammenarbeit auf globaler und regionaler Ebene** fortschreitet, umso geringer sind die Einflussmöglichkeiten der Wirtschaft. Die Wirtschaftspolitik der EU ist hierfür ein Beispiel. So haben die EU-Kartellbehörden bereits eine ganze Reihe an hohen Geldbußen wegen Verstößen gegen die Wettbewerbsordnung verhängt. Ende 2012 mussten sieben Hersteller von Bildröhren eine Rekordstrafe von 1,47 Mrd. € bezahlen.

Es gibt eine Reihe von Fällen, die zeigen, wie abhängig auch große Unternehmen von Politik und Verbrauchern sind. Die Finanz- und Wirtschaftskrise ab 2007 kann hier angeführt werden. Zahlreiche multinationale Banken und Industrieunternehmen verdanken ihr Überleben staatlichen Interventionen.

Zudem haben Proteste von Verbrauchern und Interessengemeinschaften, NGOs wie Greenpeace oder foodwatch, dafür gesorgt, dass soziale und ökologische Standards sowie nachhaltiges Wirtschaften einen immer größeren Stellenwert einnehmen und multinationale Unternehmen zunehmend kritisch gesehen werden. Über das Internet lassen sich Kampagnen schnell und mit geringem Aufwand weltweit verbreiten. Vor allem bei globalen Marken-Unternehmen kann ein Imageschaden schnell zu Umsatzeinbußen führen.

Aufgaben

16 Erklären Sie, weshalb China, das bezogen auf das BIP die zweitgrößte Volkswirtschaft der Welt ist, zu den Schwellenländern zählt.

17 Charakterisieren Sie die Gruppe der Entwicklungsländer.

18 Vergleichen Sie die EU und die G8 hinsichtlich ihrer Möglichkeiten, den Globalisierungsprozess zu gestalten.

19 Beurteilen Sie die Kritik an den NGOs, sie seien demokratisch nicht ausreichend legitimiert.

20 Nennen Sie mögliche Vor- und Nachteile einer Produktionsverlagerung ins Ausland aus Sicht der Unternehmen.

21 Stellen Sie die Möglichkeiten eines Global Players dar, Einfluss auf die Politik zu nehmen.

22 Erörtern Sie die Möglichkeiten der einzelnen Nationalstaaten, Einfluss auf international tätige Unternehmen zu nehmen.

3 Der Standort Deutschland im internationalen Vergleich

Die Bundesrepublik Deutschland war 2012 mit einem BIP von 3 400 Mrd. $ die viertgrößte Volkswirtschaft der Welt. Nach China und den USA ist sie die drittgrößte Exportnation. Der **deutsche Anteil am Welthandel** lag 2012 bei 7,7 % (2011: 8,2 %), der Anteil Chinas bei 11,6 % (2011: 10,9 %) und der Anteil der USA bei 11,7 % (2011: 11,2 %).

Die deutsche **Exportquote**, also der Anteil der Ausfuhren am BIP, lag 2012 bei 51,1 %. Der **Außenhandel** ist für Deutschland unter zwei Gesichtspunkten **von Bedeutung:** Zum einen sind viele Branchen und Unternehmen sehr stark exportorientiert. Mehr als jeder fünfte Arbeitsplatz hängt vom Export ab. In Baden-Württemberg liegt der Wert noch deutlich darüber. Zum anderen ist Deutschland ein rohstoffarmes Land, entsprechend hoch sind die Einfuhren aus diesem Bereich. Auch werden viele Güter aus arbeitsintensiven Branchen eingeführt, z. B. elektronische Erzeugnisse, Spielwaren und Textilien, aber auch (Vor-)Produkte aus dem industriellen Bereich.

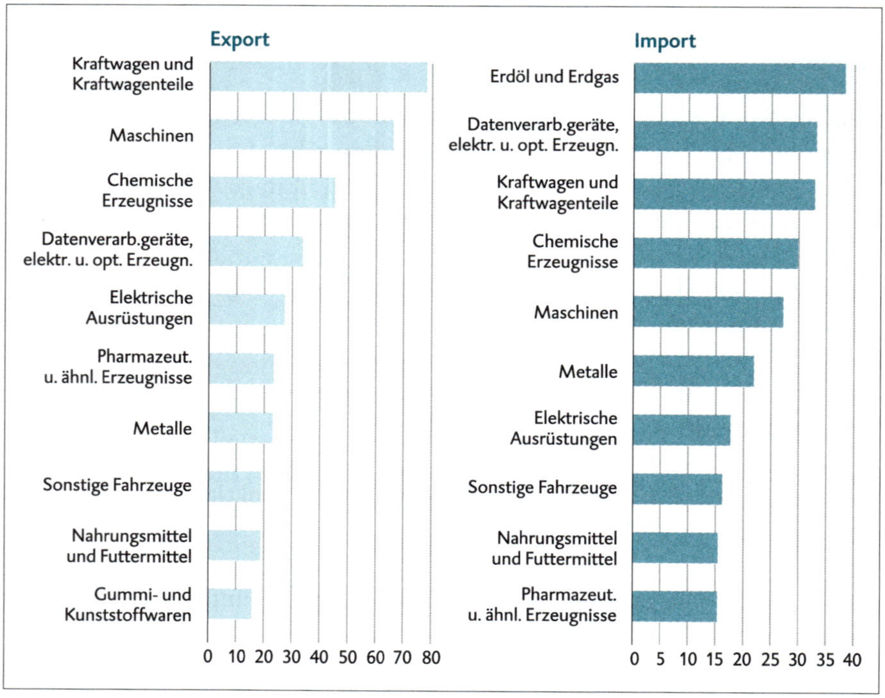

Die wichtigsten deutschen Export- und Importgüter von Januar–Mai 2013 (in Mrd. €)

Die **Exportstruktur** verdeutlicht den hohen Anteil an Ausfuhren in die EU bzw. nach Europa. In den ersten fünf Monaten des Jahre 2013 gingen 69,2 % der Exporte in europäische Länder, 57,3 % in die EU und 37,5 % in die Eurozone. Auch der Großteil der Importe stammt aus Europa (70,8 %). Der Anteil Chinas beträgt 5,9 % bei den Exporten und 7,9 % bei den Importen.

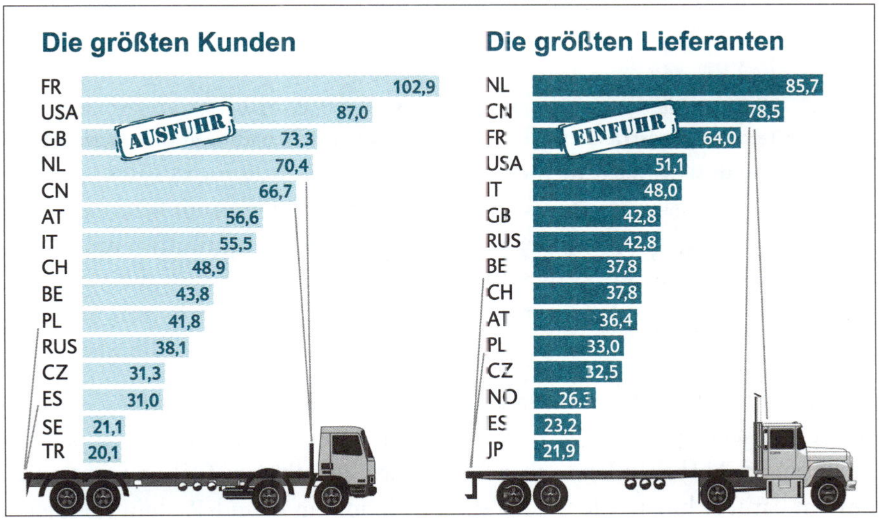

Deutschlands Kunden und Lieferanten im Jahr 2012 (in Mrd. €)

Das Ausmaß der wirtschaftlichen Austauschbeziehungen lässt sich aus der Zahlungsbilanz herauslesen (S. 140 f.). Deutschland hat seit 1952 mehr exportiert als importiert und demnach einen positiven **Außenbeitrag**.

Aus wirtschaftspolitischer Sicht überschreiten die Ergebnisse des Außenhandels die vorgegebenen Richtwerte – zumindest wenn sie vor dem Hintergrund der Vorgaben des Stabilitäts- und Wachstumsgesetzes von 1967 betrachtet werden. Darin sind vier Zielsetzungen formuliert, die für ein gesamtwirtschaftliches Gleichgewicht sorgen sollen. Da sich nicht alle Ziele gleichzeitig erfüllen lassen, spricht man auch von einem **magischen Viereck**. Die Zielvorgaben bezüglich des außenwirtschaftlichen Gleichgewichts gelten inzwischen als überholt. In der Vergangenheit haben die EZB und die Bundesregierung Werte zwischen 4,6 % und 7 % genannt.

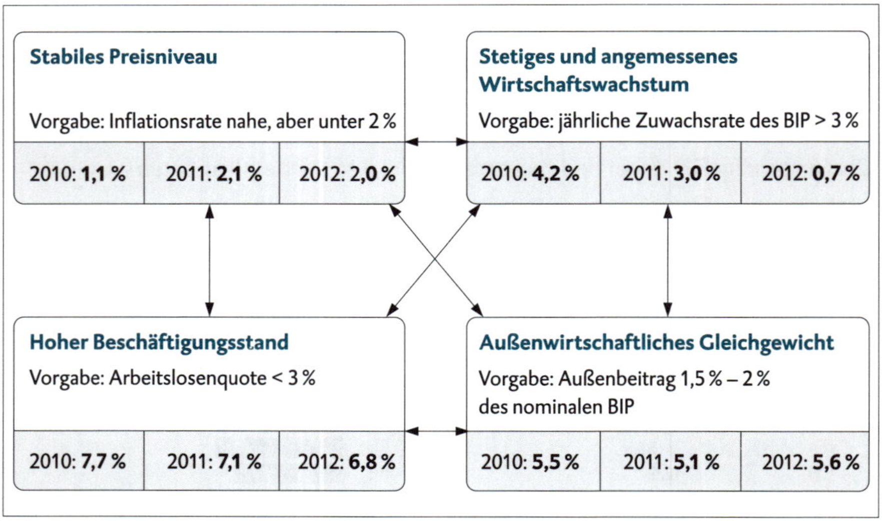

Die Ziele des magischen Vierecks

Wissenschaftstheoretisch ist langfristig ein außenwirtschaftliches Gleichgewicht wünschenswert. Wird dauerhaft mehr exportiert als importiert, kommt es zu einem Abfluss inländischer Ressourcen. Durch den Zufluss von Kapital besteht darüber hinaus die Gefahr einer Inflation im Inland. Zudem steht jeder Kapitalzufuhr ein Kapitalabfluss aus einem anderen Land gegenüber. Verschuldet sich dieses Land zunehmend, kann mittelfristig die Nachfrage des Handelspartners zurückgehen, was den Auslandsabsatz beeinträchtigen würde. Liegt umgekehrt die Import- über der Exportquote, führt dies zu einem Kapitalabfluss aus dem Inland. Es besteht die Gefahr einer dauerhaft ansteigenden Verschuldung gegenüber dem Ausland.

Mit zunehmendem außenwirtschaftlichen Ungleichgewicht steigt auch die Abhängigkeit von den Wechselkursen, von der Veränderung der ToT und nicht zuletzt auch von der Entwicklung der Weltkonjunktur. So kann eine Rezession in Asien für die großen Exportnationen in Europa überproportionale Auswirkungen haben, auch wenn dort die wirtschaftliche Situation und die Binnennachfrage stabil sind.

Bezogen auf die **Wettbewerbsfähigkeit** rangiert die Bundesrepublik Deutschland nach Daten des Weltwirtschaftsforums (WEF) 2012 hinter der Schweiz, Singapur und Finnland an vierter Stelle. Die USA folgen auf Rang 5, China auf Rang 29. Unter den Top 10 befinden sich sechs europäische Volkswirtschaften. Wettbewerbsfähigkeit wird hierbei definiert als „Summe der Faktoren, Politikmaßnahmen und Institutionen, die das Produktivitätsniveau und damit den Lebensstandard und das Wirtschaftswachstum eines Landes beeinflussen." Dazu werden 12 Kategorien mit insgesamt 111 Indikatoren bewertet.

Die folgende Abbildung zeigt die Bewertung Deutschlands im internationalen Vergleich. Die blaue Linie kennzeichnet Deutschland, die graue Linie die wissens- und innovationsgetriebenen Volkswirtschaften.

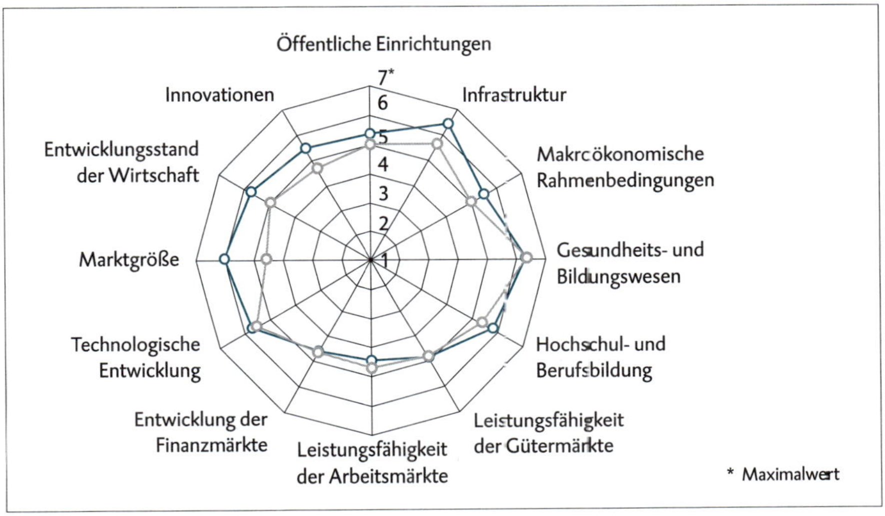

Wettbewerbsfähigkeit des Standorts Deutschland

Kritisch für den Standort Deutschland werden u. a. die Steuervorschriften, die restriktive Regulierung des Arbeitsmarkts und fehlende Fachkräfte gesehen.

Bei der Bewertung der Zukunftsfähigkeit Deutschlands kommt es darauf an, welche Faktoren und Kriterien man auswählt und wie man diese gewichtet. Nimmt man die Bewertung des WEF, lässt sich für Deutschland eine positive Einschätzung geben: In den Jahren 2007–2012 bewegte sich die Volkswirtschaft im Vergleich der Wettbewerbsfähigkeit immer zwischen den Plätzen 5 und 7. Nimmt man hingegen die ADI als Anzeiger der Standortqualität, zeigt sich, dass diese in Deutschland im Zeitraum 2006–2011 tendenziell rückläufig waren. Auch lassen sich bei einzelnen Kriterien sowohl positive als auch negative Aspekte finden. Folgende Beispiele mögen dies illustrieren:

- Deutschland hat im internationalen Vergleich eine überdurchschnittliche Infrastruktur, **aber** die Investitionen in deren Erhalt und Ausbau bleiben hinter den Erfordernissen zurück. Immer mehr Schulen, Straßen, Brücken und andere öffentliche Einrichtungen sind daher nicht mehr in einem zeitgemäßen Zustand.

- Deutschland verfügt über ein gut ausgestattetes öffentliches System an Schulen und Hochschulen. Die duale Berufsausbildung gilt als vorbildlich, **aber** die Bildungsinvestitionen liegen deutlich unter dem OECD-Durchschnitt. In bestimmten Bereichen gibt es einen zunehmenden Fachkräftemangel.
- Deutschland verfügt über ein umfassendes System der sozialen Sicherung, **aber** viele Fragen, die im Zusammenhang mit dem demografischen Wandel bestehen, wie die zunehmende Zahl an RentnerInnen und die seit Langem steigenden Gesundheitskosten, werden künftig eine immer größere Belastung darstellen.
- Die deutsche Wirtschaftsstruktur ist geprägt von vielen namhaften, global operierenden Unternehmen, einer breiten Basis an kleinen und mittleren Unternehmen und zahlreichen Unternehmen, die mit ihren Produkten und Angeboten Weltmarktführer sind. **Aber** in vielen Bereichen holen andere Nationen auf oder bieten bereits führende Technologien an. Beispiele sind etwa die Computer- und Softwarebranche oder die Solarindustrie.

Bei der Positionierung im globalen Wettbewerb spielt der Arbeitsmarkt eine wichtige Rolle. Die Unternehmen vieler Branchen berücksichtigen bei ihrer Standortsuche vor allem die **Lohnkosten**. Die folgende Grafik zeigt die Arbeitskosten ausgewählter Länder:

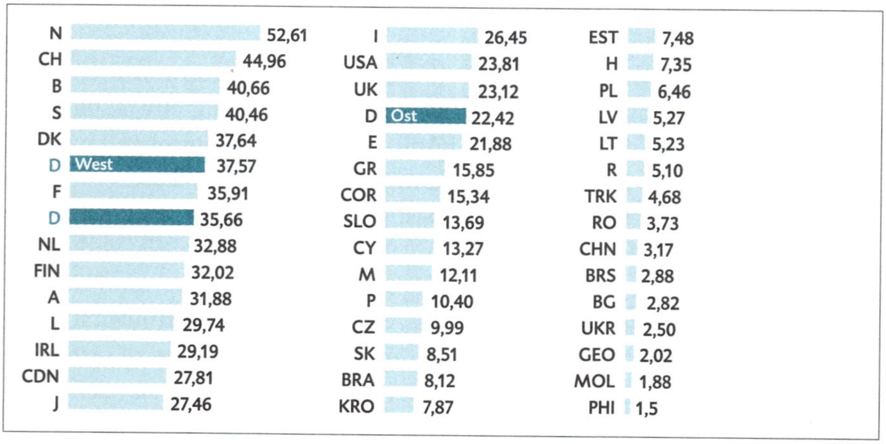

Arbeitskosten 2011 im Verarbeitenden Gewerbe je Arbeitnehmerstunde in Euro

Aussagekräftiger als die Arbeitskosten sind für die Beurteilung eines Standorts die **Lohnstückkosten**. Sie geben die Produktivität im Verhältnis zu den Arbeitskosten an und zeigen damit nicht nur, welchen Lohn ein Arbeitnehmer pro Stunde erhält, sondern auch, wie viel er in dieser Zeit produziert. So mag z. B. ein griechischer Arbeiter mit 15,85 € weniger als die Hälfte seines deutschen Kollegen verdienen. Wenn dieser aber in der Stunde dreimal so viele Teile fertigt, kann eine Herstellung in Deutschland trotz der hohen absoluten Lohnkosten ökonomisch sinnvoll sein.

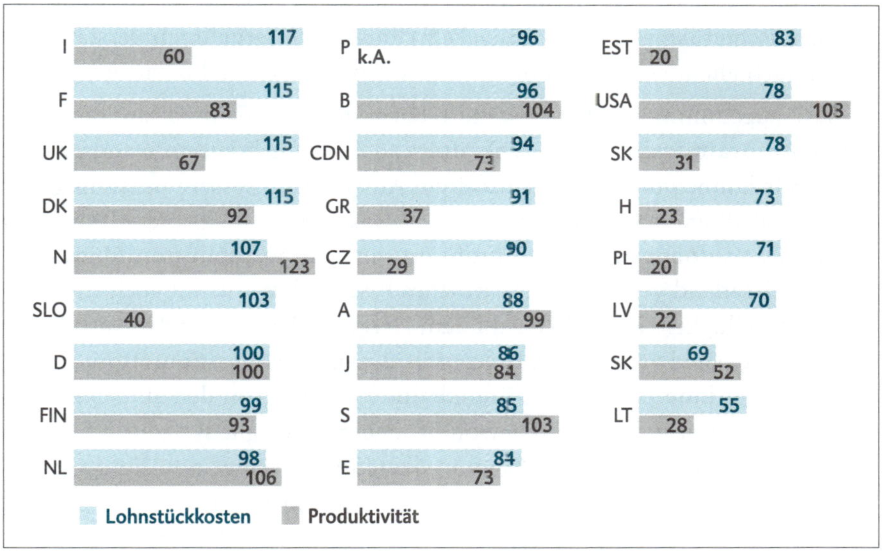

Lohnstückkosten im verarbeitenden Gewerbe 2011 im internationalen Vergleich

Deutschland liegt im Ranking der Länder mit den höchsten Lohnstückkosten auf Platz 7. Vergleichbare Volkswirtschaften wie die Niederlande, Österreich oder die USA finden sich in der Rangfolge weiter hinten. Bezogen auf die Produktivität liegt Deutschland im internationalen Vergleich auf Rang 6.

Die Bedingungen auf dem globalen Arbeitsmarkt haben sich mit fortschreitender Globalisierung und internationaler Arbeitsteilung stetig verändert.

- In den Industrieländern ging die Nachfrage nach billigen Arbeitskräften zurück, während die nach qualifizierten Arbeitskräften anstieg. In manchen Regionen/Branchen herrscht bereits ein **Fachkräftemangel**. Der Druck auf gering qualifizierte Beschäftigte wächst: Bleibt das Lohnniveau hoch, stagnieren die Arbeitsmärkte und fehlt es an Mobilität, wie es in Deutschland z. T. der Fall ist, verzeichnet man in diesen Bevölkerungsgruppen eine **hohe Arbeitslosigkeit**. Reagieren die Arbeitsmärkte und das Lohngefüge flexibel, können eine geringe Arbeitslosenquote, aber auch große Gegensätze zwischen Arm und Reich, wie z. B. in den USA, die Folge sein.

- Die unterschiedlich hohen Löhne in den verschiedenen Volkswirtschaften führen zu einer zunehmenden **Arbeitsmigration**, wie es zwischen Westeuropa und Mittel- und Osteuropa, zwischen Südeuropa und Nordafrika oder den USA und Mexiko der Fall ist. Diese ist umso stärker, je größer das Lohngefälle zwischen benachbarten Regionen ist. Arbeitskräfte wandern dorthin, wo das Lohnniveau höher ist und steigern so den Druck auf den inländischen Arbeitsmarkt. Umgekehrt nutzen Unternehmen verstärkt die standortnahen niedrigen Löhne, um ihre Produktion dorthin zu verlagern.
- Stark zugenommen hat eine weitere Form der Arbeitsmigration: der sogenannte **Braindrain**, d. h., Fachkräfte und Hochqualifizierte wandern aus. Gründe können die Aussicht auf einen Arbeitsplatz, bessere Bezahlung und Arbeitsbedingungen, aber auch der Wunsch nach Selbstverwirklichung sein. Das aufnehmende Land profitiert von gut ausgebildeten Migranten, das Heimatland verliert wirtschaftliches Potenzial und damit auch an Wettbewerbsfähigkeit. Zusätzlich geht dem Herkunftsland das in die Ausbildung investierte Geld verloren. Es lassen sich zwei große Migrationsströme beobachten: der innereuropäische Braindrain, vor allem von den südlichen und östlichen EU-Ländern in die wohlhabenderen Mitgliedstaaten, und eine Bewegung von Europa und Asien in die USA. Die einzelnen Länder profitieren ganz unterschiedlich von den Wanderungsbewegungen. Deutschland zählt nicht zu den Profiteuren. 2009 lebten fast 900 000 gut ausgebildete Deutsche in anderen OECD-Ländern, während nur 270 000 vergleichbar Qualifizierte aus anderen OECD-Staaten in Deutschland lebten.
- Die Länder reagieren sehr unterschiedlich auf **Zuwanderung**. Oft wird versucht, die Migration Geringqualifizierter zu begrenzen und diejenige Hochqualifizierter zu fördern. Zudem gibt es gesellschaftliche Vorbehalte und unterschiedlich große Schwierigkeiten bei der **Integration** der Migranten.
- Arbeitsintensive Branchen sind global auf der Suche nach günstigen Arbeitskräften. Die Länder, die darüber ausreichend verfügen, geraten in einen Wettbewerb, der zu **Lohndumping** und zu einer Absenkung sozialer, aber auch ökologischer Standards führen und den Charakter einer Abwärtsspirale **(race-to-the-bottom)** haben kann.
- **Zwischen den sich entwickelnden Ländern** besteht ein **Wettbewerb**, vor allem um Direktinvestitionen und die Ansiedlung neuer Unternehmen. Zudem kommt es immer wieder zu folgendem Dilemma: Günstige Löhne führen zur Ansiedlung von Unternehmen. Mit zunehmender Beschäftigung und steigendem Wohlstand geht meist auch ein Anstieg des Lohnniveaus einher, was das Land wieder unattraktiver für Direktinvestitionen macht. So

sind in Polen die Löhne im verarbeitenden Gewerbe zwischen 2000 und 2008 jährlich im Schnitt um 6,1 %, in Ungarn um 9,2 % und in Rumänien um 21,7 % gestiegen. Viele Reformstaaten in Mittel- und Osteuropa haben die Befürchtung, dass die in den letzten Jahren neu entstandenen Arbeitsplätze weiter nach Weißrussland oder in die Ukraine verlagert werden.

Aufgaben

23 Charakterisieren Sie den Wirtschaftsstandort Deutschland.

24 Erläutern Sie die Folgen, die sich aus einem dauerhaft positiven Außenbeitrag, wie ihn z. B. Deutschland erwirtschaftet, ergeben.

25 2011 flossen die meisten ADI in die USA (233,9 Mrd. $), gefolgt von China (228,6. Mrd. $). Deutschland liegt mit 40,4 Mrd. $ auf Rang 11. Mehr ADI erhielten u. a. Brasilien (66,6 Mrd. $), Russland (52,8 Mrd. $), Großbritannien (53,9 Mrd. $) und Frankreich (40,9 Mrd. $). Erörtern Sie, ob dies für den Wirtschaftsstandort Deutschland positiv zu bewerten ist.

26 Erläutern Sie die Probleme, die sich aus dem Braindrain für Deutschland ergeben.

4 Stand der europäischen Integration im Spannungsfeld von Regionalisierung und Globalisierung

4.1 Stationen der Integration

Die EU ist gegenwärtig weltweit der Wirtschaftsraum, der auf dem Weg von einer Freihandelszone hin zu einer politischen Union am weitesten vorangeschritten ist. Neben der **Verwirklichung des Europäischen Binnenmarktes** und einer **gemeinsamen Geldpolitik** betreibt die EU eine **gemeinsame Außen- und Sicherheitspolitik (GASP)**. Sie verfügt mit dem Europäischen Parlament, der Europäischen Kommission und dem Europäischen Rat über **politische Institutionen**, die für die Mitgliedstaaten verbindliches Recht erlassen und durchsetzen können. Im Folgenden sind die wichtigsten Stationen der europäischen Integration dargestellt:

1951	Gründung der **Europäischen Gemeinschaft für Kohle und Stahl (EGKS)**. Belgien, Deutschland, Frankreich, Italien, Luxemburg und die Niederlande vereinbaren den Abbau von Zöllen auf Kohle und Stahl.
1957	Die EGKS-Staaten gründen mit der Unterzeichnung der **Römischen Verträge** die **Europäische Wirtschaftsgemeinschaft (EWG)**.
1968	Die Binnenzölle für gewerbliche Produkte werden abgeschafft, die EWG-Staaten führen den **Gemeinsamen Zolltarif** ein. Diese Zollunion gilt ab 1970 auch für landwirtschaftliche Erzeugnisse.
1973	Erweiterung um **Dänemark, Großbritannien und Irland**.
1979	Erste Direktwahl des **Europäischen Parlaments**. Gründung des **Europäischen Währungssystems (EWS)**. Hier wurde u. a. ein Wechselkursmechanismus installiert, bei dem sich die Wechselkurse zwischen den Mitgliedswährungen nur in einer bestimmten Bandbreite bewegen dürfen.
1981	**Griechenland** wird 10. Mitglied.
1986	**Süderweiterung:** Portugal und Spanien kommen als neue Mitglieder dazu.
1990	Erste Stufe der **Europäischen Wirtschafts- und Währungsunion (EWWU)**. Verstärkte geld- und finanzpolitische Zusammenarbeit mit dem Ziel des uneingeschränkten Kapitalverkehrs.
1993	Der **Vertrag von Maastricht** tritt in Kraft. Damit wird die **EU** gegründet. Die EWG wird in Europäische Gemeinschaft (EG) umbenannt und bildet neben der GASP und der polizeilichen und justiziellen Zusammenarbeit eine der drei Säulen der EU. Der **Europäische Binnenmarkt** wird verwirklicht.

1994	Zweite Stufe der **Europäischen Wirtschafts- und Währungsunion (EWWU)**. Verstärkte Koordinierung der Geldpolitik, Vorbereitung der dritten Stufe, die Einführung des Euro.
1995	Mit dem **Beitritt** von **Finnland, Österreich** und **Schweden** wächst die Zahl der Mitglieder auf 15.
1997	Mit der Unterzeichnung des **Vertrags von Amsterdam** soll die EU für weitere Erweiterungsschritte bereit gemacht werden.
1999	11 der 15 EU-Mitgliedstaaten gründen die **Europäische Währungsunion (EWU)** und schaffen das **Europäische System der Zentralbanken**. Deren Währungen haben ab diesem Zeitpunkt einen festen Wechselkurs untereinander und zum Euro (Wechselkursmechanismus II). Der Euro wird als Buchgeld verwendet.
2001	Griechenland wird **12. Mitglied der Währungsunion**.
2002	Der Euro wird als Bargeld in den Mitgliedstaaten der EWU eingeführt.
2004	**EU-Osterweiterung**: Estland, Lettland, Litauen, Malta, Polen, Slowakei, Slowenien, Tschechien, Ungarn und Zypern treten der EU bei.
2007	Die Zahl der EU-Mitglieder erhöht sich mit dem **Beitritt von Bulgarien und Rumänien** auf 27. **Slowenien** führt den Euro ein.
2008	**Malta** und **Zypern** führen den Euro ein.
2009	In der **Slowakei** wird die Gemeinschaftswährung eingeführt. Der **Vertrag von Lissabon** tritt in Kraft (institutionelle Reform der EU).
2011	Der Euro wird in **Estland** eingeführt.
2013	**Kroatien** wird das 28. EU-Mitglied.
2014	Der Euro wird offizielle Währung in **Lettland**.
…	**Beitrittsverhandlungen** werden mit Island, Montenegro und der Türkei geführt. Weitere Beitrittskandidaten sind Mazedonien und Serbien.

Die EU bewegt sich gegenwärtig in einem **Spannungsfeld zwischen Regionalisierung und Globalisierung**. Auf der einen Seite gilt es, die innere Entwicklung mit dem langfristigen Ziel einer politischen Union voranzutreiben. Dabei müssen die unterschiedlichen Voraussetzungen und Interessen einer immer größer werdenden Mitgliederzahl berücksichtigt werden. Und das vor dem Hintergrund der noch nicht endgültig gelösten Staatsschuldenkrise/Eurokrise in Europa. Auch ist die Zukunft einer gemeinsamen Wirtschafts- und Fiskalpolitik noch nicht geklärt.

Auf der anderen Seite werden die mit der **Globalisierung verbundenen Herausforderungen** immer größer. Die wirtschaftliche Bedeutung der

Schwellenländer und des ostasiatischen Wirtschaftsraumes wächst. Hinzu kommt, dass ein Großteil der EU-Staaten, wie die meisten altindustrialisierten Länder auch, ein demografisches Problem haben: Es gibt immer mehr ältere Menschen, während die Geburtenrate sinkt. Das hat mittelfristig bedeutsame Auswirkungen auf den Arbeitsmarkt und die sozialen Sicherungssysteme, insbesondere auf das Rentensystem.

Daher schließt die EU Abkommen und Vereinbarungen mit einzelnen Ländern, Ländergruppen und Staatenverbünden, um die eigene Position im Welthandel zu festigen. Seit Langem bestehen enge Verknüpfungen mit vielen europäischen Nicht-EU-Staaten wie Norwegen oder der Schweiz. Auch mit der G8 und den G20-Staaten gibt es enge Verbindungen. Seit 2013 wird konkret über ein **Freihandelsabkommen** mit den USA verhandelt. Entsprechende Gespräche mit Indien laufen bereits seit 2007.

An der Außenhandelspolitik der EU wird kritisiert, sie würde einerseits eine Marktöffnung und Liberalisierung des Handels fordern, während sie andererseits in bestimmten Bereichen, vor allem in der Landwirtschaft, mit hohen Zöllen die heimischen Produzenten schütze bzw. subventionierte Produkte auf den Weltmarkt bringe.

4.2 Die Europäische Wirtschafts- und Währungsunion (EWWU)[9]

Die Idee einer gemeinsamen europäischen Währung als Basis eines einheitlichen Wirtschaftsraumes wurde bereits in den 1950er-Jahren geäußert. 1970 verständigten sich die EG-Staaten auf einen Stufenplan zur Errichtung einer Wirtschafts- und Währungsunion. Durch eine gemeinsame Währung und den Wegfall von Wechselkursrisiken sollte der Handel zwischen den Europäischen Staaten belebt werden. Wegen der Turbulenzen auf den globalen Finanzmärkten im Zusammenhang mit dem Zusammenbruch des Bretton-Woods-Systems kam es erst 1979 zur Einrichtung des **Europäischen Währungssystems (EWS)**. Mitte der 1980er-Jahre wurden die Pläne dann wieder verstärkt verfolgt. Der Delors-Bericht[10] von 1989, der dann in der EU umgesetzt wurde, enthielt einen dreistufigen Plan zur Einführung einer Gemeinschaftswährung bis 1999.

9 In der Literatur wird als Synonym auch die Bezeichnung Wirtschafts- und Währungsunion (WWU) bzw. die verkürzte Form der Europäischen Währungsunion (EWU) verwendet.

10 Jaques Delors (* 1925): französischer Politiker, von 1985–1995 Präsident der EG-Kommission

		Dritte Stufe 1. Januar 1999
	Zweite Stufe 1. Januar 1994	Unwiderrufliche Festlegung der Umrechnungskurse
Erste Stufe 1. Juli 1990	Errichtung des Europäischen Währungsinstitutes (EWI), dem Vorläufer der EZB	Einführung des Euro: erst Buchgeld – dann Bargeld
Verstärkte Zusammenarbeit der Zentralbanken	Verbot der Gewährung von Zentralbankkrediten an öffentliche Stellen	Inkrafttreten des Stabilitäts- und Wachstumspakts
Uneingeschränkter Kapitalverkehr	Koordinierung der Geldpolitik und Stärkung der wirtschaftlichen Konvergenz	Einrichtung des Wechselkursmechanismus II
Verbesserung der wirtschaftlichen Konvergenz	Prozess hin zur Unabhängigkeit der Zentralbanken	Durchführung einer einheitlichen Geldpolitik durch das Eurosystem

Die drei Stufen der Wirtschafts- und Währungsunion

Die Einführung einer gemeinsamen Währung sollte den grundsätzlich 1993 verwirklichten **Binnenmarkt** vollenden. Der EU-Binnenmarkt ist gekennzeichnet durch die sogenannten **vier Freiheiten:**

- Die **Personenfreizügigkeit:** Neben der allgemeinen Freizügigkeit für Unionsbürger umfasst diese auch die Niederlassungs- und Beschäftigungsfreiheit. Zudem sollen die Bildungsabschlüsse der Mitgliedstaaten gegenseitig anerkannt werden. Als Folge wurden im sogenannten Bologna-Prozess die Studiengänge und -abschlüsse harmonisiert und das Bachelor-/Master-System eingeführt.
- Der **Freie Warenverkehr:** Der Handel zwischen den Mitgliedstaaten ist grundsätzlich unbeschränkt, d. h., es gibt keine Zölle und Kontrollen. Ein freier Wettbewerb wird gewährleistet.
- Der **Freie Dienstleistungsverkehr:** Grundsätzlich wird der freie Zugang zu allen Dienstleistungsmärkten der EU ermöglicht.
- Der **Freie Kapital- und Zahlungsverkehr:** Kapital kann zwischen den Mitgliedstaaten in unbegrenzter Höhe frei bewegt werden. Der Wertpapierverkehr wird liberalisiert.

Um den Anforderungen eines möglichst einheitlichen und leistungsfähigen Wirtschaftsraumes mit einer starken und stabilen Gemeinschaftswährung gerecht zu werden, wurden im Vertrag von Maastricht **Konvergenzkriterien** festgelegt, deren Erfüllung die Voraussetzung für den Beitritt zur Währungsunion[11] darstellt:

- **Haushaltsdisziplin:** Das jährliche Haushaltsdefizit darf nicht mehr als 3 % des BIP betragen. Zudem darf die Staatsverschuldung bei maximal 60 % des BIP liegen.
- **Preisstabilität:** Die Inflationsrate darf nicht mehr als 1,5 Prozentpunkte über der der drei preisstabilsten Mitgliedstaaten liegen.
- **Höhe der langfristigen Zinsen:** Der Zinssatz der langfristigen Staatsanleihen darf nicht mehr als 2 Prozentpunkte über dem der preisstabilsten Mitgliedstaaten liegen.
- **Wechselkursstabilität:** Der Staat muss mindestens zwei Jahre am Wechselkurssystem II teilgenommen haben. Die Schwankungen der Landeswährung zum Euro dürfen in diesem Zeitraum nicht zu groß sein (maximale Abweichung um einen festgelegten Prozentsatz).

Grundsätzlich ist jedes Land verpflichtet, den Euro einzuführen. Lediglich für Großbritannien und Dänemark gibt es eine Ausnahmeregelung, die sie bei den Verhandlungen ausbedungen haben.

Zum 1. 1. 1999 haben die elf EU-Staaten, die im Vorfeld – teilweise unter erheblichen Anstrengungen – die Konvergenzkriterien erfüllten, den Euro als gesetzliches Zahlungsmittel eingeführt. Neben Deutschland waren dies Belgien, Finnland, Frankreich, Irland, Italien, Luxemburg, Niederlande, Österreich, Portugal und Spanien. 2001 führte Griechenland den Euro ein. Danach kamen Slowenien (2007), Malta und Zypern (2008), die Slowakei (2009) und Estland (2011). Lettland folgt am 1. 1. 2014. Die Teilnehmer am Euro sind im Rahmen des **Stabilitäts- und Wachstumspaktes** weiterhin zu einer soliden Haushalts- und Wirtschaftspolitik verpflichtet. Entsprechend gelten die Konvergenzkriterien bezüglich der Haushaltsdisziplin und der Staatsverschuldung auch nach dem EU-Beitritt. Das bestehende Sanktionsinstrumentarium, das sich von einem „Blauen Brief“ bis hin zu Geldbußen bewegen kann, wurde in der Vergangenheit allerdings nur sehr zögerlich angewandt. So erfüllten im ersten Quartal 2013 lediglich vier der 17 Länder der Eurozone die geforderte Grenze der Staatsverschuldung in Höhe von 60 % des BIP.

11 Die Begriffe (Europäische) Währungsunion, Europäisches Währungsgebiet, Eurosystem, Euroraum und Eurozone werden in der Literatur synonym verwendet.

Koordiniert wird die Fiskal- und Wirtschaftspolitik der Eurozone von der **Eurogruppe**. Dabei handelt es sich um ein informelles EU-Gremium, bei dem die für Finanzen bzw. Wirtschaft zuständigen Minister zusammenkommen.

Problematisch an der Konstruktion der Währungsunion wird gesehen, dass für Länder mit unterschiedlichem wirtschaftlichen Entwicklungsstand nun durch die EZB eine gemeinsame Geldpolitik betrieben wird, während es jeweils eine landesspezifische Wirtschafts- und Finanzpolitik gibt. So kann eine geldpolitische Entscheidung, die für ein Land hilfreich ist, in einem anderen Land negative Auswirkungen haben. Auch haben die einzelnen Staaten **nicht mehr die Möglichkeit, ihre Währungen auf- bzw. abzuwerten**. Um die EWWU zukunftsfest zu machen, bedarf es nach Ansicht von Fachleuten einer deutlich stärkeren Koordinierung und Abstimmung in der Geld-, Wirtschafts- und Finanzpolitik.

4.3 Die Europäische Zentralbank und ihre Instrumente

Die **Europäische Zentralbank (EZB)** mit Sitz in Frankfurt a. M. ist als unabhängige Zentralbank der Eurostaaten für die gemeinsame Geldpolitik verantwortlich. Sie bildet zusammen mit den nationalen Zentralbanken der EU-Mitgliedstaaten das **Europäische System der Zentralbanken (ESZB)**.

Oberstes Entscheidungssorgan der Eurozone ist der **EZB-Rat**. Er setzt sich aus dem sechsköpfigen EZB-Direktorium, das die Geschäfte der Zentralbank führt, und den Präsidenten der nationalen Notenbanken der Eurozone zusammen. Der EZB-Rat legt die Richtlinien der Geldpolitik und die Höhe der Leitzinsen fest. Entscheidungen werden in der Regel mit einfacher Mehrheit getroffen. Als weiteres Gremium des ESZB gibt es den **Erweiterten Rat**, dem der Präsident und der Vize-Präsident der EZB sowie die Notenbankchefs aller EU-Staaten angehören. Der Erweiterte Rat ist die Schnittstelle zwischen den Euro- und den Nichteurostaaten der EU. Er hat aber nur beratende Funktion.

Stabilisierungsfunktion

Wichtigstes Ziel der Geldpolitik der EZB ist es, die **Wahrung der Preisstabilität** und die **Stabilität des Finanzsystems** sicherzustellen. Daneben soll die Wirtschaftspolitik der EU unterstützt werden. Zu den weiteren Aufgaben zählen die Durchführung der Wechselkursgeschäfte, die Verwaltung der Fremdwährungsreserven und die Herausgabe der Banknoten. Das Ziel der Preisstabilität gilt als erreicht, wenn die **Inflationsrate** nahe, aber unter 2 % liegt. Unter Inflation versteht man den Prozess der zunehmenden Geldentwertung. **Steigt die Geldmenge im Vergleich zur Gütermenge** stärker, können die Haushalte bei gleichbleibendem Einkommen immer weniger Güter kaufen. Das Realeinkommen sinkt also. Benachteiligt sind neben den Einkommensbeziehern auch die Sparer, die Gläubiger und die Bezieher von Transfereinkommen. Besitzer von Sachvermögen und Schuldner profitieren hingegen von einer Geldentwertung. Gemessen wird die Inflation mit dem Harmonisierten Verbraucherpreisindex. Dazu wird der Preis eines Warenkorbes, d. h. der Gesamtheit der Güter und Dienstleistungen, die typischerweise von einem Durchschnittshaushalt gekauft werden, ermittelt und mit dem Preis desselben Warenkorbs eines vorher festgelegten Basisjahres verglichen. Die prozentuale Veränderung ist die Inflationsrate.

Kommt es bei steigenden Preisen zu höheren Lohnforderungen, um den Rückgang des Realeinkommens auszugleichen, kann eine **Lohn-Preis-Spirale** die Folge sein, die die Inflation weiter anheizt. In diesem Zusammenhang wird immer wieder das Beispiel der Hyperinflation von 1923 genannt, in deren Verlauf faktisch das gesamte Geldvermögen entwertet wurde.

Umgekehrt ist auch eine **Deflation**, d. h. ein dauerhafter Rückgang des Preisniveaus, für eine Volkswirtschaft nachteilig. Zunächst profitieren Lohnempfänger und Besitzer von Geldvermögen zwar, da sie für ihr Einkommen und Vermögen mehr Güter erwerben können. In Erwartung weiterer Preis- und Zinssenkungen verschieben jedoch die Haushalte Anschaffungen und die Unternehmen Investitionen. In der Folge geht die Güterproduktion zurück, die Arbeitslosigkeit steigt und es kommt zu einer Rezession. Für die Zentralbank ist dieser Fall besonders problematisch, da ihr Hauptsteuerungsinstrument, der Leitzins, nach unten begrenzt ist. Wenn der Zinssatz einmal bei 0 % liegt, kann sie diesen wichtigen geldpolitischen Hebel nicht mehr durch weitere Zinssenkungen bedienen. Japan z. B. kämpft seit den 1990er-Jahren gegen die Deflationsproblematik an.

Geldpolitik der EZB

Um sicherzustellen, dass das Ziel der Preisniveaustabilität erreicht wird, verfolgt die EZB eine **Zwei-Säulen-Strategie**. Bei der **wirtschaftlichen Analyse** werden eine Reihe von gesamtwirtschaftlichen Faktoren beobachtet, die kurz- bis mittelfristig für das Preisniveau verantwortlich sind. Bei der **monetären Analyse** werden die Geldmenge und die Kredite beobachtet, also Faktoren, die sich längerfristig auf die Inflationsrate auswirken. Auf dieser Basis betreibt die EZB ihre Geldpolitik.

Dafür stehen ihr verschiedene Instrumente zur Verfügung. Diese basieren im Wesentlichen darauf, dass die Geschäftsbanken, um sich zu **refinanzieren**,

d. h. um Kapital zu beschaffen, welches sie als Kredite vergeben, auf **Zentralbankgeld** angewiesen sind. Dieses wird nur von der EZB herausgegeben. Das Kapital können die Geschäftsbanken entweder auf dem Geldmarkt oder bei der EZB selbst bekommen. Über die Vergabekondition kann somit die Zentralbank indirekt Einfluss auf das Zinsniveau nehmen. Hinzu kommt, dass die Geschäftsbanken verpflichtet sind, eine bestimmte Mindesteinlage bei der EZB zu halten. Die folgende Abbildung zeigt die wichtigsten Instrumente der EZB und deren Auswirkungen.

Geldpolitische Instrumente der EZB

Offenmarktgeschäfte

Der Großteil des Zentralbankgelds wird über die Offenmarktgeschäfte bereitgestellt, bei denen die EZB Kredite gegen Pfand vergibt oder befristet und unbefristet Wertpapiere kauft bzw. zum Kauf anbietet.

Zentral sind die kurzfristigen **Hauptrefinanzierungsgeschäfte** mit einer Laufzeit von sieben Tagen. Daneben sind die **längerfristigen Refinanzierungsgeschäfte** mit einer ursprünglichen Laufzeit von drei Monaten von Bedeutung, die vor allem die längerfristige Liquidität der Geschäftsbanken sichern sollen. Im Zuge der Finanzkrise wurden aber auch längerfristige Refinanzierungsgeschäfte mit einer Laufzeit von drei Jahren gewährt.

Die Vergabe des Zentralbankgeldes kann grundsätzlich über zwei Verfahren erfolgen: den Mengen- und den Zinstender. Beim **Mengentender**, der in den Anfangszeiten der Währungsunion angewendet wurde, gibt die EZB den Zins bekannt, zu dem sie ein bestimmtes Kreditvolumen vergibt. Die Banken geben nun Gebote über ihren Kreditbedarf ab. Daraus wird die Zuteilungsquote (Bedarf/Zuteilungsvolumen) für die einzelnen Banken ermittelt. Da die Banken, um an die benötigte Menge Zentralbankgeld zu gelangen, in diesem Verfahren in der Regel höhere Bedarfe anmeldeten als sie tatsächlich bedurften, wurde ab dem Jahr 2000 die Vergabe über den **Zinstender** eingeführt. Dabei gibt die EZB das Zuteilungsvolumen und einen Mindestbietungssatz vor. Die Geschäftsbanken geben nun ihr Zinsangebot ab. Bei der Verteilung werden die Angebote entsprechend ihrer Höhe berücksichtigt. Die Meistbieter erhalten den gewünschten Betrag an Zentralbankgeld, die übrigen Banken können leer ausgehen, wenn das Zuteilungsvolumen ausgeschöpft ist.

Nachdem sich im Verlauf der Finanzkrise die Banken untereinander nur noch sehr eingeschränkt Kredite gewährten, ging die EZB im Herbst 2008 wieder dazu über, den Mengentender zu verwenden. Dabei geht man nach dem Prinzip der Vollzuteilung vor, d. h., die Geschäftsbanken erhalten den gewünschten Betrag in voller Höhe.

Ständige Fazilitäten

Anders als bei den Offenmarktgeschäften geht die Initiative bei der Inanspruchnahme von Krediten und Geldanlagen im Rahmen der Ständigen Fazilitäten von den Geschäftsbanken aus. Diesen bietet sich die Möglichkeit, kurzfristig, d. h. für einen Tag, Zentralbankgeld zu erhalten bzw. überschüssige Liquidität bei der Zentralbank gegen Zins anzulegen. Der **Spitzenrefinanzierungssatz** ist der Zinssatz, zu dem Geschäftsbanken Kredite bei der EZB erhalten können. Er bildet die Obergrenze für den Zinssatz des Tagesgeldes, dem Zinssatz für das kurzfristige Kreditangebot auf dem Geldmarkt.

Bei den **Einlagefazilitäten** können Geschäftsbanken Gelder bei der Zentralbank zu einem bestimmten Zinssatz, dem **Einlagesatz**, anlegen. Der Einlagesatz stellt die Untergrenze für den Tagesgeldsatz dar.

Spitzenrefinanzierungssatz und Einlagesatz markieren den **Zinskanal**, in dem sich die Zinssätze auf dem Markt des Tagesgelds bewegen. Damit kann die EZB zentralen Einfluss auf das Zinsniveau auf den Finanzmärkten nehmen.

Der Hauptrefinanzierungssatz, der Spitzenrefinanzierungssatz und der Einlagensatz sind die für die Finanzmärkte und die Wirtschaft, aber auch die Medien und die Öffentlichkeit bedeutsamen **Leitzinsen**.

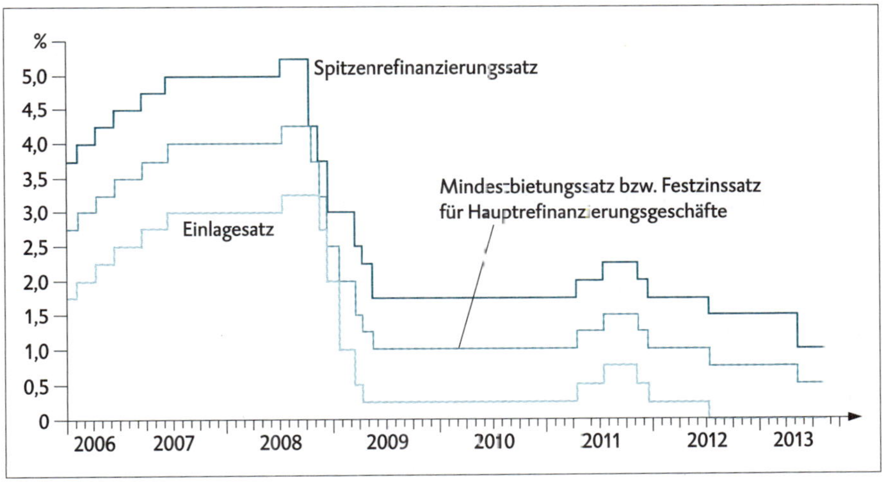

Geldmarktzins im Euroraum

Mindestreservepolitik

Geschäftsbanken müssen einen bestimmten Prozentsatz ihrer Kundeneinlagen als **Mindestreserve** bei der Zentralbank hinterlegen. Diese wird mit dem durchschnittlichen Zinssatz der Hauptrefinanzierungsgeschäfte verzinst. Dadurch sind die Geschäftsbanken gezwungen, am Refinanzierungsgeschäft der Eurozone teilzunehmen. Mit einer Änderung des Mindestreservesatzes kann die EZB Einfluss auf die Liquidität der Geschäftsbanken nehmen.

Rolle der EZB in der Eurokrise

Die EZB hat im Zusammenhang mit der EU-Staatsschuldenkrise in den Jahren 2010 und 2011 Staatsanleihen von Krisenstaaten wie Griechenland gekauft oder als Sicherheit für Kreditvergaben akzeptiert, um die Finanzmärkte zu stabilisieren. Dies wurde, auch innerhalb der Zentralbank, heftig kritisiert.

Zum einen ist dies problematisch, da es der EZB nach Art. 21 der EZB-Satzung verboten ist, direkt Staatsanleihen von EU-Staaten zu erwerben. Viele Experten sind der Ansicht, dies beziehe sich auch auf einen Ankauf von Staatsanleihen auf dem Kapitalmarkt. Zum anderen läuft dies dem eigentlichen Ziel, der Erhaltung der Preisniveaustabilität entgegen, da dadurch verstärkt Zentralbankgeld in Umlauf kommt (vgl. S. 175 ff.).

Aufgaben

27 Beurteilen Sie die Aussage: „Die EU ist gerüstet für die Herausforderungen des globalen Wettbewerbes."

28 Erläutern Sie die Vorteile einer unabhängigen Zentralbank.

29 Stellen Sie dar, weshalb die Einführung des Euro die Vollendung des Binnenmarktes bedeutet.

30 Begründen Sie, weshalb Schuldner und Besitzer von Sachgütern von einer hohen Inflationsrate profitieren.

31 Erklären Sie den Unterschied zwischen der EZB und dem ESZB.

32 Beschreiben Sie die idealtypischen Auswirkungen einer Erhöhung der Leitzinsen durch die EZB.

33 Nennen Sie mögliche Gründe, weshalb eine geldpolitische Maßnahme der EZB nicht die gewünschte Wirkung hat.

5 Internationale Finanzmärkte

5.1 Bedeutung der Finanzmärkte

Die nationalen und internationalen Finanzmärkte umfassen alle Märkte, auf denen mit Kapital gehandelt wird. Hierzu zählen

- der **Geldmarkt:** Im engeren Sinne versteht man darunter den Markt für den Handel der Banken mit kurzfristigem **Zentralbank-** bzw. **Notenbankgeld**. Der Geldmarkt spielt bei der Liquiditätsbeschaffung der Geschäftsbanken eine große Rolle. Im weiteren Sinne zählt auch das Geschäft mit Geldmarktpapieren, also speziellen Wertpapieren, die zur Beschaffung kurzfristiger Zentralbankgelder ausgegeben werden, dazu. Über den Leitzins steuert die Zentralbank das Zinsniveau auf dem Markt (vgl. Kap. 4.3, S. 175 ff.).
- der **Kapitalmarkt:** Dieser umfasst den Markt für mittel- und langfristige Kapitalbeschaffung. Gehandelt werden unterschiedliche **Wertpapiere**.
- der **Devisenmarkt:** Auf diesem werden Devisen, also Währungen, gehandelt. Im System **frei konvertierbarer Währungen** bilden Angebot und Nachfrage den Preis, d. h. den **Wechselkurs**. Bezogen auf das Volumen ist er der größte Teilmarkt des Finanzmarktes.

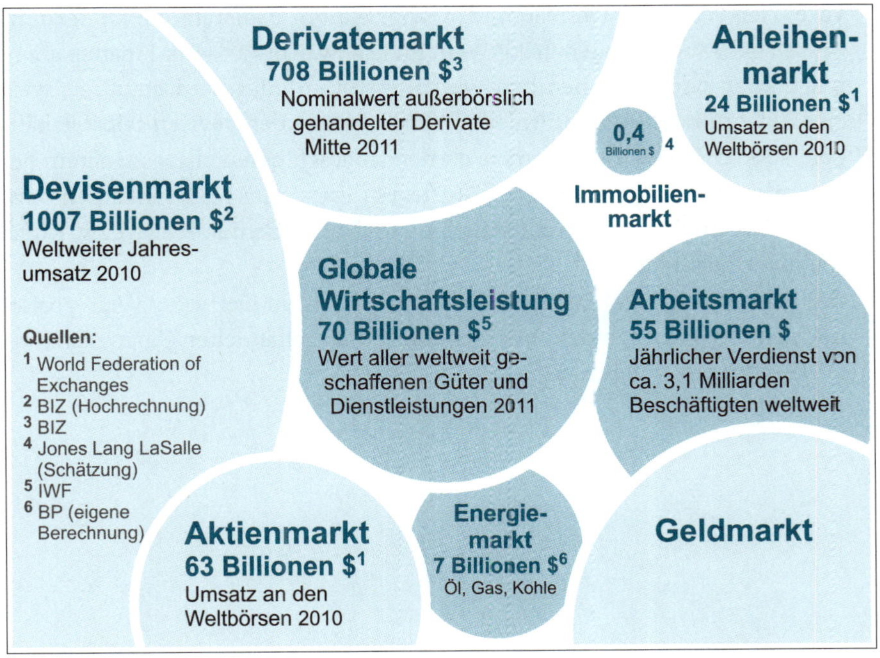

Die Märkte der Welt: Volumen der einzelnen Teilmärkte 2010

Mit der Liberalisierung der Finanzmärkte ab den 1970er-Jahren sind diese sehr stark gewachsen – deutlich stärker als der Güter- oder Dienstleistungsmarkt. So kam es in diesem Zeitraum auch zu einer erheblichen Zunahme des globalen Kapitalbestands, d. h. von Aktien, privaten und staatlichen Schuldtiteln sowie Bankeinlagen: Der globale Kapitalmarkt verzeichnete einen Zuwachs von etwa 13 Bill. $ im Jahr 1980 auf fast 209 Bill. $ im Jahr 2012. Gekennzeichnet war diese Entwicklung von drei Strukturveränderungen:

- Seit den späten 1970er-Jahren verlor der klassische Bankkredit zugunsten der **Ausgabe von Wertpapieren** an Bedeutung. Diese sind im Vergleich zu Krediten handelbar, was zu einer starken Ausweitung der sekundären Wertpapiermärkte führte. Damit ging der Einfluss der Geschäftsbanken auf die globalen Finanzmärkte zurück. Zugleich stieg die Zahl der **institutionellen Anleger** wie Versicherungen, Investment- und Pensionsfonds. Sie verfolgen das Ziel, auf den Kapitalmärkten für ihre Anleger möglichst hohe Renditen zu erwirtschaften. Seit den 1980er-Jahren haben auch **Investmentbanken** und risikoorientierte **Hedgefonds** (vgl. S. 191 f.) an Bedeutung gewonnen.
- Ebenfalls seit den 1970er-Jahren brachten die Märkte immer neue **Finanzinstrumente** hervor. Zu den wichtigsten Neuerungen zählen **Finanzderivate**. Der Wert von Derivaten, d. h. abgeleiteten Papieren, die an Terminbörsen gehandelt werden, hängt vom Preis bzw. Kurs anderer Finanzpapiere wie Aktien oder Anleihen bzw. von Rohstoffen oder Devisen ab. Es wird also nicht mit den Aktien, Anleihen, Rohstoffen oder Devisen selbst gehandelt, sondern es werden Verträge darüber abgeschlossen, diese zu einem bestimmten Zeitpunkt zu einem festgelegten Preis oder Kurs zu kaufen bzw. zu verkaufen. Dabei kann auf steigende und auf sinkende Preise bzw. Kurse spekuliert werden.

  Die Grafik zeigt die Zunahme börsengehandelter Derivate. Weit größer noch ist das Volumen der außerhalb der Börse gehandelten Finanzderivate. 2008 betrug es 47,8 Bill. $.

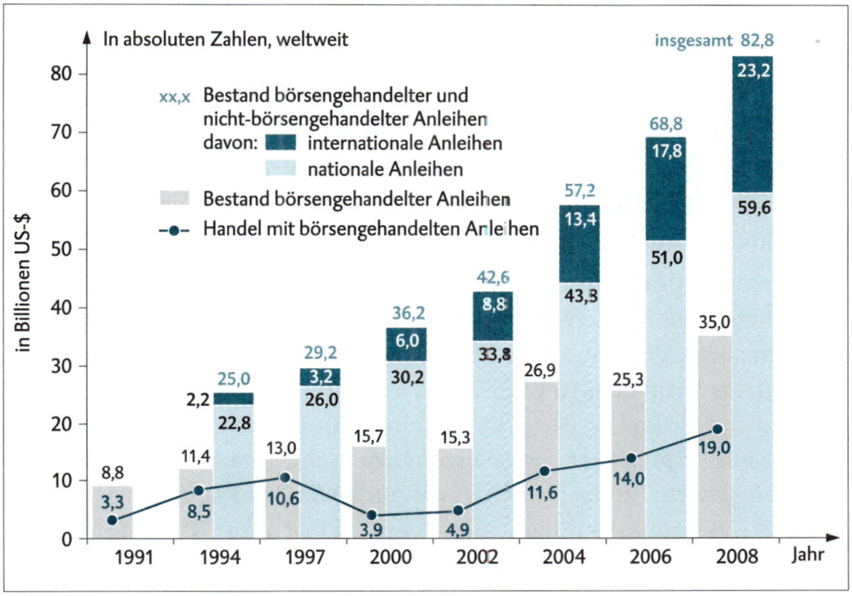

Anleihenbestand und Anleihenhandel

- Die **digitale Revolution** führte zu einer stärkeren Verflechtung der Finanzmärkte. Dank leistungsfähiger Rechner und Kommunikationsnetze können ohne Aufwand, per „Mausklick", beliebig große Summen über den Globus verschoben werden. Börsenkurse werden in Echtzeit ermittelt und Wertpapierkäufe und -verkäufe lassen sich an allen Börsen online erledigen.

Die Finanzmärkte erfüllen für die Wirtschaft grundsätzlich wichtige Funktionen. Sie sorgen dafür, dass Kapital bereitgestellt wird, um **Investitionen** zu tätigen oder **Konsum** zu ermöglichen. Sie versorgen also auf der einen Seite die Marktteilnehmer, die Geld benötigen, mit den nötigen Mitteln. Auf der anderen Seite bieten sie Sparern und Anlegern eine **Rendite**. Durch die Möglichkeit, Währungen zu tauschen, erleichtern sie zudem den internationalen Handel. Und schließlich können die Finanzmärkte **Risiken** minimieren, indem diese zwischen vielen Anlegern gestreut werden. Auch die in der Öffentlichkeit stark kritisierten Derivate sind grundsätzlich sinnvoll, da sie Unternehmen helfen, sich gegen Risiken wie schwankende Rohstoffpreise abzusichern. So vereinbaren beispielsweise Luftverkehrsgesellschaften mit Kerosinlieferanten einen festen Kaufpreis zu einem späteren Zeitpunkt. Sie können nun unabhängig von der Preisentwicklung auf dem Rohölmarkt ihre Preise kalkulieren. Der Verkäufer der Kerosinoptionen erhebt einen Risikoaufschlag und profitiert davon, wenn der tatsächliche Preis zum Lieferzeitpunkt unter dem vereinbarten liegt.

Risiken und Perspektiven

Die Finanzmärkte stehen wiederholt in der Kritik der Öffentlichkeit, da Fehlentwicklungen immer wieder zu **regionalen oder globalen Krisen** führen. Nach Angaben des IWF gab es im Zeitraum 1970–2007 124 Bankenkrisen, 326 Währungskrisen und 64 Staatsverschuldungskrisen. Auch in jüngster Vergangenheit kam es zu schweren Krisen auf den Finanzmärkten. Im Folgenden sind ausgewählte Finanzmarktkrisen der vergangenen Jahre dargestellt:

- **1970er-/80er-Jahre:** Die **lateinamerikanische Schuldenkrise** war nach dem Ende des Bretton-Woods-Systems 1973 die erste große internationale Finanzkrise. Viele Staaten nahmen auf den internationalen Finanzmärkten Kapital auf, um den Aufbau ihrer Wirtschaft und Infrastruktur zu finanzieren. Die Ölkrisen in den 1970er-Jahren führten zu einem starken Anstieg der Rohstoffpreise. In den lateinamerikanischen Staaten kam es zu Liquiditätsengpässen. Infolgedessen wurde ausländisches Kapital abgezogen. Einzelne Länder mussten die Zahlungen für Zinsen und Tilgungen einstellen und standen kurz vor dem Staatsbankrott. Radikale Veränderungen im Inneren und Unterstützung von außen, etwa durch den IWF, führten Ende der 1980er-Jahre zu einer Stabilisierung in den meisten betroffenen Ländern.
- **1992:** Der Milliardär **George Soros** wettete Milliarden, die sein Quantum-Fonds bei Investoren eingesammelt hatte, gegen das Britische Pfund, das er für überbewertet hielt. Stützungskäufe der britischen Notenbank und eine Anhebung des Zinssatzes konnten den Wertverlust des Pfunds nicht aufhalten. Großbritannien sah sich gezwungen, aus dem Europäischen Währungssystem (EWS) auszutreten. Das Pfund verlor 25 % seines Werts gegenüber dem Dollar. Der Quantum-Fonds soll bei dieser Währungsspekulation 1 Mrd. $ verdient haben.
- **1997:** Die **Asienkrise** betraf hauptsächlich die Tiger- und Pantherstaaten, die davor einen großen wirtschaftlichen Aufschwung erlebt hatten. Ausgehend von Thailand, das seine Währung abwerten musste, ergriff die Krise sukzessive die gesamte Region. Ursachen waren eine starke Ausweitung der Kreditaufnahmen in den 1990er-Jahren, eine laxe Bankenaufsicht und Währungsspekulationen. Es folgte eine massive Flucht ausländischen Kapitals. Die Märkte und Börsen in den Ländern brachen ein und es kam vielfach zu sozialen Unruhen. Die betroffenen Staaten haben sich nur sehr langsam von der Krise erholt.
- **2000–2004:** Im Frühjahr platzte die sogenannte **dot.com-Spekulationsblase**. Vorausgegangen waren große Gewinnerwartungen bei Unternehmen der New Economy, also solchen, die im Bereich Computer, Internet und

Kommunikation tätig waren. Aktien dieser Unternehmen wurden immer teurer, die Gewinnerwartungen wurden nach oben geschraubt. Existenzgründer, die kaum mehr als eine Geschäftsidee hatten, bekamen von den Kapitalmärkten große Summen. Es zeigte sich aber, dass die Erwartungen überzogen waren. Investoren stiegen in immer rascherer Folge aus und lösten damit einen Kurssturz an den Börsen aus. Der DAX fiel von über 8 000 Punkten im März 2000 auf etwa 2 500 Zähler im März 2003.

- **2007–2010:** Die Finanzkrise/Subprimekrise 2007, die als Immobilienkrise in den USA begann, weitete sich rasch zu einer globalen **Finanz- und Wirtschaftskrise** aus (vgl. S. 217 ff.).
- **Seit 2010:** Infolge der Finanz- und Wirtschaftskrise kam es Anfang 2010 in Griechenland zu einer Haushalts- und Verschuldungskrise, die sich zur **Eurokrise** ausweitete (vgl. S. 220 ff.).

Die **Ursachen** dieser Krisen sind vielschichtig und lassen sich nicht klar benennen. Grundsätzlich gibt es aber eine Reihe von Entwicklungen, die mitverantwortlich für die immer wiederkehrenden Krisen sind:

- Die hohe **Mobilität** des Kapitals führt dazu, dass Gelder von heute auf morgen investiert und wieder abgezogen werden können. Demgegenüber sind Investitionen in der Realwirtschaft eher langfristig angelegt und die Arbeitskräfte weniger mobil. Dies führt zu einem hohen Anpassungsdruck.
- Die zunehmende **Shareholder-Value-Orientierung** mit der Fokussierung auf eine schnelle und hohe Rendite lässt sich mit einem nachhaltigen Wirtschaftswachstum oft nicht vereinbaren. Während z. B. der Lebensmitteleinzelhandel Umsatzrenditen von 1,5–3,5 % aufweist, im Handwerk zwischen 5 und 8 % üblich sind, haben einige Banken ein Renditeziel von 25 % und mehr. Es gibt viele risikoreiche Investmentfonds, die das eingesetzte Kapital in Jahresfrist verdoppeln oder verdreifachen. In der Kritik stehen hier die sehr spekulativen **Hedgefonds**, die in der Regel unter hohem Fremdkapitaleinsatz mit verschiedenen derivaten Finanzprodukten handeln. In diesem Zusammenhang werden auch die **Private Equity Fonds** immer wieder kritisiert. Dies sind Kapitalbeteiligungsgesellschaften, die sich in Unternehmen – oft solche, die in wirtschaftlichen Schwierigkeiten stecken und entsprechend günstig aufzukaufen sind – einkaufen oder diese übernehmen. Vielfach haben sie das Ziel, die Unternehmen in kurzer Zeit zu sanieren, unrentable Teile abzustoßen und dann mit Gewinn weiterzuverkaufen. Nicht selten muss das übernommene Unternehmen die Kosten für die eigene Übernahme bezahlen.

- Die Finanzprodukte werden immer komplizierter und es **fehlt zunehmend der Bezug zur Realwirtschaft**. Täglich werden rund 2 Bill. $ auf den internationalen Finanzmärkten gehandelt. Lediglich 5 % davon dienen der Finanzierung des Handels. Die ursprüngliche Funktion, nämlich die Märkte mit Kapital zu versorgen und Investitionsrisiken zu minimieren, gerät immer mehr ins Hintertreffen. Neue Akteure wie die Investmentfonds fördern die Finanzspekulationen.
- Die Entwicklung der Finanzmärkte hängt nicht nur von der konkreten Einschätzung der aktuellen und zukünftigen wirtschaftlichen Lage ab. Experten meinen, ein großer Teil der Entscheidungen sei von **psychologischen Faktoren** wie Neid, Gier, Hoffnung oder dem Herdentrieb abhängig.
- **Fehlende bzw. unzureichende Vorschriften und Kontrollen** erhöhen die Gefahren von immer wiederkehrenden Krisen. Während in vielen Ländern die Realwirtschaft eine ganze Reihe von gesetzlichen Regelungen zu beachten hat, sind weite Bereiche der globalen Finanzmärkte gänzlich unreguliert. Den Staaten fehlten oft der Wille und die Möglichkeit, eine wirksame Beschränkung des Kapitalhandels einzuführen oder für mehr Transparenz zu sorgen. Einseitige Maßnahmen sind wegen der hohen Mobilität des Kapitals in der Regel wirkungslos. Und auch in den Fällen, in denen sich viele Staaten auf eine Regelung einigen, gibt es immer wieder Schlupflöcher. So existieren auch in Europa noch zahlreiche **Steueroasen**, die eine wirksame Kontrolle und Steuerung der Finanzmärkte erschweren.
- Die globale Verflechtung führt häufig zu einem **Dominoeffekt**. Regionale Krisen weiten sich rasch aus und können auch gesunde Volkswirtschaften beeinträchtigen: Je höher die wirtschaftliche Vernetzung eines Landes, desto größer die negativen Auswirkungen. So reagiert Deutschland mit seinem hohen Exportanteil sehr sensibel auf Schwankungen der Weltwirtschaft.

Immer mehr Wissenschaftler, Politiker und Organisationen wie Attac sprechen sich für eine Reform der globalen Finanzmärkte aus. So werden eine größere **Transparenz**, strengere **Kapitalverkehrskontrollen** und verschärfte **Regelungen** wie z. B. eine angemessene Eigenkapitaldeckung bei institutionellen Anlegern gefordert. Ins Gespräch kommt immer wieder die sogenannte **Tobin-Tax**[12], eine **Transaktionssteuer auf Finanzgeschäfte**. Diese soll so niedrig gewählt werden, dass sie langfristig orientierte Direktinvestitionen nicht verhindert, aber gleichzeitig kurzfristige Spekulationen eindämmt.

12 James Tobin (1918–2002): US-amerikanischer Wirtschaftswissenschaftler, der 1972 seine Idee einer Finanztransaktionssteuer vorstellte. 1981 erhielt er für eine andere Arbeit den Nobelpreis für Wirtschaftswissenschaften.

Die Politik hat mittlerweile erste Lehren aus der Finanz- und Wirtschaftskrise ab 2007 gezogen. So ist man bei der Eindämmung der Steueroasen einige Schritte vorangekommen. Die Banken müssen künftig mehr Eigenkapital vorweisen und die Mindestanforderungen an Finanzinstitute wurden ausgeweitet. Von einer Neuordnung des globalen Finanzwesens ist man aber noch weit entfernt. Auf verschiedenen Gipfeltreffen unterschiedlicher Staaten und Organisationen wie EU, G8 und G20 konnte bislang kein gemeinsamer Nenner gefunden werden. Zu unterschiedlich sind die Vorstellungen der einzelnen Länder und zu groß die Sorgen, die eigene Volkswirtschaft könne Nachteile erleiden.

5.2 Kapitalmarkt

Der Markt für mittel- und langfristige Kapitalbeschaffung wird als **Kapitalmarkt** bezeichnet. Es werden unterschiedliche **Wertpapiere** gehandelt. Wenn der Handel direkt zwischen Anbietern und Nachfragern stattfindet, d. h. ohne Mitwirkung von Banken, Börsen und Versicherungen, bezeichnet man diesen als **nicht organisierten Kapitalmarkt**. Im Gegensatz dazu findet auf dem sogenannten **organisierten Kapitalmarkt** der Wertpapierhandel an der Börse statt. Man unterscheidet hier zwischen dem **Renten- bzw. Anleihenmarkt**, bei dem festverzinsliche Wertpapiere wie Staatsanleihen gehandelt werden, und dem **Aktien- bzw. Beteiligungsmarkt**. Je nachdem, ob der Handel mit Neuemissionen oder mit bereits auf dem Markt befindlichen Papieren stattfindet, unterscheidet man den **Primär-** und **Sekundärmarkt**.

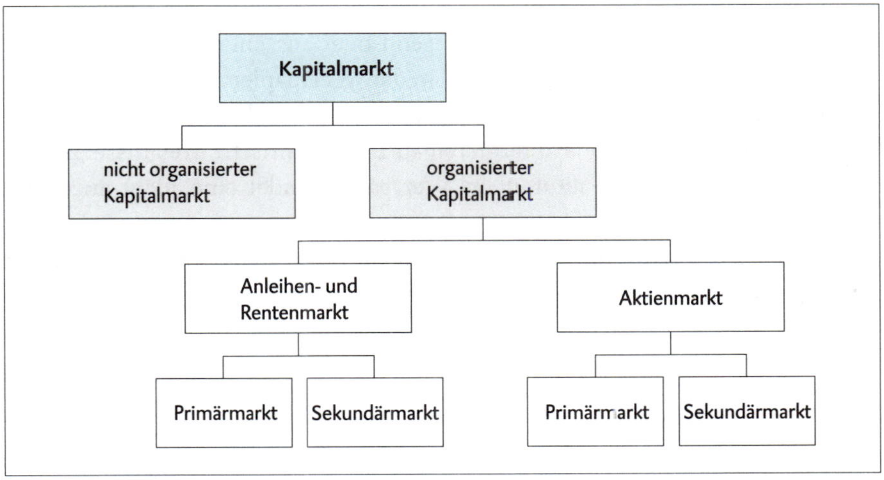

Aufbau des Kapitalmarktes

Der Aktienmarkt

Auf den Aktienmärkten treffen Käufer und Verkäufer von Aktien zusammen. Unternehmen können sich durch die Ausgabe von Aktien Kapital beschaffen. Anleger haben die Möglichkeit, über Dividenden vom unternehmerischen Erfolg zu profitieren oder durch Kursschwankungen der Aktie Spekulationsgewinne zu erzielen. Der **organisierte Aktienhandel** läuft über **Börsen** bzw. deren elektronische Handelsplattformen ab. Werden die Geschäfte direkt zwischen Käufer und Verkäufer abgewickelt, spricht man vom **außerbörslichen bzw. nicht organisierten Handel**. Die größten Börsenplätze sind New York (NYSE, Euronext, NASDAQ), Tokio (Tokyo Stock Exchange Group) und Shanghai. In Europa ist London (London Stock Exchange Group) der größte Börsenplatz, in Deutschland ist dies Frankfurt/Main (Xetra).

Aktienindizes, in denen bestimmte Aktien zusammengefasst sind, sind Kennzahlen, die die Entwicklung in bestimmten (Teil-)Märkten darstellen sollen. In Deutschland ist der DAX der wichtigste Index. Dieser umfasst die 30 größten Aktiengesellschaften und gilt als wichtiger Indikator für den Zustand der deutschen Wirtschaft. Andere wichtige Leitindizes sind der Nikkei 225 in Japan, der Dow Jones in den USA oder der Euro Stoxx 50 für die Eurozone. Neben den genannten Blue-Chips-Indizes, also Indizes, die die größten Aktiengesellschaften beinhalten, gibt es auch andere Kriterien zur Bildung eines Kursindex. So werden z. B. Unternehmen mit den höchsten Dividenden oder aus bestimmten Branchen zusammengefasst.

Für Anleger, die Wert auf eine breite Risikostreuung legen, bietet sich ein **Aktienfonds** an. Es handelt sich hierbei um einen Investmentfonds, also ein Finanzprodukt, bei dem eine Investmentgesellschaft Kapital bei Anlegern einsammelt und es anlegt – hier: überwiegend oder ausschließlich in Aktien. In der Regel lassen sich auch Aktienfonds an den Wertpapierbörsen handeln.

Aktienkurse spiegeln nicht nur die gegenwärtige und erwartete wirtschaftliche Situation wider, sondern reagieren auch auf politische Ereignisse. Zudem spielen psychologische Faktoren im Wertpapierhandel eine nicht zu unterschätzende Rolle.

Die folgende Abbildung zeigt die Entwicklung des DAX von 1993 bis 2013 und markiert Ereignisse, die den Kurs erheblich beeinflussten.

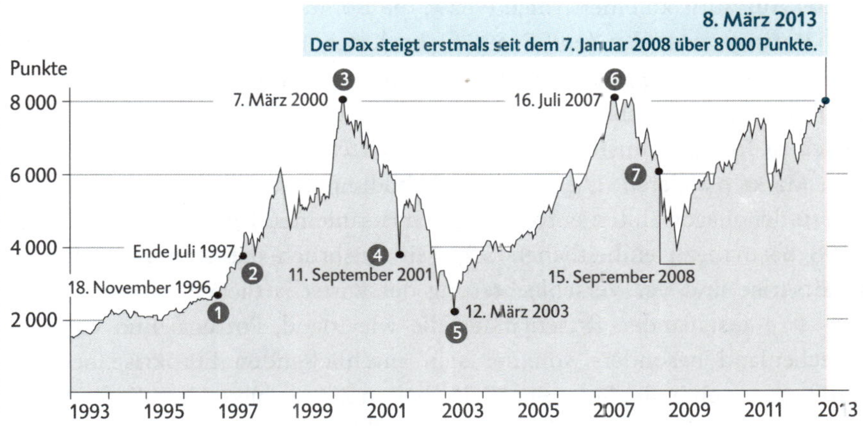

1. Bei der Privatisierung der Deutschen Telekom wird die T-Aktie als Volksaktie vermarktet. Das Interesse der Öffentlichkeit am DAX nimmt dramatisch zu.
2. Beginn der Asienkrise: Durch Eingreifen des internationalen Währungsfonds (IWF) und der Weltbank wird ein Zusammenbruch der Wirtschaft der Tigerstaaten verhindert.
3. Höhepunkt des Internetbooms. Der DAX markiert ein Rekordhoch bei 8 065 Punkten.
4. Die Terroranschläge vom 11. September in den USA schmettern den DAX binnen weniger Tage unter 4 000 Punkte.
5. Im Vorfeld des zweiten Irakkrieges fällt der DAX unter 2 200 Punkte.
6. Mit 8 106 Zählern erreicht der DAX ein Allzeithoch. Kurz darauf beginnt die Immobilienkrise in Amerika. US-Bürger können ihre Hypotheken nicht mehr bedienen.
7. Die Investmentbank Lehman-Brothers geht pleite.

Entwicklung des Deutschen Aktienindex (DAX) 1993–2013

Der Anleihenmarkt bzw. Rentenmarkt

Beim Anleihenmarkt handelt es sich um den Teil des Kapitalmarkts, auf dem **festverzinsliche Wertpapiere** gehandelt werden. Der Schuldner, der **Emittent**, kann sich durch die Platzierung einer Anleihe Fremdkapital besorgen. Der Käufer der Anleihe, der **Gläubiger**, erhält nach Ende der festgelegten Laufzeit sein Kapital und den vereinbarten Zinsertrag. Abhängig von der Art der Verzinsung, der Rückzahlung und der Laufzeit lassen sich verschiedene Anleihetypen unterscheiden. Die auf dem Primärmarkt ausgegebenen Anleihen können auf dem Sekundärmarkt gehandelt werden. Emittenten sind Banken, die öffentliche Hand und Unternehmen. Bezogen auf das Volumen ist der Anleihenmarkt um ein Vielfaches größer als der Aktienmarkt.

Besonders bedeutend sind **Staatsanleihen**. Für den Emittenten, die unterschiedlichen Ebenen der öffentliche Hand, sind sie das wichtigste Instrument, um sich auf den Kapitalmärkten zu finanzieren. Für die Gläubiger besteht in der Regel ein geringes Ausfallrisiko. Entsprechend sind die Staatsanleihen das Maß für die Verzinsung der entsprechenden Anleihen auf dem Kapitalmarkt.

Das Ausfallrisiko einer Anleihe bzw. die Bonität eines Gläubigers wird oft von **Ratingagenturen** (vgl. S. 193 f.) bewertet. Je besser das Rating, umso günstiger ist die Kapitalbeschaffung, d. h. umso niedriger sind die Zinsen. Umgekehrt führt eine schlechtere Bewertung zu einem entsprechenden Risikoaufschlag. Im schlimmsten Fall kann der Emittent seine Anleihen gar nicht auf dem Markt platzieren. Die folgende Abbildung verdeutlicht dies: Das Zinsniveau der ausgewählten europäischen Staatsanleihen lag zwischen 2000 und 2008 bei nahezu einheitlichen 5 %. Mit Ausbruch der Finanz- und Wirtschaftskrise und der Verschlechterung der wirtschaftlichen Lage gingen die Zinssätze auseinander. Krisenländer, die wie Irland, Portugal und vor allem Griechenland besonders von der sich anschließenden Eurokrise betroffen waren, mussten in der Folge ein Vielfaches an Zinsen bieten, um Kapital zu erhalten. Umgekehrt gingen die Zinsen für solide Schuldner wie Deutschland in der Krise zurück. Anleger verzichteten auf eine hohe Rendite, um dafür eine große Sicherheit auf Rückzahlung zu erhalten. Die größte Zinsdifferenz zwischen einer deutschen und einer griechischen Anleihe lag Anfang 2012 bei rund 38 %.

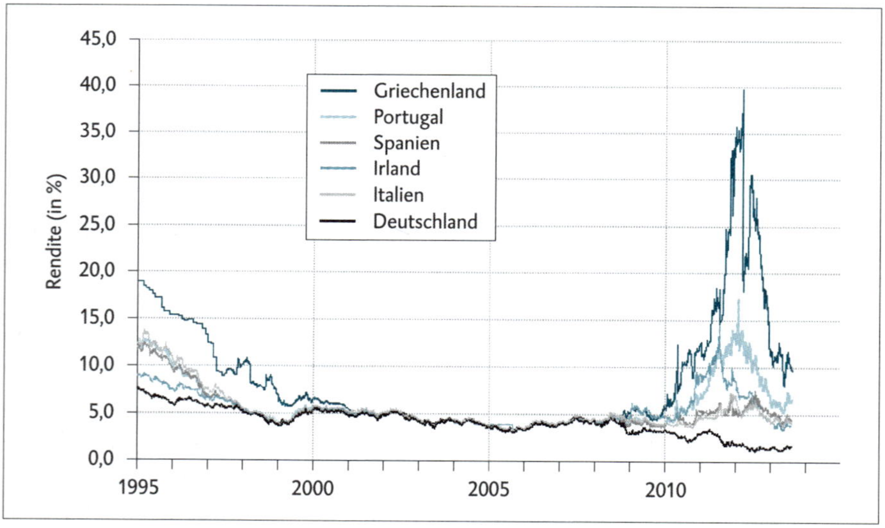

Renditen europäischer Staatsanleihen mit 10-jähriger Laufzeit

Derivate

Der Markt für Derivate ist der weitaus größte auf dem Kapitalmarkt. Derivate sind Finanzinstrumente, deren Preis sich von einem zugrunde liegenden Basiswert ableitet (lat. derivare = ableiten). Dabei kann es sich um Aktien, Rohstoffe, Devisen etc. handeln. Derivate basieren auf **Termingeschäften**. Dabei verpflichtet sich ein Käufer, zu einem späteren Zeitpunkt eine bestimmte Menge eines Gutes zu einem jetzt festgelegten Preis abzunehmen. Der Verkäufer verpflichtet sich, die Ware zu den vereinbarten Konditionen zu liefern. Damit lassen sich Risiken absichern, da sowohl Produzent als auch Abnehmer eine Abnahme- und Preisgarantie haben. Diese Form der Risikoabsicherung bezeichnet man als **Hedging** (engl. to hedge = einzäunen). Die Derivate als Wertpapiere lassen sich wie Anleihen und Aktien handeln. Entsprechende Geschäfte werden auch zur Absicherung von Kurs-, Zins- oder Devisenschwankungen getätigt. Inzwischen dominieren die **Finanzderivate** den Kapitalmarkt. Nur noch ein Bruchteil des Handelsvolumens bezieht sich auf reale Güter. Entsprechend steigt die Zahl der Investmentfonds, der **Hedgefonds**, die mit Derivaten Gewinne aus **Spekulationen** oder aus minimalen Preisdifferenzen auf unterschiedlichen Märkten, den sogenannten **Arbitragegeschäften**, erzielen wollen.

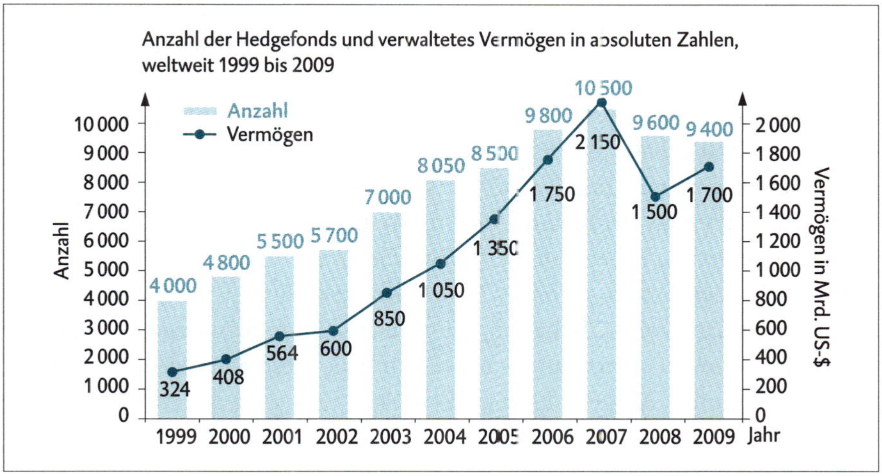

Entwicklung der Hedgefonds 1999–2009

Derivate und Hedgefonds stehen aus verschiedenen Gründen in der Kritik:

- Hedgefonds sind **kaum reguliert**. So benötigen sie für ihre Finanzgeschäfte, anders als z. B. Banken, nur sehr wenig Eigenkapital. Zudem **fehlt eine wirksame Kontrolle**. Das hat zwei Gründe: Zum einen wird der Großteil des Derivatehandels außerhalb der Börsen getätigt, zum anderen haben mehr als die Hälfte der Hedgefonds ihren Sitz in sogenannten **Offshore-Finanzplätzen**. Es handelt sich hier um Gebiete, die als Steuer- und Regulierungsoasen zahlreiche Möglichkeiten für Finanztransaktionen nicht selten am Rande der Legalität bieten.
- Die von den Hedgefonds angebotenen Finanzprodukte versprechen einerseits eine sehr hohe Rendite, sind aber andererseits entsprechend **risikoreich**. Hinzu kommt, dass die derivaten Finanzprodukte oft sehr **komplex** sind. Daher werden die Risiken oft unterschätzt bzw. verschleiert.
- Die Finanzgeschäfte mit Derivaten können zu einer **Verzerrung des Marktergebnisses** bis hin zu einer **Erschütterung der Finanzstabilität** führen. Das Beispiel der Leerverkäufe mit VW-Aktien im Herbst 2008 illustriert dies. Viele Spekulanten haben hier auf fallende Kurse der Automobil-Aktie gesetzt. Dazu haben sie VW-Aktien zum aktuellen Kurs verkauft, die sie sich gegen Gebühr geliehen hatten. Diese müssen sie zu einem vereinbarten Termin wieder zurückgeben. Tritt die erhoffte Kursentwicklung ein, können sie die Aktien günstiger zurückkaufen und die Differenz als Gewinn verbuchen. Wovon zu diesem Zeitpunkt kaum ein Marktteilnehmer wusste: Porsche plante die Übernahme von VW. Das Unternehmen hatte dazu in großem Stil Kaufoptionen für Volkswagen-Aktien erworben. Am 26. Oktober gab Porsche offiziell bekannt, sich den Zugriff auf einen Großteil der sich im freien Handel befindlichen VW-Aktien gesichert zu haben. Auf dem Markt befanden sich in der Folge lediglich noch 5 % der Aktien, während Leerverkäufer sich weit mehr Aktien geliehen und dann verkauft hatten. Diese waren nun gezwungen zu faktisch jedem Preis VW-Aktien anzukaufen, damit sie diese wie vereinbart zurückgeben konnten. Aufgrund der großen Nachfrage stieg der Aktienkurs, wie die Grafik zeigt, kurzzeitig auf über 1 000 Euro.

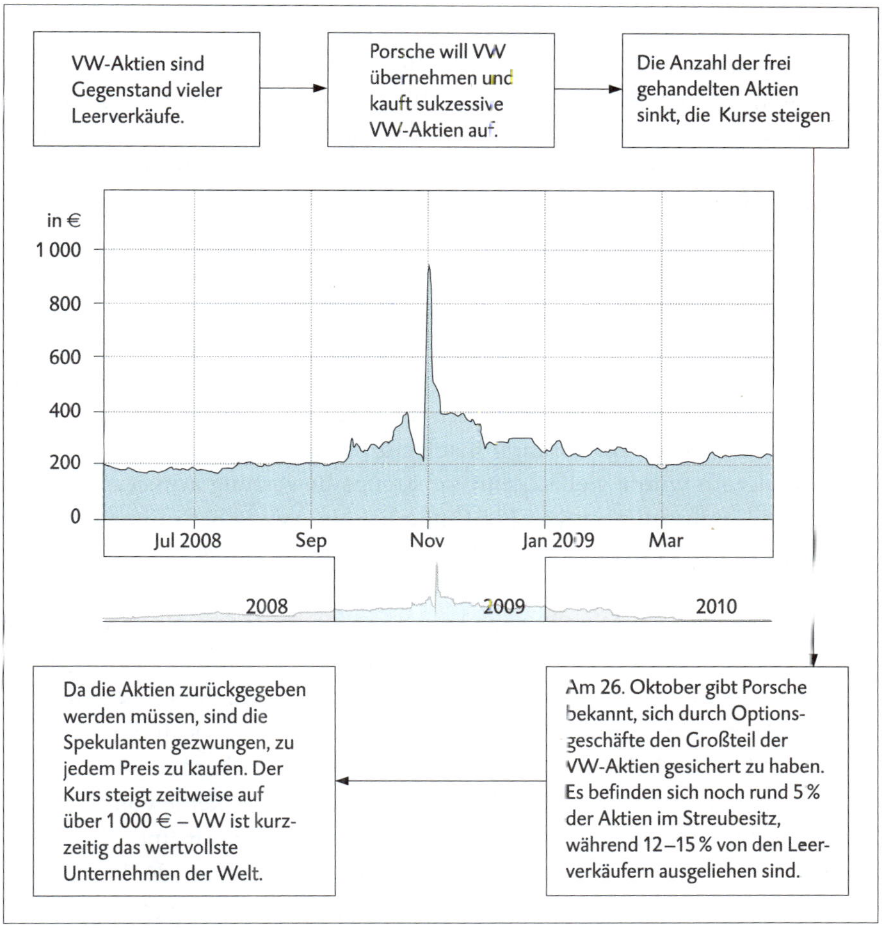

Kursrallye der VW-Aktie – Auswirkung des Derivatehandels

Die Bedeutung der Ratingagenturen

Ratingagenturen sind privatwirtschaftliche Unternehmen, die die **Ausfallwahrscheinlichkeit von Wertpapieren** und Forderungen sowie die **Bonität** von Unternehmen und Staaten bewerten. Damit sollen sie zur Transparenz der Kapitalmärkte beitragen. Potenzielle Gläubiger müssen keinen Aufwand betreiben, um Analysen vorzunehmen. Das Ergebnis wird in einem Ratingcode angegeben. Die Ergebnisse reichen in der Regel von AAA für die höchste Bonitätsstufe bis D, was mit Zahlungsausfall gleichzusetzen ist. Die bekanntesten Ratingagenturen sind Standard & Poor's, Moody's und Fitch, die alle ihren Sitz in den USA haben. Ihr Einfluss kann nicht hoch genug eingeschätzt werden: Eine Herauf- bzw. Herabstufung von Staaten und Unternehmen findet weltweit Beachtung und wirkt sich unmittelbar auf das Zinsniveau aus. Die Bedeutung der Agenturen geht nicht zuletzt auf eine Entscheidung der US-amerikanischen Börsenaufsicht SEC aus dem Jahr 1975 zurück, Ratingagenturen offiziell anzuerkennen, wenn diese bestimmte Voraussetzungen erfüllen. Hinzu kommt die **Marktstruktur:** Die oben genannten Agenturen decken rund 90 % des Marktes ab.

Im Zuge der Wirtschaftskrisen des 21. Jahrhunderts standen und stehen die **Ratingagenturen immer wieder in der Kritik**. Im Zusammenhang mit der Immobilienkrise in den USA ab 2007 wird ihnen vorgeworfen, sie hätten Finanzprodukte, die sich später als wertlose „Schrottpapiere" herausgestellt haben, kurz zuvor positiv bewertet. Auch die Investmentbank Lehman Brothers erhielt noch wenige Tage vor ihrer Insolvenz beste Ratings. Im Zuge der Eurokrise wiederum wurde vielfach eine zu strenge Bewertung kritisiert. Für eine Reihe von Herabstufungen von EU-Ländern sahen Wirtschaftswissenschaftler keine ausreichende ökonomische Begründung. In der Folge mussten Länder wie Griechenland oder Italien für ihre Staatsanleihen höhere Zinsen bezahlen.

Neben dem Vorwurf der falschen bzw. zu späten Bewertungen gibt es einen weiteren Kritikpunkt: Die Ratingagenturen befinden sich demnach in einem **Interessenkonflikt**, da sie in der Regel von dem Unternehmen bezahlt werden, das sie bewerten sollen. So besteht der Verdacht, dass sich eine Agentur durch wohlwollende Beurteilungen Anschlussaufträge sichern möchte.

Im Zuge der Wirtschafts- und Finanzkrise wurde eine Reihe von Vorschlägen gemacht, wie der Einfluss der Ratingagenturen begrenzt und die Bewertungen transparenter gemacht werden können. Sie reichen von der Einführung einer Haftung der Agenturen bei Fehlurteilen bis hin zur Abschaffung der Ratingagenturen. Über die Gründung einer Europäischen Ratingagentur wurde ebenso diskutiert wie über das Aussetzen von Ratings für Länder, die sich in einer Krisensituation befinden. Letztendlich konnte aber keiner der Reformvorschläge umgesetzt und das System auch nicht verändert werden.

5.3 Devisenmarkt

Auf den Devisenmärkten werden frei konvertierbare, d. h. unbeschränkt tauschbare, Währungen gehandelt. In einem **System mit flexiblen Wechselkursen** bildet sich der Preis (= Wechselkurs) aus Angebot und Nachfrage. Wird eine Währung stark nachgefragt, steigt der Kurs, im umgekehrten Fall sinkt er. Die Notenbanken greifen dabei nicht durch Devisenkäufe oder -verkäufe ein, um ihre Währung zu stützen. Ein solches Wechselkurssystem, wie es z. B. von der EZB oder der US-amerikanischen Notenbank Fed betrieben wird, bezeichnet man als **Floating**. In Systemen mit festgelegten Wechselkursen wird in der Regel eine **Bandbreite** festgelegt, innerhalb derer die Währung zum Referenzkurs schwanken darf. Droht diese unter- bzw. überschritten zu werden, interveniert die Zentralbank mit Devisenkäufen und -verkäufen. So verfahren z. B. die Teilnehmer des Wechselkursmechanismus II Dänemark, Lettland und Litauen. Sie haben ihre Währungen an den Euro gekoppelt und eine Bandbreite von +/– 15 % festgelegt.

Für eine Betätigung auf dem Devisenmarkt lassen sich vier Gründe anführen:

- Anleger wollen durch Wechselkursschwankungen **Spekulationsgewinne** bzw. durch Ausnutzen von Kursunterschieden auf unterschiedlichen Märkten einen Gewinn durch **Devisenarbitrage** erzielen.
- Investoren und Sparer erwarten eine **Rendite** durch den Kauf von Staatsanleihen in ausländischer Währung.
- Insbesondere Staaten halten **Reserven in ausländischer Währung** vor, um ggf. auf den Devisenmärkten intervenieren zu können. Bevorzugt werden Währungen von großen, stabilen Wirtschaftsräumen und/oder starken Finanzplätzen. Im ersten Quartal 2013 waren weltweit 62,2 % der Währungsreserven US-Dollar, 23,7 % Euro, 3,9 % japanische Yen und 3,8 % Britische Pfund. Daneben sind noch der Australische und der Kanadische Dollar und der Schweizer Franken als Reservewährung von Bedeutung. Die Länder mit den größten Währungsreserven sind China (3,5 Bill. $), Japan (1,25 Bill. $) und Saudi-Arabien (0,68 Bill. $). Die Länder der Eurozone halten Dollarreserven in Höhe von rund 768 Mrd. $, wovon 210 Mrd. $ auf Deutschland entfallen.
- Devisen werden benötigt, um am **internationalen Handel teilzunehmen**. Rechnungen sind in der Regel in der Währung des Lieferanten zu begleichen. Einzelne Güter werden weltweit grundsätzlich nur in bestimmten Währungen gehandelt. Öl ist z. B. auf dem Weltmarkt in US-Dollar zu bezahlen.

Aufgrund seiner Bedeutung als Handels- und Reservewährung wird der US-Dollar als **Leitwährung** bezeichnet. Entsprechend aufmerksam wird die Kursentwicklung des Dollars beobachtet. Die folgende Abbildung zeigt das Verhältnis von Dollar und Euro seit der Euro-Einführung am 1. Januar 1999.

Entwicklung des Dollarkurses 1999–2013

Die Wechselkurse werden in der Regel in der **Mengennotierung** angegeben, d. h., wie viel ausländische Währungseinheiten, hier: Dollar, bekomme ich für eine Einheit der inländischen Währung, hier: Euro. Eine andere Möglichkeit der Darstellung ist die **Preisnotierung:** Hier wird angegeben, wie viele Einheiten der einheimischen Währung benötigt werden, um eine Einheit der ausländischen zu bekommen.

In der Abbildung sieht man, dass der Dollarkurs großen Schwankungen unterlag. Bei der Euroeinführung bekam man für einen Euro 1,1789 $, danach sank der Kurs des Euro auf 0,8252 $ am 26. 10. 2000. Dann stieg er bis zu seinem Allzeithoch am 21. 7. 2008. An diesem Tag bekam man für einen Euro 1,5926 $. Der Wechselkurs bestimmt den **Außenwert** einer Währung, d. h., er gibt Auskunft, wie viele ausländische Güter man mit inländischem Geld erwerben kann. Ist der Außenwert gleich dem Binnenwert, also der Kaufkraft der Währung im eigenen Land, spricht man von **Kaufkraftparität**. In der Regel schwanken die Wechselkurse und der Binnen- und Außenwert einer Währung unterscheiden sich. Eine Währung ist also entsprechend **über- bzw. unterbewertet**. Für eine Volkswirtschaft ergeben sich aus Kursschwankungen folgende Konsequenzen: **Steigt der Kurs (Aufwertung)** der Währung, d. h., man bekommt z. B. mehr US-Dollar pro Euro, verbilligen sich Importe und Touristen profitieren von günstigeren Angeboten im Ausland. Für ausländische Käufer hingegen verteuern sich die Waren aus dem Euroraum. Entsprechend gehen die Exporte zurück. **Sinkt der Kurs (Abwertung)** der Währung, d. h., muss man mehr Euro für einen Dollar bezahlen, verteuern sich Importe. Auch Urlaube im Ausland werden teurer. Gleichzeitig werden aber europäische Produkte für den Dollar-Raum billiger. Entsprechend steigen die ausländische Nachfrage und der Export von Gütern, die in Euro bezahlt werden.

Gleichzeitig haben aber auch die Gütermärkte Einfluss auf die Wechselkurse. Grundsätzlich **führen Exporte zu steigenden Wechselkursen**, da die Käufer sich zur Bezahlung der Waren Euro auf den Kapitalmärkten besorgen müssen. Damit kommt es zu einer erhöhten Nachfrage nach Euro, der Kurs steigt. **Importe** hingegen führen **zu sinkenden Wechselkursen**, da der Importeur sich die ausländische Währung zur Bezahlung beschafft und damit für eine Vergrößerung des Euroangebotes auf den Devisenmärkten sorgt.

Die Auswirkungen von Wechselkursänderungen auf die Verbraucherpreise verdeutlicht die folgende Abbildung.

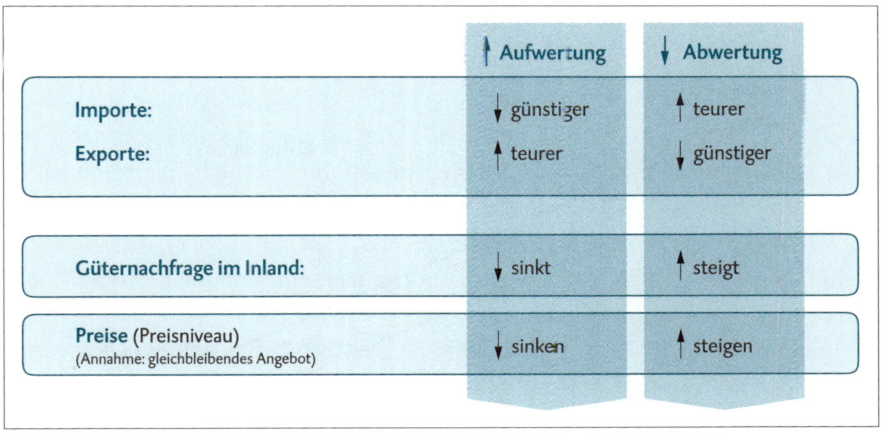

Folgen der Wechselkursänderungen auf die Verbraucherpreise (vereinfachte Darstellung)

Theoretisch führt ein System freier Wechselkurse zu einem **Ausgleich der Zahlungsbilanz**. Bei einem Leistungsbilanzüberschuss kommt es zu einer Aufwertung der Inlandswährung. Mit dem Anstieg des Außenwerts der Währung verteuern sich die Exporte. Die Nachfrage aus dem Ausland geht zurück, die Zahlungsbilanzüberschüsse sinken. Bei einem Defizit kommt es zu einer Abwertung der Währung und einem damit verbundenen Anstieg der Exporte, da die Güter auf dem Weltmarkt wettbewerbsfähiger werden. Entsprechend verringert sich das Defizit.

Die **Ursachen für Wechselkursschwankungen** können vielfältig sein. Neben den fundamentalen ökonomischen Daten und den politischen Rahmenbedingungen einer Volkswirtschaft beeinflussen eine Reihe weiterer Faktoren die Devisenkurse:

- Inflationsraten der einzelnen Länder
- Zinsniveau der einzelnen Länder
- Staatsverschuldung und Zahlungsbilanzdefizite bzw. -überschüsse der einzelnen Länder
- Erwartungen bezüglich der Wechselkursentwicklung durch Kapitalanleger
- Währungsspekulationen
- Nachfrage nach in- und ausländischer Währung auf den Devisenmärkten
- Eingriffe der Notenbanken in die Devisenmärkte
- Einmaleffekte, hervorgerufen durch Naturkatastrophen, Bürgerkriege etc.

Das Zustandekommen und die Veränderungen des Wechselkurses sollen am Beispiel des Euro-Dollar-Kurses grafisch in einem Preis-Mengen-Diagramm illustriert werden. Dabei entspricht die Euro-Nachfrage gleichzeitig einem Dollar-Angebot bzw. jedes Euro-Angebot einer Dollar-Nachfrage.

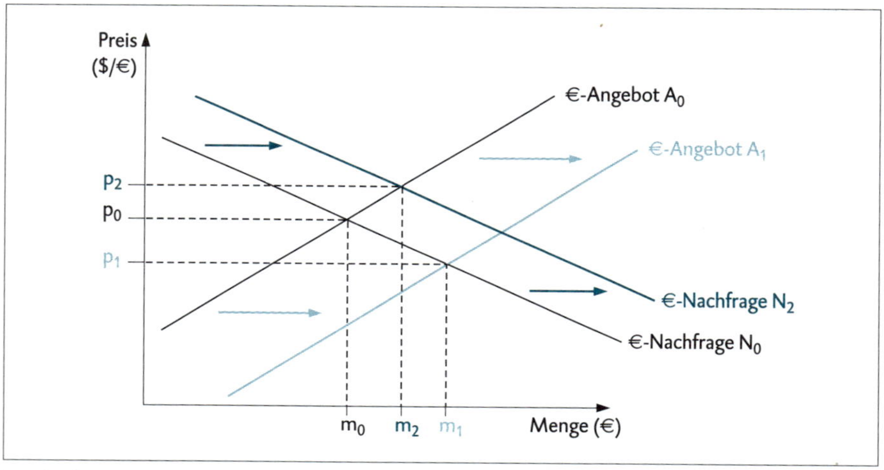

Verschiebung der Euro-Nachfrage- und Angebotskurve

Der Gleichgewichtspreis liegt bei p_0. Steigt der Kurs, d. h., es kommt zu einer **Aufwertung** des Euro, werden mehr Euro angeboten. Bei einer **Abwertung**, wenn also weniger US-Dollar für einen Euro bezahlt werden müssen, steigt die Nachfrage nach Euro.

Verschiedene Faktoren können dazu führen, dass sich das Angebot oder die Nachfrage verändern. Entsprechend kommt es zu einer Verschiebung der entsprechenden Kurve. Wenn z. B. europäische Investoren wegen höherer Zinsen in Japan Yen aufkaufen, steigt das Angebot an Euro auf den Devisenmärkten. Die Angebotskurve verschiebt sich nach rechts (A_1). Der Wechselkurs sinkt ceteris paribus auf p_1. Ein anderes Beispiel: Die chinesische Zentralbank möchte ihre Dollar-Reserven reduzieren und dafür den Euro-Anteil erhöhen. So verkauft sie auf dem Devisenmarkt Dollar und kauft dafür Euro. Dies führt zu einer erhöhten Nachfrage nach Euro und damit zu einer Kurssteigerung. Im Diagramm kommt es zu einer Verschiebung der Nachfragekurve nach rechts (N_2) und ceteris paribus zu einer Erhöhung des Wechselkurses von p_0 auf p_2.

Aufgaben

34 Beschreiben Sie die Bedeutung des Geldmarktes für die Kapitalbeschaffung von Unternehmen.

35 Stellen Sie an einem konkreten Beispiel Vor- und Nachteile eines Termingeschäfts für die Vertragspartner dar.

36 Erklären Sie, weshalb Leerverkäufe von Wertpapieren in der Kritik stehen.

37 Beurteilen Sie die Forderung, Ratings für Krisenländer auszusetzen.

38 Nennen Sie Möglichkeiten, wie sich Unternehmen gegen Währungsrisiken absichern können.

39 Erläutern Sie, was man unter der Kaufkraftparität versteht.

40 Aufgrund der Eurokrise fragen Finanzinvestoren weniger Euro auf den Devisenmärkten nach. Erstellen Sie ein Preis-Mengen-Diagramm, das die Auswirkungen auf den Wechselkurs Euro–Dollar zeigt.

41 Erläutern Sie folgende Aussage: Wechselkurse und Außenhandel beeinflussen sich gegenseitig.

42 Da der Schweizer Franken lange als überbewertet galt, legt die Schweizerische Nationalbank seit September 2011 einen Mindestkurs zum Euro fest. Unterschreitet der Franken einen Mindestkurs von 1 € = 1,20 CHF, interveniert die Zentralbank. Begründen Sie diese Maßnahme.

6 Bedeutung von WTO und IWF

Zur Gestaltung, Koordinierung und Regulierung des Welthandels gibt es eine Reihe regionaler und supranationaler Vereinbarungen, Regime und Organisationen. Hierzu zählen z. B. die Gruppe der G8- und G20-Staaten, die OECD, die Weltbank sowie verschiedene Nebenorgane und Sonderorganisationen der UN wie die Konferenz für Handel und Entwicklung (UNCTAD) oder die Internationale Arbeitsorganisation (ILO).

Zu den einflussreichsten und wichtigsten Organisationen zählen die **Welthandelsorganisation (WTO)** und der **Internationale Währungsfonds (IWF)**. Deren Bedeutung ist u. a. auf die hohe Mitgliederzahl und die Möglichkeit, Einfluss auf den Welthandel und die Weltwährungsordnung zu nehmen, zurückzuführen.

6.1 Bedeutung der WTO für die Welthandelsordnung

Die **Welthandelsorganisation** (WTO) ist eine internationale Organisation, deren Ziele die **Liberalisierung des Welthandels**, der **Abbau von Handelshemmnissen** und die **Schlichtung von Handelsstreitigkeiten** sind. Damit sollen weltweit der Lebensstandard und die Realeinkommen steigen und Vollbeschäftigung erreicht werden.

Die drei Säulen der WTO

Die WTO ging 1995 aus dem **GATT (General Agreement on Tariffs and Trade)** hervor. Das Allgemeine Zoll- und Handelsabkommen ist ein völkerrechtliches Vertragswerk, das 1947 von 23 Staaten mit dem Ziel unterzeichnet wurde, den internationalen Handel zu erleichtern. Bis 1994 wurden in insgesamt acht Verhandlungsrunden zahlreiche tarifäre und nichttarifäre Handelshemmnisse abgebaut. Wie die Abbildung auf der folgenden Seite zeigt, ist das GATT eine der drei Säulen der WTO.

Neben dem Warenhandel wurden auch Deregulierungsmaßnahmen im Dienstleistungsbereich und Maßnahmen zum Schutz des geistigen Eigentums vereinbart. Am 1. Januar 1995 trat das General Agreement on Trade in Services (GATS) in Kraft. Es umfasst alle Dienstleistungen mit Ausnahme derer, die der Staat in Ausübung seiner hoheitlichen Aufgaben erbringt wie das Melde- oder Polizeiwesen.

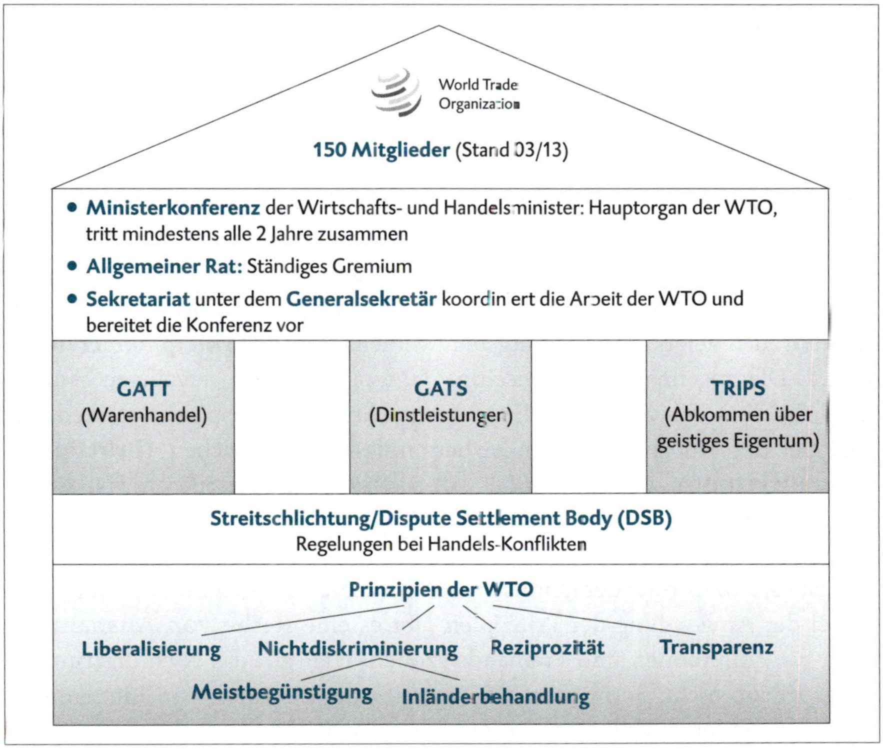

Aufbau und Prinzipien der WTO

Seit 1. Januar 1996 gilt für Industrieländer das **Agreement on Trade-Related Aspects of Intellectual Property Rights (TRIPS)**. Das Abkommen zum Schutz des geistigen Eigentums legt Minimalstandards fest, die einerseits den Urheber vor missbräuchlicher Nutzung seiner Rechte schützt, diesem aber andererseits ermöglicht, Handel damit zu betreiben, indem er z. B. Lizenzen vergibt. Das TRIPS regelt u. a. das Urheber-, Marken- und Patentrecht. Für die Entwicklungs- und Transformationsländer trat es am 1. Januar 2000 in Kraft, für die LDCs, die am wenigsten entwickelten Länder, am 1. Januar 2006. Für Pharmapatente gelten die Regelungen erst ab 2016.

Prinzipien der WTO

Nach dem Willen der Welthandelsorganisation müssen im internationalen Handel Handelsvorteile im Waren- und Dienstleistungshandel allen WTO-Mitgliedern in gleicher Weise gewährt werden **(Prinzip der Nichtdiskriminierung)**. Das bedeutet, dass kein Land gegenüber einem anderen benachteiligt werden darf. Gewährt ein WTO-Mitglied einem anderen Land eine Handelserleichterung, muss es diese auch allen anderen Mitgliedern zugestehen **(Prinzip der Meistbegünstigung)**. Inländische Güter und Dienstleistungen dürfen gegenüber ausländischen Produkten nicht begünstigt werden **(Prinzip der Inländerbehandlung)**. Eingeräumte Zugeständnisse sollen ausgewogen und gleichgewichtet sein **(Prinzip der Reziprozität/Gegenseitigkeit)**. Sonderregelungen gelten für Entwicklungsländer, wenn diese den Industriestaaten keine vergleichbaren Konzessionen machen können. Die WTO-Prinzipien sehen auch vor, dass Regelungen und Beschlüsse nicht nur veröffentlicht werden, sondern auch Veränderungen mitgeteilt werden müssen **(Prinzip der Transparenz)**. Die regelmäßige gegenseitige Überprüfung der jeweiligen Außenhandelspolitik der WTO-Mitgliedstaaten sollen die Transparenz stärken. Um das Ziel des Abbaus von Handelshemmnissen zu erreichen **(Prinzip der Liberalisierung)**, will die WTO vor allem die nichttarifären Handelsbeschränkungen reduzieren. Nach Art. 11 GATT, dem Kontingentverbot, sind Mengenbeschränkungen bei der Ein- und Ausfuhr grundsätzlich verboten. Ziel ist es, zum Schutz der heimischen Wirtschaft nur noch Zölle zuzulassen.

Bei der Anwendung der Prinzipien gibt es eine **Reihe von Ausnahmen**, etwa für Zollunionen und Freihandelszonen. Hier gilt das Nichtdiskriminierungsprinzip nicht. So müssen z. B. Vorteile, die EU-Länder im Binnenmarkt genießen, anderen WTO-Mitgliedern nicht gewährt werden. Die WTO erkennt ebenso an, dass der Freihandel bei unterschiedlichen ökonomischen Voraussetzungen zu unerwünschten Ergebnissen führen kann. Dies hat Sonderregelungen für Entwicklungsländer zur Folge. Zudem können bei Gefahr für Gesundheit oder Umwelt ebenso wie zum Schutz sich entwickelnder Industrien bzw. Branchen Handelsbeschränkungen eingeführt werden.

Forum zur Konfliktlösung

Die WTO ist auch ein Forum **zur Schlichtung von Handelsstreitigkeiten**. Im Dispute Settlement Body, dem Gremium, in dem Vertreter aller Mitgliedstaaten sitzen, wird versucht, Konflikte zu lösen. Kommt es im Verlauf des Schlichtungsverfahrens, dem sog. Dispute Settlement Understanding (DSU), zu keiner Verständigung, können Handelssanktionen erlaubt werden.

Zentrale Entscheidungen der WTO werden nach dem **Konsensprinzip** getroffen, d. h., eine Entscheidung ist dann angenommen, wenn ihr alle Mitglieder zugestimmt haben. Dabei haben alle Staaten eine Stimme.

Die bisherigen Regelungen sind das Ergebnis von insgesamt acht Verhandlungsrunden.

Zeitraum	Ort	Name	Gegenstand	Teil-nehm. Länder	Durch-schnittl. Zollniveau	Durch-schnittl. Zollsenkung
1947	Genf	–	Zölle	23	40,0 %	35,0 %
1949	Annecy	Annecy-Runde	Zölle	13	20,0 %	2,0 %
1951	Torquay	Torquay-Runde	Zölle	38	25,0 %	3,0 %
1956	Genf	Genf-Runde	Zölle	26	23,0 %	2,0 %
1960/61	Genf	Dillon-Runde	Zölle	26	15,0 %	7,0 %
1964–67	Genf	Kennedy-Runde	Zölle, Antidumping	62	10,0 %	35,0 %
1973–79	Genf	Tokio-Runde	Zölle, nichttarifäre Maßnahmen, Rahmenabkommen	102	6,4 %	34,0 %
1986–94	Genf	Uruguay-Runde	umfassende Verhandlungen, Gründung der WTO	123	4,0 %	40,0 %
Seit 2001	Doha	Doha-Runde	u. a. Zölle, nichttarifäre Maßnahmen v. a. im Agrarsektor, Schutz geistigen Eigentums, Sonderbehandlung von Entwicklungsländern	153	Bisher keine Ergebnisse	

Welthandelsrunden

Die letzte Verhandlungsrunde, die Doha-Runde, die eigentlich bis 2004 beendet sein sollte, ist gegenwärtig (Stand 12/13) noch nicht abgeschlossen, da zentrale Fragen ungeklärt sind. In den WTO-Runden werden immer mehrere Themen parallel verhandelt und es kommt erst dann zu einem Beschluss, wenn in allen Punkten ein Konsens erzielt wurde. Ein Streitpunkt der aktuellen Runde war die Liberalisierung der Agrarmärkte. Hier beklagten die Entwicklungsländer, dass sie mit den hochsubventionierten Agrarprodukten, vor allem aus den USA und der EU, auf dem Weltmarkt nicht konkurrieren können. Im Dezember 2013 konnte bei den Verhandlungen auf Bali eine wichtige Einigung erzielt werden, die die vielfach totgesagte Doha-Runde wiederbelebt.

Kritik an der Konstruktion der WTO

Mit dem Stocken der Doha-Verhandlungsrunde wurden die Stimmen lauter, die auf eine Reform der WTO drängen. Folgende **Kritikpunkte** werden im Zusammenhang mit der WTO genannt:

- Die WTO wird von den Industrieländern, vor allem den USA und der EU, dominiert. Auch wenn die Abstimmungsmodalitäten grundsätzlich demokratisch sind, können die wirtschaftlich stärkeren Länder ihre Interessen besser durchsetzen. So haben vielfach die Entwicklungsländer nicht das Know-how und die finanziellen Mittel, um an den langen, parallel laufenden Verhandlungen mit dem gleichen Ertrag teilzunehmen wie die Industrieländer.
- Die WTO verfügt über ein Legitimations- und Demokratiedefizit. Viele Regelungen werden in nationales Recht übernommen, während die Bürger auf den Entscheidungsprozess keinen Einfluss haben.
- Es fehlt an Transparenz. So sind z. B. die Streitschlichtungsverfahren nicht öffentlich. Auch haben die Medien und die Öffentlichkeit keinen Einblick in die Sitzungsprotokolle.
- Belange des Umwelt- und Naturschutzes sind ebenso wie soziale Aspekte und der Arbeitsschutz unterrepräsentiert.
- Der Einfluss der TNKs ist hoch. Liberalisierungsmaßnahmen kommen vielfach global operierenden Konzernen zugute. Interessen von NGOs oder Gewerkschaften hingegen werden nicht ausreichend gewürdigt.
- Regionalismus und Bilateralismus gewinnen an Bedeutung. Während die Doha-Verhandlungen andauern, steigt die Zahl der bilateralen Abkommen immer weiter. Von 1958–1989 gab es weltweit 16 inter- und intraregionale Handelsabkommen. Im Zeitraum von 1990–2011 stieg deren Zahl auf 251 an. Entsprechend sinkt die Legitimität der WTO. Der Einfluss und der Gestaltungsspielraum der WTO und der Länder, die nicht an solchen Abkommen beteiligt sind, geht zurück.
- Die Abstimmungsmodalitäten führen, wie die aktuelle Verhandlungsrunde zeigt, zu langwierigen Verhandlungen, die ggf. mit Kompromissen enden, die nicht für alle Beteiligten vorteilhaft sind.

6.2 Bedeutung des IWF für die Weltwährungsordnung

Der **Internationale Währungsfonds (IWF)**[13] ist eine Sonderorganisation der UN mit derzeit 188 Mitgliedern. Er wurde 1944 mit der Errichtung des internationalen Währungssystems mit festen Wechselkursen, dem Bretton-Woods-System, gegründet. Seit dessen Ende 1973 verfolgt der IWF folgende Ziele: die Förderung der internationalen Zusammenarbeit in der Währungspolitik zur Sicherung stabiler Wechselkurse, die Sicherstellung des freien Devisen- und des internationalen Zahlungsverkehrs, die Unterstützung eines angemessenen Wirtschaftswachstums und die Vergabe von Krediten an Mitgliedsländer mit Zahlungsbilanzdefiziten.

Struktur und Instrumente des IWF

Der Stimmenanteil der Mitglieder hängt von deren **Einlagequote** ab. Diese wird auf Basis von ökonomischen Daten wie dem BIP oder der Beteiligung am Welthandel festgelegt. Da wichtige Beschlüsse mit einer Mehrheit von 85 % der Stimmen getroffen werden müssen, haben die USA bzw. die EU de facto ein **Vetorecht**. Nach einer informellen Absprache zwischen den USA und den westeuropäischen Ländern wird der Posten des IWF-Direktors immer mit einem Europäer besetzt, der des Stellvertreters mit einem US-Amerikaner.

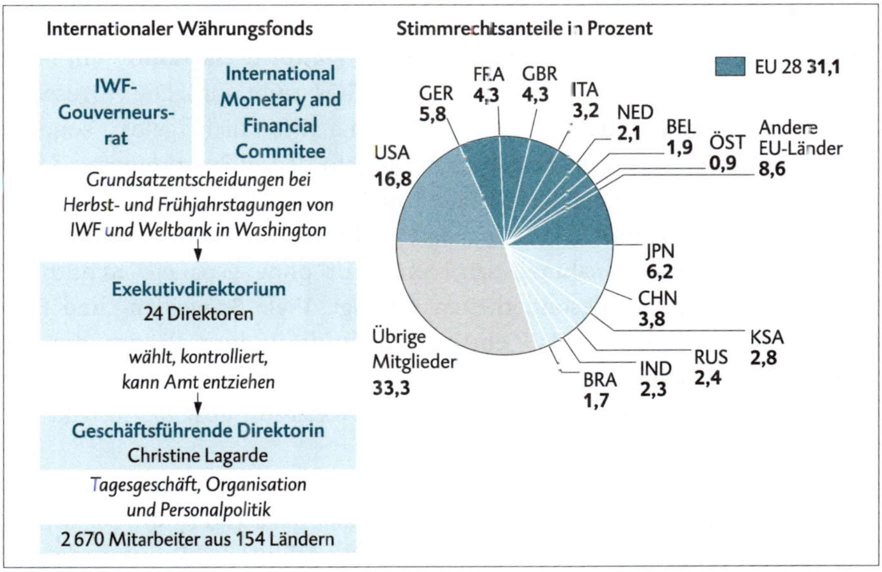

Der Internationale Währungsfonds

13 englische Abkürzung IMF (International Monetary Fund)

Ein zentrales Instrument zur Stabilisierung der Weltfinanz- und Währungsordnung ist die Kreditvergabe. Der IWF bedient sich hier sogenannter Sonderziehungsrechte (SZR) einer eigens geschaffenen Buchwährung. Deren Kurs, der sich auf USD, EURO, Yen und das britische Pfund bezieht, wird täglich festgelegt. IWF-Mitglieder können Darlehen im Umfang ihrer Einlagen beziehen. Die Gewährung zusätzlicher Kredite ist an Bedingungen geknüpft. Diese **Konditionalität** sind meist **Strukturanpassungsprogramme**, die von den Kreditnehmern z. B. eine Liberalisierung der Außenhandelspolitik, eine Deregulierung von Märkten, eine Reduzierung der Staatsausgaben, Wechselkurskorrekturen oder eine Privatisierung staatlicher Unternehmen und Einrichtungen fordern. Der IWF vertrat dabei eine wirtschaftspolitische Sichtweise, die lange Zeit auch von führenden Ökonomen sowie Politikern geteilt wurde. 1990 wurde für das Maßnahmenbündel, das der Stabilisierung der Wirtschaft und der Förderung des Wachstums in den Transformations- und Schwellenländern dienen sollte, der Begriff **Washingtoner Konsens** geprägt. Er war bis zu Beginn des 21. Jahrhunderts die Handlungsmaxime des IWF beim Umgang mit Krisen. So wurden die Kreditvergaben in der lateinamerikanischen Schuldenkrise (1980er-Jahre), in der Asienkrise (1997/1998) oder in der Argentinienkrise (2001) an die genannten Bedingungen geknüpft.

Kritik und Reform

Die **neoliberale** Konditionalität ist einer der **Hauptkritikpunkte** am IWF, der nicht nur von globalisierungskritischen NGOs geübt wird. Die vorgeschlagenen Maßnahmen hätten in vielen Fällen die Krise nicht gelöst, sondern sogar zu deren Verschärfung beigetragen. Die geforderten Sparprogramme hätten für die Menschen in den betroffenen Ländern zu unzumutbaren Härten geführt und ein Wachsen der Wirtschaft verhindert. Vielfach wurden auch Strukturanpassungsmaßnahmen schablonenhaft ohne genauere Kenntnisse der länderspezifischen Besonderheiten verlangt. Viele Schwellen- und Entwicklungsländer sahen im IWF ein Instrument der Industrieländer, das den Interessen der Gläubiger die höchste Priorität einräumt. Die zunehmende Kritik führte auch innerhalb des IWF zu einer Diskussion über die restriktiven Kreditvergaberichtlinien.

So wundert es nicht, dass sich viele Entwicklungs- und Schwellenländer vom IWF abwandten, sobald sich die Möglichkeit dazu ergab. Mit Beginn des 21. Jahrhunderts verlor der Fonds zunehmend an Einfluss. Durch steigende Rohstoffpreise war es vielen Entwicklungs- und Schwellenländern möglich, Devisenreserven anzuhäufen und ihre Kredite an den IWF vorzeitig zurückzubezahlen. Die Länder Ostasiens haben aus den Erfahrungen der Krise von 1997/98 Schlüsse gezogen und begannen, Währungsreserven anzulegen, um in Notlagen selbst über ausreichend Liquidität zu verfügen. Unter den zehn Ländern mit den größten Devisenreserven sind sechs ostasiatische Länder. Mit der Chiang-Mai-Initiative haben die ASEAN-Staaten mit China, Japan und Südkorea eine intensivere Zusammenarbeit der jeweiligen Notenbanken vereinbart. Eine vergleichbare Entwicklung ist in Lateinamerika festzustellen. So wollen die Staaten beispielsweise mit der Gründung der Bank des Südens und der Einrichtung eines regionalen Fonds ihre Finanz-, Wirtschafts- und Währungspolitik stärker selbst steuern. Bei der Finanzierung von Schwellen- und Entwicklungsländern tritt weltweit China immer stärker in Erscheinung. Die aufstrebende Wirtschaftsmacht möchte damit nicht zuletzt ihren wirtschaftlichen und politischen Einfluss ausweiten und sich Zugang zu Rohstoffen verschaffen, um ihren stark steigenden Bedarf zu decken. Mit der Eurokrise seit 2009 gewann der Währungsfonds wieder an Bedeutung und war insbesondere gemeinsam mit der EU an den Maßnahmen zur Krisenbewältigung in Griechenland, Irland, Portugal und Spanien beteiligt.

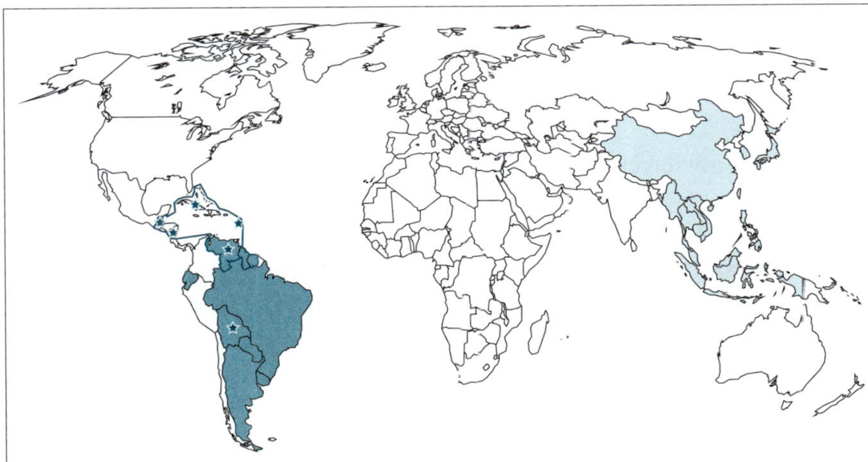

★ **Bolivarianische Alternative für Amerika (ALBA), Dezember 2004:** Vereinbarung zur wirtschaftlichen, sozialen und wissenschaftlichen Zusammenarbeit, teils auf Tauschbasis. 2008 Gründung der ALBA-Bank, 2009 Ankündigung einer gemeinsamen Währungseinheit „Sucre"

Chiang-Mai-Initiative (CMI), Februar 2003: Erlaubt finanzielle Zusammenarbeit zwischen asiatischen Zentralbanken bei Finanzkrisen; im Mai 2009 Gründung eines auf der CMI basierenden Krisenfonds

Bank des Südens, Dezember 2007: Südamerikanische Alternative zu Weltbank und IWF

Petrocaribe, Juni 2005: Abkommen zwischen Venezuela und karibischen Staaten zum Bezug von Öl zum Vorzugspreis, 2008 Ankündigung eines Agrarfonds aus venezolanischen Ölexporterlösen

Lateinamerika und Südostasien suchen nach Alternativen zum IWF

Nachdem der IWF insbesondere wegen der Konditionalität und der Dominanz der westlichen Industrieländer immer wieder in der Kritik stand, wurden verschiedene Vorschläge einer Neuordnung diskutiert. 2010 verständigten sich die IWF-Mitglieder darauf, eine **umfassende Reform** auf den Weg zu bringen. Deren Kernpunkt ist ein neuer Zuschnitt der Quoten, der den Einfluss der Schwellenländer stärken und damit deren gewachsener Bedeutung in der Weltwirtschaft Rechnung tragen soll. Allerdings hat sich das Vorhaben immer wieder verzögert und die für Ende 2012 anvisierte Überarbeitung der Quotenformel wird im Jahr 2014 erwartet.

Aufgaben

43 Nennen Sie die Prinzipien der WTO.

44 Begründen Sie, weshalb die WTO das Ziel verfolgt, nichttarifäre Handelshemmnisse abzuschaffen und lediglich Zölle als Mittel der Außenhandelspolitik zu gestatten.

45 Erklären Sie, weshalb die letzten WTO-Verhandlungsrunden einen so langen Zeitraum bis zu einer Einigung benötigten.

46 Erörtern Sie, inwieweit es gerechtfertigt ist, den IWF als Weltzentralbank zu bezeichnen.

47 Vergleichen Sie IWF und WTO vor dem Hintergrund der Einflussmöglichkeiten der Entwicklungs- und Schwellenländer.

7 Globalisierung: Problemfelder und Lösungsvorschläge

7.1 Auswirkungen der Globalisierung

Die Globalisierung hat **ökonomische, soziale, politische und ökologische Folgen**. Die folgende Mindmap zeigt ausgewählte Aspekte.

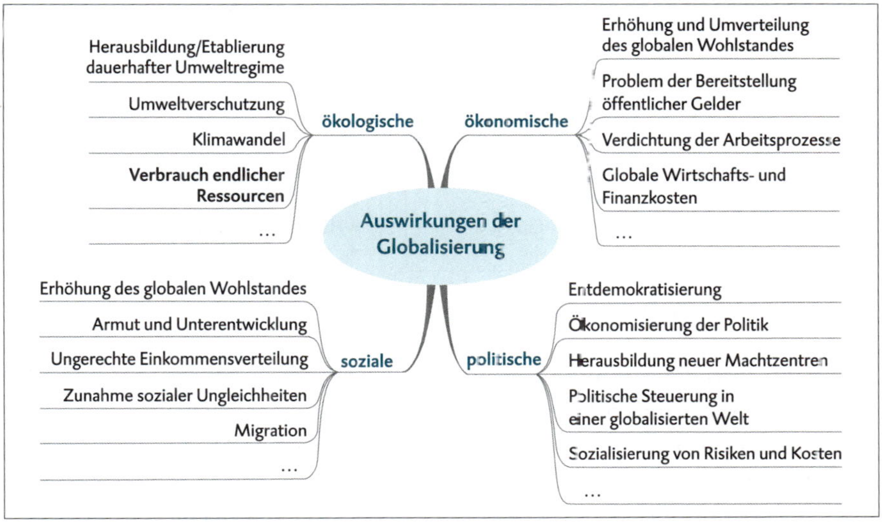

Auswirkungen der Globalisierung

Ist die Globalisierung **Fluch oder Segen**? Auf diese Frage gibt es keine einfache und eindeutige Antwort. Unbestritten ist, dass es sowohl Gewinner als auch Verlierer gibt. Abhängig vom Standpunkt des Betrachters und den ausgewählten Indikatoren gelangt man zu unterschiedlichen Einschätzungen.

Ein differenziertes Bild ergibt sich, wenn man die **Einstellungen** der Bürger zur Globalisierung betrachtet. In einer Umfrage aus dem Jahr 2011 verbanden rund zwei Drittel der Befragten mit dem Begriff der Globalisierung etwas Positives. Auch war eine große Mehrheit der Ansicht, die Globalisierung würde für ihre persönliche Situation, für Deutschland und auch für die Welt insgesamt mehr Vorteile als Nachteile bringen. Die folgende Grafik illustriert mögliche Analyseperspektiven.

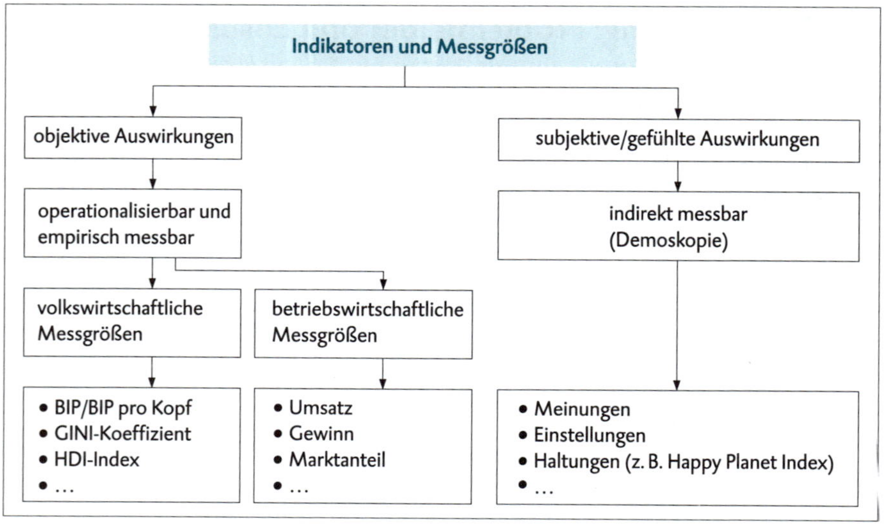

Indikatoren zur Messung der Auswirkungen der Globalisierung

Überprüft man die gefühlten Auswirkungen anhand der Entwicklung des BIP, scheint sich dies zunächst zu bestätigen. So hat sich das BIP weltweit im Zeitraum 1980–2013 mehr als versiebenfacht. Die Pro-Kopf-Wirtschaftsleistung hat sich z. B. in den Länder n Afrikas südlich der Sahara und in Lateinamerika mehr als verdreifacht. In den sich entwickelnden Staaten Asiens hat sie um das 16-Fache zugenommen. Wie untenstehende Grafik zeigt, sind es besonders die Entwicklungs- und Schwellenländer, die überdurchschnittliche Wachstumsraten aufweisen. Ihr Anteil am Welt-BIP stieg seit 1995 von 18 % auf 38 % und ihr Anteil an den Weltexporten von 28 % auf 43 %.

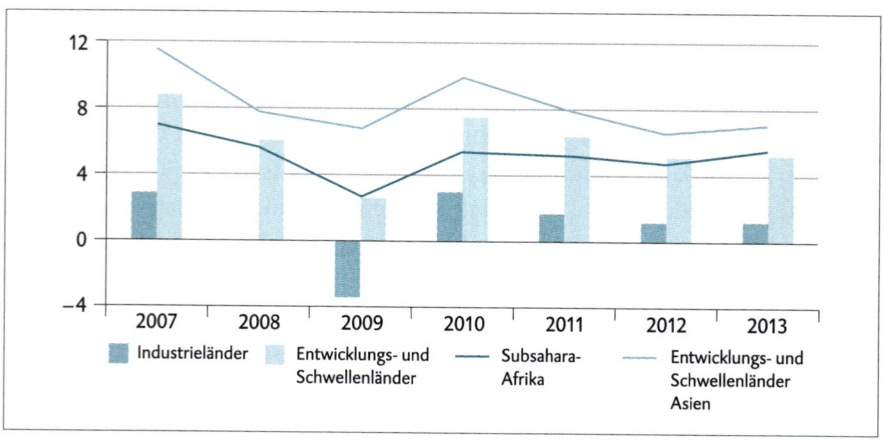

Reales Wirtschaftswachstum in den Industrie- und Schwellenländern in Prozent

Allerdings ist ein großer Teil der dargestellten Wachstumsdynamik und der Rückgang der Armut in den Entwicklungs- und Schwellenländern dem Aufstieg der Schwellenländer geschuldet, allen voran dem Aufstieg Chinas, das von 2003–2013 jährlich um durchschnittlich mehr als 10 % gewachsen ist. So finden sich vor allem unter den weniger entwickelten Staaten eine Reihe von Ländern, deren sozioökonomische Entwicklung hinter vergleichbaren Volkswirtschaften zurückblieb. Sie zählen zu den **Verlierern der Globalisierung**.

Aber nicht nur die Ungleichheit zwischen einzelnen Ländern, sondern auch die Unterschiede innerhalb der Länder haben vielfach zugenommen.

Bei der Bewertung der Auswirkungen der Globalisierung gibt es ein grundsätzliches messtechnisches Problem. Das **BIP bzw. das Wirtschaftswachstum als Wohlstandsindikator wird inzwischen sehr kritisch gesehen**. Schon 1968 formulierte der damalige US-Präsidentschaftskandidat Robert Kennedy: *„[Das BIP] erfasst nicht die Gesundheit unserer Kinder, nicht die Qualität ihrer Ausbildung und nicht die Freude ihres Spielens. Es enthält nicht die Schönheit unserer Dichtung und nicht die Stärke unserer ehelichen Bindungen, es enthält nicht die Intelligenz der politischen Diskussionen und nicht die Integrität der öffentlichen Verwaltung. Es misst weder unseren Mut, noch unsere Weisheit, noch unsere Hingabe zu unserem Land. Kurz gesagt misst es alles, bis auf die Dinge, die das Leben lebenswert machen.“*[14] Das BIP verfügt, wie im Kennedy-Zitat zum Ausdruck kommt, aus mehreren Gründen nur über eine begrenzte Aussagekraft zur Wohlfahrt in einer Volkswirtschaft. So werden immaterielle Werte ebenso ausgeblendet wie die Verteilung des Wohlstands, eine intakte Umwelt oder das Vorhandensein bzw. das Fehlen von Grundrechten. Auch geht in das BIP jede wirtschaftliche Tätigkeit ein, egal ob sie zusätzliche Werte schafft oder nicht. Reparaturarbeiten nach einem Unwetter oder einem Unfall fließen ebenso wohlfahrtssteigernd in das BIP ein wie der Aufbau einer neuen Fabrik, während z. B. ehrenamtliche Tätigkeiten nicht berücksichtig werden.

In Wissenschaft und Politik werden daher eine Reihe weiterer Indikatoren und Indizes zur Beschreibung von Disparitäten herangezogen:

- Der **Human Development Index (HDI)** ist ein Wohlstandsindikator der UN, der seit 1990 ermittelt wird. Neben dem Einkommen werden auch die Aspekte Gesundheit und Bildungsgrad berücksichtigt. Der HDI kann Werte zwischen 0 und 1 annehmen. Die 187 Länder umfassende Liste führt 2012 Norwegen mit einem Wert von 0,955 an. Es folgen Australien (0,938), die USA (0,937), die Niederlande (0,921) und Deutschland (0,920). China liegt

14 Le monde diplomatique (Hrsg.:): Atlas der Globalisierung: Die Welt von morgen. Berlin 2012, S.158

mit einem Wert von 0,699 auf Rang 101, Brasilien auf Platz 85 (0,730). Schlusslicht ist der Niger (0,304). Die letzten 12 Ränge der Liste werden von afrikanischen Ländern belegt. Kritisiert wird am HDI, dass z. B. ökologische Aspekte unberücksichtigt bleiben.

- Der **GINI-Koeffizient** ist ein Maß für Ungleichverteilung. Er nimmt Werte zwischen 0 und 1 an. Je näher er am Wert Null ist, desto gleichmäßiger sind Einkommen und/oder Vermögen innerhalb einer Volkswirtschaft verteilt. In der EU waren Litauen (0,238), Schweden (0,244) und die Tschechische Republik (0,252) im Jahr 2011 die Länder mit den geringsten Einkommens- bzw. Vermögensunterschieden. Deutschland lag mit einem GINI-Koeffizient von 0,290 auf Rang 13. Grafisch lässt sich die Einkommens-/Vermögensverteilung mit der **Lorenzkurve** darstellen. Die theoretische Gleichverteilung zeigt Kurve A. Bei Kurve B verfügen die ärmsten 50 % der Bevölkerung über rund 25 % des Einkommens/Vermögens, d. h., die reichere Hälfte über etwa 75 % des Einkommens/Vermögens.

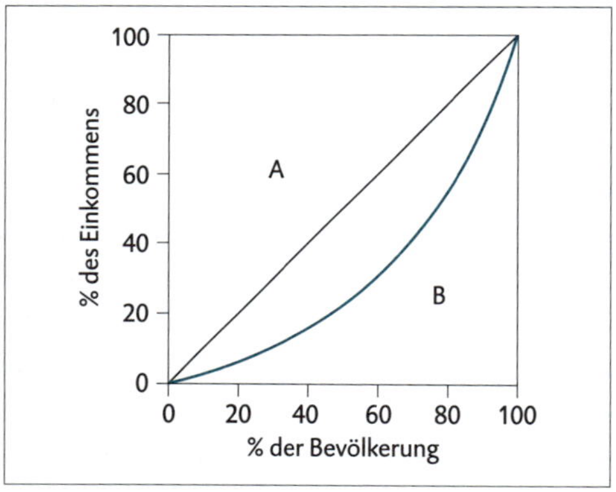

Lorenzkurve

- Der **Multidimensional Poverty Index (MPI)** ist ein Armutsindex, der die drei Dimensionen Lebensstandard, Gesundheit und Bildung mit insgesamt zehn Indikatoren untersucht. Als arm gelten Menschen, die bei mindestens einem Drittel der Indikatoren unter einem Mangel leiden. Nach Angaben des UNDP, dem Entwicklungshilfeprogramm der UN, lebt rund ein Drittel der Bevölkerung in 109 Ländern in multidimensionaler Armut. Das sind gegenwärtig mehr als 1,7 Mrd. Menschen.
- Der **Genuine Progress Indicator (GPI)** versteht sich als Fortschrittsindikator, der auf dem BIP basiert, aber weitere Aspekte wie Einkommensverteilung, Umwelt- und Ressourcenverbrauch berücksichtigt. Entsprechende Überlegungen sind auch in die „Beyond GPD“-Initiative der EU eingeflossen, die einen neuen Wohlstandsindex entwickeln möchte.

- Der **Happy Planet Index (HPI)** wird aus den Indikatoren Lebenszufriedenheit, Lebenserwartung und ökologischer Fußabdruck ermittelt. Dabei fällt auf, dass auf der Liste von 2012 die Länder mit den höchsten Werten Entwicklungs- und Schwellenländer sind. Israel ist auf Rang 15 das erste Industrieland. Deutschland rangiert auf Platz 46 von 151 Staaten.

Die folgende Tabelle stellt vier Indizes für einzelne Länder im Vergleich dar.

Land	Happy Planet Index (Rang)	BIP/Kopf in USD (Rang)	HDI (Rang)	GINI-Koeffizient (Rang)
Costa Rica	64,0 (1.)	9 673 (68.)	0,733 (62.)	0,503 (101.)
Vietnam	60,4 (2.)	1 528 (140.)	0,617 (127.)	0,376 (58.)
Deutschland	47,2 (46.)	41 513 (21.)	0,920 (5.)	0,283 (15.)
China	44,7 (60.)	6 076 (87.)	0,699 (101.)	0,474 (93.)
USA	37,3 (105.)	49 922 (11.)	0,937 (3.)	0,470 (91.)

Ausgewählte Indizes im Vergleich (2012, Ausnahme: Daten zum GINI-Koeffizient entstammen unterschiedlichen Erhebungsjahren)

Im September 2000 haben die damals 189 UN-Mitglieder die **Millenniumserklärung** verabschiedet. Darin sind acht Entwicklungsziele formuliert, mit denen sich die Mitgliedstaaten zur Armutsbekämpfung, Friedenssicherung und zum Umweltschutz verpflichten. Erreicht werden sollen die Zielsetzungen 2015. Die Weltgemeinschaft möchte mit den **UN-Millenniumszielen** eine Antwort auf die zentralen Herausforderungen des 21. Jahrhunderts geben und damit auch den negativen Auswirkungen der Globalisierung begegnen.

Bekämpfung von extremer Armut und Hunger:
Die Zahl der Menschen, die hungern und in extremer Armut leben, soll halbiert werden.

Primärschulbildung für alle

Gleichstellung der Geschlechter/Stärkung der Rolle der Frauen:
Das Geschlechtergefälle in der Primär- und Sekundarschulbildung soll auf allen Bildungsebenen bis spätestens 2015 beseitigt sein.

Senkung der Kindersterblichkeit:
Bis 2015 soll die Kindersterblichkeit von unter Fünfjährigen um zwei Drittel, von 10,6 % auf 3,5 %, gesenkt werden.

Verbesserung der Gesundheitsversorgung der Mütter:
Die Sterblichkeitsrate von Müttern soll um drei Viertel gesenkt und ein allgemeiner Zugang zu reproduktiver Gesundheit erreicht werden.

Bekämpfung von HIV/AIDS, Malaria und anderen schweren Krankheiten:
Die Ausbreitung von HIV/AIDS, Malaria und anderer schwerer Krankheiten soll gestoppt und eine Trendwende erreicht werden.

Ökologische Nachhaltigkeit:
Die Grundsätze der nachhaltigen Entwicklung sollen in der Politik der einzelnen Staaten verankert werden. Der Anteil der Menschen ohne dauerhaft gesicherten Zugang zu hygienisch einwandfreiem Trinkwasser soll von 65 % auf 32 % halbiert werden.

Aufbau einer globalen Partnerschaft für Entwicklung:
Es sollen weitere Fortschritte bei der Entwicklung eines offenen, regelgestützten, berechenbaren und nicht diskriminierenden Handels- und Finanzsystems erreicht werden. Dies umfasst die Verpflichtung zu verantwortungsbewusster Regierungsführung und zur Senkung der Armut – sowohl auf nationaler als auch auf internationaler Ebene. Die besonderen Bedürfnisse der am wenigsten entwickelten Länder sollen dabei berücksichtigt werden. Das beinhaltet den Abbau von Handelshemmnissen, Schuldenerleichterung und -erlass sowie eine besondere finanzielle Unterstützung der aktiv um Armutsminderung bemühten Länder.

Die Millennium-Entwicklungsziele der UN

Zum Stand der Umsetzung der Ziele wird von der UN jährlich ein Bericht veröffentlicht. In vielen Bereichen sind Fortschritte erzielt worden, aber nicht alle Ziele werden bis 2015 erreicht sein. Gegenwärtig wird über eine **Post-2015-Agenda** diskutiert. Diese soll den Entwicklungsprozess fortschreiben und dabei gezeigte Schwächen überwinden. So sollen die Bedürfnisse und Möglichkeiten der Entwicklungsländer verstärkt berücksichtigt werden und eine neue Erklärung einen völkerrechtlich verbindlichen Charakter haben. Die Basis eines nachhaltigen und ganzheitlichen Ansatzes sollte dabei ein **gesellschaftlicher Beteiligungsprozess** sein, der die Agenda legitimiert.

7.2 Markteffizienz vs. Marktversagen

Hinsichtlich der Ausgestaltung des Globalisierungsprozesses stellt sich auch die Frage, in welchem Ausmaß **Regulierung und Deregulierung** sinnvoll sind bzw. sein können. Empirisch lässt sich zeigen, dass Länder, die Handelshemmnisse abgebaut und sich am Welthandel beteiligt haben, stärker gewachsen sind als Länder, die dies nicht getan haben. Ehemals arme Länder wie Taiwan oder Südkorea haben gezeigt, dass es möglich ist, das Wohlstandsniveau etablierter Industrieländer zu erreichen. Auch die Befürchtung, die Globalisierung führe zu einem **race-to-the-bottom**, d. h. zu einem fortschreitenden Abbau von Umwelt- und Sozialstandards, hat sich bisher nicht bestätigt.

Allerdings gibt es eine Reihe von Entwicklungsländern, vornehmlich in Afrika, aber auch in Südasien, die vom weltweiten Wachstum nicht profitieren konnten. Auch in Ländern mit steigendem Volkseinkommen, stieg die Armutsquote, da oft nur eine kleine Oberschicht davon profitierte. Der in der Literatur beschriebene **trickle down effect**, nach dem eine Wohlstandsmehrung „nach unten durchsickert" und auch den ärmeren Bevölkerungsschichten zugutekommt, ließ sich nicht beobachten.

So lassen sich in vielen Ländern und Wirtschaftsbereichen Erfolge der Deregulierung vermelden, während in anderen Fällen die Nachteile überwiegen.

Nach der Vorstellung des **klassischen Liberalismus** führen die Marktkräfte, das freie Spiel von Angebot und Nachfrage, zu einer optimalen Allokation der Ressourcen. In folgenden Fällen kann es aber zu einem **Marktversagen** und der Notwendigkeit einer ordnungspolitischen Regulierung kommen:

- **Negative externe Effekte/externe Kosten:** Es handelt sich hierbei um entstandene Kosten, die nicht oder nicht ganz vom Verursacher getragen, sondern Dritten aufgebürdet werden. So führt z. B. extensiver Fischfang zu einem Rückgang der Bestände und zu einem Preisanstieg, den die Verbraucher tragen. Andere Beispiele sind die Kosten der Arbeitslosigkeit, die durch Outsourcing entstehen, oder Umweltschädigungen.
- **Öffentliche Güter:** Es handelt sich um Güter, bei denen das Ausschlussprinzip keine Anwendung findet und Nicht-Rivalität gilt. Das heißt, von der Nutzung des Gutes kann keiner ausgeschlossen werden und das Gut kann gleichzeitig von mehreren Personen genutzt werden. Beispiele sind eine saubere Umwelt, die Bereitstellung einer Grundversorgung für Arme und Bedürftige oder die innere Sicherheit. Aus diesem Grund haben diese Güter keinen Preis und die Anbieter haben keinen Anreiz, ein solches Gut bereitzustellen.
- **Machtungleichgewichte/Ausnutzen von Marktmacht:** Herrscht eine Machtasymmetrie, können Handelsregeln einseitig festgesetzt werden. Gleiches gilt, wenn sich die Marktteilnehmer untereinander absprechen.

In diesen Fällen kann eine **Regulierung zu einem gesamtgesellschaftlichen Wohlfahrtsgewinn führen**. Dabei hängen die Maßnahmen von der Kosten-Nutzen-Relation, der langfristigen Wirkung und nicht zuletzt von der politischen Umsetzbarkeit ab. Hinzu kommt, dass die negativen Auswirkungen des Marktversagens quantifiziert werden müssen und ein optimaler Zustand zu definieren ist. Schließlich müssen die Regulierungsmaßnahmen so ausgestaltet sein, dass es keine Umgehungsmöglichkeiten und Vermeidungsstrategien gibt.

Folgende Regulierungsmaßnahmen sind denkbar:

Maßnahme	externe Effekte	öffentliche Güter	Macht-ungleich-gewichte	Hinweis/Bemerkung
moralische Appelle/Maßhalteappelle/ Moral suasion	–	– –	–	grundsätzlich wenig erfolgversprechend, da der Markt soziales Verhalten nicht belohnt
Verhandlungen	+/–	O	+/–	Lösung auch ohne Staat möglich; Kooperationsprinzip
Gebote/ Verbote	+/–	– –	+/–	Problem der Treffsicherheit/ Dosierung; geringe Anreize, fehlbares Verhalten zu reduzieren; geringe Kosten; Regelung nach dem Verursacherprinzip möglich
Steuern/ Subventionen	++ (Beispiel: Pigou-Steuer)[15]	+/–	+/–	marktkonformer Eingriff, da er direkt den Preis beeinflusst
Mengenlösung	++ (Beispiel: Emissionshandel in der EU)	+/–	– –	marktkonformer Eingriff; Problem die richtige Menge festzulegen
Gemeinlastprinzip	+ (Kosten werden von der Allgemeinheit beglichen)	++ (Öffentliche Güter werden vom Staat bereitgestellt)	O	negatives Verhalten wird verstärkt; Problem die richtige Menge festzusetzten; kostenintensiv

Legende:
++/+ sehr positive/positive Wirkung
+/– Erfolg möglich
– –/– kein Erfolg/Erfolg eher unwahrscheinlich
O kein/geringer Zusammenhang

Möglichkeiten und Grenzen staatlicher Regulierungsmaßnahmen

Globale Probleme bedürfen einer globalen Lösung. Da in der Regel viele, oft einander entgegenstehende Interessen zu berücksichtigen sind, lassen sich international verbindliche Regelungen oft nur schwer finden und umsetzen. Regionale Lösungen, wie beispielsweise der EU-Emissionshandel, können hier als **Vorbild für eine globale Lösung** dienen.

15 ist eine Lenkungsabgabe mit dem Ziel, externe Kosten zu internalisieren; z. B.: Umweltsteuern

7.3 Regulierung der Finanzmärkte als ordnungspolitische Aufgabe

Seit den 1990er-Jahren hat **die Zahl der Finanzkrisen stark zugenommen**. Krisen gab es auch schon zuvor, aber nur wenige hatten die **Dimension**, die Weltwirtschaft so sehr zu beeinflussen wie die jüngsten Verwerfungen im Finanzsektor. Selbst Deregulierungsbefürworter halten es für unerlässlich, einen **Ordnungsrahmen für die internationalen Finanzmärkte** zu schaffen.

Unbestritten ist, dass die Ursachen der Krisen in der zunehmenden Liberalisierung liegen. Begonnen hatte diese mit dem Ende des Bretton-Woods-Systems 1973. In der Folge wurden die Kapitalmärkte immer weiter dereguliert. Seit den 1980er-Jahren nahm das Volumen der Finanzmärkte stark zu, immer mehr Derivate und neue Finanzprodukte kamen auf den Markt. Beschleunigt wurde die Entwicklung in den 1990er-Jahren durch den technologischen Fortschritt, vor allem durch die Ausbreitung des Internets. Es war nun technisch und rechtlich möglich, in Sekundenbruchteilen Kapital weltweit zu bewegen.

Exemplarisch sollen nun die Ursachen und der Verlauf der Finanzkrise ab 2007 und der Eurokrise ab 2009 dargestellt werden.

Die Finanzkrise ab 2007

Die Finanzkrise ab 2007, die sich zu einer globalen Banken-, Finanz- und schließlich zu einer weltweiten Wirtschaftskrise ausweitete, begann im Sommer 2007 in den USA als **Immobilienkrise**, die auch als **Subprimekrise** bezeichnet wird. Ihren Höhepunkt erreichte sie mit dem **Zusammenbruch der Investmentbank Lehman Brothers** am 15. September 2008.

Vorausgegangen war ein Immobilienboom in den USA, der sich zu einer Immobilienblase ausweitete. Der Boom wurde von zwei Faktoren begünstigt: Zum einen war es der politische Wille der Clinton-Regierung[16] und später der Bush-Administration[17], privates Wohneigentum zu fördern. Zum anderen verfolgte die US-Zentralbank von 2001–2005 als Reaktion auf das Platzen der Dotcom-Blase im März 2000 eine **expansive Geldpolitik**. Dadurch war es möglich, dass auch US-Bürger, die nicht über die nötige Bonität verfügten, Immobilien erwerben konnten, indem sie diese nahezu vollständig über Kredite finanzierten. Das ging gut, solange die Immobilienpreise in den USA stiegen.

16 Bill Clinton (*1946), Politiker der Demokratischen Partei und von 1993–2001 Präsident der Vereinigten Staaten.
17 George W. Bush (*1946), Politiker der Republikanischen Partei und von 2001–2008 Präsident der Vereinigten Staaten.

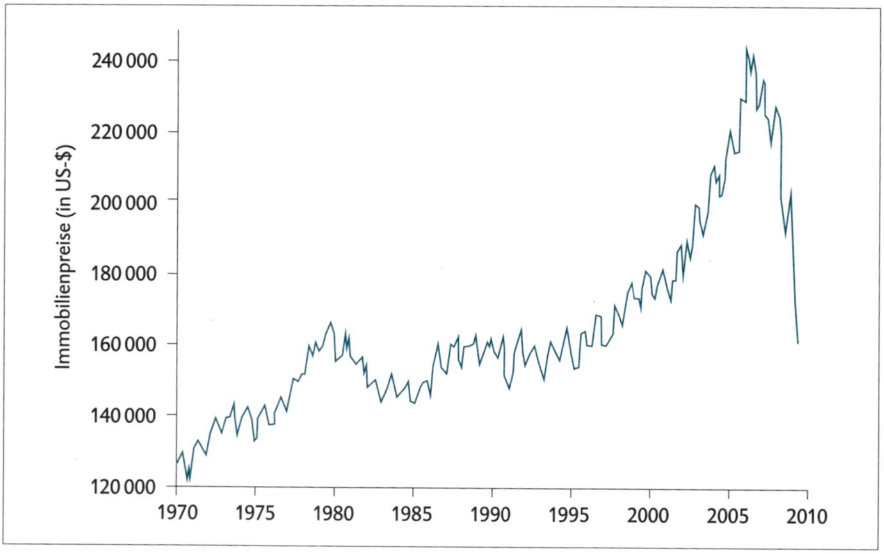

Entwicklung der Immobilienpreise in den USA 1970–2010

Die Banken bündelten und verbrieften diese Kredite, d. h., sie machten daraus handelbare Wertpapiere und schufen so neue Finanzprodukte. Diese **CDOs** (Collateralized Debt Obligations), in denen in großer Zahl Subprimes, d. h. zweitklassige Kredite, steckten, wurden von den Ratingagenturen oft mit hohen und höchsten Bonitäten versehen. Das machte die CDOs zu lukrativen Anlagen für Investoren. Die hohe Nachfrage sorgte zunächst auch für einen weiteren Anstieg der Immobilienpreise. Die Investmentbanken gründeten eigens Zweckgesellschaften, oft in Offshore-Finanzplätzen, und umgingen so die sonst üblichen Eigenkapitalquoten. Der Verschuldungsgrad der Banken lag teilweise bei 1:33. Gefördert wurde der Handel mit CDOs durch die Prämienzahlungen an die Bankangestellten. Die Höhe der Bezüge hing ausschließlich vom Umfang der verkauften Produkte ab. Die Grafik auf der folgenden Seite zeigt die Entwicklung der Bonuszahlungen an der Wallstreet. Allein der Chef von Lehman Brothers, Richard Fuld, verdiente während seiner Tätigkeit bei der Bank insgesamt 485 Mio. US-$.

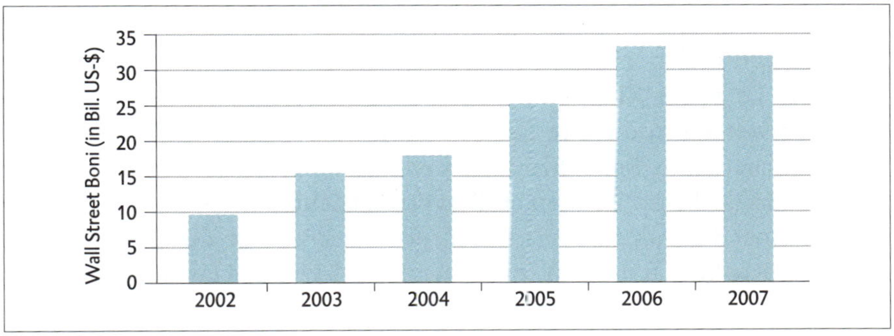

Entwicklung der Boni an der Wall Street

Das Geschäftsgebaren der Banken ging so weit, dass sie mit Optionsgeschäften gegen Wertpapiere wetteten, die sie zuvor ihren Kunden als Anlage verkauft hatten. Die Bewertung solcher Geschäftspraktiken reicht von „unmoralisch" bis hin zu „kriminell".

Eine weitere tickende Zeitbombe neben den CDOs waren die **Credit Default Swaps** (CDS). Hierbei handelt es sich um Kreditversicherungen, bei denen die Versicherung für einen Kreditausfall aufkommt. Konnte ein Kreditnehmer die Hypotheken für sein Haus nicht mehr bedienen, sprang das Versicherungsunternehmen ein. Auch die CDS waren handelbar und wurden global von Investoren erworben. Der Handel fand over the counter (OTC), d. h. außerbörslich, statt, entsprechend schwierig war eine Kontrolle und Reglementierung. Die Versicherungsunternehmen mussten keine Rücklagen für eventuelle Zahlungsausfälle bilden. Zudem wurden neue Finanzderivate geschaffen, mit denen auf einen Ausfall der CDS gewettet werden konnte. Und schließlich konnte man auch gegen CDS spekulieren, die man gar nicht besaß. Entsprechend hoch war das Risiko für die Versicherungen.

Als immer mehr Kreditnehmer ihre Raten nicht mehr bezahlen konnten und die Immobilienpreise einbrachen, fiel das „Kartenhaus" zusammen. Die Krise wurde zu einer globalen Bankenkrise. **Zahlreiche Versicherungen, Investment- und Hypothekenbanken gerieten in finanzielle Schwierigkeiten.** Die US-Regierung musste einspringen und Banken und Versicherungen mit Hilfskrediten stützen. Die Hypothekenfinanzierer Fannie Mae und Freddie Mac wurden verstaatlicht. Angeschlagene Geldhäuser wurden von Mitbewerbern übernommen. Eine Übernahme der angeschlagenen Bank Lehman Brothers durch die britische Barclays-Bank scheiterte Mitte 2008. Der Druck auf die US-amerikanische Regierung, keine weiteren Banken mit Steuergeldern zu retten, war zu groß, sodass Lehman keine staatliche Unterstützung erhielt und Konkurs anmelden musste.

Weltweit hatten Finanzinvestoren mit CDOs und CDS spekuliert und mussten nun Milliardensummen abschreiben. Auch deutsche Banken waren betroffen. Da vielen Kreditinstituten eine systemrelevante Bedeutung zugeschrieben wurde (**„too big to fail“**), wurden sie mit staatlicher Hilfe vor dem Konkurs gerettet. In Deutschland wurden mit der Hypo Real Estate und der Commerzbank ebenso **Banken (teil-)verstaatlicht**. Die Bankenkrise weitete sich zu einer Finanz- und Wirtschaftskrise aus. Infolge der Lehman-Pleite brach der Kreditmarkt nahezu zusammen. Die fehlende Liquidität sorgte für einen Rückgang von Konsum und Investitionen. Große Unternehmen wie General Electric, Opel, Karstadt oder Quelle gerieten in wirtschaftliche Schwierigkeiten. Die Hilfsmaßnahmen wiederum brachten einzelne Länder, auch in der EU, an den Rand der Zahlungsunfähigkeit.

Den Grund, weshalb der Finanzsektor nur unzureichend kontrolliert und reglementiert ist, sehen Kritiker nicht zuletzt in der Nähe der Branche zur Politik. So war der aktuelle EZB-Präsident Mario Draghi Vizepräsident der Investmentbank Goldman Sachs. Auch Henry Paulson war, bevor er 2006 Finanzminister in der Regierung von Georg W. Bush wurde, Vorsitzender und CEO bei Goldman Sachs. Der US-Finanzminister (1995–1999) Robert Rubin war ebenso für dieses Geldinstitut tätig. Der ehemalige EU-Kommissar und italienische Ministerpräsident Mario Monti ist heute Berater für diese Bank.

Die Eurokrise

Die Eurokrise weist **Elemente einer Banken-, Wirtschafts- und Staatsschuldenkrise** auf.

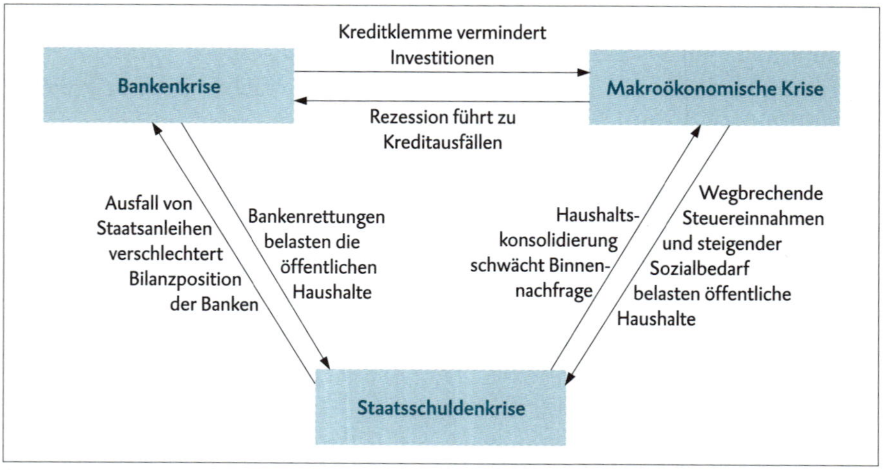

Eurokrise als multiple Krise

Im Frühjahr 2010 hat Griechenland erklärt, seinen Zahlungsverpflichtungen ohne fremde Hilfe nicht mehr nachkommen zu können. Die Rahmenbedingungen standen dort schon vor der Krise nicht zum Besten. So waren die Staatsverschuldung hoch, der Staatshaushalt seit langem nicht mehr im Gleichgewicht, viele Branchen nicht wettbewerbsfähig und die öffentliche Verwaltung ineffizient. Ein großes Problem stellt auch die Korruption dar. Noch 2012 lag Griechenland im Korruptionsindex von Transparency International auf Rang 94, gleichauf mit Kolumbien, Moldawien und Dschibuti.

Im Euroraum zeichnete sich zudem ab, dass weitere EU-Mitglieder ihre Haushaltsprobleme nicht mehr alleine lösen konnten. Eine Reihe von Maßnahmen wurden diskutiert. Diese reichten vom **Austritt der Krisenstaaten aus dem Euro** bis hin zu einem **radikalen Schuldenschnitt**. Auch wurden immer wieder sogenannte **Eurobonds** ins Gespräch gebracht. Dabei handelt es sich um gemeinsame Anleihen aller Eurostaaten. Aufgrund der gemeinschaftlichen Haftung sinkt das Risiko eines Zahlungsausfalls. Auf diese Weise könnten sich die Krisenstaaten, die aufgrund eines hohen Ausfallrisikos hohe Zinsen zahlen müssen, günstiger Kapital auf den Märkten besorgen. Für Länder wie Deutschland würde hingegen das Zinsniveau steigen. Eurobonds sind rechtlich umstritten, da nach Art. 125 des Vertrages über die Arbeitsweise der Europäischen Union (AEU-Vertrag) ein **Bail-out**, d. h. eine Haftung für Schulden eines EU-Landes durch einen anderen Mitgliedstaat oder die gesamte Gemeinschaft, ausgeschlossen ist (Nicht-Beistands-Klausel). Auch sehen Kritiker die Gefahr eines **Moral Hazards**, d. h., die betroffenen Länder könnten, im Wissen, notfalls gerettet zu werden, weiter unsolide haushalten.

Die Mitglieder der EU verständigten sich 2010 **gemeinsam mit dem IWF** auf Maßnahmen, um die Krisenländer zu stabilisieren. Es wurde ein **temporärer Euro-Schutzschirm** eingerichtet. Dieser bestand aus der **Europäischen Finanzstabilisierungsfazilität (EFSF)** und dem **Europäischen Finanzstabilisierungsmechanismus (EFSM)**. Die EFSF ist eine Zweckgesellschaft, die von den Mitgliedern des Euroraumes gegründet wurde. Sie kann Kredite bis zu einer Höhe von 440 Mrd. Euro ausschütten. Das Geld leiht sich die EFSF an den Finanzmärkten. Die Mitgliedstaaten bürgen dabei entsprechend ihrer Anteile an der EZB. Über den EFSM, der durch den EU-Haushalt finanziert wird, können weitere 60 Mrd. an Krediten abgerufen werden.

Die Vergabe von Krediten ist mit **strengen Auflagen zur Haushaltskonsolidierung** verbunden. Im Falle Griechenlands führten die Sparmaßnahmen zu einer Verschärfung der Krise. Selbst der IWF, der zusammen mit der EU-Kommission und der EZB die sogenannte **Troika** bildet, die die Sanierung der griechischen Staatsfinanzen überwacht, räumte später diesbezüglich Fehler ein. Die immer wieder auftretenden Proteste griechischer Bürger richteten sich auch gegen die Bundesrepublik, die sich für die Festschreibung strenger Vergabebedingungen stark gemacht hatte. Aber auch Deutschland hatte mit der weltweiten Finanz- und Wirtschaftskrise zu kämpfen und im eigenen Land zwei Konjunkturpakete auf den Weg gebracht, die mit staatlicher Hilfe die Wirtschaft wieder ankurbeln sollten. Eine Maßnahme war die sogenannte Abwrackprämie, die den Kauf von Neuwagen ankurbeln sollte.

Neben Griechenland erhielten auch Portugal und Irland finanzielle Unterstützung. Von den bereitgestellten Mitteln des EFSF wurden bislang (Stand 08/13) 188,3 Mrd. EUR (42,8 %) abgerufen.

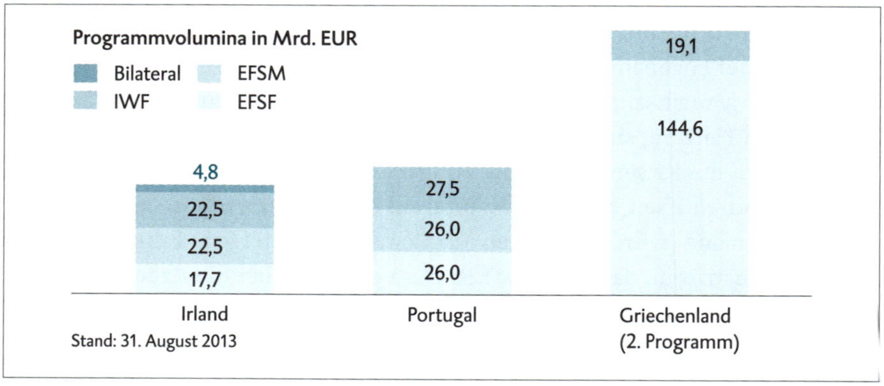

Volumen der Finanzhilfen

Im Juli 2013 liefen die temporären Rettungsmaßnahmen aus und wurden durch den dauerhaften **Europäischen Stabilitätsmechanismus (ESM)** ersetzt.

Bis August 2013 wurden aus dem ESM-Topf Spanien mit 100 Mrd. EUR und Zypern mit 9 Mrd. EUR unterstützt. Damit die Maßnahmen zu einer dauerhaften Lösung der Schuldenkrise führen, wurde im März 2012 von den Eurostaaten mit Ausnahme Großbritanniens, der Tschechischen Republik und Kroatiens der **Europäische Fiskalpakt** unterzeichnet. Er basiert auf den EU-Konvergenzkriterien und soll die Haushaltdisziplin der EU-Mitgliedstaaten stärken.

Mit der Einrichtung des ESM und weiteren Stabilisierungsmaßnahmen sieht sich die EU für die Zukunft gewappnet, wenngleich Kritiker darauf hinweisen, dass dieses Maßnahmenrepertoire nicht ausreicht, insbesondere wenn große europäische Volkswirtschaften wie Spanien, Italien oder gar Frankreich von Zahlungsunfähigkeit bedroht sind.

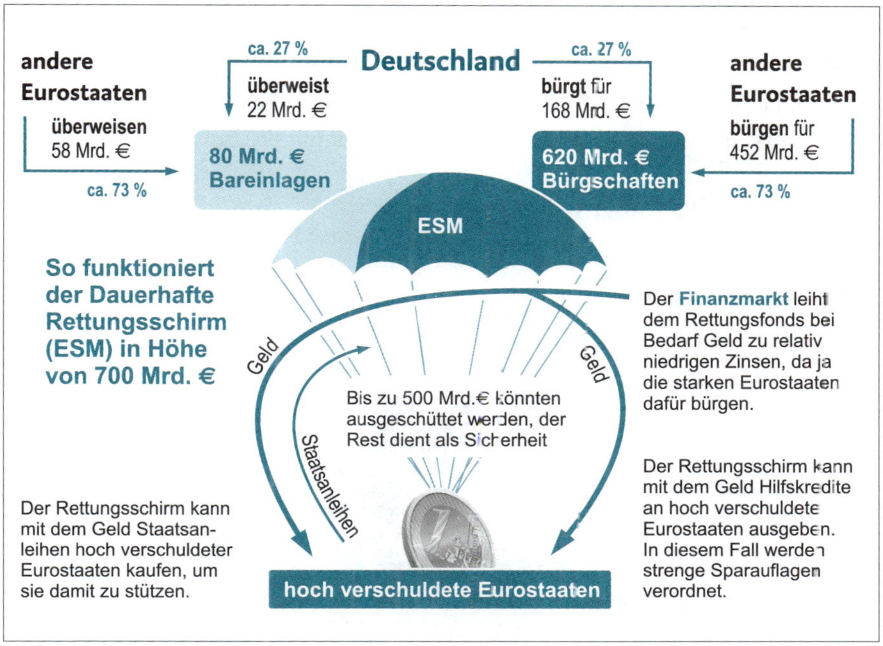

Der Europäische Stabilitätsmechanismus (ESM)

Im Rahmen der Finanz- und Eurokrise spielte die **EZB eine wichtige Rolle**. Zunächst sorgte sie, wie andere Notenbanken auch, durch massive Zinssenkungen für **Liquidität** in den Märkten, nachdem der Kapitalverkehr zwischen den Banken faktisch zum Erliegen gekommen ist. Darüber hinaus hat die EZB im Mai 2010 begonnen, **Staatsanleihen von EU-Krisenländern aufzukaufen**. Bedingung dabei ist, dass die betroffenen Länder sich unter den Schutz des ESM begeben. Da der EZB eine Staatsfinanzierung verboten ist, erwarb sie die Staatsanleihen nicht direkt von den jeweiligen Staaten, sondern auf dem Sekundärmarkt. Dieser Ankauf war sehr umstritten. Kritiker führten u. a. folgende Argumente an:

- Kernaufgabe der EZB sei es, für Preisniveaustabilität zu sorgen. Bei dem Ankauf von Staatsanleihen handle es sich **nicht primär um eine geld-, sondern um eine fiskalpolitische Maßnahme**.
- Durch die Knüpfung des Ankaufs von Anleihen an Bedingungen sei die **Unabhängigkeit** der Zentralbank nicht mehr gewährleistet.
- Bei einem Zahlungsausfall **hafteten letztlich die Steuerzahler** der EU. Die Nichtbeistandsklausel werde damit umgangen.
- Die Maßnahmen der EZB seien nicht **demokratisch legitimiert**.

- Es fehle an **Transparenz**, da zwar das Volumen der Ankäufe veröffentlicht wird, nicht aber wie viele Bonds von welchen Ländern erworben wurden.
- Durch den Kauf von Staatsanleihen gelangt Zentralbankgeld auf die Märkte. Das verstärke die **Inflation** und laufe dem originären Ziel der EZB zuwider.

Reaktionen auf die Eurokrise

Um künftige Krisen zu vermeiden, wird eine stärkere Regulierung und Kontrolle der Finanzmärkte gefordert. Die folgende Karikatur verdeutlicht die mit einem solchen Vorhaben verbundene Schwierigkeit.

Dargestellt ist der Bundesfinanzminister Wolfgang Schäuble

Obgleich sowohl auf nationaler als auch auf internationaler Ebene eine ganze Reihe von Maßnahmen auf den Weg gebracht wurden, sehen Kritiker noch **weitreichenderen Handlungsbedarf**. So wird z. B. ein generelles Verbot von komplexen und schwer durchschaubaren Finanzprodukten und Leerverkäufen gefordert. Die Vergütungsmodelle sollen sich an langfristigen und nachhaltigen Zielen orientieren. Die Schattenbanken und der außerbörsliche Handel mit Wertpapieren sollen besser kontrolliert und reglementiert werden. Auch wird eine deutlichere Trennung von Geschäfts- und Investmentbanken gefordert. Ins Gespräch kommt immer wieder die sogenannte **Tobin-Tax** (vgl. S. 186). Befürworter sehen darin ein Möglichkeit, die Finanzmärkte und die Wechselkurse zu stabilisieren und die Finanztransaktionen, die wenig mit der Realwirtschaft zu tun haben, einzudämmen. Zudem würden Steuereinnahmen entstehen, die z. B. für Entwicklungshilfe genutzt werden könnten. **Kritiker** weisen jedoch darauf hin, dass kurzfristige Geschäfte dabei helfen, Ungleichgewichte auf den Märkten zu beseitigen. Dieser Effekt würde durch die Einführung der Steuer wegfallen und die Instabilität würde zunehmen. Auch seien die Realwirtschaft und die Privatanleger, die z. B. für die Alterssicherung in Aktienfonds investiert haben, von der Tobin-Tax stärker betroffen, als angenommen. Der Bestand eines konservativen Aktienfonds werde immer wieder den Marktverhältnissen angepasst, entsprechend würde die Steuer auch hier mehrfach anfallen und die erwartete Rendite verringern.

Ein Hauptkritikpunkt lässt sich auch gegenüber den anderen vorgeschlagenen Maßnahmen äußern: **Schritte zur Stabilisierung müssen global umgesetzt** werden. So lange es Ausweichmöglichkeiten in Länder gibt, in denen entsprechende Regelungen und Vorschriften nicht gelten, werden die Kapitalströme dorthin umgelenkt. Aufgrund der **divergierenden Interessen** ist gegenwärtig eine nachhaltige Stabilisierung der internationalen Finanzmärkte noch weit entfernt. Skeptiker sehen bereits eine neue Krise aufziehen, die durch die expansive Geldpolitik der Zentralbanken und die damit verbundene hohe Liquidität der Märkte ausgelöst werden könnte.

Die nachstehende Tabelle zeigt exemplarisch Maßnahmen, die als Reaktion auf die Finanzmarktkrise bereits umgesetzt wurden bzw. sich im politischen Entscheidungsprozess befinden:

Haftung	• Umsetzung von Basel III (ab 2014): Strengere Eigenkapital- und Liquiditätsvorschriften für Banken • Solvency II (ggf. ab 2017): Strengere Vorschriften für Versicherungen • Mindestanforderungen für Vergütungsregelungen in Finanzinstitutionen
Systemstabilität	• EU-Leerverkaufsverordnung (seit 2012) • Gesetz zur Vermeidung von Gefahren und Missbräuchen im Hochfrequenzhandel (seit 2013)
Transparenz	• Europäische Verordnung zu OTC-Derivaten (seit 2012) erhöht die Kontrolle über bestimmte Derivate • Ratingverordnung (seit 2011): Registrierungspflicht der Ratingagenturen und Pflicht zur Erfüllung strenger Informationspflichten
Gerechtigkeit	• Restrukturierungsgesetz (seit 2011): Die Finanzinstitute sollen hohe Risiken minimieren und die Kosten künftiger Krisen selbst tragen • Einige als „systemrelevant“ bewertete Kreditinstitute in Deutschland müssen jährlich eine Bankenabgabe in den „Restrukturierungsfonds“ einzahlen
Aufsicht	• Stärkung der grenzüberschreitenden Finanzaufsicht • Europäische Bankenaufsicht (ab 2014): Einrichtung einer Aufsichtsbehörde, die bei der EZB angesiedelt ist

7.4 Global Governance als Konzept zur Gestaltung der Globalisierung

Die Absicht, zunehmende internationale Verflechtungen mit einem Ordnungsrahmen zu versehen, ist nicht neu. Dafür hat sich inzwischen der Begriff **Global Governance** etabliert. Bekannt wurde er durch den 1995 von der UN-Commission of Global Governance veröffentlichten Bericht „Nachbarn in Einer Welt". Der englische Begriff „Global Governance" lässt sich am ehesten mit **globale/weltumspannende Lenkung/Steuerung** übersetzen.

Auch wenn es keine einheitliche Definition gibt, besteht Konsens darüber, dass **Global Governance klar von dem Konzept einer Weltregierung abzugrenzen** ist. Es handelt sich vielmehr, wie es Franz Nuscheler[18] formuliert, um *„Formen internationaler Kooperation, Koordination und kollektiver Entscheidungsfindung"*[19] mit dem Ziel *„Lösungen für grenzüberschreitende Probleme wie Umweltzerstörung, Migration und ökonomische Disparitäten anzubieten."*[20] Dabei sollen staatliche und nichtstaatliche Akteure zusammenarbeiten. Um die Konzeption zu legitimieren, ist es notwendig, regionale und lokale Kräfte einzubinden. Eine besondere Bedeutung kommt der **Zivilgesellschaft** zu. Die Zivilgesellschaft, die auch als Bürgergesellschaft bezeichnet wird, ist der Bereich innerhalb der Gesellschaft, der zwischen dem staatlichen und dem privaten Sektor angesiedelt ist. Das bürgerliche Engagement kommt in der Organisation in Verbänden, Vereinen oder sozialen Bewegungen zum Ausdruck.

Neben zivilgesellschaftlichen Akteuren wie beispielsweise attac oder Greenpeace spielen die Nationalstaaten und die multinationalen Konzerne eine zentrale Rolle. Von besonderer Bedeutung sind internationale Organisationen, die die Grundlage und Steuerungsinstanz einer globaler Kooperation sein müssen. Hilfreich ist es, **wenn bestehende lokale, nationale und internationale Netzwerke verknüpft und ausgebaut** werden. Es ist denkbar, dass die UN die Federführung und die Moderation hierfür übernimmt. Sie repräsentiert nahezu alle Staaten der Erde und hat mit ihren zahlreichen Unter- und Sonderorganisationen die Möglichkeiten und das Know-how, verschiedene politische Handlungsebenen miteinander zu verknüpfen.

18 Franz Nuscheler (*1938) war bis zu seiner Emeritierung Professor für Vergleichende und Internationale Politikwissenschaft an der Gerhard-Mercator-Universität in Duisburg

19 Nuscheler, Franz: Global Governance. Begründungszusammenhänge – Widersprüche – Perspektiven, in: Gruber, Petra C.: Nationale Entwicklung und Global Governance, Opladen 2008, S. 49

20 Huber, Florian J.: Global Governance – Lösungsweg oder Utopie, in: ebd., S. 58

Gegenwärtig wird für die Global Governance Architektur ein **Fünf-Säulen-Modell** diskutiert.

<table>
<tr><th></th><th>Welthandels-ordnung/Welt-wettbewerbs-ordnung</th><th>Welt-finanz-ordnung</th><th>Welt-währungs-ordnung</th><th>Welt-ökologie-ordnung</th><th>Weltsozial-ordnung</th></tr>
<tr><td rowspan="2">Staatliche Akteure</td><td colspan="5">Nationalstaaten</td></tr>
<tr><td>Kartellbehörden</td><td colspan="2">EZB
FED
Nationale Zentralbanken</td><td>–</td><td>–</td></tr>
<tr><td>Internationale Organisationen</td><td>WTO
OECD
UNCTAD</td><td colspan="2">IWF
Weltbank</td><td>UNEP
Agenda21</td><td>ILO</td></tr>
<tr><td>Internationale Netzwerke</td><td colspan="3">Weltwirtschaftsforum
G8/G20</td><td>Global Compact</td><td>Weltsozialforum
Global Compact</td></tr>
<tr><td>Internationale Regime</td><td>–</td><td>–</td><td>–</td><td>Kyoto- und Montreal-Protokoll
Biodiversitäts-Konvention</td><td>–</td></tr>
<tr><td>NGOs</td><td colspan="3">attac</td><td>Greenpeace</td><td>–</td></tr>
</table>

Das Fünf-Säulen-Modell der Global Governance

Es wird auch über die Einrichtung einer **globalen Schlichtungsstelle** bzw. einer **internationalen Gerichtsbarkeit** diskutiert. Ausgangspunkt einer solchen Judikative können der Internationale Gerichtshof (IGH) und/oder der Internationale Strafgerichtshof (IStGH) sein.

Als ein **Vorbild** globaler Verflechtung wird beispielsweise die **EU** genannt. Allerdings ist hier lediglich mit der Europäischen Währungsunion und der EZB im Bereich der Geldpolitik ein hoher Kooperationsgrad erreicht. In anderen Bereichen wie der Wirtschafts- oder Fiskalpolitik gibt es auch innerhalb der EU große inhaltliche Gegensätze. Ein weiteres Beispiel für eine fortgeschrittene Kooperation ist der **Global Compact** (vgl. S. 117 f.). Neben Unternehmen sind auch zivilgesellschaftliche Akteure, Forschungs- und Bildungseinrichtungen und NGOs wie Gewerkschaften Mitglied des Netzwerkes. Die Schaubilder illustrieren das Wachstum des Global Compact.

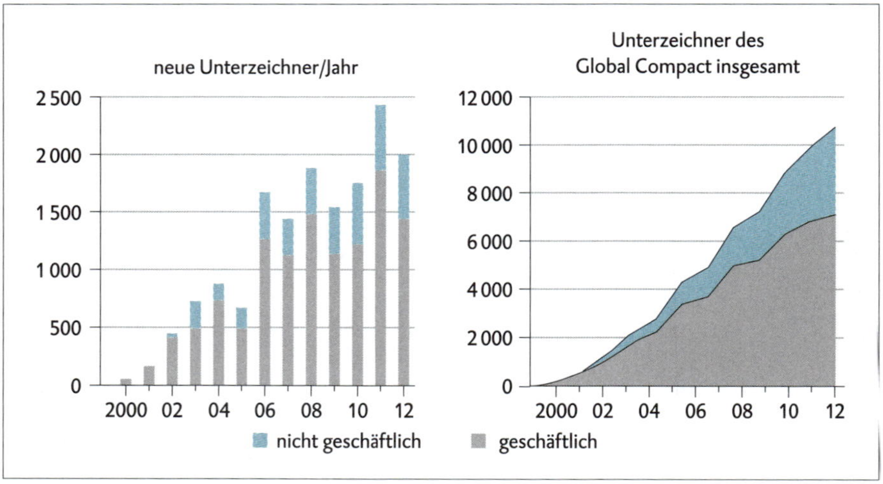

Entwicklung der Unterzeichner des Global Compacts

Die **Kritik an der Global Governance** bezieht sich vor allem auf die geringe Geschwindigkeit, mit der sich die internationale Kooperation entwickelt. Sie würde mit den Herausforderungen der Globalisierung nicht Schritt halten. Auch fehle es allzu oft an einer Verbindlichkeit der Absprachen und Regelungen sowie an ausreichenden Sanktionsmöglichkeiten bei Regelverstößen. Und schließlich wird zahlreichen internationalen Organisationen, die in der Global Governance Architektur eine wichtige Rolle einnehmen sollen, ein Demokratiedefizit und/oder eine Vernachlässigung der Interessen der ärmeren Länder und Akteure vorgeworfen.

Aufgaben

48 Vergleichen Sie das BIP und den HDI als Messgröße zur Beschreibung von räumlichen Disparitäten.

49 Nennen Sie Gründe, weshalb es auf globaler Ebene bei der Beseitigung von externen Effekten zu Problemen kommt.

50 Begründen Sie, weshalb der Emissionshandel als Instrument zur Reduktion der CO_2-Emissionen geeigneter ist als ein Verbot, eine bestimmte Ausstoßmenge zu überschreiten.

51 Stellen Sie in einer Grafik den Zusammenhang zwischen der Subprimekrise in den USA und der Eurokrise dar.

52 Erklären Sie den im Zusammenhang mit der Finanzkrise geäußerten Satz: „Gewinne werden privatisiert, Verluste sozialisiert."

53 Erörtern Sie, inwieweit Eurobonds eine Lösung der Eurokrise darstellen können.

54 Begründen Sie, weshalb das Konzept einer Weltregierung als illusorisch bezeichnet werden kann.

55 (materialgestützt)
a) Charakterisieren Sie die Gruppe der Schwellenländer.
b) Arbeiten Sie aus M 1 und M 2 die aktuelle Situation des Welthandels heraus.
c) Ein Staat möchte die heimische Wirtschaft vor negativen Einflüssen des Welthandels schützen. Beurteilen Sie die Wirksamkeit zweier selbst gewählter protektionistischer Maßnahmen.
d) Ordnen Sie die Karikatur M 3 in den Kontext der Finanzkrise ein.
e) Erörtern Sie die Chancen und Möglichkeiten, künftige Banken- und Finanzkrisen auf globaler Ebene wirksam zu verhindern.

M 1 Anzahl der protektionistischen Maßnahmen weltweit

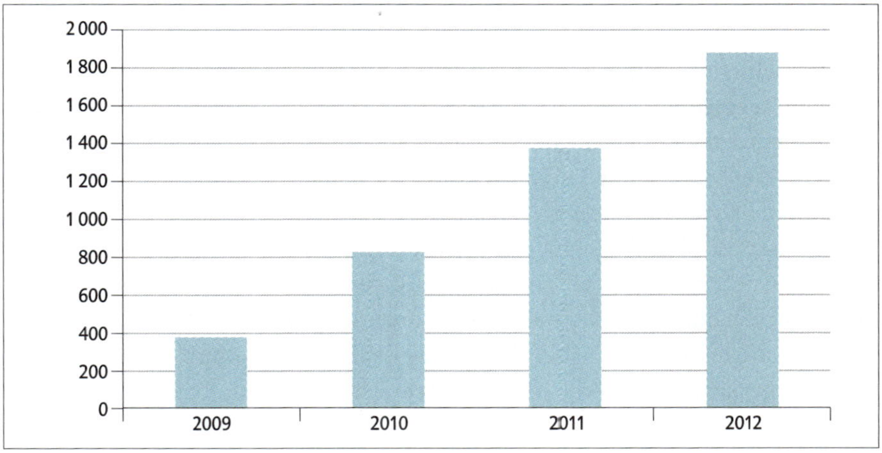

Daten nach: Global Trade Alert

M 2 Aushöhlung des Freihandels durch subtilen Protektionismus

[…] Seit dem Zweiten Weltkrieg gelang es in mehreren multilateralen Verhandlungsrunden, Zölle und andere Handelshemmnisse massiv abzubauen. 157 Länder sind inzwischen Mitglied der World Trade Organisation (WTO), sie bestreiten 95 % des Welthandels. Somit trägt nahezu die ganze Welt das WTO-Grundprinzip mit, nämlich, dass offene Märkte allen nutzen und ein freier Welthandel eine wesentliche Determinante von Wohlstand und Entwicklung ist. Dieses Verständnis herrschte nicht immer vor. Im Zuge der Weltwirtschaftskrise in den 1920er und 1930er-Jahren suchten viele Länder ihr Heil in Marktabschottung und Wechselkursmanipulation. Dadurch verloren jedoch letztlich alle, und die Große Depression war die Folge. Die Weltgemeinschaft hat anschließend aus diesen Erfahrungen die richtigen Schlüsse gezogen. Über die aktuell noch verbliebene Liberalisierungsagenda wird auf WTO-Ebene in der so genannten Doha-Runde verhandelt. Zwar gelang es bisher nicht, zu den vielen Einzelpunkten ein für alle Länder akzeptables Paket zu schnüren. Die Ziele der Doha-Runde wie auch das genannte WTO-Grundprinzip sind jedoch unstreitig. Die wirtschaftsstärksten Länder (G 20) hatten sich nach Ausbruch der globalen Finanzkrise 2008 darauf verständigt, der Krise nicht mit egoistischen protektionistischen Maßnahmen zu begegnen. […] Erfreulicherweise wird nicht massiv gegen diese Bekenntnisse verstoßen. Dies hat zweifellos dazu beigetragen, der Welt eine erneute Große Depression zu ersparen. Allerdings haben in letzter Zeit verschiedene Probleme zu einer Verstärkung bzw. einer Renaissance protektionistischer Bestrebungen geführt. Bei der Frage nach den Gründen für das Wiedererstarken des Protektionismus steht die globale Finanzkrise im Mittelpunkt. Die Krise resultierte aus gravierenden Fehlentwicklungen in den Industriestaaten und stürzte diese in eine schwere Rezession. Die dortigen Regierungen erlagen angesichts der massiven Probleme in etlichen Branchen und auf dem Arbeitsmarkt teilweise populistischen Versuchungen bzw. dem Einfluss von Lobbygruppen, die einen Schutz vor ausländischer Konkurrenz als Antwort auf die Krise forderten. Anders als die Industriestaaten gerieten die Entwicklungs- und Schwellenländer zwar nicht in eine Rezession (von einzelnen Ländern abgesehen), ihre Konjunktur kühlte sich jedoch merklich ab, sodass auch dort die Protektionismusbefürworter Auftrieb erhielten. Bei den Schwellenländern kommt hinzu, dass sie ihre Wirtschaftspolitik zwar in den letzten ein bis zwei Dekaden erheblich marktwirtschaftlich reformiert hatten, dass aber dennoch planwirtschaftliches Denken in diesen Ländern auch heute noch weit verbreitet ist und insofern Argumente gegen Freihandel vielerorts auf fruchtbaren Boden fallen. Einige Schwellenländer erlebten darüber hinaus eine Aufwertung ihrer Währung, die nicht Ausdruck wirtschaftlicher Stärke war, sondern in direktem Bezug zu der globalen Krise stand. Die expansive Geldpolitik und die Niedrigzinspolitik der Industriestaaten […] führten dazu, dass Investoren Mittel in Industrieländern zu niedrigen Zinsen aufnahmen und diese zu höheren Zinsen in Schwellenländern anlegten („Carry Trade"). Die […] Währungsaufwertung beeinträchtigt die internationale Wettbewerbsfähigkeit der Schwellenländer. […]

Raschen, Martin: Aushöhlung des Freihandels durch subtilen Protektionismus. In: KfW Fokus Volkswirtschaft Nr. 3 vom 31.07.2012

M 3 Ein langer Weg

Wolfgang Horsch

Lösungen

Wirtschaftliches Handeln im Sektor Unternehmen

1 Unternehmen sind mit den anderen Akteuren im Wirtschaftskreislauf verbunden, indem sie z. B. dem Staat Steuern zahlen und von diesem Aufträge annehmen. Den privaten Haushalten, deren Arbeitskraft sie nachfragen, zahlen sie Löhne und Gehälter. Die von den Unternehmen produzierten Güter werden von in- und ausländischen Konsumenten nachgefragt.

2 Die ausführende Arbeit beschäftigt sich unmittelbar mit der Herstellung des Produkts (= Objekt), während die leitende Arbeit sich mit der Planung und Organisation des Produktionsprozesses befasst.

3 Gemein ist beiden Betrachtungsweisen die grundlegende Definition, nach der die Produktionsfaktoren alle Güter und Dienstleistungen umfassen, die zur Erstellung eines Produkts notwendig sind. Die Volkswirtschaft unterscheidet hier zwischen den Produktionsfaktoren Boden, Arbeit, Kapital (und dem Humankapital/Qualifikation). Diese Faktoren finden sich auch in der betriebswirtschaftlichen Sichtweise wieder, allerdings werden hier die im Unternehmen notwendigen Produktionsfaktoren anders eingeteilt. Man unterscheidet den dispositiven Faktor von den Elementarfaktoren (ausführende Arbeit, Betriebsmittel und Werkstoffe).

4 Problematisch ist die fehlende Differenzierung zwischen bearbeiteten und unbearbeiteten Böden. Darüber hinaus ist relevant, wie der Boden genutzt wird: Werden Rohstoffe abgebaut, dient er als Anbaufläche für die Landwirtschaft oder als Gewerbefläche? Auch die Lage ist von Bedeutung: Handelt es sich um eine mehr oder weniger austauschbare Lager- oder Produktionsfläche am Ortsrand oder eine 1-A-Lage in der Innenstadt? Betrachtet man allerdings vergleichbare Unternehmen bzw. Branchen, kann es durchaus sinnvoll sein, den Boden als Produktionsfaktor nicht weiter zu differenzieren.

5 Der Staat fördert Unternehmensgründungen, da eine Volkswirtschaft von erfolgreichen Unternehmen in vielfacher Hinsicht profitiert. Zunächst kann der Staat Steuereinnahmen erwarten. Außerdem schaffen Unternehmer Arbeitsplätze. Die Gesellschaft profitiert von einer geringen Arbeitslosigkeit nicht nur

in Form von höheren Einnahmen bzw. geringeren Ausgaben, sondern auch von einer größeren Systemzufriedenheit und -stabilität. Neue Unternehmen sorgen für mehr Wettbewerb und einen höheren Innovationsdruck. Das stärkt die Wettbewerbsfähigkeit des Standorts im internationalen Vergleich, bringt Vorteile für die Konsumenten und kann herrschende/drohende Marktungleichgewichte/-verzerrungen, z. B. durch Monopole und Kartelle, korrigieren.

6 Die Bedeutung von Unternehmensgründungen für eine Volkswirtschaft ist unbestritten. Auch wenn ein Existenzgründer keine innovativen Produkte/Dienstleistungen anbietet und keine zusätzlichen Mitarbeiter beschäftigt, so ist es dennoch ein Gewinn für die Gesellschaft, wenn er seine Tätigkeit erfolgreich und dauerhaft ausübt.

Sinnvoll ist eine Förderung dann, wenn sie hilft, bei einer Erfolg versprechenden Unternehmung die Startschwierigkeiten zu minimieren.

Zu hinterfragen sind Maßnahmen, die zu Mitnahmeeffekten führen. Wenn z. B. Arbeitslosengeldempfänger für einen bestimmten Zeitraum einen Gründungszuschuss erhalten und danach ihre Selbstständigkeit überdurchschnittlich oft beenden, muss die Förderung überprüft werden. Darüber hinaus gibt es auch Unternehmensgründungen bzw. Beteiligungen, die nur dazu dienen, Steuern zu sparen, Mitbestimmungsregelungen zu unterlaufen oder Publikationspflichten zu umgehen. Alle Unternehmensgründungen sollten daher nicht gleichermaßen staatlich gefördert werden.

7 Nach Schumpeter ist der Unternehmer maßgeblich für den wirtschaftlichen Fortschritt einer Volkswirtschaft verantwortlich. Sein Wesen sei es, Neues zu erproben und dies auf den Märkten durchzusetzen. Alte Produkte bzw. Produktionskonzepte werden verdrängt. Schumpeter bezeichnet diesen Prozess als „schöpferische Zerstörung".

8 Die Basisinnovationen sind grundlegende technische Neuerungen, die einen Kondratjew-Zyklus initiieren und zu einem umfassenden gesellschaftlichen Strukturwandel führen. So ermöglichte z. B. die Dampfmaschine die Industrialisierung. Die betroffenen Volkswirtschaften wandelten sich von Agrar- zu Industriestaaten. Die industrielle Produktion ersetzte die handwerkliche, und Großstädte entstanden.

9 Die Kondratjew-Zyklen basieren auf der Theorie der langen Wellen. Während konjunkturelle Schwankungen verschiedene Ursachen haben können, steht zu Beginn eines Kondratjew-Zyklus stets eine Basisinnovation. Im Verlauf des Zyklus kommt es zu einer tiefgreifenden gesellschaftlichen und technologischen Veränderung. Konjunkturelle Schwankungen erfolgen in Abständen von 8–10 Jahren, während die Kondratjew-Zyklen 40–60 Jahre andauern.

10 Die Gründerquote gibt Auskunft darüber, wie viele Menschen den Schritt in die Selbstständigkeit gewagt haben. Grundsätzlich spricht eine hohe Quote für eine innovative und leistungsfähige Volkswirtschaft. Da es eine Korrelation zwischen der Zahl der Unternehmensgründungen und der Lage auf dem Arbeitsmarkt eines Landes gibt, kann man Rückschlüsse auf die wirtschaftliche Situation ziehen. Allerdings sagt die Gründerquote nichts über die Beschäftigungswirkung und den Erfolg oder die Nachhaltigkeit der Gründung aus. Man erfährt nicht, wie viele Unternehmen in innovativen Branchen gegründet werden oder ob Fördermaßnahmen die Quote beeinflusst haben. Damit die Gründerquote sinnvoll interpretiert werden kann, müssen also noch weitere Informationen hinzugezogen werden.

11

Vorteile	Nachteile
• Möglichkeit der Erwerbstätigkeit • Unabhängigkeit von der Nachfrage auf dem Arbeitsmarkt, der Einstellungspolitik der Unternehmen und der Vermittlungstätigkeit der Bundesagentur für Arbeit • zielgerichteter Einsatz eigener Stärken und Fähigkeiten • Zuschüsse und Unterstützung, z. B. durch die Bundesagentur für Arbeit	• Gründungsmotiv „fehlende Erwerbsalternativen“ kann vorhandene fachliche oder organisatorische Defizite überdecken • Gründung erfolgt nur, um Zuschüsse zu empfangen. Nach dem Auslaufen der Förderung endet die unternehmerische Tätigkeit.

12 Die hohe Zahl der Gründungen im Dienstleistungssektor spiegelt zunächst einmal den wirtschaftlichen Strukturwandel wider, nach dem Wachstum und Beschäftigung zunehmend im Dienstleistungssektor erzielt werden (Tertiärisierung). Zudem ist der Weg in die Selbstständigkeit im Dienstleistungsbereich oftmals einfacher. Ein Computer und ein Telefon können für eine Unternehmensgründung ausreichen, während eine Gründung im industriellen Bereich z. B. größere Investitionen für Maschinen voraussetzt.

13 Ein Businessplan hat immer zwei Adressaten: Einmal richtet er sich an den Unternehmer selbst, hilft diesem den Überblick zu bewahren und zwingt ihn, sein Vorhaben systematisch zu planen, die eigenen Stärken und Schwächen zu analysieren und Risiken zu kalkulieren. Zum anderen ist der Businessplan nach außen gerichtet und soll andere, insbesondere potenzielle Kapitalgeber, vom unternehmerischen Vorhaben überzeugen. Um Bank- oder Förderkredite zu erhalten, ist er unerlässlich.

14 Eine Unternehmensgründung ohne Eigenkapital ist zwar grundsätzlich möglich, birgt aber viele Risiken: Die Aufnahme von Fremdkapital kann an Bedingungen geknüpft sein, der Kreditnehmer hat Kosten für Zinsen, Gebühren usw. zu tragen und ist abhängig von der Zinsentwicklung. Zudem fehlen oft Rücklagen für Krisen. Die Kreditwürdigkeit ist außerdem abhängig von der Höhe des Eigenkapitals. So ist es, insbesondere nach Basel II, einer in der EU geltenden Eigenkapitalvorschrift, eher selten, dass eine Geschäftsbank einen Kredit vergibt, ohne dass bestimmte Mindestkapitalanforderungen erfüllt sind.

15 Einen „Musterunternehmer" gibt es nicht, daher kann grundsätzlich ein Gründer auch erfolgreich sein, wenn er nicht über alle idealtypischen Eigenschaften und Fähigkeiten eines Unternehmers verfügt. Im Beispiel besteht die Möglichkeit, dass die fehlenden kaufmännischen Kenntnisse etwa in einer berufsbegleitenden Aus- oder Fortbildung erworben werden. Zudem gibt es zahlreiche Ratgeber, Broschüren und ein breites Internetangebot, die es einem Gründer ermöglichen, sich dieses Themenfeld autodidaktisch anzueignen. In der Gründungsphase lässt sich z. B. durch Hilfe von der IHK oder einem Steuerberater fehlendes eigenes Know-how ersetzen. Eine Alternative ist es, einen Partner zu gewinnen oder einen Mitarbeiter mit entsprechenden Kenntnissen einzustellen. Der Ingenieur hätte dann die Möglichkeit, sich ganz auf die technische Seite des Unternehmens zu konzentrieren. Damit könnten auch die Schwächen bei den sozialen Kompetenzen ein Stück weit kompensiert werden: Der Partner/Mitarbeiter würde z. B. im Bereich Kundenbetreuung oder Personalführung eingesetzt werden. Auf der anderen Seite bestehen aber auch Gefahren für den unternehmerischen Erfolg, wenn es nicht gelingt, die Schwächen zu verringern. So lassen sich fehlende soziale Kompetenzen oft nur bis zu einem gewissen Grad erwerben. Möglicherweise führt eine zeitaufwendige kaufmännische Weiterbildung des Ingenieurs dazu, dass sein Innovationsvorsprung verloren geht und andere Unternehmer mit ähnlichen Produkten auf den Markt kommen. Verlässt er sich hingegen auf den Partner/Mitarbeiter, ist er von diesem abhängig und hat nur eingeschränkte Kontrollmöglichkeiten.

Für eine weitere Beurteilung fehlen noch zusätzliche Angaben zur Unternehmerpersönlichkeit, aber auch zur Finanzierung, zu Mitbewerbern usw., die einen ebenso wichtigen Einfluss auf die Entscheidung haben.

16 Die Firmengrundsätze sollen für Klarheit sorgen und die Öffentlichkeit und andere Marktteilnehmer schützen, da sie verhindern, dass ein Unternehmen falsche Tatsachen vorspiegelt oder versucht, andere im Unklaren über Art und Umfang seiner Geschäftstätigkeit zu lassen.

17

Vorteile	Nachteile
• schnelle Expansion und Verbreitung durch den Franchisepartner • geringe Expansionskosten, da Franchisenehmer einen großen Teil der Investitionskosten tragen • überschaubarer Aufwand und kalkulierbare Einnahmen durch Abnahmeverpflichtungen und/oder Lizenzgebühren • geringere Erschließungskosten durch lokale Marktkenntnis der Franchisenehmer • geringeres eigenes Risiko durch rechtlich selbstständige und entsprechend haftende Lizenznehmer	• Abhängigkeit von den Fähigkeiten des Partners • Fehler oder Unzulänglichkeiten einzelner Franchisenehmer fallen auf das gesamte Unternehmen zurück • hoher Kontrollaufwand, um sicherzustellen, dass alle Lizenznehmer sich an die Vorgaben halten • Koordinierung vieler Partner geht zulasten der Flexibilität

18 Werden bei der Umsetzung von Zielen Prioritäten gesetzt, wird verdeutlicht, welches Ziel am wichtigsten ist, welche Ziele nachrangig sind und wie sich die einzelnen Ziele gegenseitig bedingen. Ein Oberziel schafft Orientierung und verhindert die Durchführung von Arbeitsschritten ohne Blick auf das Ganze. Zudem sind die Ressourcen in einem Unternehmen beschränkt, durch eine Rangfolge kann man diese effizient einsetzen und Zielkonflikte vermindern.

19 Werden Ziele ausformuliert und nicht stillschweigend vorausgesetzt, werden Missverständnisse und Unklarheiten verhindert, Fehlentscheidungen reduziert, die Koordination und Kommunikation im Unternehmen erleichtert und die Unternehmensführung und die Mitarbeiter erhalten eine verstärkte Orientierung. Das kann zur Steigerung der Corporate Identity führen.

20 Liegt ein Zielkonflikt vor, wird das Ziel mit der größeren Bedeutung vorrangig verfolgt. Sind die Ziele gleichwertig, trifft die Unternehmensleitung vor dem Hintergrund der Oberziele bzw. des Unternehmensleitbildes eine Entscheidung. Handelt es sich um konkurrierende Ziele, kann man versuchen, Mindeststandards zu ermitteln, die von allen erreicht werden können. Idealerweise

versucht man bei der Zielformulierung präventiv auf mögliche Zielkonflikte zu achten und diese im Vorfeld zu vermeiden bzw. zu entschärfen. Nicht sinnvoll ist es, den Konflikt zu ignorieren oder einer Forderung den Vorrang einzuräumen, nur weil sie von einer Gruppe nachdrücklich vorgetragen wurde.

21 Erstens lassen sich weiche Standortfaktoren nicht ohne Weiteres erfassen. Viele müssen zunächst operationalisiert, d. h. messbar gemacht werden. Hierbei gibt es ganz verschiedene, z. T. subjektive Möglichkeiten. Wie lässt sich z. B. der Standortfaktor „Bildungsangebot" operationalisieren? Ist nur die Anzahl der Bildungseinrichtungen gemeint oder geht es auch um die Qualität der Einrichtungen? Zweitens lassen sich die weichen Standortfaktoren auch nicht ohne Weiteres in die Bilanz aufnehmen oder in die Kalkulation einbeziehen, weil sie oft nur indirekt wirken. So wird sich vermutlich ein qualifizierter Arbeitnehmer mit Kindern eher bei einem Unternehmen bewerben, an dessen Standort das Bildungsangebot gut ist. Ein direkter Zusammenhang lässt sich aber nicht herstellen.

22
- Unternehmen, die ausschließlich übers Internet tätig sind, z. B. einen Bilderdienst anbieten (Kauf und Verkauf von Fotos).
- Unternehmen, die ihre Kunden z. B. über Handelsvertreter vor Ort aufsuchen, um ihnen Waren oder Dienstleistungen anzubieten.
- Unternehmen, die in einem ausgeprägten Verkäufermarkt tätig sind, also in einem Markt, in dem die Nachfrage das Angebot übersteigt: Hier suchen die Kunden das Unternehmen auf und nehmen dabei längere Anfahrtswege in Kauf. Das können Anbieter von Luxusgütern oder Gourmetrestaurants sein.
- Unternehmen, die überwiegend gering qualifizierte Arbeitskräfte benötigen, vor allem Rohstoffe brauchen, die überall vorhanden sind und für die auch Agglomerationsvorteile nicht von Bedeutung sind: Das können z. B. Industriebetriebe sein, die einfache Massengüter fertigen, aber auch Dienstleistungsunternehmen wie Callcenter.

23 Die Bedeutung der Standortfaktoren ist branchen- bzw. unternehmensspezifisch, d. h., verschiedene Unternehmen, selbst solche in der gleichen Branche, können ganz unterschiedliche Ansprüche an einen Standort stellen. So mögen z. B. bei einem Betreiber eines Logistikzentrums harte Standortfaktoren, wie Flächenkosten und -verfügbarkeit, Arbeitskosten oder Verkehrsanbindung, eine Rolle spielen, während eine Werbeagentur mehr Wert auf das Image des Standorts, Wohn- und Freizeitwert usw. legt, da sie in der Regel überwiegend hoch qualifizierte und kreative Mitarbeiter beschäftigt.

24 Da es sich bei Beton um ein weitgehend homogenes, schweres Gut handelt, das nur eine geringe Lagerzeit hat, spielen vor allem die Kundennähe und die Zahl der Mitbewerber eine wichtige Rolle. Daneben sind Flächenverfügbarkeit und -kosten sowie die Verkehrsanbindung von Bedeutung.

25 Schnellrestaurants bieten in der Regel ein standardisiertes Angebot, das von unqualifizierten Arbeitskräften zubereitet werden kann. Der wichtigste Standortfaktor ist die Lage: Der Ort muss von vielen Menschen frequentiert werden, wie z. B. eine Fußgängerzone, eine Durchgangsstraße oder eine Sehenswürdigkeit. Auch die Marktsituation ist von Bedeutung: die Kundenstruktur und die Zahl vergleichbarer Lokale. Daneben spielen Flächenverfügbarkeit und -kosten eine Rolle. Da bei bestimmten Lebensmitteln die Haltbarkeit trotz Kühlmöglichkeiten beschränkt ist, kann auch die Nähe zu Lieferanten wichtig sein.

26 Bei beiden Unternehmen handelt es sich um Industriebetriebe. Beim Schraubenhersteller kann man davon ausgehen, dass es sich um standardisierte Produkte handelt, deren Herstellung weitgehend maschinell erfolgt und daher sehr kapitalintensiv ist. Die Mehrzahl der Arbeitskräfte benötigt keine besondere Qualifikation. Der Hightech-Zulieferer wird mehr Einzelfertigung betreiben und verstärkt hoch qualifizierte Arbeitskräfte benötigen. Daher spielen die weichen Standortfaktoren hier eine größere Rolle. Zudem kann es sinnvoll sein, wenn man die Nähe zu Forschungseinrichtungen oder Universitäten hat, um einen Know-how-Transfer zu ermöglichen. Ist man in die Entwicklung eines Flugzeuges eingebunden, empfiehlt es sich, nicht zu weit vom Hersteller entfernt zu sein, da oft Absprachen, Tests usw. notwendig sind. Kundennähe spielt beim Schraubenhersteller keine Rolle, da er grundsätzlich weltweit liefert. Hier sind Flächenverfügbarkeit und -preis sowie die Verkehrsinfrastruktur von Bedeutung.

Insgesamt kann man sagen, dass beim Schraubenhersteller die harten Standortfaktoren im Vordergrund stehen, während beim Hightech-Zulieferer auch weiche Standortfaktoren wichtig sind.

27 Die goldene Bilanzregel fordert eine möglichst große Übereinstimmung der Fristigkeit von Vermögen und Kapital, d. h., langfristiges Vermögen wie Anlagevermögen soll durch langfristiges Kapital finanziert werden, idealerweise durch Eigenkapital.

28 Zu Beginn, vornehmlich in der Entwicklungs- und der Einführungsphase, sind hoch qualifizierte Arbeitskräfte notwendig, da das Produkt erst entwickelt und zur Marktreife gebracht werden muss. Zudem werden in diesen Phasen Fehler behoben und effiziente Produktionsmethoden entwickelt. In der Entwicklungsphase ist darüber hinaus noch viel Handarbeit und Kontrolle notwendig. Hat sich das Produkt am Markt etabliert und kann es in hoher Qualität mit zunehmendem Automatisierungsgrad hergestellt werden, können verstärkt geringer qualifizierte Arbeitskräfte eingesetzt werden. Lediglich für Kontrollaufgaben oder für die Weiterentwicklung des Produkts werden noch höher qualifizierte Mitarbeiter benötigt.

29 Die Rechtsform, die zu Anfang gewählt wird, legt die Rahmenbedingungen für die spätere Geschäftstätigkeit fest. Wichtige Aspekte wie die Frage der Haftung, der Leitungsbefugnis oder der Gewinn- und Verlustverteilung werden so geregelt und prägen das Unternehmen. Eine Änderung der Rechtsform ist in der Regel aufwendig und oft kostenintensiv.

30

Vorteile	Nachteile
• einfache Gründung • kein Mindestkapital notwendig • keine Publizitätspflicht • Unternehmensführung liegt in einer Hand, daher keine Abstimmungsprobleme, rasche Entscheidungen möglich • vereinfachte Buchführung für Freiberufler und Kleingewerbetreibende • Gewinn muss nicht geteilt werden, was die Motivation des Inhabers fördert	• unbeschränkte Haftung birgt großes Risiko für den Unternehmer • fehlende interne und externe Kontrollen • oft geringe Kapitalbasis • Kapitalbeschaffung schwieriger als bei anderen Rechtsformen

31 Da in der Aufgabenstellung keine Angaben zur wirtschaftlichen Situation oder zum Vermögen usw. gemacht werden, kann die Frage nur über die Haftung beantwortet werden. Während es bei einem Einzelunternehmen lediglich einen voll haftenden Unternehmer gibt, sind es bei der OHG mindestens zwei. Nach dem Motto „Einer für alle, alle für einen" sind alle Gesellschafter einzeln haftbar. Der Gläubiger kann sich mit seinen Forderungen an den finanzstärksten der OHG wenden.

32 Eine KG kann die geeignete Rechtsform sein, wenn ein Unternehmer durch die Aufnahme eines oder mehrerer Kommanditisten zusätzliches Kapital erhält, die Geschäftsführung aber in seinen Händen bleibt. Für einen Anleger

kann es sinnvoll sein, sich als Teilhafter an einer Erfolg versprechenden KG zu beteiligen. Er ist gemäß seiner Einlage am Unternehmenserfolg beteiligt, trägt ein begrenztes Risiko und taucht im Handelsregister nicht namentlich auf. Eine KG kann auch für Familienunternehmen geeignet sein, bei denen einzelne Familienmitglieder nicht an der Leistung beteiligt sein wollen oder sollen.

33 Bei der Kapitalgesellschaft steht die Kapitalbeteiligung im Vordergrund. Eine Mitarbeit der Gesellschafter, die nur mit ihrer Einlage haften, ist nicht vorgesehen und oft nicht möglich. Alle Gesellschafter haften nur beschränkt, d. h. mit ihrer Kapitaleinlage. Kapitalgesellschaften sind, anders als Personengesellschaften, juristische Personen. Ihre Gründung setzt einen schriftlichen Gesellschaftsvertrag voraus, sie bezahlen Körperschaftssteuer, sind zur ordnungsmäßigen Buchführung verpflichtet und unterliegen der Publizitätspflicht.

34

Gemeinsamkeiten	Unterschiede
• beide sind Kapitalgesellschaften • beide sind juristische Personen • Gesellschafter/Aktionäre haften begrenzt mit ihrer Einlage • Gründung setzt eine beurkundete Satzung voraus • zur Gründung mindestens eine Person nötig • haben verschiedene Organe • es existiert jeweils ein eigenes Gesetz (AktG/GmbHG) • Eigner haben entsprechend des eingesetzten Kapitals Stimmrecht bei der Haupt-/Gesellschafterversammlung	• bei der AG klare Trennung von Geschäftsführung und Anteilseignern • Gründung der GmbH ist einfacher • unterschiedliches Stammkapital bei der Gründung notwendig (AG: 50 000 €, GmbH: 25 000 €) • nur AG hat die Möglichkeit eines Börsenganges • AG hat strengere Publizitätspflicht

35

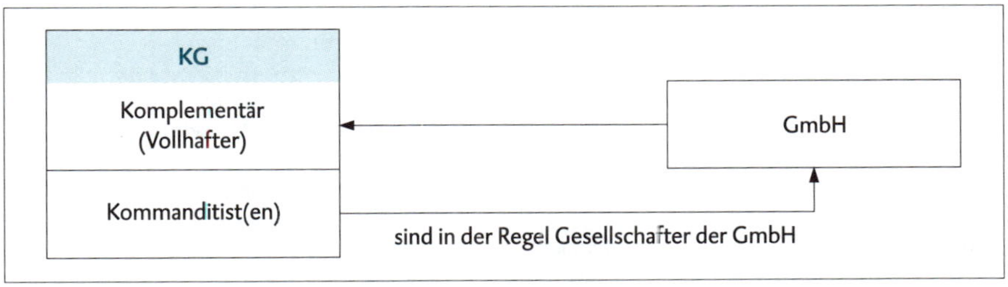

36 Diese Frage lässt sich nicht pauschal beantworten. Bei der Wahl der Rechtsform spielen eine Reihe von Faktoren wie die Kapitalausstattung, die Haftung, Kosten der Rechtsform etc. eine Rolle. Da die Mehrzahl der Existenzgründer über ein vergleichsweise geringes Eigenkapital verfügt, bietet sich für Sologründer das Einzelunternehmen an. Dieses ist leicht zu gründen und bedarf, dank der vereinfachten Buchführung, keiner großen buchhalterischen und steuerrechtlichen Kenntnisse. Das macht diese Unternehmensform auch be-

sonders für Nebenerwerbsgründer interessant. Sind es mehrere Gründer, kommt z. B. eine OHG infrage. Ist die Haftungsfrage für den Existenzgründer von großer Bedeutung, fehlen aber die finanziellen Mittel für eine GmbH-Gründung, bietet die UG (haftungsbeschränkt) eine Alternative.

37 Die Rechtsform der Einzelunternehmung eignet sich besonders für kleine Unternehmen und Existenzgründer. Diese bleiben überdurchschnittlich oft ohne Mitarbeiter und erwirtschaften geringe Umsätze. Für mittlere und große Unternehmen sind andere Rechtsformen wie z. B. die der AG, der GmbH oder der GmbH & Co. KG sinnvoll. Ein erfolgreich wirtschaftender Einzelunternehmer, bei dem Umsatz und Mitarbeiterzahl stark ansteigen, wird die Umwandlung seines Unternehmens in eine andere Rechtsform in Betracht ziehen.

38 Die Grundfunktionen Forschung und Entwicklung, Beschaffung, Produktion und Absatz befassen sich mit Teilbereichen des betrieblichen Leistungsprozesses. Die Querschnittsfunktionen Personalwirtschaft, Finanzierung und Investitionen beziehen sich auf den ganzen Betrieb.

39 Ziel der Beschaffung ist es, alle für den Leistungsprozess notwendigen Produktionsfaktoren bereitzustellen. Der Beschaffungszyklus zeigt den Prozess von der Bedarfsermittlung über die Auswahl der Bezugsquellen bis hin zur Lieferung und Bezahlung. Es handelt sich um einen zirkulären Prozess, da sich an die Zahlungsabwicklung eine erneute Bedarfsermittlung anschließt.

40

	Unternehmen	Zulieferer
Vorteile	• keine/geringe Lager- und Logistikkosten • flexible Reaktionen auf Nachfrageschwankungen möglich	zuverlässige Integration in den Produktionsprozess kann zur Ausweitung der Geschäftsbeziehungen und zu Folgeaufträgen führen
Nachteile	• Abhängigkeit vom Lieferanten (Lieferzeitpunkt, Qualität) • höherer Kontrollaufwand • Know-how wird nach außen gegeben • Flexibilität im Produktionsablauf kann eingeschränkt sein	• Abhängigkeit vom Unternehmen • schwankende Auftragseingänge erschweren die eigene Planung • muss Lager- und Logistikkosten tragen • aufwendige Logistik

Als weitere Akteure können Umwelt, Staat und Gesellschaft genannt werden. Diese werden z. B. durch ein erhöhtes Verkehrsaufkommen und die damit verbundene Luftverschmutzung oder die Straßenabnutzung belastet. Andererseits profitieren Staat und Gesellschaft von wettbewerbsfähigen Unternehmen.

41 Da bei der Reihenfertigung/Fließfertigung die Arbeitsschritte in der Regel kleinteilig und standardisiert sind, sind bei dieser Fertigungsart die Anforderungen oft niedrig. Viele Mitarbeiter können hierfür angelernt werden. Höhere Ansprüche an die Arbeitskräfte werden bei der Inselfertigung/Gruppenfertigung gestellt, da verschiedene Tätigkeiten ausgeführt und teilweise auch selbst organisiert und kontrolliert werden müssen. Abwechslungsreicher als die Reihenfertigung ist für den einzelnen Arbeitnehmer auch die Werkstatt- und Baustellenfertigung, wobei die tatsächlichen Qualifikationsanforderungen sehr stark vom hergestellten Produkt abhängen. So wird ein Mitarbeiter einer Firma, die Sondermaschinen herstellt, seltener gleichartige Werkstücke bearbeiten, wohingegen auf verschiedenen Baustellen eines Bauunternehmens immer wieder die gleichen Arbeitsschritte verlangt werden.

42 Die These stimmt so einseitig formuliert nicht. Flache Hierarchien, also eine höhere Eigenverantwortung, flexible Arbeitszeitmodelle, eine Vernetzung zwischen den einzelnen Unternehmensteilen und die Mitarbeitermotivation – alles Bestandteile der Lean Production – sprechen dagegen. Die Verschlankung wird in der Regel mit dem Ziel durchgeführt, das Unternehmen im globalen Wettbewerb konkurrenzfähig zu halten. Das sichert Arbeitsplätze.

Allerdings führt Outsourcing, welches sich nicht nur auf die Produktion, sondern auch auf andere Unternehmensteile wie Verwaltung oder Entwicklung beziehen kann, zu einem Personalabbau. Teile des Produktionsprozesses werden ins Ausland oder an Subunternehmen vergeben, die niedrigere Löhne bezahlen. Die größere Flexibilität kann zu einem verstärkten Einsatz von Leiharbeitern führen. Diese werden oft niedriger entlohnt und haben eine geringere Absicherung als Festangestellte.

43 Die Leiharbeit hat für ein Unternehmen eine Reihe von Vorteilen: Es kann schnell auf eine kurzfristige Nachfrageänderung reagieren, beim Abbau von Arbeitsplätzen muss keine Rücksicht auf Kündigungsschutz u. Ä. genommen werden. Die überlassenen Arbeitnehmer haben in der Regel weniger Mitbestimmungsrechte, Kosten für Personalauswahl und Rekrutierung entfallen bzw. werden minimiert. Zudem können potenzielle Arbeitskräfte für eine dauerhafte Einstellung gesichtet und geprüft werden.

Nachteilig ist die fehlende Identifikation der Leiharbeiter mit der Firma. Der oft ungleiche Status im Vergleich mit den fest angestellten Mitarbeitern kann den sozialen Frieden im Unternehmen gefährden. Bei häufigem Personalwechsel fallen Kosten für die Einarbeitung an. Zudem ist Leiharbeit in der Gesellschaft umstritten, was sich negativ auf das Image der Firma auswirken kann.

44 Die interne Personalbeschaffung, etwa durch Mehrarbeit, Versetzungen oder Fortbildungen, hat den Vorteil, dass das Unternehmen vergleichsweise schnell auf gestiegenen Personalbedarf reagieren kann. Eine zeit- und kostenintensive Bewerbersuche entfällt ebenso wie eine aufwendige Einarbeitung, da der Mitarbeiter das Unternehmen und seine Strukturen bereits kennt.

Nachteilig ist, dass sich der Personalbedarf nur bis zu einem bestimmten Punkt intern decken lässt. Ist der Bedarf zu groß, muss man auch auf die externe Personalbeschaffung zurückgreifen, die in der Regel mit Kosten verbunden ist. Ein Verzicht auf eine externe Suche führt zu einer beschränkten Auswahl, besser geeignete oder höher qualifizierte potenzielle Mitarbeiter werden nicht berücksichtigt. Ein neuer Mitarbeiter kann überdies neue Impulse in ein Unternehmen bringen, weil er u. U. andere Erfahrungen und neue Sichtweisen hat und noch nicht in den Strukturen, Prozessen und Denkmustern des Unternehmens verhaftet ist.

45 Die Aktienemission hat den Vorteil, dass sie das Eigenkapital erhöht. Die durch die Kapitalerhöhung aufgebrachten Finanzmittel verbleiben dauerhaft im Unternehmen. Zinsen, wie für einen Bankkredit, müssen nicht bezahlt werden. Anteilseigner, die am langfristigen Unternehmenserfolg interessiert sind bzw. das Potenzial des Unternehmens erkennen, sind möglicherweise zudem eher bereit, Gelder bereitzustellen, als es außenstehende Kapitalgeber sind, die keine Bindung an das Unternehmen haben und die Kreditvergabe an Bedingungen oder das Vorliegen bestimmter Kennzahlen knüpfen. Dies ist umso wahrscheinlicher, je mehr Anteile ein Anteilseigner hält bzw. umso mehr er dem Unternehmen verbunden ist, weil er z. B. zur Gründerfamilie gehört. Die Konditionen auf den Kapitalmärkten sind darüber hinaus abhängig von der gesamtwirtschaftlichen Entwicklung. Zins und Tilgung können das Unternehmen über Gebühr belasten.

Allerdings ist es in der Regel aufwendiger, eine Kapitalerhöhung umzusetzen, als einen Bankkredit zu erhalten. Die Hauptversammlung muss ihre Zustimmung geben, die Banken müssen den Emissionsprozess begleiten und die Aktien am Markt platzieren. Ein kurzfristiger Kapitalbedarf lässt sich einfacher über eine Kreditaufnahme decken. Zudem ist nicht sichergestellt, dass der anvisierte Preis für die Neuemissionen an der Börse erzielt wird. Mögliche kurzfristige Schwankungen an der Börse reduzieren die Planbarkeit. Außerdem können sich externe Faktoren negativ auf die Börsen auswirken, auch wenn das Unternehmen selbst gut dasteht. Und nicht zuletzt kann eine Neuemission zu einer unvorhersehbaren Veränderung der Eigentümerstruktur führen und so Auswirkungen auf die zukünftige Unternehmensstrategie haben.

Insbesondere wenn die bisherigen Eigentümer an der bestehenden Aktionärsstruktur festhalten wollen und die Kreditkosten das Unternehmen nicht über Gebühr belasten sowie wirtschaftlich vertretbar sind, spricht grundsätzlich nichts gegen eine Kreditaufnahme – zumal eine hohe Eigenkapitalquote zunächst kein Wert an sich ist.

46 Die Bilanz sowie die Gewinn- und Verlustrechnung (GuV) geben Auskunft über die wirtschaftliche Situation eines Unternehmens im Berichtszeitraum, in der Regel ein Geschäftsjahr. Die GuV stellt dar, ob ein Unternehmen einen Gewinn oder einen Verlust gemacht hat, die Bilanz gibt Auskunft über die Kapitalstruktur. Aus Bilanz und GuV können eine Reihe von Schlussfolgerungen gezogen werden, wie z. B. der Verschuldungsgrad oder die Eigenkapitalrendite. Zur Beurteilung der Wettbewerbsfähigkeit bedarf es jedoch weiterer Informationen. So spielen die Investitionsquote, das Produktportfolio und nicht zuletzt das Marktumfeld eine große Rolle.

47 Investitionen sind sowohl betriebs- als auch volkswirtschaftlich von großer Bedeutung. Investitionen sollen den künftigen wirtschaftlichen Erfolg der Unternehmen sicherstellen und ausweiten. In einer Volkswirtschaft sorgen sie – die Nettoinvestitionen – idealerweise für eine Zunahme des Volksvermögens, für Wirtschaftswachstum und einen Rückgang der Arbeitslosigkeit.

48 Inwieweit Investitionen beschäftigungswirksam sind, hängt von deren Art ab. So sind Erst- oder Erweiterungsinvestitionen in der Regel mit einem höheren Bedarf an Arbeitskräften verbunden. Andere Investitionen haben keinen Einfluss auf die Beschäftigung, wenn z. B. bei einer Ersatzinvestition lediglich eine alte Maschine durch eine neue ausgetauscht wird oder bei einer Finanzinvestition eine Unternehmensbeteiligung erworben wird. Eine Investition kann sich auch negativ auf die Beschäftigung auswirken, wenn z. B. durch eine Rationalisierungsinvestition Arbeitsplätze wegfallen.

49

Vorteile	Nachteile
• schnelle Entscheidungsfindung möglich • einfache Kontrolle • keine aufwendigen Koordinations- und Abstimmungsmaßnahmen • klare Hierarchien und Zuständigkeiten	• Entscheidungen für Mitarbeiter nicht immer nachvollziehbar • fehlende Beteiligung an Entscheidungen senkt Identifikation und damit Motivation der Mitarbeiter • höheres Risiko von Fehlentscheidungen durch fehlende Kontrollen/Rückkopplungen • oft fehlt ein geeigneter Nachfolger mit dem notwendigen Informationsstand, falls der Vorgesetzte ausfällt

50 Grundsätzlich ist es für ein erfolgreich am Markt operierendes Unternehmen, das immer eigentümergeführt war, sinnvoll, diese Form der Unternehmensführung beizubehalten. Der Eigentümer ist in der Regel dem Unternehmen in hohem Maße verbunden und hat ein existenzielles Interesse an einer langfristig erfolgreichen Geschäftstätigkeit. Dies kann im gleichen Maße auf die nachfolgende Generation zutreffen und damit zum Wohle des Unternehmens sein. Der Erfolg eines Wechsels an der Unternehmensspitze hängt aber von vielen Faktoren ab, z. B. von den sozialen, fachlichen und konzeptionellen Fähigkeiten der neuen Führung. Im skizzierten Beispiel ist von zwei Kindern die Rede. Daher ist zu fragen, ob das Führungsduo harmoniert und für eine klare Aufgaben- und Kompetenzverteilung sorgt. Positiv ist der Hinweis zu werten, die Nachfolger hätten Erfahrungen im Betrieb gesammelt. Somit ist davon auszugehen, dass sie mit den betrieblichen Abläufen und den formellen sowie informellen Kommunikations- und Entscheidungsstrukturen vertraut sind.

51 Nachteile können sein:

- Das Management haftet nicht mit seinem persönlichen Vermögen. Bei Misserfolg muss es normalerweise im schlimmsten Fall nur mit einer Kündigung bzw. Vertragsauflösung rechnen.
- Manager identifizieren sich oft nicht mit dem Unternehmen, da sie in der Regel Zeitverträge haben und nicht selten im Lauf ihrer Karriere mehrmals das Unternehmen wechseln.
- Erfolgsabhängige Vergütungssysteme können einerseits zu einer größeren Motivation führen, das Betriebsergebnis zu optimieren. Andererseits besteht die Gefahr, mit einer kurzfristigen Renditesteigerung den langfristigen Unternehmenserfolg zu gefährden.
- Eine ausschließlich renditeorientierte Unternehmensführung vernachlässigt oft die Interessen anderer Akteure wie die der Mitarbeiter oder der Zulieferer.
- Die Kontrollmöglichkeiten der operativen Tätigkeiten durch den Eigentümer sind, abhängig von der Rechtsform, unterschiedlich stark beschränkt.
- In der Regel ist die Bindung an den Standort für einen Manager nicht so hoch wie für den Firmengründer. Entsprechend leichter votiert er für eine Standortverlagerung – mit negativen Auswirkungen auf die Beschäftigung und die Steuereinnahmen am Standort.

52 Unter Marketing im engen Sinne versteht man das Absatz-Marketing, das neben der Beschaffung und der Produktion zu den unternehmerischen Grundfunktionen zählt. In einer weiten Definition umfasst Marketing alle auf den Markt und den Kunden ausgerichteten Maßnahmen, die das Ziel haben, die gesteckten Unternehmensziele zu erreichen. Und schließlich ist Marketing eine wissenschaftliche Disziplin.

53 Ein Verkäufermarkt ist durch einen dauerhaften Nachfrageüberschuss gekennzeichnet, d. h., eine Sportwagenfirma könnte deutlich mehr Fahrzeuge verkaufen, als sie maximal im Jahr produzieren kann. Ursachen des Nachfrageüberschusses können bestimmte technische Besonderheiten oder das Design sein. In der Regel werden diese Produkte auch nachgefragt, weil sie Exklusivität versprechen und ein bestimmtes Image haben. Dieses gilt es vom Marketing zu wahren und zu pflegen. Zudem gibt es auch in diesem Marktsegment in der Regel mehrere Mitbewerber, von denen man sich u. a. durch geeignete Marketingmaßnahmen abgrenzen muss. Und schließlich ist ein solcher Verkäufermarkt attraktiv für andere Automobilhersteller, die ebenfalls versuchen können, auf diesen Markt zu drängen und Marktanteile zu gewinnen.

54 Die BCG-Matrix ist ein Instrument, um eine Portfolioanalyse in einem Unternehmen durchzuführen.

Ein Vorteil ist die Einfachheit des Modells. Durch die Reduzierung auf zwei Dimensionen können strategische Entscheidungen transparent gemacht und so besser kommuniziert werden. Besonders in Unternehmen mit einer hohen Produktdiversifikation können die unterschiedlichen Bereiche einheitlich betrachtet, verglichen und bewertet werden.

Nachteilig ist die Beschränkung auf nur zwei Variablen. In der Realität können auch noch andere Faktoren Einfluss besitzen. Zudem wird die Wechselwirkung zwischen den einzelnen Produkten eines Unternehmens nicht berücksichtigt. So kann ein Poor Dog finanziell wenig zum Jahresergebnis beitragen, durch sein Prestige aber positive Effekte auf andere Produkte haben. Kritisch ist auch die Annahme einer „vorgegebenen“ Wachstumskurve. Die Möglichkeiten, durch eigene Marketingaktivtäten die Nachfrage zu revitalisieren, bleiben unberücksichtigt. Und schließlich lässt die Matrix kein Benchmarking, also den Vergleich mit Produkten der Mitbewerber, zu.

55 Cash Cows sind im Portfolioanalysemodell der Boston Consulting Group die Produkte im Unternehmensportfolio, die einen hohen relativen Marktanteil haben und geringe Wachstumsraten verzeichnen. Sie werfen für das Unternehmen hohe Gewinne ab und verlangen geringe Investitionen, meist Rationalisierungsinvestitionen. Diese Konstellation mag für ein Unternehmen sehr vorteilhaft erscheinen. Allerdings besteht die Gefahr, dass Unternehmen fest mit diesen Einnahmen rechnen und Investitionen in neue Produkte vernachlässigen. Die eingeplanten Einnahmen können allerdings aufgrund einer unerwarteten Veränderung der Marktsituation plötzlich zurückgehen.

56

mögliche Vorteile	mögliche Nachteile
• kostengünstiger • weniger zeitaufwendig • Ergebnisse liegen schneller vor • sehr umfangreiche Datenlage	• veraltete Daten • für die spezifischen Fragestellungen ungeeignete Daten • Daten liegen auch den Mitbewerbern vor • Daten liegen nicht sofort oder in der benötigten Form vor

57

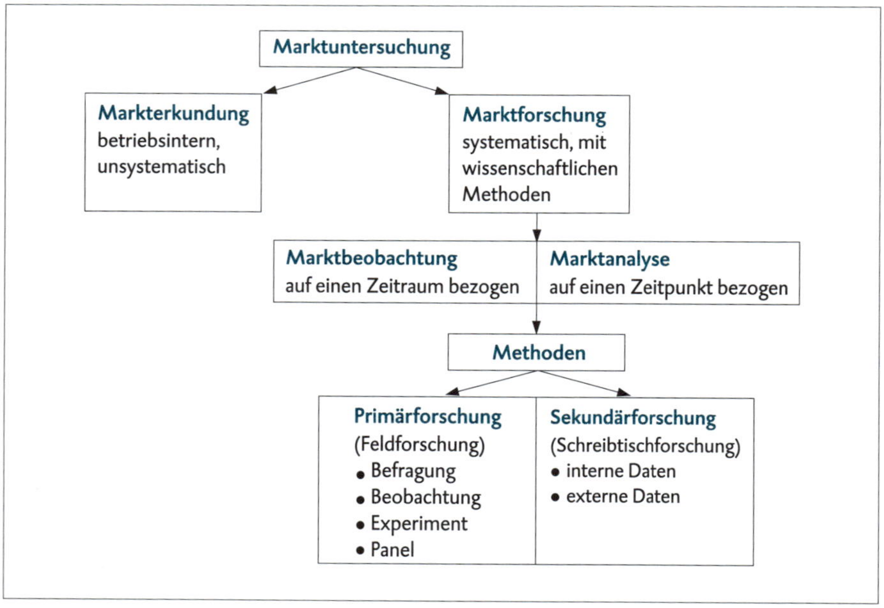

58 Bei einem Panel wird über einen längeren Zeitraum derselbe Personenkreis untersucht. Auch eine Befragung kann zu demselben Thema mehrfach und zu unterschiedlichen Zeitpunkten durchgeführt werden. Dabei wird aber immer ein anderer Personenkreis befragt. Ein Panel ist daher keine Methode wie die Befragung, sondern eine Forschungsanordnung, d. h., es kann sich dabei um Befragungen, aber auch um Experimente oder Beobachtungen handeln.

59

Vorteile	Nachteile
• kostengünstiger • Material liegt i. d. R. schnell vor • Daten sind genau auf das Unternehmen bezogen • Externe haben keinen Einblick	• Informationen z. B. über Mitbewerber oder deren Kunden fehlen • bestimmte Daten sind betriebsintern nicht ermittelbar • Daten werden u. U. so erhoben oder interpretiert, dass sie die bestehende interne Meinung oder Sichtweise bestätigen

60 Grundsätzlich lassen sich alle Methoden der Marktforschung für das Anliegen des Fleischereibetriebs einsetzen. Ein wichtiges Kriterium ist bei der Wahl der Methode sicher das Kosten-Nutzen-Verhältnis, denn man kann davon ausgehen, dass nach der Sortimentserweiterung der Verkauf von Fleisch und Wurst immer noch den Hauptteil des Umsatzes ausmacht. Wenig ergiebig, da sehr subjektiv und ungenau, ist eine Markterkundung, bei der man z. B. die Mitarbeiter/-innen befragt, ob Kunden oft nach vegetarischen Produkten fragen. Kostengünstig und einfach umzusetzen ist eine schriftliche oder mündliche Kundenbefragung in den Filialen. Diese Methode hat allerdings den großen Nachteil, dass Vegetarier, die als neue Kunden gewonnen werden sollen, die Fleischereien unterdurchschnittlich oft betreten und so in der Erhebung nicht oder unterrepräsentiert auftauchen. Hier könnte eine repräsentative Befragung im Einzugsbereich der Filialen Abhilfe schaffen. Dabei ist allerdings fraglich, ob die Kosten-Nutzen-Relation in einem angemessenen Verhältnis steht. Im skizzierten Fall scheint ein Feldexperiment eine sinnvolle und handhabbare Lösung zu sein: Ein oder zwei Filialen bilden Testmärkte, in denen die neuen Produkte angeboten werden und die z. B. über Zeitungsanzeigen und eine entsprechende Schaufenstergestaltung beworben werden.

61 Im Marketing werden unter den 4 Ps die Marketinginstrumente Produkt- und Sortimentspolitik, Preis- und Konditionenpolitik, Distributionspolitik und Kommunikationspolitik verstanden. Die Bezeichnung beruht auf den englischen Entsprechungen „product“, „price“, „place“ und „promotion“.

62 Die Sortimentsbreite gibt an, wie viele Artikelgruppen angeboten werden. Für eine Gaststätte sind dies z. B. die Artikelgruppen „Kaffee“, „Tee“, „Alkoholische Getränke“, „Nicht-alkoholische Getränke“ usw. Die Sortimentstiefe gibt an, wie viele einzelne Artikel pro Artikelgruppe angeboten werden. Z. B. werden in der Gruppe „Kaffee“ die Artikel „Filterkaffee“, „Espresso“, „Cappuccino“, „Latte Macchiato“ usw. angeboten.

63 Vorteile liegen vor allem in einem breiten Angebot für die Kunden, die z. B. für ihren Einkauf nicht verschiedene Geschäfte aufsuchen müssen. Durch eine breitere Aufstellung kann ein Unternehmen es außerdem besser verkraften, wenn Mitbewerber in einzelnen Sortimentsbereichen Marktanteile gewinnen. Ein Nachteil ist, dass eine große Sortimentsbreite oft zulasten der Sortimentstiefe geht, d. h. die Kunden möglicherweise nicht die gewünschte Auswahl vorfinden und Spezialgeschäfte aufsuchen. Bei einer großen Sortimentsbreite mit gleichzeitig geringer Sortimentstiefe ist in der Regel der Verwaltungs- und Logistikaufwand größer. Wenn viele unterschiedliche Artikel gekauft werden, von jedem Artikel aber nur geringe Stückzahlen, können Unternehmen zudem im Einkauf keine großen Mengenrabatte erzielen.

64 Die Verpackung hat neben der Schutz- und Transportfunktion auch eine Werbefunktion und kann helfen, das Produkt zu verkaufen. So wird bei vielen Produkten erst durch die Verpackung das Interesse der Kunden geweckt. Spezielle Verpackungen und eine damit verbundene ansprechende Präsentation, wie z. B. bei Schmuck oder Parfums, können den Kunden erst zum Kauf animieren. Entsprechend wird die Verpackung in die Marketingkonzeption eingebunden. Bei bestimmten Produkten, wie z. B. Fernsehern oder Möbeln, beschränkt sich die Bedeutung der Verpackung weitgehend auf die klassischen Schutz- und Transportfunktionen.

65
- Handelsmarken müssen nicht aufwendig beworben werden und können daher günstiger angeboten werden.
- Mit den Herstellern der Handelsmarken können durch eine entsprechende Abnahmemenge größere Rabatte ausgehandelt werden.
- Die Vergleichsmöglichkeiten für die Kunden sind sehr eingeschränkt, da die Handelsmarken in der Regel exklusiv in der jeweiligen Einzelhandelskette angeboten werden.

66

Entwicklungsphase:	Innovation
Einführungsphase:	Produktdifferenzierung, Produktpflege/-verbesserung
Wachstumsphase:	Produktdifferenzierung, Produktpflege/-verbesserung
Reifephase:	Produktdifferenzierung, Scheininnovation
Sättigungsphase:	Produktvariation, -diversifikation, Elimination
Rückgangsphase:	Elimination

67 Eine Möglichkeit ist es, durch Produktpflege und -verbesserung die Attraktivität zu steigern und für den Kunden einen Zusatznutzen zu generieren, indem z. B. ein weiterentwickelter Motor für einen geringeren Verbrauch des Pkws sorgt. Produktvariationen sind eine weitere Möglichkeit, den Lebenszyklus zu verlängern. Dabei bleiben die Grundfunktionen des Produkts gleich, es wird lediglich eine Eigenschaft verändert. So kann die Einführung eines Elektromotors/Hybridmotors neue Käuferschichten ansprechen. Zudem können Produktdifferenzierungen und Produktdiversifikationen positive Wirkungen haben. Die Einführung eines Cabrios kann zum Beispiel ein Automodell für neue Kundengruppen attraktiv machen. Eine andere Strategie kann im Umgang mit den Mitbewerbern liegen. Gelingt es, den Marktanteil auszubauen, Konkurrenten vom Markt zu verdrängen oder zu übernehmen, kann dies ebenfalls den Lebenszyklus des Produkts verlängern.

68 Im mittleren Preisbereich ist der Wettbewerbsdruck für ein Unternehmen nicht so hoch, als wenn es sich um die Kosten- bzw. Qualitätsführerschaft bemühen würde. Zudem ist die „Mitte" der Gesellschaft die größte Käuferschicht, entsprechend groß ist die potenzielle Kundenzahl. Auch lässt eine Positionierung in der Mitte größere Spielräume nach oben und unten zu, als sie Unternehmen im Premium- oder Niedrigpreissegment haben.

Allerdings ist die Zahl der Mitbewerber im mittleren Preisbereich größer und die gesellschaftliche Entwicklung lässt zudem die Mittelschicht kleiner werden. Auch das Konsumverhalten hat sich verändert. Die Kunden verlangen ein immer individuelleres Angebot und fragen eher Waren und Dienstleistungen nach, die außerhalb des mittleren Preisbereichs liegen. Der viel zitierte Porschefahrer, der bei Aldi einkauft, illustriert diese Entwicklung. Und schließlich hängen Produkt- und Preispolitik zusammen, d. h., ein Gut im mittleren Segment wird eine entsprechend durchschnittliche Qualität, Aufmachung etc. haben und läuft damit Gefahr, austauschbar zu werden und beim Kunden keine Identifikation mit der Marke bzw. dem Unternehmen herzustellen.

69 Einmal kann der Preis im Verlauf des Produktlebenszyklus variieren. So können günstige Preise bei der Einführung zu einer hohen Marktdurchdringung führen. Wenn sich das Produkt dann etabliert hat, kann man den Preis anheben (Penetrationsstrategie). Oder man bringt eine Innovation auf den Markt, schöpft die große Zahlungsbereitschaft bei der Markteinführung durch hohe Preise ab und senkt diese, wenn der Markt gesättigt ist (Skimming-Strategie). Auch Saisonpreise z. B. im Tourismusgewerbe sind eine Form der Preisdiffe-

renzierung und sollen für eine gleichmäßige Auslastung der Kapazitäten sorgen. Regionale Preisdifferenzierung kann sinnvoll sein, wenn Kaufkraft oder Bedürfnisse sich unterscheiden. Eine Preisdifferenzierung nach der Menge (Mengenrabatt) stellt einen Anreiz für den Kunden dar, mehr einzukaufen. Bei personenbezogener Preisdifferenzierung kann z. B. Stammkunden oder Kunden, die einen bestimmten Mindestumsatz generiert haben, ein Nachlass gewährt werden, um so die Bindung an die Marke/das Unternehmen zu stärken.

70 Mögliche Einflussfaktoren können sein:

- Unternehmensziele
- zu vertreibendes Produkt (Art, Image)
- Kontrolle z. B. des Produktimages, des Personals, der Abläufe
- schnelle Expansion
- möglichst breiter Absatz der Produkte
- Kosten
- Zuverlässigkeit
- Transportgeschwindigkeit
- Umweltbelastung
- Unternehmensgröße
- Art der Ware (z. B. Größe, Zerbrechlichkeit, Haltbarkeit ...)
- gesetzliche Vorschriften
- Kompetenz und Größe der eigenen Absatzorganisation
- Größe des Absatzgebiets
- Anzahl der Kunden
- Entfernung zum Absatzgebiet

71 Die Tauglichkeit der Eisenbahn hängt vom zu transportierenden Gut ab, da es sich erst ab einer bestimmten Transportmenge lohnt, die Bahn zu nutzen. Auch lassen sich nicht alle Güter mit der Bahn transportieren, z. B. wenn sie bestimmte Maße überschreiten. Zudem ist die Logistik vergleichsweise aufwendig, wenn man keinen Gleisanschluss auf dem Betriebsgelände oder in der Nähe hat, da die Güter zunächst auf Lkws und dann erst auf die Schiene verladen werden müssen. Insgesamt ist der Transport mit dem Lkw flexibler. Auch die Transportgeschwindigkeit ist beim Lkw in vielen Fällen höher, da Güterzüge bei der Gleisnutzung eine niedrigere Priorität als Personenzüge haben. Die Bahn bietet aber auch eine Reihe von Vorteilen: Sie hat einen geringeren Energieverbrauch, ist zuverlässiger, da sie keinen Stau befürchten muss, und kann deutlich mehr Güter befördern als Lkws, was die Transportkosten reduziert.

Das Transportmittel Bahn ist daher für Unternehmen geeignet, die große Mengen zu möglichst wenigen Zielen bzw. Kunden transportieren möchten und eine entsprechende Verladeinfrastruktur in der Nähe haben. Beispiele sind Unternehmen, die Rohstoffe vertreiben, Autos oder Container zu einem Hafen bringen müssen usw.

72 Das Vorhaben kann für das Unternehmen von Vorteil sein, da mit der neuen Vertriebsschiene ein größerer Kundenkreis erreicht wird. Diesem kann zudem das gesamte Sortiment präsentiert werden, während beim Vertrieb über den Einzelhandel in der Regel auf dessen Bestellung und Präsentation der Ware kein bzw. nur ein sehr geringer Einfluss genommen werden kann. Vergleichbares gilt bei der Kontrahierungspolitik. Die Preise, Rabatte, Zahlungsbedingungen usw. können vom Hersteller festgelegt werden, während der Einzelhändler z. B. durch die Preisgestaltung oder Sonderrabattaktionen die Produkte der Konkurrenz deutlich hervorheben kann. Außerdem kann die Beratung der Kunden zielgerichteter und kompetenter erfolgen. Dies alles kann die Kundenbindung erhöhen. Ein weiterer Vorteil sind höhere Einnahmen, da die Margen des Einzelhandels (z. T. bis zu 50 %) beim Unternehmen bleiben.

Allerdings besteht die Gefahr, dass der Hersteller dem Einzelhandel Konkurrenz macht, da er die gleichen Kunden anspricht und so trotz der Ausweitung des Vertriebssystems die Kundenzahl nicht wächst. Zudem ist der Aufbau werkseigener Vertriebswege mit Kosten verbunden und erfordert ein Knowhow, welches sich der Modehersteller vermutlich erst aneignen muss.

Zusammenfassend kann man sagen, dass es eine sinnvolle Option sein kann, neue Vertriebssysteme aufzubauen. Die Investitionen müssen sich aber rechnen und Konkurrenz mit dem Einzelhandel muss vermieden werden.

73 Die Werbung als Teil der Kommunikationspolitik wird oft mit Marketing gleichgesetzt, da sie sich explizit an die Öffentlichkeit richtet und daher von dieser entsprechend wahrgenommen wird. Viele Unternehmen geben auch einen Großteil ihres Marketingbudgets für die Kommunikationspolitik aus und unterstreichen so diese Einschätzung.

74 Mögliche Gründe können sein:

- Prospekte sind kostengünstiger als Zeitungsanzeigen.
- Die Zeitung erreicht nicht (mehr) die angestrebte Zielgruppe.
- Die Auflage der Zeitung ist zu gering. Mit der Prospektverteilung dagegen wird ein größerer Kundenkreis angesprochen.
- Die Prospekte lassen sich zielgerichteter und flexibler gestalten.

75 Das AIDA-Modell zur Erklärung von Werbewirkung unterstellt eine lineare Abfolge einzelner Prozesse, da beim Konsumenten zuerst einmal die Aufmerksamkeit (Attention) und anschließend ein Interesse (Interest) geweckt werden müsse. Dies führt nach dem Modell zu einem Kaufwunsch (Desire) und abschließend zu einer Kaufhandlung (Action). Obgleich das Modell in der Werbeforschung noch sehr populär ist, bleibt seine Tauglichkeit beschränkt. So wird die starre Abfolge der Phasen kritisiert. Zudem ist eine Werbewirkung z. B. auch ohne Aufmerksamkeit möglich. Ebenfalls keine Erklärungskraft hat das Modell bei habitualisierten Kaufentscheidungen. Daher findet es nur einen sehr beschränkten Einsatz im modernen Marketing.

76 Die Wirksamkeit des Sponsorings ist abhängig von der Art und dem Umfang der Maßnahmen. Grundsätzlich ist die Erfolgskontrolle schwierig, da selten ein kausaler Zusammenhang zwischen der Aufwendung und einem etwaigen Erfolg besteht. So verkauft ein Bäcker, der den örtlichen Volleyballverein mit Trikotwerbung sponsert, nicht unmittelbar mehr Brötchen. Allerdings kann das Sponsoring zur Erhöhung des Bekanntheitsgrads und zu einer Imageverbesserung führen. Der Bäcker wird z. B. als Freund des Sports und der örtlichen Vereine gelten und sein Name wird bei Auswärtsspielen der Mannschaft auch in der Region bekannt. Zudem werden Trikots nicht selten mehrere Jahre lang getragen, sodass mit der Investition eine längerfristige Werbewirkung verbunden ist. Problematisch ist es für ein Unternehmen, wenn es nur ein Sponsor unter vielen ist und damit nicht so sehr vom Konsumenten wahrgenommen wird wie gewünscht. Von Nachteil ist es, v. a. beim Sportsponsoring, wenn die avisierte Leistung nicht erbracht wird. Wenn z. B. die unterstützte Mannschaft am Tabellenende steht oder der gesponserte Sportwagen regelmäßig mit technischem Defekt ausscheidet, kann dies auch einen Imageschaden für das werbende Unternehmen verursachen. Und schließlich ist die Öffentlichkeitswirksamkeit bestimmter Veranstaltungen begrenzt. So werden Umweltschutzprojekte oder Kulturveranstaltungen weniger von den Medien beachtet als z. B. Sportveranstaltungen.

Generell gilt: je spezifischer eine Sponsoringmaßnahme ist, z. B. die eines exklusiven Sportausstatters bei einem Golfturnier, desto größer der Erfolg. Zudem spielt die öffentliche Wahrnehmung eine Rolle. So ist ein Engagement im Sportbereich, z. B. beim Fußball, oft werbewirksamer als eines im sozialen oder ökologischen Bereich.

77 Der Bäcker kann sich unterschiedlicher Marketingstrategien bedienen.

- Produkt- und Sortimentspolitik: Er bietet Produkte an, die beim Mitbewerber nicht erhältlich sind oder achtet bei der Herstellung auf bestimmte Kriterien, indem er z. B. nur Getreide aus ökologischem Anbau oder von regionalen Erzeugern verwendet. Er kann sein Sortiment ausweiten, indem er z. B. auch warme Snacks oder Kaffee anbietet.
- Kontrahierungspolitik: Der Bäcker passt, wenn seine Kalkulation es erlaubt, seine Preise denen des Mitbewerbers an oder strebt durch die Qualität seiner Produkte eine Hochpreisstrategie an.
- Distributionspolitik: Der Bäcker kann seine Öffnungszeiten variieren, indem er z. B. früher oder sonn- und feiertags öffnet. Oder er erschließt neue Vertriebssysteme, indem er z. B. seine Produkte an den Schulen oder bei Vereinsfesten im Ort verkauft. Zudem kann er einen Lieferservice anbieten. Die Einführung einer Kundenkarte oder spezieller Rabattangebote („Dienstag Schwabentag: Nimm zwei – zahl eins") kann verkaufsfördernd wirken.
- Kommunikationspolitik: Der Bäcker kann sich neuer Werbeformen bedienen, z. B. Zeitungsanzeigen oder des Internets. Er kann Sales Promotion betreiben, indem er Probierangebote unterbreitet oder ein Gewinnspiel veranstaltet. Im Rahmen des Sponsorings könnte er z. B. eine Jugendmannschaft des örtlichen Sportvereins mit Trikots ausstatten oder eine Spende zur Sanierung des Kirchendaches machen.

Seine Kenntnisse der lokalen Begebenheiten, über die der Mitbewerber nicht verfügt, muss er in jedem Fall zielführend einsetzen.

78 Produktpolitik: z. B.

- umweltverträgliche Produktgestaltung
- umweltgerechte und ressourcenschonende Verpackung
- Berücksichtigung der Bereiche Recycling und Wiederverwertung bei der Produktgestaltung

Preispolitik: z. B.

- Preisdifferenzierung nach ökologischen Gesichtspunkten, z. B. Rabatte oder ein Treuesystem für umweltfreundliche Produkte
- Einführung von Pfandgebühren zur Erhöhung der Recyclingquote
- Mischkalkulationen bei der Preisgestaltung, wobei eventuell anfallende höhere Kosten bei umweltfreundlicheren Produkten von anderen quersubventioniert werden
- Spenden von Teilen des Verkaufserlöses an Umweltprojekte

Kommunikationspolitik: z. B.
- Erstellung und Veröffentlichung eines Umweltberichts
- Umweltsponsoring
- Verwendung von Umweltzertifizierungen und -kennzeichnungen auf Verpackungen oder bei Werbekampagnen
- Werbung, die Umweltthemen in den Mittelpunkt rückt

Distributionspolitik: z. B.
- Aufbau einer umweltfreundlichen Logistik, z. B. durch Nutzung einer verbrauchsarmen Lkw-Flotte oder durch eine Verringerung der Lieferdistanzen mithilfe eines dezentralen Lagersystems
- Verringerung der Transportverpackung bzw. Organisation eines Verwertungssystems dieser Verpackungen
- Aufbau eines Rückhol-, Pfand- und/oder Recyclingsystems

79 Es lassen sich folgende Modelle nennen:
- Modell der Konsumentensouveränität
- Modell der Konsumentenfreiheit/„mündiger Konsument"
- Modell der Verbraucherschutzpolitik/Produzentensouveränität
- partizipative Modelle

80 Das jeweilige Leitbild bestimmt die Verbraucherschutzpolitik. Geht man von einem souveränen Konsumenten aus, beschränkt sich die Politik auf die Kontrolle und Sicherung des Wettbewerbs. Geht man dagegen von einer Produzentensouveränität aus, werden Maßnahmen getroffen, die die Stellung des Verbrauchers stärken sollen. Abhängig von der Struktur und dem Ausmaß reichen die Möglichkeiten von der Verbraucherinformation bis hin zu konkreten Schutzmaßnahmen.

81 Das Modell des souveränen Konsumenten geht von einem umfassend informierten Konsumenten aus, der in einem Markt mit vollkommener Konkurrenz auf Grundlage rationaler Abwägungen seine Entscheidungen trifft. Der Verbraucher bestimmt mit seinem Verhalten das Angebot. Auch wenn die Vorstellung eines souveränen Konsumenten wünschenswert ist, so lassen sich doch viele Modellannahmen in der Realität nicht beobachten. In der Regel herrscht ein Ungleichgewicht zwischen Anbietern und Nachfragern. Die Unternehmen haben einen Informationsvorsprung und meist bessere methodische, technische und finanzielle Möglichkeiten als der Verbraucher. Eine zunehmende Produktvielfalt und Komplexität der Märkte führt zu einem Infor-

mationsdefizit des Verbrauchers, welches realistischerweise auch durch das Internet und andere Recherchemöglichkeiten nicht auszugleichen ist. Zudem basiert die Vorstellung eines rationalen Verbrauchers auf dem Modell des homo oeconomicus, das in der aktuellen wissenschaftlichen Diskussion sehr kritisch gesehen wird. Daher ist dieses Modell zur Erklärung von Verbraucherverhalten nur bedingt tauglich.

82
- Der bestehende Verbraucherschutz ist mehr als ausreichend.
- Der Verbraucher hat über das Internet und Verbraucherorganisationen genug Möglichkeiten, sich eine Marktübersicht zu verschaffen.
- Die Maßnahmen verursachen bei den Herstellern Aufwand und Kosten, was sich auf die Verbraucherpreise auswirkt und Investitionen in neue innovative und kundenfreundliche Produkte verhindert.
- Der Verbraucher wird bevormundet. Er kann sich als mündiger Bürger selbst einen Überblick über das Angebot verschaffen.
- Die Mitbewerber und die Medien überwachen den Markt und sorgen dafür, dass unlautere Methoden publik gemacht und abgeschafft werden.
- Der Verbraucherschutz ist inkonsequent, wenn z. B. der Verkauf von Tabak und Alkohol erlaubt ist, aber in anderen Bereichen, in denen ein weit geringeres gesundheitliches Risiko besteht, stark einschränkende gesetzliche Regelungen bestehen.

83 Wenn der Joghurthersteller sich an die entsprechenden Regelungen, z. B. bezüglich des zugesetzten Fruchtgehalts, hält, kann ihm juristisch kein Vorwurf der Verbrauchertäuschung gemacht werden. Eventuell lässt sich sein Vorgehen auch ökonomisch begründen. Z. B. können die aus Erdbeeren gewonnenen natürlichen Aromen nicht zur Deckung des Bedarfs ausreichen oder der Joghurt verliert durch den Herstellungsprozess so viel Geschmack, dass dieser anderweitig wiederhergestellt werden muss. Und schließlich hat der Verbraucher die Möglichkeit, sich anhand der angegebenen Produktinformationen über die Bestandteile und die Zusammensetzung des Joghurts zu informieren. Aus moralischer Sicht kann aber eingewandt werden, dass es sich dennoch um eine Irreführung handelt, da durch die Aufmachung suggeriert wird, Erdbeeren seien ein wesentlicher Bestandteil des Produkts. Auch wenn es rechtlich zulässig ist, kann von einem Verbraucher schlecht erwartet werden, dass er sich über die gesetzlichen Vorschriften und/oder die tatsächliche Zusammensetzung aller Produkte informiert. Insofern kann genau genommen von einer Verbrauchertäuschung gesprochen werden.

84

	Vorteile	Nachteile
Für Unternehmen	• Gewinnmaximierung ist Kernkompetenz des Unternehmens • eindeutige Formulierung und Kontrolle der Zielvorgaben • im Wesentlichen sind nur die Interessen eines Akteurs zu berücksichtigen, weniger Kompromisse und Verhandlungen sind notwendig • Eigentümer sind die einflussreichsten Akteure; wenn deren Erwartungen erfüllt werden, erfolgt die Unternehmensführung reibungsloser • größere internationale Konkurrenzfähigkeit • einfachere und günstigere Beschaffung von Fremdkapital • geringere Gefahr einer feindlichen Übernahme, da ein hoher Börsenwert dies unattraktiv macht	• kurzfristige Ertragssteigerung kann zulasten des langfristigen Unternehmenserfolgs gehen • große Abhängigkeit von den Kapitalmärkten • geringe Akzeptanz dieser Konzeption in der Öffentlichkeit • soziale und ökologische Standards werden zunehmend eingefordert • nachhaltiges Wirtschaften bringt mittel- bis langfristig oft größeren ökonomischen Ertrag
Für Staat/ Gesellschaft	• erfolgreiche Unternehmen am Standort bezahlen entsprechende Steuern • Staat und Gesellschaft profitieren von international konkurrenzfähigen Unternehmen • ausländische Direktinvestitionen	• vitale Interessen von Staat und Gesellschaft bleiben unberücksichtigt • suboptimale Ressourcenallokation • Gefahr einer Standortverlagerung mit entsprechenden Folgen für Steuereinnahmen und Arbeitslosigkeit • Kosten für Umweltverschmutzung, Arbeitslosigkeit usw. muss die Allgemeinheit tragen • race-to-the-bottom, Wettbewerb um die Suche nach immer niedrigeren Löhnen, Umweltstandards usw.
Für Arbeitnehmer	• erfolgreiche Unternehmen sorgen für Beschäftigung	• Interessen der Arbeitnehmer bleiben unberücksichtigt • Gefahr des Arbeitsplatzverlusts bei Standortverlagerung/Rationalisierung • Druck auf Löhne und Gehälter • Erhöhung der Arbeitszeiten und -belastung

85
- Die Produkte und Dienstleistungen eines Unternehmens, das sich für die Interessen von Mitarbeitern, Umwelt usw. einsetzt, werden verstärkt nachgefragt. Die Kunden sind bereit, dafür mehr zu bezahlen.
- Das Unternehmen kann einen Imagegewinn verzeichnen, ohne eine teure Marketingkampagne durchführen zu müssen.

- Zufriedene Mitarbeiter sind motivierter, leisten mehr und haben eine größere Bindung und Loyalität zum Unternehmen.
- Steckt das Unternehmen in einer Krise, werden die betroffenen Akteure eher zu Zugeständnissen bereit sein, z. B. die Arbeitnehmer, die auf einen Teil der Löhne verzichten, oder Zulieferer, die ausstehende Forderungen stunden.
- Angesichts des Klimawandels und der Endlichkeit der Ressourcen kann es ein Wettbewerbsvorteil sein, sich frühzeitig mit Umwelttechnik, nachwachsenden Rohstoffen und erneuerbaren Energien zu befassen.

86 Der Global Compact ist eine auf Freiwilligkeit beruhende Vereinbarung zwischen der UN und Unternehmen mit der Zielsetzung, die negativen sozialen und ökologischen Auswirkungen der Globalisierung zu begrenzen. Er bietet Unternehmen die Möglichkeit, ihre unternehmerische Verantwortung auf eine institutionalisierte Basis zu stellen. Fast 7 000 Unternehmen nehmen bereits teil. Kritisiert am Global Compact werden dessen niedrige Mindeststandards und die fehlenden Kontroll- und Sanktionsmöglichkeiten. Vor diesem Hintergrund kann man den Global Compact als einen ersten Schritt in die richtige Richtung betrachten. Allerdings muss die Einhaltung der Kriterien auch überprüft werden und eine Missachtung sollte entsprechende Konsequenzen nach sich ziehen. Auch müssen mehr Unternehmen bewegt werden, den Pakt zu unterzeichnen. Ansonsten reduziert sich der Global Compact auf eine gut gemeinte Initiative ohne praktische Auswirkungen auf die Weltwirtschaft.

87 Schwierigkeiten können sein:

- Moralisches Handeln muss definiert und operationalisiert werden.
- Die Umsetzung muss kontrolliert werden.
- Staatliche Regulierungsmaßnahmen werden in einer Marktwirtschaft z. T. sehr kritisch gesehen.
- Wenn ein moralisches Verhalten nicht auch im eigenen Interesse der Unternehmen ist, besteht die Gefahr, dass diese versuchen, Vermeidungs- oder Umgehungsstrategien zu entwickeln.
- Die Unternehmen sind im internationalen Wettbewerb benachteiligt und werden vom Markt verdrängt oder verlagern den Standort.

88 Als Argumente können genannt werden:

- Durch Verbesserung der Prozessabläufe, Einsparungen beim Energie- und Rohstoffverbrauch sind Kostensenkungen möglich.
- Eigeninitiative verhindert staatliche Regelungen, die für das Unternehmen ungünstiger sein können.
- Die Einführung eines Umweltmanagementsystems kann das Unternehmensimage positiv beeinflussen.
- Die Nachfrage nach ökologisch hergestellten Produkten steigt.
- Infolge des Klimawandels und knapper werdender Rohstoffe sind Investitionen in Umwelttechniken sinnvoll und bedeuten einen Wettbewerbsvorteil.

89

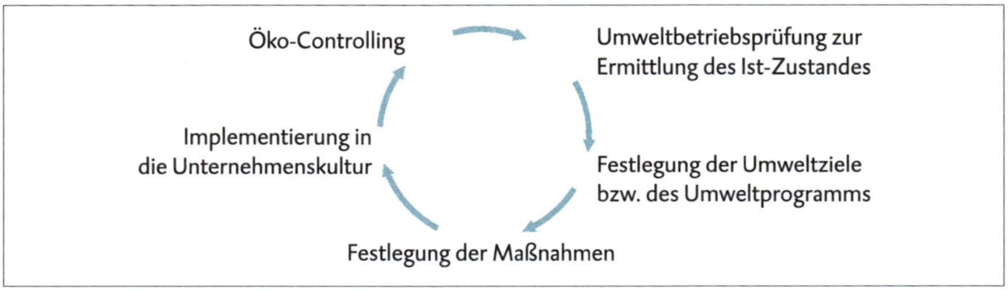

90 Als Aspekte können genannt werden:

- Produktionsbedingungen
- Umweltverträglichkeit des Produktes, verwendete Ressourcen, CO_2-Bilanz
- Ressourcenverbrauch und Effektivität in den Bereichen Produktion und Absatz
- Energieverbrauch im Lebenszyklus des Produktes
- Umweltverträglichkeit im Gebrauch (Langlebigkeit, Energieverbrauch im Betrieb)
- Umweltverträglichkeit bei der Entsorgung und Wiederverwertung

91 Bei hierarchischer Betrachtung steht das Leitbild an der Spitze. Es definiert das Selbstverständnis des Unternehmens und legt fest, welche Werte von Bedeutung sind. Daraus leiten sich konkrete Unternehmensziele ab. In der Strategie wird festgelegt, mit welchen Mitteln und Instrumenten diese Ziele erreicht werden sollen.

92 Der Aussage kann in dieser Deutlichkeit nicht zugestimmt werden. In der Tat ist es für die Umsetzung ökologischer Standards hilfreich, wenn die Unternehmen es als eigenes Ziel ansehen, verantwortungsvoll mit der Umwelt und den natürlichen Ressourcen umzugehen. Fehlt diese Bereitschaft, greifen jedoch staatliche Regulierungsmaßnahmen, die in Deutschland für die Einhaltung von Mindeststandards sorgen. Hinzu kommt ein Wandel im Konsumverhalten, bei dem die Verbraucher mehr Wert auf Nachhaltigkeit legen. Entsprechend sinkt die Nachfrage nach Produkten, die unter zweifelhaften ökologischen oder sozialen Bedingungen produziert werden. Unternehmen, die sich einer nachhaltigen Produktion verweigern, werden daher im zunehmenden Maße vom Markt verschwinden und von solchen ersetzt werden, die einen größeren Beitrag zur Realisierung einer ökologischen Marktwirtschaft leisten.

93a In der Tabelle M 1 sind ausgewählte Kennzeichen von Einzelunternehmen und Aktiengesellschaften in Deutschland für 2008 dargestellt. Man erkennt, dass es mehr als 2,2 Millionen Einzelunternehmen und lediglich 7 862 AGs gibt. Bezogen auf die Struktur der Rechtsformen in Deutschland bedeutet dies, dass 70,1 % Einzelunternehmen, 0,2 % Aktiengesellschaften und 29,7 % andere Rechtsformen sind. Betrachtet man die Umsätze, ergibt sich ein anderes Bild: Die AGs sind überdurchschnittlich im Bereich sehr hoher Umsätze über 250 Mio. vertreten, während mehr als die Hälfte der Einzelunternehmen Umsätze zwischen 17 500 und 100 000 € erzielen. Vergleichbares sähe man, würde man die Anzahl der Beschäftigten betrachten: AGs haben eher viele Beschäftigte, während die Einzelunternehmen vielfach kleine Betriebe sind, oft auch ohne Angestellte. Mit zunehmender Größe dominieren in Deutschland die Kapitalgesellschaften, während bei kleinen Unternehmen die Rechtsformen der Einzelunternehmung (e. K.), der KG und der OHG vorherrschen.

93b Grundsätzlich stellt sich bei der Unternehmensgründung die Frage nach der Unternehmensleitung, der Haftung und dem Gründungsaufwand. Bezüglich der Führung gibt es bei der Unternehmensform der GmbH keine Einschränkungen. Der Gründer kann als geschäftsführender Gesellschafter alle Entscheidungen treffen. Bezüglich der Haftung bietet die GmbH den Vorteil, dass die Gesellschafter nur mit dem eingebrachten Gesellschaftskapital haften. Für den Existenzgründer ist das einzubringende Stammkapital in Höhe von mindestens 25 000 € aber eventuell eine zu große Hürde. Auch wenn diese Einlage in Form einer Sacheinlage erfolgen kann, verfügt nicht jeder Gründer über die entsprechenden Mittel. Fazit: Die GmbH ist eine Rechtsform, die dann geeignet ist, wenn der Unternehmensgründer über das notwendige Kapital verfügt.

93c Bei Markenprodukten handelt es sich um Produkte, die von einem Hersteller unter einem bestimmten Markenzeichen hergestellt und in der Regel überregional vermarktet und vertrieben werden. Handelsmarken oder Eigenmarken sind Güter, die nur bei einem bestimmten Händler bezogen werden können und üblicherweise von diesem in Auftrag gegeben wurden.

Bezüglich der Produktpolitik verfügen Markenprodukte oft über ein bestimmtes Alleinstellungsmerkmal und versuchen sich durch Verpackung und Design von anderen Produkten abzuheben. Gleichzeitig wird das Corporate Design des Herstellers übernommen. Handelsmarken sind, vor allem im Lebensmitteleinzelhandel, oft einheitlich gestaltet, d. h., alle Produkte, auch aus unterschiedlichen Warengruppen, haben eine vergleichbare Verpackung.

Im Rahmen der Preispolitik sind Handelsmarken überwiegend im unteren Preissegment zu finden, versuchen aber gleichzeitig, eine hohe Qualität zu liefern. Markenartikel sind vorwiegend im höheren Preisbereich angesiedelt.

Hinsichtlich der Distributionspolitik ist zu unterscheiden, dass Handelsmarken exklusiv beim jeweiligen Händler zu erwerben sind, während Hersteller von Markenartikeln in der Regel versuchen, ihre Produkte überregional in verschiedenen Einzelhandelsgeschäften und über unterschiedliche, nicht selten exklusive Vertriebskanäle abzusetzen. Entsprechend breit sind die Werbemaßnahmen angelegt. Damit eine Marke als solche wahrgenommen wird, ist ein erheblicher Aufwand notwendig. Bei Handelsmarken hingegen ist dieser geringer, hier können Kosten eingespart werden. Der Händler hat die Möglichkeit, an seinen Verkaufsstätten für das Produkt zu werben. Werbekampagnen in den Medien zeigen oft die gesamte Produktfamilie der Eigenmarken und verweisen auf deren Preis und/oder die Qualität.

93d Faltin vertritt ein unkonventionelles Verständnis von Entrepreneurship. Seiner Ansicht nach ist jeder Mensch ein Unternehmer (vgl. Z. 22). Für den Erfolg einer Gründung sei die Geschäftsidee ausschlaggebend. Unter dieser versteht er ein „durchdachtes Konzept“ (Z. 6). Dieses solle grundsätzlich nicht komplex, sondern möglichst einfach sein, um Erfolg zu haben, denn eine zunehmende Komplexität erhöhe das Risiko zu scheitern (vgl. Z. 25 ff.).

94e Die Aussage in ihrer Einfachheit lässt sich weder pauschal verwerfen noch ist ihr grundsätzlich zuzustimmen. Auf der einen Seite gibt es kein einheitliches Anforderungsprofil an einen angehenden Unternehmer. Entsprechend gibt es nicht „den Typus“ des Musterunternehmers. Es gibt viele Fallbeispiele erfolgreicher Unternehmer, die z. B. keine Führungsqualitäten haben oder keine kaufmännischen Kenntnisse besitzen. Auf der anderen Seite gibt es eine Reihe von Mindestanforderungen, die die Wahrscheinlichkeit einer erfolgreichen Unternehmensgründung erhöhen. Hierzu gehören z. B. eine durch einen entsprechenden Businessplan dokumentierte Planung und ein durchdachtes Finanzierungskonzept. Nicht jeder ist in der Lage, diese zu entwerfen. Es gibt außerdem viele Menschen, die den Status eines vergleichsweise sicheren und kalkulierbaren Angestelltenverhältnisses einer zwar Erfolg versprechenden aber risikoreichen Selbstständigkeit vorziehen.

95f In der Karikatur sieht man sechs sehr unterschiedliche Schaukelmodelle, die an einem Baum befestigt sind. Der Auftrag an das Unternehmen, eine Schaukel herzustellen, wurde von den einzelnen Abteilungen ganz verschieden verstanden. In diesem Unternehmen ist die Leitungsebene offensichtlich ihrer Verantwortung nicht gerecht geworden. Ihre Aufgabe ist es, die betrieblichen Abläufe so zu organisieren, dass die festgelegten Unternehmensziele effektiv und effizient erreicht werden: die in den einzelnen Unternehmensbereichen bereitstehenden Kompetenzen und die existierenden Möglichkeiten müssen mit den Kundenwünschen in Einklang gebracht werden. Dies ist umso schwieriger, je komplexer das Unternehmen und/oder die Produkte sind. Einzelne Abteilungen organisieren sich, haben sie keine anderslautenden Vorgaben, entsprechend ihrer eigenen Logik und Ressourcen. Die Konstruktionsabteilung betrachtet also ein Produkt eher von der technischen Seite her, während die Marketingabteilung dieses unter dem Gesichtspunkt der Vermarktung und des Verkaufs tut. Die einzelnen Abteilungen bieten daher ohne Koordination durch die Unternehmensführung nur Problemlösungen aus ihrem jeweiligen Blickwinkel an. Dass dieser nicht zwingend dem des Kunden entspricht, illustriert die Karikatur.

Wirtschaftliches Handeln im Sektor Ausland

1 Modelle sind vereinfachte Darstellungen der Wirklichkeit mit dem Ziel, komplexe Vorgänge beschreiben und verstehen zu können. Das Modell der offenen Volkswirtschaft stellt die zentralen Akteure und die ökonomischen Austauschbeziehungen dar und bildet damit grundlegende weltwirtschaftliche Zusammenhänge ab. Allerdings werden eine Reihe von Vereinfachungen vorgenommen. So fehlen z. B. NGOs oder internationale Organisationen. Bei den Unternehmen wird nicht unterschieden, ob es sich um weltweit agierende TNK oder um KMU, welche lediglich einige Rohstoffe aus dem Ausland beziehen, handelt. Ob diese Reduktion zweckmäßig ist, hängt von der jeweiligen Fragestellung ab.

2 Der Welthandel ist in den letzten Jahren von einem exponentiellen Wachstum gekennzeichnet, wobei besonders der Dienstleistungs- und der Kapitalmarkt hohe Wachstumsraten vorweisen. Ein Großteil des Volumens entfällt auf die Regionen Nordamerika, Europa und Südostasien, die sogenannte Triade. Zudem dominieren hier der Nord-Nord-Handel, also der Austausch zwischen den Industrieländern, und der intraregionale Handel in den Triadeländern. Schwach ausgeprägt sind die Süd-Süd-Handelsbeziehungen. Auch im Nord-Süd-Handel herrscht noch die klassische Aufteilung, nach der der Süden überwiegend Rohstoffe und Vorprodukte liefert, während der Norden mit dort hergestellten Investitions- und Konsumgütern handelt. Ein Wandel in dieser Beziehung ist aber erkennbar. Mit der 2007 begonnenen globalen Finanz- und Wirtschaftskrise ging der Welthandel zunächst zurück. Ab dem Jahr 2010 zeichnet sich aber bei vielen Unternehmen und auch Ländern, wie z. B. Deutschland, eine deutliche Erholung ab.

3 Generell nimmt der Welthandel zu, allerdings nicht gleichermaßen. Der Großteil des Welthandelsvolumens wird von der Triade Nordamerika, Europa und Südostasien bestritten, sodass man eher vom „Triade-Handel" als vom „Welthandel" sprechen muss. Die peripheren Regionen wie Zentralasien, Afrika oder Südamerika nehmen in absoluten Werten nur einen geringen Raum ein, auch wenn dort derzeit z. T. hohe Wachstumsraten erzielt werden. Zudem dominiert in der Triade-Region, v. a. in Europa, der intraregionale Handel.

4 Die stärkere Entwicklung des Welthandels lässt sich mit dem weltweiten Strukturwandel erklären. Der Anteil der Produkte, die ausschließlich in einem Land gefertigt und/oder vertrieben werden, geht zurück. Die weltweiten Ver-

flechtungen nehmen zu. Für immer mehr Unternehmen wird der Weltmarkt zum Beschaffungs- und/oder Absatzmarkt. Die Zahl der multinationalen Unternehmen wächst. Fanden noch vor Jahrzehnten in der Regel große Teile der Wertschöpfung in dem Land statt, in dem das Unternehmen seinen Stammsitz hatte, werden im Zuge einer globalen Beschaffungsstrategie (global sourcing) immer mehr Teile und Komponenten aus dem Ausland bzw. von ausländischen Tochterunternehmen bezogen.

5 Unter der (ökonomischen) Globalisierung versteht man eine zunehmende wirtschaftliche Verflechtung. Direktinvestitionen sind langfristige Kapitalanlagen im Ausland, mit denen ein ausländisches Unternehmen übernommen, eine Tochterfirma gegründet oder eine Unternehmensbeteiligung eingegangen wird. Je mehr Direktinvestitionen getätigt werden, desto größer sind die Austauschbeziehungen und damit die Verflechtungen.

6 Unternehmen investieren dauerhaft in Unternehmen oder Unternehmensbeteiligungen im Ausland, um

- von günstigen Standortfaktoren wie z. B. niedrigen Löhnen zu profitieren,
- Wechselkursrisiken zu minimieren oder Einfuhrbeschränkungen zu umgehen, wenn direkt im Absatzmarkt produziert wird,
- neue Märkte zu erschließen,
- vom Know-how und den Erfahrungen vor Ort zu profitieren,
- sich die Lieferung von Rohstoffen oder Vorprodukten zu sichern.

7 Direktinvestitionen können für ein Entwicklungsland von Vorteil sein, weil Kapital ins Land kommt, ggf. ein positiver Beschäftigungseffekt entsteht und die Handelsbeziehungen mit dem Ausland gefördert werden. Zudem kommt es oft auch zu einem Transfer von technischem oder Management-Know-how. Außerdem löst eine Direktinvestition möglicherweise weitere Investitionen anderer Unternehmen aus. Allerdings können auch Nachteile entstehen, z. B. wenn die Auslandsdirektinvestitionen nur einen substitutiven Effekt haben, also kein zusätzliches Unternehmen gegründet, sondern nur ein bestehendes ersetzt wird. Ebenfalls nachteilig ist es, wenn es zu Verdrängungseffekten der heimischen Wirtschaft kommt. Zudem besteht die Gefahr einer Abhängigkeit. Der Unternehmer kann zusätzliche Investitionen oder gar einen Verbleib am Standort von bestimmten Bedingungen, z. B. Senkung von Sozial- oder Umweltstandards, abhängig machen. Insbesondere bei Investitionen im Rohstoff-

bereich können Gewinne vom ausländischen Unternehmen abgeschöpft werden und es kommt zu einem Kapitalabfluss.

Es ist eine Aufgabe der Wirtschaftspolitik im Empfängerland, Direktinvestitionen aus dem Ausland so zu gestalten, dass die Vorteile genutzt und die Risiken minimiert werden. So sind z. B. in China ausländische Unternehmensgründungen oft nur im Rahmen eines Joint Ventures mit einem gleichberechtigten chinesischen Partner möglich.

8 Das Internet hat einen großen Einfluss auf die Globalisierung. Es ermöglicht eine globale Vernetzung, um Daten und Informationen auszutauschen. Insbesondere die zunehmende internationale Arbeitsteilung und die damit verbundene Logistik bedürfen eines hohen Koordinationsaufwands. Dieser wäre ohne das Internet, wenn nicht unmöglich, so doch sehr aufwendig. Zudem hat das Internet neue Vertriebswege wie den E-Commerce eröffnet und bietet Dienstleistungen wie soziale Netzwerke, Datenbanken usw. an, die es vorher nicht gab. Entsprechend hat sich das Verbraucherverhalten verändert, sowohl hinsichtlich des Freizeit- und Konsumverhaltens als auch hinsichtlich der Mediennutzung. Die konkrete Bedeutung für die jeweilige Branche oder Region hängt aber von der Verbreitung des Internets, den technischen Rahmenbedingungen (leistungsfähige PCs und Breitbandnetze) und den Kommunikationskosten ab. Als Auslöser der Globalisierung kann man das Internet nicht bezeichnen, allenfalls als Beschleuniger. Ohne die Liberalisierung der Märkte wäre eine Verbreitung und Nutzung des Netzes im heutigen Ausmaß nicht vorstellbar.

9 Die Globalisierung lässt sich grundsätzlich nicht monokausal erklären. Mit dem Ende des Kalten Krieges und dem Zusammenbruch des Ostblocks konnte theoretisch die ganze Welt am Wirtschaftsprozess teilhaben. Allerdings dynamisierte sich ab 1990 nur der Prozess, der schon Jahrzehnte zuvor seinen Anfang genommen hatte. Betrachtet man die Entwicklung des Welthandels, kann man feststellen, dass dieser seit Ende des Zweiten Weltkriegs kontinuierlich zugenommen hat.

10

11 Unter einer „verlängerten Werkbank" versteht man ein Unternehmen oder Land, in das Produktionsschritte ausgelagert werden. In der Regel wird in diesen Betrieben bzw. Volkswirtschaften Lohnfertigung betrieben. Es findet keine eigene Entwicklung und Forschung statt. Der Begriff wird oft im Zusammenhang mit der Globalisierung verwendet, z. B. wenn europäische Unternehmen ihre Produkte am Stammsitz entwickeln und designen, die Produktion aber aufgrund geringer Lohnkosten ins Ausland, z. B. nach Südostasien oder Osteuropa, auslagern.

12 Importiert ein Staat mehr Güter und Dienstleistungen als er exportiert, liegt ein Leistungsbilanzdefizit vor. Wenn keine andere Teilbilanz der Zahlungsbilanz dieses Defizit ausgleicht, fließt Kapital aus dem Land. Geschieht dies dauerhaft, kann das negative Folgen für die Volkswirtschaft haben, denn zur Deckung des Defizits muss Kapital beschafft werden. Ob es sich um eine wenig leistungsfähige Volkswirtschaft handelt, hängt von den Teilbilanzen ab. Exportiert ein Land z. B. viele Rohstoffe und Vorprodukte und wenige Dienstleistungen, kann dies auf ein wenig entwickeltes Land hinweisen. Entsteht das Defizit aber z. B. dadurch, dass die Bürger des Landes zahlreiche Auslandsreisen unternehmen und durch die negative Dienstleistungsbilanz die gesamte Leistungsbilanz ein Defizit ausweist, spricht das nicht gegen die Leistungsfähigkeit der Volkswirtschaft. Ein Beispiel sind die USA: Eine der größten Wirtschaftsnationen der Welt verzeichnete in den letzten Jahren ein Außenhandelsdefizit von jährlich mehreren Hundert Milliarden US-Dollar.

13

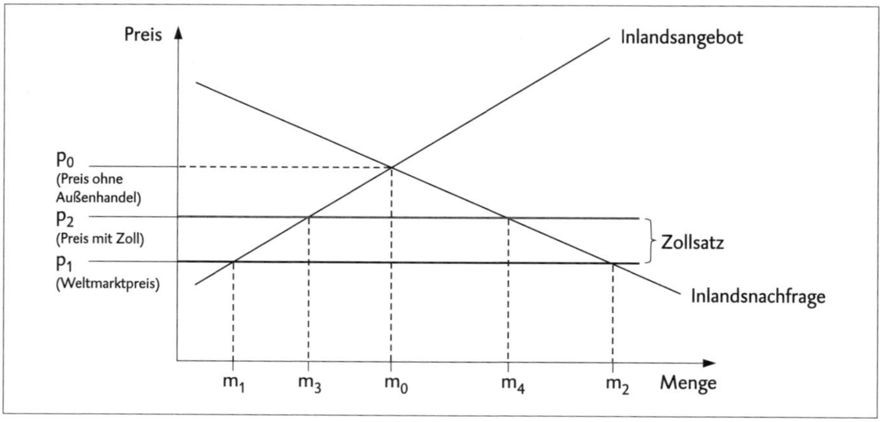

Geht man von einem konstanten Weltmarktpreis aus, steigt nach einer Marktöffnung die Nachfrage von m_0 auf m_2, während die inländische Produktion von m_0 auf m_1 zurückgeht. Mit der Einführung eines Importzolles verteuern sich die Elektrogeräte von p_1 auf p_2. Die Nachfrage geht auf m_4 zurück. Während die Anzahl der Importgeräte zurückgeht, steigt die inländische Produktion auf m_3. Der Staat erhält Zolleinnahmen in Höhe von $(p_2 - p_1) \cdot (m_4 - m_3)$.

Alternative Darstellung:

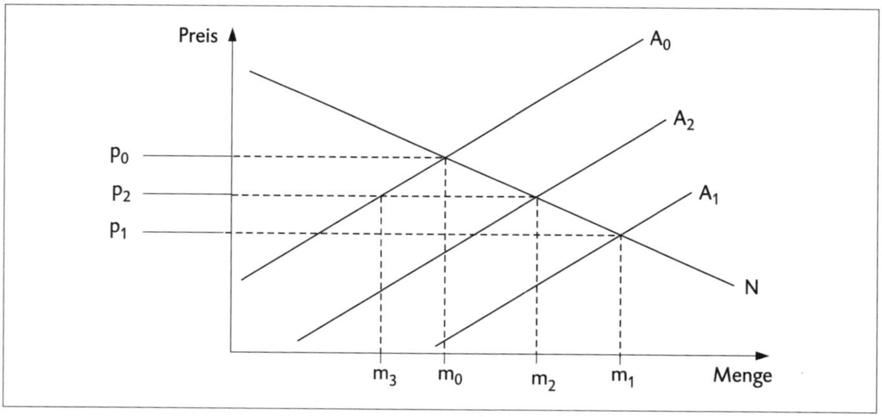

Vor der Marktöffnung kommt es aus dem Zusammenspiel des Inlandsangebots (A_0) und der -nachfrage zu einem Marktpreis p_0, zu dem die Menge m_0 abgesetzt wird. Mit der Liberalisierung kommen günstige ausländische Anbieter auf den Mark (A_1). Der Preis sinkt auf p_1, die abgesetzte Menge steigt von m_0 auf m_1. Mit Einführung eines Importzolles steigt der Preis auf p_2, die nachgefragte Menge geht auf m_2 zurück. Das Inlandsangebot entspricht m_3. Der Staat profitiert von Zolleinnahmen in Höhe von $(p_2 - p_1) \cdot (m_2 - m_3)$.

14 Protektionistische Maßnahmen mit dem Infant-Industries-Argument, also mit dem Argument, junge Branchen schützen zu wollen, zu begründen, ist insofern problematisch, als dass es schwierig ist, den Begriff „junge Branchen" zu definieren und zu operationalisieren. Ebenso problematisch ist es, das Ende der Schutzwürdigkeit festzulegen. Auch spielt der ökonomische Rahmen, in dem die Infant-Industry tätig ist, eine Rolle: Handelt es sich um ein Industrie- oder ein Entwicklungsland, ist der Binnenmarkt groß oder klein usw.?

15 Es gibt verschiedene Möglichkeiten, den Import ausländischer Güter zu begrenzen. Einmal können tarifäre Handelshemmnisse angewandt, d. h. Importzölle eingeführt werden. Daneben kann z. B. durch das Erheben von Einfuhrgebühren Einfluss auf die Preise genommen werden. Einfuhrquoten beschränken die Importmenge und verschiedene administrative Behinderungen, wie komplizierte Zollverfahren oder die Festsetzung hoher Standards, können den Import erschweren und verteuern.

16 China ist mit einem BIP von mehr als 8 Bill. $ nach den USA die zweitgrößte Volkswirtschaft der Welt. Betrachtet man allerdings die Pro-Kopf-Werte, relativiert sich das Bild: Mit einem Wert von 6 076 $ liegt das Land auf Rang 87. China erfüllt die Kriterien eines Schwellenlandes: Es hat in den vergangenen Jahren hohe Wachstumsraten vorzuweisen und macht große Fortschritte im technologischen und industriellen Bereich. Allerdings halten die soziale und die gesellschaftliche Entwicklung nicht mit der ökonomischen Schritt. Einer wohlhabenden Bevölkerungsschicht steht ein Millionenheer von armen Kleinbauern und Wanderarbeitern gegenüber. Problematisch sind auch das autoritäre politische System und die weit verbreitete Korruption.

17 Eine einheitliche Definition für Entwicklungsländer gibt es nicht. Gleichwohl gibt es eine Reihe von Merkmalen, die die weniger entwickelten Länder kennzeichnen: Sie verfügen über ein geringes Pro-Kopf-Einkommen, Teile der Bevölkerung sind mit Nahrung und sauberem Trinkwasser unterversorgt. Vielfach fehlt es an ausreichenden Bildungsmöglichkeiten und einer medizinischen Versorgung. Ein Großteil der Entwicklungsländer liegt auf der Südhalbkugel, vor allem in Afrika und Asien. Die UN verwenden zur Klassifikation den HDI-Index, der neben ökonomischen Kriterien auch Kriterien wie Gesundheit oder Bildung mit berücksichtigt. Die 49 Länder mit dem geringsten HDI werden von der UN als Least Developed Countries (LDC) bezeichnet.

18 Die EU ist ein Staatenverbund aus 28 hochentwickelten Staaten, der über eigene politische Institutionen verfügt. Mit über 500 Mio. Einwohnern zählt sie zu den wirtschaftsstärksten Regionen der Welt. Zu den G8-Staaten zählen die größten Industriestaaten, darunter die vier größten Volkswirtschaften der EU. Sie repräsentieren einen Großteil der Weltwirtschaftsleistung. Allerdings handelt es sich bei der G8 um ein informelles Abstimmungsforum, dessen Beschlüsse, anders als bei Rechtsakten der EU, für die Teilnehmer nicht bindend sind. Auch fehlen Sanktionsmechanismen. Daher sind die Gestaltungsmöglichkeiten der G8 de facto geringer als die der EU.

19 NGOs wird oft fehlende Legitimation vorgeworfen. Sie würden die Interessen der Öffentlichkeit bzw. eines Teiles davon repräsentieren, ohne von dieser gewählt worden zu sein. Auch gebe es keine demokratische Kontrolle und es fehle häufig an Transparenz. Die Kritik relativiert sich allerdings, da NGOs selbst keine politischen Entscheidungen treffen können. Außerdem müssen Vereine und Organisationen in Deutschland wie auch in vielen anderen Ländern ein gewisses Maß an demokratischen Strukturen und Transparenz aufweisen. So sind die Vorstände von den Mitgliedern zu wählen oder die Kassenberichte den Finanzbehörden zur Prüfung vorzulegen. Und schließlich kann grundsätzlich jeder Mitglied in einer solchen Organisation bzw. einem Verein werden und sich so beteiligen.

20

Vorteile	Nachteile
• geringere Produktionskosten • Sicherung eines Teils der Arbeitsplätze im Inland • neuer Marktzugang	• erhöhter Koordinationsaufwand • geringere Flexibilität, längere Transportwege • hohe Anfangsinvestitionen • möglicher Imageverlust

21 Global operierende Konzerne haben durch ihre Größe, die Vielzahl der Arbeitsplätze, die sie anbieten, und die Steuern, die sie zahlen, ein großes politisches Gewicht. Daher sind politische Entscheidungsträger schnell bereit, die Anliegen dieser Unternehmen anzuhören. Konzerne können mit der Verlagerung des Standorts drohen bzw. bei der Suche nach einer neuen Niederlassung versuchen, die potenziellen Standorte gegeneinander auszuspielen. Auch die Möglichkeit, die Gewinne durch innerbetrieblichen Handel zwischen den Tochterunternehmen in einem anderen Land anfallen zu lassen, kann als Druckmittel verwendet werden. Zudem kann ein Unternehmen seine finanziellen Möglichkeiten dazu nutzen, über die Medien Einfluss auf die öffentliche Meinung und damit auch auf die Politik zu nehmen.

22 Einerseits treten mit zunehmender Globalisierung und der Bedeutungszunahme weltweit agierender Großunternehmen nationalstaatliche Grenzen immer mehr in den Hintergrund. Entsprechend sinkt das Vermögen des einzelnen Staates, Einfluss auf die Unternehmen zu nehmen. Die Konzerne haben grundsätzlich die Möglichkeit, ihren Standort zu verlagern und sich so nationalstaatlichen Regelungen zu entziehen. Andererseits darf dieses Instrument nicht überschätzt werden, da die Unternehmen oft vom jeweiligen Standort abhängig sind und eine Verlagerung Kostennachteile mit sich bringt. So spielen etwa die Größe eines Marktes und die dortigen Produktionsbedingungen eine Rolle. Die chinesische Regierung kann z. B. großen Einfluss auf die ausländischen Investoren nehmen, weil sie um die Bedeutung ihres Landes als Markt und Produktionsstandort weiß. Für kleinere Volkswirtschaften, denen dieser Vorteil fehlt, besteht die Möglichkeit, mit anderen Ländern Vereinbarungen zu treffen, um bestimmte wirtschaftspolitische Maßnahmen umzusetzen. Zudem können Staaten weltweit agierende NGOs unterstützen, die vergleichbare Ziele verfolgen, um ein Gegengewicht zu den Unternehmen zu fördern.

So darf der Staatseinfluss nicht unterschätzt, die Macht der Global Player nicht überschätzt werden. Staaten haben das Monopol der Rechtsetzung und können ihren Einflussbereich mittels internationaler Vereinbarungen bzw. Organisationen durchaus über den nationalstaatlichen Rahmen ausdehnen.

23 Deutschland zählt zu den größten Volkswirtschaften und Exportnationen der Welt. Die wichtigsten Handelspartner sind die Länder der EU sowie die USA und China. Exportiert werden vor allem Kraftfahrzeuge, Maschinen und chemische Erzeugnisse. Wichtigste Importgüter sind Erdöl/Erdgas, elektronische Geräte und Fahrzeuge/Fahrzeugteile. Bezogen auf die Wettbewerbsfähigkeit liegt Deutschland 2013 weltweit auf Rang 4. Positiv bewertet werden hier die Infrastruktur, die Marktgröße und der Entwicklungsstand der Wirtschaft. Optimierungsbedarf wird im Bereich der Steuern und der Flexibilität des Arbeitsmarktes gesehen.

24 Ist der Außenbeitrag dauerhaft positiv, d. h., wird mehr exportiert als importiert, fließt einer Volkswirtschaft zusätzliches Kapital zu. Dies kann zu einem Wohlfahrtsgewinn, aber auch zu Inflationsgefahr führen. Es besteht zudem die Gefahr, dass sich die Handelspartner, die ggf. beständig mehr importieren als exportieren, zunehmend verschulden und die Nachfrage aus diesen Ländern mittelfristig zurückgeht. In Deutschland haben sich durch den positiven Außenbeitrag in der Vergangenheit keine strukturellen Nachteile ergeben. Vielmehr zählt es zu den Profiteuren des Welthandels.

25 ADI sind Investitionen im Ausland mit dem Ziel dort unternehmerisch tätig zu werden. Dass die beiden größten Volkswirtschaften, die USA und China, die Ziele der meisten ADI sind, verwundert nicht. Anders sieht es bei Deutschland aus: Es liegt als drittgrößte Wirtschaftsnation der Welt auf Rang 11 und damit auch hinter Großbritannien und Frankreich – welche beide bezogen auf die Wirtschaftsleistung rund 1/3 kleiner sind. Nimmt man die ADI als Maß für die Standortattraktivität, ist dies auf den ersten Blick für Deutschland nicht allzu positiv zu bewerten. Allerdings relativiert sich dies, wenn man die Wachstumsregionen in Südostasien und die Schwellenländer aus der Betrachtung herausnimmt. Hier kommt es bedingt durch die großen Wachstumsraten zu hohen Investitionen aus dem Ausland. Damit rückt Deutschland unter den etablierten Industrienationen auf eine bessere Platzierung. Für eine genauere Analyse bedarf es zusätzlicher Informationen. Interessant wäre hier etwa die Betrachtung der Zeitreihe der Entwicklung der ADI. Daraus ginge auch hervor, ob Frankreich und Großbritannien dauerhaft z. T. deutlich höhere Kapitalzuflüsse erhalten oder ob es sich nur um einen Einmaleffekt handelt.

26 Braindrain bezeichnet die Form der Arbeitsmigration, bei der Fachkräfte und hochqualifizierte Arbeitskräfte in andere Länder abwandern. Eine hochentwickelte Volkswirtschaft wie Deutschland hat einen großen Bedarf an solchen Arbeitskräften. Diesen zu decken, wird künftig schwerer – über das Problem des Facharbeitermangels wird in den Medien und in der Öffentlichkeit häufig diskutiert. Deutschland kann von der Migration der Fachkräfte und der höher Qualifizierten gegenwärtig nicht profitieren: Zum einen gelangen von den internationalen Wanderungsströmen nur vergleichsweise wenige Hochqualifizierte dorthin. Zum anderen gehen viele deutsche Fachkräfte ins Ausland, z. B. nach Skandinavien, in die Schweiz oder in die USA. Hält diese Entwicklung an, kann dies, auch vor dem Hintergrund der demografischen Entwicklung, negative Folgen für die Wettbewerbsfähigkeit des Standorts haben.

27 Der Welthandel ist vom Triadehandel gekennzeichnet, den ökonomischen Fortschritten der Schwellenländer und der Bedeutungszunahme des asiatischen Wirtschaftsraumes. Die EU, mit gegenwärtig 28 Mitgliedstaaten, ist der größte Wirtschaftsraum mit einem Anteil von mehr als 15 % am Welthandel. Sie tritt als eigenständiger politischer Akteur z. B. bei der G8 oder G20 auf. Mit bi- und multilateralen Abkommen setzt die EU ihre Einbindung in den Welthandel fort. Allerdings gibt es eine Reihe von Herausforderungen, die noch gemeistert werden müssen, wie z. B. die Lösung der EU-Staatsschuldenkrise, eine Nivellierung der innergemeinschaftlichen Unterschiede oder die Harmo-

nisierung der Finanz- und Wirtschaftspolitik der Mitgliedstaaten. Vor diesem Hintergrund kann der Aussage in der absoluten Form nicht zugestimmt werden.

28 Ist eine Zentralbank unabhängig, also an keine Weisungen von Regierung oder Parlament gebunden, kann sie als Hüterin der Währung ihr Ziel, die Preisstabilität, verfolgen, ohne Rücksicht auf politische Interessen nehmen zu müssen.

29 Der EU-Binnenmarkt ist das gemeinsame Wirtschaftsgebiet der 28 EU-Staaten, in dem die sogenannten vier Freiheiten gelten. Personen, Kapital, Waren und Dienstleistungen dürfen sich darin ungehindert bewegen. Entsprechend ist es auch konsequent, wenn in einem einheitlichen Wirtschaftsraum dieselbe Währung gilt.

30 Von einer hohen Inflationsrate profitieren Schuldner, da ihre Verbindlichkeiten nominal gleich bleiben, während mit der zunehmenden Geldentwertung für die Rückzahlung real immer weniger aufgewendet werden muss. Auch Besitzer von Sachvermögen profitieren, da diese nicht vom Wertverlust betroffen sind, oft steigt in Zeiten von Inflation der Wert von Sachgütern sogar.

31 Die Europäische Zentralbank (EZB) ist die Notenbank der Länder, die den Euro eingeführt haben. Das Europäische System der Zentralbanken (ESZB) setzt sich aus der EZB und den nationalen Notenbanken der EU-Mitglieder zusammen. Das ESZB legt die Geldpolitik in der EU fest und führt diese aus. Während in den Nicht-Euro-Staaten die jeweiligen nationalen Zentralbanken für die konkrete Ausgestaltung der Geldpolitik zuständig sind, erfüllt diese Aufgabe in der Eurozone die EZB.

32 Werden die Leitzinsen, also der Hauptrefinanzierungssatz, der Spitzenrefinanzierungs- und der Einlagensatz erhöht, steigen für die Geschäftsbanken die Kosten der Beschaffung von Zentralbankgeld. Geben diese die gestiegenen Kosten an die Kunden weiter, erhöhen sich die Kreditzinsen für private Haushalte, Unternehmen und die öffentlichen Haushalte. Entsprechend gehen Konsum und Investitionen zurück. Durch die Verknappung der Geldmenge sinkt das Preisniveau. Besitzer von Geldvermögen profitieren von höheren Zinsen.

33 Eine geldpolitische Maßnahme der EZB kann aus mehreren Gründen wirkungslos bleiben: Wenn etwa die Geschäftsbanken eine Leitzinsänderung nicht an die Kunden weitergeben, oder wenn sie sich ohne die EZB refinanzieren, indem sie sich Zentralbankgeld von anderen Banken, aus dem Ausland oder durch Kundeneinlagen beschaffen. Auch können die Erwartungen und Einstellungen der Unternehmen und privaten Haushalte die Ziele einer geldpolitischen Maßnahme der EZB konterkarieren. Beispielsweise wenn sie bei einer Leitzinserhöhung von einer positiven wirtschaftlichen Entwicklung ausgehen und trotz höherer Zinsen mehr konsumieren bzw. mehr investieren. Schließlich kann auch das Ausland, z. B. durch erhöhte ADI im Euroraum und Veränderungen des Wechselkurses, dafür verantwortlich sein, dass Maßnahmen der Zentralbank wirkungslos bleiben.

34 Der Geldmarkt ist der Teil des Finanzmarktes, auf dem mit kurzfristigen Zentralbankgeldern gehandelt wird. Er dient in erster Linie dem Liquiditätsausgleich zwischen den Geschäftsbanken. Unternehmen besorgen sich Kapital in der Regel nicht auf dem Geldmarkt. Sie treten als Akteure vielmehr am Kapital- bzw. Kreditmarkt auf, indem sie z. B. bei Geschäftsbanken Kredite aufnehmen oder Unternehmensanleihen platzieren. Der Geldmarkt hat insofern eine Bedeutung für die Unternehmen, als dass der Geldmarktzins (Leitzins) das Zinsniveau auf dem Kapitalmarkt mitbestimmt.

35 Bei Termingeschäften geht der Käufer die Verpflichtung ein, in der Zukunft zu einem bei Vertragsschluss festgesetzten Preis Güter, Wertpapiere oder Devisen abzunehmen. Der Verkäufer verpflichtet sich zur Lieferung. Nimmt man das Beispiel Weizen: Ein Lebensmittelproduzent vereinbart, zu einem festgesetzten Termin und zu einem bestimmten Preis einem Landwirt die Getreideernte abzunehmen. Der Produzent hat den Vorteil, unabhängig von der Preisentwicklung und der Erträge der nächsten Ernte mit festen Preisen und Mengen kalkulieren zu können. Der Landwirt hat einen sicheren Abnehmer und kann mit den erwarteten Einnahmen planen. Nachteilig ist es, wenn der Marktpreis für Weizen im kommenden Jahr vom vereinbarten Preis abweicht. Liegt er darunter, hätte sich der Lebensmittelproduzent ggf. günstiger mit Rohstoffen eindecken könne, liegt er darüber, hätte der Landwirt mehr erlösen können.

36 Bei Leerverkäufen verkauft ein Spekulant Wertpapiere, die er nicht hält, sich aber gegen Gebühr leiht, in der Hoffnung, die Kurse würden fallen. Tritt dieser Fall ein, kann er die Wertpapiere günstiger zurückkaufen, zum festgesetzten Termin an den Verleiher zurückgeben und dabei einen Gewinn erzielen. Diese

Art der Finanzspekulation wird kritisiert, da sie sehr risikoreich ist und die Gefahr eines Totalverlustes besteht. Da Leerverkäufer auf fallende Kurse setzen, können sie den Kursverlauf negativ beeinflussen.

37 Ratingagenturen bewerten u. a. die Bonität von Staaten, Unternehmen und Finanzprodukten. Im Zuge der Eurokrise wurde u. a. die Forderung erhoben, die Krisenländer für eine begrenzte Zeit von der Bewertung auszunehmen. Dahinter steckt die Hoffnung, auf diese Weise die Finanzierungssituation dieser Staaten zu verbessern. Ein schlechtes Rating bzw. eine Abwertung hat zur Folge, dass die betroffenen Länder auf den Kapitalmärkten höhere Zinsen bezahlen müssen. Die höhere Zinsbelastung kann die Krise verschärfen, was wiederum zu einem schlechteren Rating führt. Ein Teufelskreis würde in Gang gesetzt. Fraglich wäre allerdings, wer die Entscheidung über ein Aussetzen des Ratings trifft. Auch wäre zu klären, nach welchen Kriterien eine solche Entscheidung getroffen wird. Und schließlich kann gerade das Fehlen einer Bonitätsprüfung dazu führen, dass das Krisenland auf den Kapitalmärkten keine bzw. nur teure Kredite bekommt. Daher besteht die Befürchtung, dass die Nachteile einer solchen Maßnahme die Vorteile überwiegen.

38 Unternehmen können sich mittels Devisentermingeschäften gegen Wechselkursschwankungen absichern. Auch besteht die Möglichkeit, die Rechnung für Exportgüter in heimischer Währung bezahlen zu lassen. Eine Produktion in dem Land, in dem die Produkte abgesetzt werden sollen, ist eine weitere mögliche Maßnahme.

39 Kaufkraftparität liegt dann vor, wenn in unterschiedlichen Währungsräumen, unabhängig vom tatsächlichen Wechselkurs, die Kaufkraft gleich ist. Kaufkraftparität ist beispielsweise dann gegeben, wenn man einen bestimmten Eurobetrag in Dollar umtauscht und dafür in den USA denselben Warenkorb wie in Deutschland bekommt.

40 Ein Rückgang der Euronachfrage führt zu einer Linksverschiebung der Nachfragekurve. Bei gleichbleibendem Angebot sinkt der Wechselkurs.

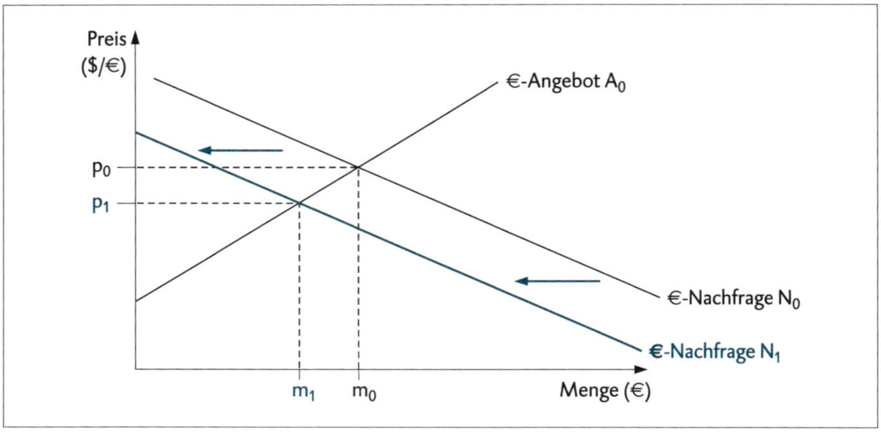

41 Der Wechselkurs beeinflusst den Außenhandel. Steigt der Wert der eigenen Währung, steigen infolge der Preisentwicklung für importierte und exportierte Güter die Importe und die Exporte gehen zurück. Kommt es zu einer Abwertung, verteuern sich die Importe, wohingegen sich die Exporte verbilligen. Entsprechend steigt die Nachfrage aus dem Ausland, die inländische Nachfrage nach Importgütern sinkt. Umgekehrt beeinflusst aber auch der Außenhandel die Wechselkurse. Da zur Abwicklung der globalen Güterströme Devisen auf den Märkten nachgefragt bzw. angeboten werden, reagieren die Devisenkurse.

42 Ist die Währung überbewertet, bedeutet dies, dass die Kaufkraft des Franken über der des Euro und anderer Währungen liegt. Daher sind Güter aus der Schweiz bzw. Urlaub und Reisen in die Schweiz vergleichsweise teuer. Um zu verhindern, dass sich die Kaufkraftunterschiede weiter vergrößern und so die Export- und Tourismuswirtschaft weiterhin Nachteile hat, legte die Zentralbank einen Mindestkurs fest. Verteuert sich der Franken auf den Devisenmärkten und überschreitet die festgesetzte Grenze, interveniert die Schweizer Nationalbank, indem sie Franken verkauft, also das Angebot vergrößert und so für eine Kurssenkung sorgt.

43 Die WTO beschäftigt sich mit Regelungen internationaler Wirtschafts- und Handelsbeziehungen. Dabei lässt sie sich von den Prinzipien der Liberalisierung, der Nichtdiskriminierung, der Reziprozität und der Transparenz leiten. Entscheidungen werden nach dem Konsensprinzip und dem Prinzip „ein Land – eine Stimme“ getroffen. Die Prinzipien der Meistbegünstigung und der Inländerbehandlung präzisieren das Prinzip der Nichtdiskriminierung.

44 Einfuhrzölle haben in der Regel das Ziel, die einheimischen Produzenten zu schützen. Zölle sind, anders als z. B. Höchst- oder Mindestpreise, indirekte staatliche Eingriffe in die Preisbildung. Sie sind marktkonforme Instrumente, da sie zwar Einfluss auf Angebot und Nachfrage haben, den Marktmechanismus aber nicht außer Kraft setzen. Zölle sind, anders als Subventionen oder Maßnahmen zur Exportförderung, nicht von der Finanzkraft eines Landes abhängig, können also von Industrie- und Entwicklungsländern gleichermaßen eingesetzt werden.

45 Für die zunehmende zeitliche Ausdehnung der Verhandlungsrunden gibt es diverse Gründe: Es werden immer mehr Verhandlungsgegenstände beraten, wobei die einzelnen Mitgliedstaaten unterschiedliche Interessen haben. Insbesondere zwischen den Industrieländern einerseits und den Entwicklungs- und Schwellenländern andererseits lassen sich in zentralen Fragen, wie z. B. der Liberalisierung des Agrarmarktes, nur schwer Kompromisse finden. Die Abstimmungsmodalitäten erschweren zudem ein schnelles Ergebnis. Wichtige Entscheidungen müssen einstimmig getroffen werden, wobei jedes Land über eine Stimme verfügt. Darüber hinaus muss ein Konsens über alle Verhandlungsgegenstände gefunden werden, bevor eine Runde zum Abschluss kommt.

46 Der IWF soll die internationale Zusammenarbeit in der Währungspolitik fördern und für stabile Wechselkurse sorgen. Das wichtigste Instrument ist die Kreditgewährung an die Mitgliedstaaten. Damit ist der IWF nicht mit einer Zentralbank im engeren Sinne vergleichbar, deren wichtigste Aufgaben in der Geldmengensteuerung und in der Sicherung der Preisniveaustabilität liegen. Genauso wie die Zentralbanken ist der IWF allerdings für die Stabilität der Finanzsysteme verantwortlich. Diese Funktion erfüllt der IWF, indem er Kredite an Krisenstaaten vergibt und für Liquidität sorgt. Er ist die letzte Instanz des Weltfinanzsystems, die stabilisierend eingreifen kann. Anders als eine nationale Zentralbank greift er durch die an die Kreditvergabe geknüpften Bedingungen in die Fiskal- und Wirtschaftspolitik der Länder ein. De jure ist er keine Weltzentralbank, de facto lässt er sich aber durch die Funktionen, die er erfüllt, durchaus damit vergleichen.

47 Beim IWF hängt der Stimmenanteil und damit der Einfluss der einzelnen Länder vom Kapitalanteil ab, den sie aufbringen. Da wichtige Entscheidungen mit einer 85 %-Mehrheit getroffen werden müssen, haben die Industrieländer einen höheren Einfluss, die USA und die EU sogar ein faktisches Vetorecht. Bei der WTO hat jedes Land eine Stimme, Abstimmungen erfolgen nach dem

Konsensprinzip. So hat ein Entwicklungsland theoretisch den gleichen Einfluss wie ein Industrieland. Die Gruppe der Entwicklungs- und Schwellenländer ist sogar größer als die der Industrieländer. Allerdings ist die tatsächliche Verhandlungsmacht der Industrieländer stärker: Sie haben das finanzielle und administrative Know-how, ihre Interessen bei den WTO-Verhandlungsrunden zu artikulieren bzw. Druck auf die Verhandlungspartner auszuüben. Zudem können sie Entscheidungen, die ihnen zuwiderlaufen, durch bilaterale Abkommen unterlaufen.

48 Das BIP ist die Summe aller in einer Volkswirtschaft innerhalb eines bestimmten Zeitraums erstellten Güter und Dienstleistungen. Es kann vergleichsweise einfach berechnet werden. Allerdings lässt das BIP keine Rückschlüsse auf die Einkommens- und Vermögensverteilung, die soziale oder ökologische Situation eines Landes zu. Daher ist das BIP als Indikator von Disparitäten nur sehr beschränkt aussagekräftig. Der Human Development Index (HDI) berücksichtigt neben ökonomischen Faktoren auch den Bildungsgrad und die Lebenserwartung und liefert so ein genaueres Bild von regionalen Unterschieden. Allerdings berücksichtigt auch der HDI keine ökologischen Aspekte.

49 Negative externe Effekte sind Kosten einer Handlung, die nicht der Verursacher, sondern Dritte tragen. Diese treten z. B. im Umweltbereich auf. Bei der Beseitigung von externen Effekten können grundsätzlich eine Reihe von Problemen bestehen: So müssen der Verursacher ausfindig gemacht werden, die Schäden klar definiert und die genauen Kosten festgelegt werden. Auf globaler Ebene treten diese Probleme nicht selten in verstärkter Form auf. Hinzu kommt, dass, anders als auf nationalstaatlicher Ebene, in vielen Fällen keine geltenden Regelungen bzw. Institutionen existieren, die deren Einhaltung erzwingen können.

50 Die Ausgabe von handelbaren Verschmutzungsrechten ist eine marktkonforme Lösung, da dadurch die externen Kosten internalisiert werden können. Über Angebot und Nachfrage bildet sich ein „Preis der Umweltverschmutzung" und die Unternehmen haben einen Anreiz zu umweltfreundlicherem Verhalten. Dadurch können sie Geld sparen bzw. durch den Verkauf von Emissionsrechten sogar Erlöse erzielen. Bei einer ordnungsrechtlichen Regelung besteht die Motivation, lediglich die Minimalauflagen zu erfüllen bzw. sogar Umgehungsstrategien zu entwickeln. Verbote müssen zudem überwacht werden. Die Kosten für den Staat sind bei einer Zertifikatlösung geringer.

51

Subprimekrise	Bankenkrise/ Finanzkrise	Finanzkrise/ Wirtschaftskrise	Eurokrise
Befeuert durch einen Immobilienboom in den USA werden Subprimekredite verbrieft und weltweit verkauft. Mit dem Platzen der Immobilienblase verlieren zahllose Investoren ihr Geld. →	Banken und Versicherungen mit nun wertlosen CDOs und CDS in ihren Büchern werden mit Steuergeldern gerettet bzw. verstaatlicht. Mit dem Konkurs von Lehman erreicht die Krise einen Höhepunkt →	Die Situation der Banken springt auf die Realwirtschaft über; große Konzerne geraten ins Wanken. →	Europäische Staaten wie Griechenland, Irland und Portugal geraten in ihrem Bemühen, die heimische Wirtschaft und den Bankensektor zu stabilisieren, an den Rand der Zahlungsfähigkeit. Der Euro wird mit milliardenschweren Rettungsmaßnahmen gestützt.

52 Der Ausspruch meint, dass die Unternehmen in guten Zeiten die Gewinne ihren Shareholdern zukommen lassen. In schlechten Zeiten, wie zu Zeiten der Finanzkrise, werden sie hingegen mit Mitteln der Allgemeinheit (Steuermitteln) gerettet, ohne selbst einen Beitrag leisten oder ausreichend Vorsorge treffen zu müssen. Die Erwartung, in Notlagen wegen der angeblichen oder tatsächlichen Systemrelevanz gerettet zu werden, kann sogar dazu führen, dass bewusst riskante Geschäfte betrieben werden (Moral Hazard Problematik).

53 Eurobonds sind gemeinsame Anleihen der Eurostaaten. Dadurch soll verhindert werden, dass Krisenländer durch hohe Zinsen, die sie am Markt bezahlen müssen, in einen Teufelskreis der Verschuldung geraten. Dafür steigt das Zinsniveau derjenigen Staaten, die eine solidere Haushalts- und Wirtschaftssituation haben. Davon abgesehen, dass es schwierig wäre, die Zustimmung von Ländern zu bekommen, die mit höheren Kreditkosten konfrontiert wären, wie z. B. Deutschland, die Niederlande oder Österreich, sind Eurobonds auch rechtlich umstritten. Art. 125 des AEU-Vertrages verbietet eine gesamtschuldnerische Haftung aller EU-Mitgliedsstaaten. Zudem können Eurobonds bestenfalls ein Mittel sein, die Symptome zu beseitigen, d. h., die Krise vorerst zu überwinden. Um das Risiko künftiger Krisen zu minimieren, muss allerdings an den Ursachen angesetzt werden. Dazu gehört es, die Strukturschwächen der betroffenen Länder zu beseitigen und Regelungen zur dauerhaften Stabilisierung der Finanzmärkte zu finden.

54 Eine Weltregierung in absehbarer Zeit wird eine Illusion bleiben, da es gegenwärtig keine Institutionen oder Strukturen gibt, die in die entsprechende Richtung weisen. Die bestehenden Organisationen und Vereinbarungen basieren

auf Minimalkonsensen, es fehlt oft die Verbindlichkeit bei der Umsetzung oder sie sind das Ergebnis einer win-win-Situation. Die aktuelle WTO-Verhandlungsrunde zeigt, wie schwierig und langwierig es ist, in nur einem Politikfeld zu einer tragfähigen Lösung zu kommen. Selbst die EU, der Staatenbund, bei dem die Integration am weitesten fortgeschritten ist, hat noch Kooperationsbedarf in vielen Politikfeldern. Aktuelle Ansätze favorisieren das Global Governance Konzept.

55a Unter Schwellenländern versteht man gemeinhin diejenigen Länder, die sich in ihrer ökonomischen und technologischen Entwicklung zwischen der Gruppe der Entwicklungsländer und der der Industrieländer befinden. Sie sind gekennzeichnet durch hohe Wachstumsraten und nehmen eine immer größere Bedeutung im Welthandel ein. Der soziale und ökologische Entwicklungsstand hat i. d. R. noch nicht das Niveau der Industrieländer erreicht. Zu den Schwellenländern zählen u. a. die BRICS- und die sog. Tigerstaaten. Erste Kooperationsformen existieren beispielsweise in Form des seit 2009 jährlich stattfindenden Gipfeltreffens der BRICS-Staaten.

55b M 1 zeigt die Anzahl der protektionistischen Maßnahmen weltweit von 2009–2012, herausgegeben von Global Trade Alert. Die Zahl der Handelshemmnisse hat sich in diesem Zeitraum verfünffacht und von ungefähr 370 auf ca. 1880 zugenommen. Diese Entwicklung widerspricht, wie Martin Raschen in seinem Text *Aushöhlung des Freihandels durch subtilen Protektionismus* von 2012 ausführt, dem Prinzip des Freihandels und der Einschätzung der WTO, dass „ein freier Welthandel eine wesentliche Determinante von Wohlstand und Entwicklung ist." (M 2, Z. 5 ff.). Das „Wiedererstarken des Protektionismus" (Z. 23) sei vornehmlich der Finanzkrise ab 2008 geschuldet. Deren negative Auswirkungen auf die Weltwirtschaft hätten dazu geführt, dass sowohl Industrie- als auch Entwicklungs- und Schwellenländer verstärkt auf protektionistische Maßnahmen zurückgriffen (vgl. M 1 u. M 2, Z. 22 ff.). Über die Art der Handelshemmnisse gibt der Textausschnitt keine Auskunft, der Titel verweist aber auf „subtilen Protektionismus".

55c Auch wenn grundsätzlich die wohlfahrtsteigernde Wirkung des Freihandels unbestritten ist, kann die (zeitweilige) Einführung protektionistischer Maßnahmen für eine Volkswirtschaft sinnvoll sein, um beispielsweise junge, noch nicht wettbewerbsfähige Industriezweige zu schützen. Man unterscheidet zwischen tarifären und nicht-tarifären Handelshemmnissen. Tarifäre Handelshemmnisse sind Zölle. Deren Einführung hat für den Staat bzw. die heimische

Wirtschaft positive Auswirkungen: zum einen verteuern sie ausländische Produkte und erhöhen den Absatz einheimischer Produkte, zum anderen bringen sie der Staatskasse zusätzliche Einnahmen. Zölle stellen zudem einen marktkonformen Eingriff in die Preisbildung dar. Allerdings besteht, wie grundsätzlich bei allen protektionistischen Maßnahmen, die Gefahr, dass andere Staaten im Gegenzug ebenfalls zu protektionistischen Maßnahmen greifen und dadurch die einheimische Exportwirtschaft geschädigt wird. Eine zweite Möglichkeit, die einheimische Wirtschaft zu „schützen“, wäre z. B. technische Anforderungen so auszugestalten, dass dadurch faktisch Importe diskriminiert werden. Dies ließe sich einfach umsetzen. Allerdings würde dies ebenfalls Gegenreaktionen des Auslandes provozieren. Die Vorgabe bestimmter technischer Normen kann zudem Innovationen verhindern und die Wettbewerbsfähigkeit der einheimischen Unternehmen mittel- bis langfristig beeinträchtigen. Es handelt sich zudem nicht um einen marktkonformen Eingriff, der ggf. nicht transparent und wenig nachvollziehbar ist.

55d Die Karikatur von Wolfgang Horsch mit dem Titel „Ein langer Weg“ beschäftigt sich mit der geplanten Europäischen Bankenaufsicht. Sie zeigt eine Schnecke mit der Aufschrift „Europäische Bankenaufsicht“, die schwer beladen, im Schneckentempo Richtung Brüssel unterwegs ist. Sie wird von sechs Windhunden, die die Banken symbolisieren sollen, heftig ob ihrer Bemühungen ausgelacht. Zum Ausdruck kommen soll hierbei die vermeintliche Überlegenheit der Banken gegenüber der Politik. Die Karikatur bezieht sich auf die Finanzkrise, die sich von einer Immobilienkrise in den Vereinigten Staaten 2007 zu einer weltweiten Finanz- und Wirtschaftskrise ausweitete, in deren Folge eine Reihe von Staaten in Europa an den Rand der Zahlungsunfähigkeit getrieben wurden. Den Regierungen weltweit ist es in Zusammenarbeit mit den Notenbanken und internationalen Organisationen wie dem IWF gelungen, durch milliardenschwere Interventionen den Kollaps des Bankensystems und die Insolvenz der gefährdeten Eurostaaten abzuwenden. Im Jahr 2013, dem Veröffentlichungsjahr der Karikatur, hat sich die Weltwirtschaft wieder stabilisiert. Die Karikatur spricht die Problematik der Regulierung des Finanzsektors an. Hier hat sich gezeigt, dass die im Zuge der Finanzkrise erhobenen Forderungen nach einer Regulierung der Banken nur teilweise und oft nach sehr langen Verhandlungen umgesetzt wurden. Es gab zwar eine Reihe von politischen Regelungen, wie Basel III oder die Einführung einer Europäischen Bankenaufsicht, aber in vielen Bereichen sehen Kritiker noch weiteren Handlungsbedarf. Für viele ist auch der Einfluss der Finanzwirtschaft auf die politischen Entscheidungsträger zu groß. Personelle Verflechtungen und eine effektive Lobbyarbeit würden eine zügige und wirksame Regulierung verhindern bzw. verzögern. Die Windhunde zeigen, dass der Bankensektor deutlich flexibler und beweglicher ist als die Politik. Auch fehlen bei den dargestellten Bankenvertretern Zeichen von Reue oder Einsicht; es dominiert der Spott auf das politische System.

55e Die Finanzkrise ab 2007 hat gezeigt, dass es zur Stabilisierung der Finanzmärkte neuer Regelungen bedarf. Darüber besteht grundsätzlicher Konsens. Die Regelungen müssen nachhaltig sein und auf globaler Ebene gefunden werden. Hier zeigen sich die Probleme, denn es existiert keine Institution, die solche Regelungen durchsetzen könnte. Zwar gibt es mit der UN, der WTO oder dem IWF eine Reihe von internationalen Organisationen, in denen ein Großteil der Staaten der Erde vertreten ist. Allerdings sind diese nur bedingt geeignet, dieses Problem zu lösen, entweder weil die Verbindlichkeit der Abkommen und die Sanktionsmöglichkeiten fehlen oder die Abstimmungsverfahren so ausgestaltet sind, dass es i. d. R. nur zu einem Minimalkonsens kommt. Diese Organisationen sind nicht in der Lage, die Problematik zu lösen. Selbst in der EU, die als ein Vorbild für Kooperation zwischen Staaten anerkannt ist, fehlen in dieser Frage weitreichende Regelungen. Entsprechend sind die Chancen auf eine globale Lösung eher gering einzuschätzen.

Stichwortverzeichnis

Literatur

Wirtschaftliches Handeln im Sektor Unternehmen: Grundlagen und Marketing

Faltin, G.: Kopf schlägt Kapital. Die ganz andere Art, ein Unternehmen zu gründen. Von der Lust, ein Entrepreneur zu sein. München 2012

Quandt, J. H.: CSR zwischen Rhetorik und Nachhaltigkeit: Wie effektive Regulation gelingen kann. Weimar 2013

Ramme, I.: Marketing. Einführung mit Fallbeispielen. Stuttgart 2009

Scharf, A. et al.: Marketing. Einführung in Theorie und Praxis. Stuttgart 2012

Schultz, V.: Basiswissen Betriebswirtschaftslehre: Management, Finanzen, Produktion, Marketing. München 2011

Schulz, V.: BWL-Basiswissen. München 2012

Weis, H.-C.: Kompakt-Training Marketing. Herne 2013

Wirtschaftliches Handeln im Sektor Ausland

Flassbeck, H.: Die Marktwirtschaft im 21. Jahrhundert. Frankfurt a. Main 2010

Flassbeck, H. et al.: Handelt jetzt. Das globale Manifest zur Rettung der Wirtschaft. Frankfurt a. Main 2013

Fries, F.-R.: Internationale Wirtschaftsbeziehungen: Theorie, Praxis und Probleme der aktuellen Weltwirtschaft. Norderstedt 2010

Le monde diplomatique (Hrsg.:): Atlas der Globalisierung: Sehen und verstehen, was die Welt bewegt. Berlin 2009

Le monde diplomatique (Hrsg.:): Atlas der Globalisierung: Die Welt von morgen. Berlin 2012

Osterhammel, J./Petersson, N.: Geschichte der Globalisierung: Dimensionen, Prozesse, Epochen. München 2007

Schumann, H./Grefe, C.: Der globale Countdown: Finanzcrash, Wirtschaftskollaps, Klimawandel. Wege aus der Weltkrise. Köln 2009

Sinn, H.-W.: Kasino-Kapitalismus: Wie es zur Finanzkrise kam, und was jetzt zu tun ist. Berlin 2010

Wagener, H.-J.: Die 101 wichtigsten Fragen: Geld und Finanzmärkte. München 2012

Wiebe, F.: Wie fair sind Apple & Co? Zürich 2013

Bild- und Textnachweis

Titel: © Artur Marciniec – Fotolia.com
S. 1 f.: Tabellen: Landesinstitut für Schulentwicklung BW; http://lehrerfortbildung-bw.de/faecher/gwg/modul1/geo/operator/, Zugriff am 15. 11. 10
S. 3 ff.: Regierungspräsidium Tübingen
S. 8: Le Monde diplomatique/taz (Hrsg.): Atlas der Globalisierung, Berlin 2009, S. 42
S. 10: © Klaus Stuttmann
S. 13: http://commons.wikimedia.org/wiki/File:Produktlebenszyklus.gif
S. 17: Bundesverband deutscher Banken (Hrsg.): Schul/Bank – Wirtschaft, Köln 1994
S. 20: Hagen, Tobias/Metzger, Georg/Ullrich, Katrin: KfW-Gründungsmonitor 2012. Herausgegeben von der KfW Bankengruppe. Frankfurt am Main: April 2012, S. 16
S. 23 f.: oben: IfM Bonn: Existenzgründungen, Liquidationen und deren Saldo 1997 bis 2012 in Deutschland. unten und folgende Seite: Metzger, Georg/Ullrich, Katrin: KfW-Gründungsmonitor 2013. Tabellen- und Methodenband. Herausgegeben von der KfW Bankengruppe. Frankfurt am Main: 2013, S. 6, 12, 23
S. 26: www.existenzgruender.de/imperia/md/content/pdf/publikationen/uebersichten/businessplan/07_check.pdf
S. 29: picture-alliance/dpa/dpaweb
S. 30: oben: Sean Gallup/Getty Images; unten: picture-alliance/ZB
S. 31: © ullstein bild – Wallocha
S. 35: Evers Marc: Weniger Gründer – aber besser vorbereitet. DIHK Gründerreport 2013. Herausgegeben vom Deutschen Industrie- und Handelskammertag e. V. Berlin: April 2013, S. 20
S. 36–38: Metzger, Georg/Ullrich, Katrin: KfW-Gründungsmonitor 2013. Tabellen- und Methodenband. Herausgegeben von der KfW Bankengruppe. Frankfurt am Main: 2013, S. 16–18
S. 40: apverio GmbH; www.apverio.de/welcome/Leistungen.html, Zugriff am 22. 11. 2013
S. 41: Salmen, T.: Standortwahl der Unternehmen. Ein Überblick über empirische Gründe, Prozesse und Kriterien der unternehmerischen Entscheidungsfindung, Tectum Verlag, Marburg 2001, S. 33
S. 43: Klempien, Dana: Die Nutzwertanalyse. In: Controlling-Portal.de vom 22. 08. 2013
S. 47: unten: Daten nach Statistisches Bundesamt, Wiesbaden 2011
S. 61: Prof. Dr. Mario Fischer, Fachhochschule Würzburg; http://www.iwiki.de/wiki/index.php/Bild: Beschaffungszyklus.gif; Zugriff am 22. 11. 13
S. 71: Weichselberger, Annette: Westdeutsche Industrie: Für 2013 Investitionsanstieg von 4 % geplant. In: Ifo-Schnelldienst 66 (2)
S. 72: Statistisches Landesamt Baden-Württemberg, Stuttgart 2013
S. 79: Meffert, Heribert: Marketing. Grundlagen marktorientierter Unternehmensführung, Gabler, Wiesbaden 1998, 8. Aufl., S. 46
S. 80: © ullstein bild – Granger Collection
S. 81: oben: © ullstein bild – Granger Collection; unten: © Daimler AG
S. 82: unten: Angermeier, Georg: SWOT-Analyse. In: ProjektMagazin.de
S. 84: CHARTEO GmbH; www.charteo.de/PowerPoint/Marketing-Business-ThemenMarketing/Marketing-Strategien-Konzepte /Normstrategien-McKinsey-GE-1-deutsch.html?cur=1
S. 85 f.: Preißner, A.: Marketing auf den Punkt gebracht, Oldenburg, München 2008, S. 42, 44
S. 90: unten: www.teialehrbuch.de/Kostenlose-Kurse/Marketing/pics/sortiment.html
S. 92: Andreas Nawrocki: Neue Wege zum Kunden. Getränkefachgroßhandel 6/2007, S. 42
S. 97: © Panasonic
S. 99: F. Bliemel, P. Kotler, Marketing Management; Schäffer-Poeschel Verlag, Stuttgart 2001; S. 669
S. 103: Kuhlmann, Eberhard: Verbraucherpolitik, Verlag Franz Vahlen, München 1990, S. 29
S. 113: Beckmann, M.: Corporate Social Responsibility und Corporate Citizenship. Eine empirische Bestandsaufnahme der aktuellen Diskussion über die gesellschaftliche Verantwortung von Unternehmen, in: Pies, I. (Hg.): Wirtschaftsethik-Studie Nr. 2007-1 des Lehrstuhls für Wirtschaftsethik an der Martin-Luther-Universität Halle-Wittenberg, Halle 2007, S. 26
S. 116: F. Dresewski, Corporate Citizenship. Ein Leitfaden für das soziale Engagement mittelständischer Unternehmen. Bundesinitiative Unternehmen Partner der Jugend; Berlin 2004, S. 21 f.
S. 118: Deutsches Global Compact Netzwerk, URL: http://www.globalcompact.de/sites/default/files/themen/publikation/10_prinzipien_des_global_compact.pdf

S. 119: Faust, Thomas: Organisationskultur und Ethik: Perspektiven für öffentliche Verwaltungen, Tenea Verlag, Berlin 2003, S. 51
S. 122: www.nokia.de/nokia/umwelt/we-create/betrachtung-des-gesamten-lebenszyklus
S. 128 f.: picture-alliance/dpa-infografik
S. 131: United Nations Conference on Trade and Development, World Investment Report 2013
S. 132: http://globalisierung.insm.de/article/2/64179/63786
S. 133: oben: Institut f. Landeskunde Leipzig; Nationalatlas der Bundesrep. Deutschland, Spektrum Wissenschaftlicher Verlag, u. a. Berlin; unten: UNCTAD: Handbook of Statistics 2012, S. 274 © 2012 UN
S. 136: Daten nach: Busse, Matthias: HWWA Discussion Paper Nr. 116; Bundesverband der Deutschen Industrie (BDI): Außenwirtschafts-Report 04/2002
S. 139: imago/Dean Pictures
S. 141: Teilbilanzen deutsche Zahlungsbilanz: Deutsche Bundesbank
S. 142: Daten nach: Preise. Index der Ein- und Ausfuhrpreise. Zusammenfassungen, Terms of Trade. © Statistisches Bundesamt, Wiesbaden 2013
S. 148: Daten nach: IMF World Economic Outlook Database, Stand: April 2013
S. 152: Mitglieder EU, G8, G20: Presse- und Informationsamt der Bundesregierung
S. 156: größte Unternehmen weltweit: Daten nach Fortune Global 500, Stand: 23. Juli 2012
S. 158: © Klaus Stuttmann
S. 162: Außenhandel. Zusammenfassende Übersichten für den Außenhandel. Fachserie 7, Reihe 1, 7/2013. S. 57, © Statistisches Bundesamt, Wiesbaden 2013
S. 163: Außenhandel. Rangfolge der Handelspartner im Außenhandel der Bundesrepublik Deutschland, S.1 © Statistisches Bundesamt, Wiesbaden 2013
S. 164: Daten nach Statistisches Bundesamt
S. 165: Schwab, Klaus: The Global Competitiveness Report. 2012–2013. Herausgegeben vom World Economic Forum. Genf: 2012, S. 176
S. 166: Daten nach: Deutsche Bundesbank, Eurostat, ILO, U.S. Department of Labor, IW Köln
S. 167: Daten nach: Deutsche Bundesbank, Eurostat, OECD, Statistisches Bundesamt, U.S. Department of Labor, IW Köln
S. 173: Deutsche Bundesbank (Hrsg.): Geld und Geldpolitik. Schülerbuch für die Sekundarstufe II. Frankfurt am Main: 2012, S. 123
S. 179: Daten nach: Deutsche Bundesbank 2013
S. 181: Buse, Uwe/Fichtner, Ullrich/Goos, Hauke/Hoppe, Ralf (u. a.): Schlussverkauf. In: DER SPIEGEL 50/2011, S. 42
S. 183: Daten nach: World Federation of Exchanges (WFE), Bank for International Settlements (BIS): Quarterly Review, verschiedene Jahrgänge
S. 189: Kramer, Christina: Meilensteine des DAX. Grafik von Hanna Eiden. In: Süddeutsche.de vom 08. 03. 2013
S. 190: Renditen Staatsanleihen: © Markt-Daten.de, Stand: 08. 11. 2013
S. 191: Daten nach: TheCityUK: Hedge Funds 2010, Hennessee Group LLC
S. 193: Schömann-Finck, Clemens: Kurz erklärt: Was sind eigentlich Leerverkäufe? In: Focus Online Money vom 12. 08. 2011
S. 197: Deutsche Bundesbank (Hrsg.): Geld und Geldpolitik. Schülerbuch für die Sekundarstufe II. Frankfurt am Main: 2012, S. 166
S. 201: Daten nach Bundesministerium für wirtschaftliche Zusammenarbeit und Entwicklung
S. 203: Daten nach Bundesministerium für Wirtschaft und Technologie
S. 205: Grafik © APA
S. 207: Le Monde diplomatique (Hrsg.): Atlas der Globalisierung. Berlin: taz 2009, S. 62
S. 210: unten: IMF World Economic Outlook Database, Stand: April 2013.
S. 213: Daten nach United Nations Development Programme (UNDP): Human Development Report, nef: Happy Planet Index, IMF World Economic Outlook Database, CIA World Factbook
S. 218: Friedrich, Marc/Weik, Matthias: Der größte Raubzug der Geschichte. Warum die Fleißigen immer ärmer und die Reichen immer reicher werden. Marburg: Tectum 2012, S. 69
S. 219: Daten nach New York State Office of the State Comptroller
S. 220: Pass3456, lizenziert unter cc-by-sa-3.0. URL: http://commons.wikimedia.org/wiki/File:Staatsschuldenkrise.png
S. 222: Daten nach: Bundesministerium der Finanzen, Stand: 31. August 2013
S. 223: BZ-Grafik/dpa/ZEL
S. 224: Horst Haitzinger
S. 228: United Nations (Hrsg.): Global Corporate Sustainability Report 2013. New York: United Nations Global Compact Office 2013, S. 24

Ihre Meinung ist uns wichtig!

Ihre Anregungen sind uns immer willkommen. Bitte informieren Sie uns mit diesem Schein über Ihre Verbesserungsvorschläge!

Titel-Nr.	Seite	Vorschlag

Lernen • Wissen • Zukunft
STARK

Bitte hier abtrennen

23-V1T_GW
Bitte ausfüllen und im frankierten Umschlag an uns einsenden. Für Fensterkuverts geeignet.

Zutreffendes bitte ankreuzen!

Die Absenderin/der Absender ist:

- ☐ Lehrer/in in den Klassenstufen: ____
- ☐ Fachbetreuer/in
  Fächer: ____
- ☐ Seminarlehrer/in
  Fächer: ____
- ☐ Regierungsfachberater/in
  Fächer: ____
- ☐ Oberstufenbetreuer/in
- ☐ Schulleiter/in
- ☐ Referendar/in, Termin 2. Staatsexamen: ____
- ☐ Leiter/in Lehrerbibliothek
- ☐ Leiter/in Schülerbibliothek
- ☐ Sekretariat
- ☐ Eltern
- ☐ Schüler/in, Klasse: ____
- ☐ Sonstiges: ____

Unterrichtsfächer: (Bei Lehrkräften!)

____

STARK Verlag
Postfach 1852
85318 Freising

Kennen Sie Ihre Kundennummer?
Bitte hier eintragen.

Absender (Bitte in Druckbuchstaben!)

Name/Vorname

Straße/Nr.

PLZ/Ort/Ortsteil

Telefon privat

Geburtsjahr

E-Mail

Schule/Schulstempel (Bitte immer angeben!)

Bitte hier abtrennen

(Bitte blättern Sie um)